中国人民大学劳动人事学院系列教材

劳动社会学

韩克庆　编著

中国人民大学出版社
·北京·

前言

“劳动创造了人本身”是马克思主义的一个经典命题。社会学视野中的劳动，不但涉及人类起源发展这样的宏大历史叙事，而且关注人类社会中的劳动行为，涉及生产分工、组织发展和社会合作。在现代社会中，无论是从社会化大生产的角度来看，还是从人类自身再生产的角度来看，每个人都扮演着劳动者的角色，是劳动场所中的一员，同时被赋予不同的职业身份，拥有不同的职业地位，嵌入各种各样的劳动制度。幸运的话，人的一生会经历一次或者多次向上的职业流动。

记得刚参加工作不久，就听到社会保障系的同事向我介绍中国人民大学劳动人事学院社会学的历史。创院院长是赵履宽教授。中国人民大学劳动人事学院建立不久，就成立了社会学教研室，并从全国屈指可数的能够培养社会学研究生的高校中引进了多位青年才俊。

2012 年上半年的某一天，担任本科生劳动社会学授课任务的潘锦棠教授把我叫到他的办公室，从书橱里取出一本由他主编、略显破旧、粉红色封皮的《劳动社会学》，郑重其事地把给本科生上课的任务交给了我。随后，潘老师又把在网络上找到的课程内容的链接发给我，方便我参阅。在备课、上课的过程中我惊喜地发现，原来赵履宽教授早在 1984 年就与合作者共同编写出版了《劳动社会学概论》一书，人力资源管理系的姚裕群教授也曾担任袁方教授主编的《劳动社会学》一书的副主编，后来姚老师还专门送给我一本他和袁方教授共同主编的《劳动社会学》(第 2 版)。

从此以后，我的教学生涯中就多了一门“劳动社会学”课程。想来，从 2012 年开始接过潘老师的教鞭算起，到 2021 年底调离中国人民大学，为本科生教授劳动社会学已有整整 10 个年头。十年来，我尽职尽责，努力把劳动人事学院和潘老师交给我的知识火把传递下去，把劳动社会学的课堂教学延续下去，把劳动社会学的知识传播下去。十年来，我不断完善教学内容，不断调整知识结构，不断补充新的知识点，注重启发学生将劳动社会学的概念和理论与不断发展变化的劳动热点问题结合起来，使“劳动社会学”成为重要的专业必修课。

呈现在读者面前的这本《劳动社会学》，既是我多年上课的知识积累，也是学界前辈的薪火相传，还是后辈学子集体智慧的结晶。本书入选学校规划教材后，我先是组织硕士生根据我的课件和讲课录音，分工整理出一份书稿初稿。然后，又以博士生团队为主，对第一轮整理出来的书稿进行修改完善。我几乎每周带领团队讨论一次写作进展情况，前前后后打磨了近两年时间，虽然有这样那样的不足，但总算可以拿得出手了。本书第一轮书稿整理和第二轮修改完善的人员分工如下：申晨、古君如负责第 1 章，古君如、樊丹迪负责第 2 章，魏达、王迪负责第 3 章，郑林如、赵晰负责第 4 章，赵晰、王燊成负责第 5 章，李肖亚、卢菁负责第 6 章，刘宝臣、申晨负责第 7 章，李方舟、王迪负责第 8 章，马孟琛、郑林如负责第 9 章，秦嘉、张晨宇负责第 10 章。在此，衷心感谢上述同学为本书成稿所作的突出贡献。

党的二十大报告提出，“尊重劳动、尊重知识、尊重人才、尊重创造”，在“全社会弘扬劳动精神、奋斗精神、奉献精神、创造精神、勤俭节约精神，培育时代新风新貌”，使人人都有通过勤奋劳动实现自身发展的机会。在中国式现代化新征程中，劳动社会学的研究对象和研究内容必定面临外部全球化因素和国内经济社会结构调整带来的重大挑战。作为社会学重要分支学科的劳动社会学，也将面临本土化和建构自主知识体系的双重任务。希望中国的劳动社会学在社会发展中能够发挥出更大的作用，也希望将来有机会对教材进行修改完善。

最后，衷心感谢中国人民大学出版社管理分社编辑认真细致的工作。书中错误和不足之处，敬请读者批评指正。

目 录

第 1 章

导　论

【重点问题】

· 什么是劳动社会学？
· 劳动社会学的研究对象和研究内容是什么？
· 劳动社会学的理论有哪些？
· 劳动社会学面临怎样的挑战？
· 中国劳动社会学的发展状况如何？
· 劳动社会学的研究方法有哪些？

【开篇引例】

中世纪劳动史

不管是什么人，只要他具备劳动的身体和心理条件，就应该从事劳动。如果他不劳动，与其说是经济方面和社会方面的原因，不如说是其有意逃避劳动。我们认为，传道者和流水线上的工人一样都是在劳动，只不过他们根据自身条件选择了不同的劳动方式。不论他们是脑力劳动者还是体力劳动者，也不论他们穿的是什么衣服，只要他们付出劳动，努力的目的都是生产出一种好产品，或者取得一种精神上的效果，由此而得到的利益将属于个人或集体。因为，这是个人或集体所作的努力，这是明摆着的事，是我们世界观的组成部分。

懒惰乃“万恶之源”，它是一种很大的罪过，但是，人们有时并未意识到，还会寻找理由进行辩解。其实游手好闲者才是更坏的，因为这些人根本不愿像普通人那样劳动，这是对他人的一种冒犯和伤害，犹如对人类共同命运的一种背叛。当然，除非游手好闲者不是故意的，他们是真正的失业者，或者说“无事可干”。但是，原则上这种状况是暂时的和偶然的，并且不会招致指责。所有其他人都是劳动者，制定劳动法后，我们深信任何人都有劳动的权利。

自从人类开始劳动，或者更准确地说，自从人类留下生产的痕迹以来，人类劳动的物质条件未发生任何变化。使人能站立的肌肉与骨骼的结构，使人能抓握与制造工具的手，以及手上的大拇指与另外四个指头排列的样子依然照旧，这一切都是人类区别于其他动物的主要根据。人类适应气候条件和土壤条件形成了群居的生活，并产生了宗教仪式和习俗。很多东西在中世纪就已明显地表现出来了，并且一直延续至今。人类在古老的实践中激发了模仿能力以及与其他生物竞争的倾向，影响人类劳动的总是人类本身。

我们的时代与过往很多历史时期一样，总是陶醉于技术上的成就，实际上，我们在这些漫长的年代里没有取得重大的进步。自吹已经摸到月亮，但是仍然无法控制气候；认为已经掌握了电子技术，但是一万年来它没能成功地驯化过一种动物；对改良植物种类、植物种植有着浓厚兴趣，但是仍有一些人死于饥饿；不停地谈论青春或美貌，但是仍到处存在着丑陋和衰老。我们害怕原子弹、海洋污染和各种传染病，好像大自然从来没有解除过这方面的警报……

资料来源：罗贝尔·福西耶．中世纪劳动史．上海：上海人民出版社，2007．有修改．

思考：

在经济与社会的发展过程中，人类的劳动条件与劳动制度发生了怎样的变化？

社会学思想的发展肇始于古希腊思想家的社会观，文艺复兴时期法国孟德斯鸠、卢梭等思想家的启蒙思想与社会契约论等理论，经历 19 世纪早期圣西门、欧文等空想社会主义者实证主义理念的启发，最终在 19 世纪 30 年代末由法国社会学家奥古斯特·孔德从哲学的实证主义思想中创立出新的实证社会科学学科——社会学[1]。经过 100 多年来涂尔干、韦伯以及其他社会学家的发展和完善，社会学已经成为一门相对成熟的、研究社会良性运行和协调发展的条件与机制的综合性具体社会科学学科[2]。社会学也孕育出政治社会学、经济社会学、劳动社会学等诸多分支学科，这些学科既关注其特定的研究领域、内容和规律，又继承了社会学的研究方法和理论传统，丰富了社会学学科体系的内涵，体现出社会学研究的整体性与综合性。

劳动社会学作为社会学的重要分支学科之一，其发展脉络既与社会学密切相关，又离不开宏观社会经济背景的变迁。空想社会主义者圣西门第一次提出了“工业社会”的概念。圣西门认为，以消费为中心的封建社会正在逐步向以生产为中心的工业社会转变，工业社会将是和平的社会，社会各组成部分之间功能和谐，只有工业社会才能产生现代社会的价值观念[3]。随着两次工业革命对能源动力与生产方式的颠覆，劳动领域中劳动者的技能、劳动分工的形式、工厂等劳动环境以及劳工与生产资料所有者之间的劳资关系发生了剧烈变化，这不仅要求政府从制度和法律层面对劳动过程进行保护，也需要一门研究有关劳动行为和劳动过程的理论学科提供支撑。在此背景下，劳动社会学应运而生。

1959 年，法国社会学家乔·弗里德曼（Joe Friedman）和皮特·纳维利（Peter Navelli）创办了《劳动社会学》杂志，出版了专著，首次使用了“劳动社会学”这一学术用语，标志着劳动社会学的诞生。在一些国外的研究中，也有学者将劳动社会学（sociology of labor）称为工作社会学（sociology of work）或职业社会学（sociology of occupation）。与这两个概念相比，劳动社会学概念的外延更广，内涵更深刻，包含哲学意义上对“劳动”一词的阐释，点明“劳动”并不是简单地指有酬劳动，而是包含整个社会中的劳动生产过程[4]。此外，这一定义突出了社会学对劳工、劳动关系、工会和工厂等领域的重视，与工作、职业等更偏向管理学的范畴区分开来。由此，劳动社会学自诞生以来，便致力于以社会学的理论与方法研究劳动领域，并在劳动者权益保护、劳动关系的发展、劳动与经济社会关系的研究等方面做出了重要贡献。

第 1 节 劳动社会学的概念和研究对象

明确劳动社会学的概念、研究对象和研究内容，是厘清劳动社会学与其他学科之间的边界与交叉的基础，说明了劳动社会学这门社会学分支学科存在的必要性。因此，对劳动社会学的概念、研究对象和研究内容的正确把握，是跨入这门学科的第一步。

一、劳动社会学的概念

劳动社会学作为研究人类劳动活动的客观法则、发展规律及其具体运用的学科[5]，从字面意义上来看，首先应当理解什么是“劳动”，同时也应从社会学的本源出发，把握劳动社会学的概念。

（一）劳动的概念

劳动是人类最重要的实践活动之一。人类可以通过实践来创造对象世界、改造世界，从而证明人是有意识的类存在物[6]。因此，劳动作为人类区别于其他动物的根本标志，不仅创造了许多美好的事物，而且创造了人类本身。马克思曾说：“任何一个民族，如果停止劳动，不用说一年，就是几个星期，也要灭亡，这是每一个小孩子都知道的。”[7]

有关劳动的概念，可以从劳动行为和劳动过程两个维度进行诠释：一方面，劳动是个体的一种行为，个体通过自身的运动对外输出劳动量或劳动价值，所有的劳动者在每时每刻从事不同的劳动活动；另一方面，若将劳动这种对个体活动的描述抽象化，上升为一种宏观的价值和意义，劳动则可以阐释为人类生产物质资料的过程。劳动的实质是通过人类有意识、有目的性的自身活动与自然界发生物质变换，改变自然物的形态或性质，为人类的生活和需要服务。

劳动作为一种生产要素，不仅是人类创造价值和使用价值的基础，而且是人类社会生存和发展的基本前提[8]，通过劳动，人们得以消除贫困、积累财富，人的生活也因此被划为劳动与闲暇两段。依据结构化理论，人作为嵌入特定结构的个体，其劳动活动也不可避免地受到社会的经济制度、政治制度、文化制度与法律制度的限制。个体的劳动活动并不是自由、纯粹的个体行为，而是与日常生活、人际互动以及社会运行息息相关的，它既有赖于生产技术条件和生产技术因素，又有赖于社会条件和社会因素。

从人和社会的互动角度出发，社会分工赋予了人类劳动活动的社会性，社会分工不断发展并愈发精细，劳动者以个人技术和特长从事不同的劳动活动，使得个体差异不断扩大，同时也使社会成员之间的依赖性增强，由此形成了涂尔干所描述的“有机团结”的社会。基于此，劳动社会学不仅要研究劳动行为本身，而且要在同劳动相互联系的社会条件和社会因素下研究劳动过程[9]，还要关注劳动者社会劳动活动的结构、功能及其运行规律[10]。

（二）劳动社会学的概念

自 1959 年法国社会学家乔·弗里德曼和皮特·纳维利创立劳动社会学以来，劳动社会学至今已经历半个多世纪的发展。虽然劳动社会学毋庸置疑是针对劳动领域的社会学研究，但不同的学者从不同的角度出发，依据对研究对象的把握将劳动社会学界定为不同的概念。

苏联劳动理论学家伊万诺夫和麦奇科夫斯基认为，劳动社会学的研究对象是劳动过程，并提出“劳动社会学就是要在劳动同社会条件和社会因素的相互联系中研究劳动过程”[11]。这一概念强调了劳动社会学与社会学研究对象和内容的关联，及其作为一门社会学学科的本源属性。

从劳动活动出发，苏联学者瓦·彼·马赫纳雷洛夫认为，劳动社会学研究的是“现实存在的一个特定领域——人的劳动活动，研究这一领域特有的客观法则和发展规律及其具体运用的目的、形式和方法”[12]，这一概念突出了劳动者及劳动活动在劳动社会学研究中的重要地位。刘艾玉也认为，劳动社会学是一门用社会学理论体系和方法，对劳动者的社会劳动活动的结构、功能及其运行规律进行研究的社会学分支学科[13]。

也有学者将劳动视为一种社会现象，并将劳动和劳动问题作为劳动社会学的研究对象。赵履宽与王子平 1984 年编写的《劳动社会学概论》提出，“劳动社会学就是把劳动作为一种社会现象，作为人的社会行为，从劳动与社会的联系中来研究劳动问题”[14]。这一概念贯彻了社会学将社会现象和社会行为作为研究对象和内容的观点，将劳动现象和劳动行为看作其中的一部分。进入 21 世纪后，袁方等也从社会现象和社会问题的角度出发，提出劳动社会学是以“劳动”这一社会现象与所构成的劳动问题为研究对象的社会学分支学科[15]。

还有学者认为劳动社会学的研究对象是劳动社会。童星提出，应将劳动子系统从整个社会系统中独立出来，抽象为“劳动社会”这一概念，而劳动社会学正是研究“劳动社会”，揭示劳动社会与社会整体之间的相互关系、规律及其协调控制机制的学科[16]。潘锦棠也认为，劳动社会学就是“以生产与劳动的世界（劳动社会）为基地的社会学研究”[17]。“劳动社会”概念的提出，扩大了劳动社会学的研究外延，并将研究对象抽象化，将一切与劳动相关的内容涵盖其中。

虽然以上劳动社会学的定义各有侧重，但总结其共性可以发现，学者们认同劳动社会学是社会学的分支学科，和社会学的研究一脉相承并有所侧重，是对整个社会中与劳动相关的个人、群体、组织，以及行为、过程与问题等多个对象的综合研究。综上所述，本书将劳动社会学定义为：劳动社会学是运用社会学的基础理论和研究方法，研究劳动者的劳动行为和劳动过程，并针对围绕劳动形成的社会现象和社会问题进行研究的社会学分支学科。

二、劳动社会学的研究对象和研究内容

所谓研究对象，是指研究者所关注、描述和分析的对象，是客观存在的事物或现

象，决定了研究的基本分析单位；研究内容则是研究对象所具有的属性与特征，是研究者需要调查与描述的具体项目。基于此定义，社会学的研究对象包括个人、群体、组织、社区和社会产物，研究内容则指上述对象的状态、意向性和行为[18]。同样地，这种划分方式也可以应用于劳动社会学的研究。

目前学界对于劳动社会学的研究对象和研究内容有着不同的理解，或将劳动者、劳动者行为、劳动关系、劳动组织、劳动制度、劳动社会过程涉及和包含的内容视为劳动社会学的研究内容[19]，或将研究内容分为劳动社会学的基本理论、劳动者行为、劳动关系、劳动过程、劳动的社会结构、劳动的组织方式和社会变迁中的劳动[20]，也有学者从劳动者个人、群体和组织、社会三个层次出发，认为劳动者、职业、劳动组织、劳动关系和劳动社会问题是劳动社会学研究的主要内容[21]。本书从社会学的角度出发，从微观、中观和宏观三个研究层次，围绕劳动社会学的研究对象，具体分析劳动社会学的主要研究内容（见表1-1）。

表1-1 劳动社会学的研究对象和主要研究内容

研究层次	研究对象	主要研究内容
微观	劳动者 劳动群体	劳动者的态度、动机和行为；劳动者的社会结构；劳动社会化 劳动群体的生活状况；家庭生产与分工
中观	职业分层与流动 劳动组织 劳动制度 劳动关系	职业分层与流动的测量、影响因素 组织规模；组织架构；组织管理；组织文化 制度内容；制度功能；制度的发展 工会运动；劳动关系的转变
宏观	劳动问题 劳动的社会变迁	劳动冲突；劳动越轨 劳动和社会经济发展的关系；现代化背景下劳动形态的转变

（一）微观层面

劳动社会学微观层面的研究对象为劳动者和劳动群体，具体研究内容包含劳动者的态度、动机和行为，劳动者的社会结构，劳动社会化；劳动群体的生活状况，家庭生产与分工等。

1. 劳动者

在不同的社会情境之中，人们扮演着和社会地位或身份密切关联的不同角色，这种社会角色是和某种社会地位、身份相一致的一整套权利、义务的规范与行为方式，是人们对特定身份的人的行为期望[22]。劳动是每个人在社会化的过程中维持基本生活、获得物质回报和实现自我发展所必然的行为，因此绝大多数人在社会中都会承担“劳动者”这一社会角色。所谓劳动者，就是具有劳动能力，处在劳动岗位，遵守劳动规范，从事社会劳动，为他人提供服务或有价值物品且获得报酬的人，也是劳动社会学最基本的研究对象。

不同于经济学中“劳动力”的概念，劳动社会学中的“劳动者”指的是参与劳动行为的主体，是“非商品化”的概念。劳动社会学关注的重点也并非个体在劳动中的效率与生产能力，而是围绕劳动者的态度、行为、素质和能力，研究劳动者的各种需要、动机及其与劳动行为之间的关系[23]，具体涉及个体的职业选择、职业生涯规划等内容。依据“镜中我”理论，人的行为很大程度上取决于对自我的认识，而这种认识主要是通过与他人的社会互动形成的，他人对自己的评价、态度等是反映自我的一面“镜子”，个人通过这面“镜子”认识和把握自己[24]。劳动者处在偏向公共空间的劳动环境中，其行为也会受到其他劳动者或雇主行为、态度的影响，因此应将劳动者置于劳动组织、劳动环境、劳动关系之下进行研究。

此外，劳动者的社会结构和劳动社会化也是劳动社会学重点关注的内容。劳动者的社会结构是指劳动者在劳动过程中结构特征的总和，具体包括劳动者的年龄结构、素质结构、性别结构和职业结构。社会化是社会学研究中的基本概念，个体的社会化是指个体在与社会的互动过程中，逐渐养成独特的个性和人格，从生物人转变为社会人，并通过社会文化的内化和角色知识的学习，逐渐适应社会生活的过程[25]。个体离开学校进入社会，从一个自然人变成一个具有社会属性的劳动者，必然经历劳动社会化的过程。在劳动组织之中，个体扮演劳动角色、内化劳动规范、掌握劳动技能，然后按照劳动规范行动，这就是劳动社会化。在这一过程中，还会不可避免地形成社会关系，发生社会互动。此外，劳动社会化与劳动过程中的各种互动、冲突与关系调试，往往也是劳动社会学在微观层面需要重点关注的内容。

2. 劳动群体

社会群体是社会和社会学分析的基本单位，那些具有相同且确定的目标和期望、存在共同认知并团结在一起的个人集合体，被个人和群体之外的人意识到后就成了社会群体[26]。在劳动领域的研究之中，面临相同或相似劳动问题的个体，往往倾向于自发地形成一个暂时性或长期的群体，以争取更强的话语权与可能的制度回应。劳动者个体依据地域、身份、技能等多种要素，组成不同的劳动群体后，也能更好地反映劳动者的特征。

许多劳动领域的重点议题都是通过劳动群体凸显的，劳动群体集中表现出的特性与问题也成为劳动社会学重要的研究内容，具体如农民工群体、下岗工人群体的生活状况，以及上述劳动群体的社会身份特征、劳动文化特征和劳动政治特征等。此外，家庭作为最基本的初级社会群体，也会对劳动者的劳动行为和劳动选择产生影响。当劳动者个体未组成家庭时，所参与和进行的劳动活动和互动相对简单，只需要通过劳动获取足够维持生活的物质报酬即可，但个体组成家庭后就必须考虑家庭内部劳动分工、子女抚育、老人照料等其他因素。劳动社会学多从家庭、婚姻与社会性别的角度出发，探究劳动与家庭的关系，充分考虑家庭除经济特征之外的社会因素，如夫妻权力结构、家庭内部关系和夫妻对子女共同的情感与抚养责任等。

（二）中观层面

劳动社会学中观层面的研究对象不再聚焦于劳动者和劳动群体，而是转向职业分层与流动、劳动组织、劳动制度和劳动关系等方面。

1. 职业分层与流动

由于社会成员对社会资源的占有能力和机会不同，会产生分层和差异现象，而依据一定的标准将社会成员划分为高低有序的不同等级或层次的过程和现象就称为社会分层[27]。在主权国家的范围内，建立在法律、法规基础上的制度化社会差异体系会让社会分层愈发稳定，形成逐渐固化的社会阶层。而个体通过个人努力摆脱通过代际继承获得的原有社会阶层，在社会分层结构中从一个地位向另一个地位的移动就是社会流动[28]。

在现代社会结构中，由于社会分工的细化，社会阶层越来越多地由工作和职业定义，因此在劳动领域中的职业分层成为影响社会阶层划分的重要因素，职业流动也成为个人实现社会流动的重要途径。劳动社会学以职业的地位与声望为依据，通过对其进行测量与评价，得到一个社会普遍接受和认可的职业分层模型，并以此考察职业流动的各种社会模式与影响因素。劳动社会学对职业分层与流动的研究，也被看作社会学领域社会分层与社会流动等热点议题在劳动领域的投射。

2. 劳动组织

社会组织是实现某种共同目标，以一定规范协调成员行为，完成共同活动的社会群体或团体[29]。相应地，劳动组织就是以向社会生产产品或提供服务为目的，按照一定的劳动法规章程建立起来的经济组织，是承担生产、经营和管理职能的劳动者的有机体[30]。在结构功能主义理论看来，劳动组织是社会系统的重要组成部分，并在社会系统中占据着不同的位置、发挥着不同的功能，劳动组织的发展同时受到内在机制的制约和外部环境的影响。

经济学和管理学对于劳动组织的研究，往往更加关注如何通过优化劳动组织的管理方式，实现组织工作效率的提升。劳动社会学则以社会学理论为指导，从劳动组织目标、组织结构、组织过程、组织内部关系与冲突、组织外部环境以及组织的变迁与发展等多重视角，针对不同的劳动组织类型进行具体分析。在劳动组织多元化的背景下，不同劳动组织的形态与特点、结构与功能、劳动组织文化、劳动组织间的联系，以及劳动组织与政府部门的联系等，均是劳动社会学所要研究的内容[31]。

3. 劳动制度

任何社会的稳定运行，都离不开制度的保驾护航。社会制度是指制约和影响人们社会行动选择的规范系统，是提供社会互动的相互影响框架和构成社会秩序的复杂规则体系[32]。劳动制度则是人类社会生活中为满足劳动关系发展需要、保证劳动秩序、保护劳动权益而建立的有关劳动行为的规范体系。劳动制度的概念有广义与狭义之分。广义上的劳动制度适用于整个行政区划或行业类别内的劳动组织与劳动者，是指国家或有关权力机构制定的，约束人们劳动行为和劳动关系的法律法规、政策规定、程序规章等行为规范体系。狭义的劳动制度仅指与劳动就业有关的制度，主要包含劳动就业制度、薪酬制度和劳动保障制度。如何从制度层面为劳动者权益提供保障、规范和管控劳动力市场、保持劳动关系长期稳定存续，是劳动制度研究的重中之重。劳动制度的背景、功能、变革与发展等，也是劳动社会学重点关注的内容。

4. 劳动关系

人作为社会关系的总和，其社会行为离不开和其他社会成员的互动与交往，人们在社会交往活动中形成的相互依赖的联系或行为模式就是社会关系。个体在劳动场所中以劳动者为主要身份进行社会交往时所产生的社会互动与联系就是劳动关系。广义的劳动关系指的是劳动者在劳动过程中和劳动行为相关联的各种社会关系，它不仅包含劳动者个人与雇主之间的关系，也包含劳动者集体与雇主或雇主团体间的集体劳动关系，以及劳动组织、雇主与政府之间的产业关系或社会劳动关系[33]。狭义的劳动关系一般仅指雇员（劳动者）与雇主（用人单位）之间在劳动过程中形成的社会经济关系[34]。

在社会经济发展的过程中，劳动关系逐步由相对简单的单位制、身份制的劳动关系，向多元化、市场化、灵活性的劳动关系过渡。部分新兴国家在经济上取得长足进步的同时，层出不穷的劳资矛盾与利益冲突超出了政体的处理能力，从而造成了社会紊乱[35]。为维持良好的社会秩序，劳动社会学密切关注劳动争议的处理、三方谈判机制所发挥的功能、“强资本弱劳工”的趋势、新业态下劳动关系的转变和政府所扮演的角色等研究内容。

（三）宏观层面

在社会经济发展的过程中，劳动社会学不仅关注劳动者、劳动群体等微观层面的研究，以及职业分层与流动、劳动制度等中观层面的研究，在宏观研究层面，社会变迁、城市化与现代化等内容与劳动领域有了更多的联结，劳动问题、劳动的社会变迁也成为劳动社会学研究关注的重点。

1. 劳动问题

社会学肩负着协调社会关系、稳定社会秩序、解决社会问题的重要责任，当社会失调现象严重影响社会成员健康生活、妨碍社会协调发展、引起社会大众普遍关注时，就被视作社会问题。劳动问题作为社会问题的一种，是在劳动领域发生的、被多数社会成员认为不合理并对多数人的劳动行为产生负面影响的事件和现象。

劳动问题的内容十分广泛，包括劳动者的失业问题、劳动过程中的冲突与越轨问题、残疾人和流动人口等特殊群体的就业问题、劳动力市场歧视问题等。劳动问题的凸显和其所处的社会背景密切相关。例如，20 世纪 90 年代末我国国有企业改革带来的“下岗潮”，引发了一系列关于下岗职工心理适应、社会排斥、再就业等内容的研究。一个劳动问题的凸显，必然在短时间内引发学界的广泛关注。劳动问题反映的不和谐与不协调现象，也需要大量学术研究刨根问底、追本溯源，为制度的调整和政策的出台提供依据，以便尽快解决现有问题，维护劳动力市场秩序的稳定。从某种意义上来说，劳动问题的解决是劳动社会学研究中最重要的内容之一。

2. 劳动的社会变迁

在社会学中，社会变迁是表示一切社会现象特别是社会结构发生深刻变化的动态过程及其结果的范畴，经济发展、科学技术进步、政治变革都会对劳动和生产方式产生影响。因此，劳动的社会变迁也是劳动社会学宏观层面的研究对象，并以劳动问题或者经济、政治、社会发展对劳动的影响为研究内容。社会学家通过将制度和结构变量纳入劳动领域的研究，分析劳动与社会、经济等社会结构要素等宏观力量的关系，以此探究雇主与劳动者之间不平等关系的产生和收入分配的决定机制等问题[36]。

现代化背景下劳动形态的转变，也是劳动社会学宏观层面的研究内容。社会现代化是一种特殊的社会变迁，即社会在日益分化的基础上，进入一个能够维持增长和自我创新，满足整个社会日益增长的需要的全面发展过程[37]。在日新月异的社会发展中，劳动与社会现代化的相互作用不容忽视。一方面，所有劳动领域的研究都处于社会变迁的大背景之下，社会现代化过程中，城市化改变了社会地理形态、社会面貌和社会身份，这也影响了城乡之间的劳动者流动，同时信息技术的发展也使得劳动形态出现日新月异的变化。另一方面，劳动领域的变迁对于现代化过程也发挥着重要作用。社会的现代化归根究底是由微观个体的现代化推动的，劳动领域自发的劳动形态变革和雇佣关系模式的创新，也在潜移默化地对整个社会的发展和变迁产生影响。自上而下的制度变革和自下而上的形式创新共同作用，使得劳动领域的新发展与社会宏观变迁相互影响，也为劳动社会学对于宏观议题的研究提供了新的方向。

三、劳动社会学和有关学科的关系

劳动作为一种普遍的社会现象，是人类社会生活的重要主题。对于劳动的研究涉及自然科学与社会科学等不同领域，不同学科共同发展形成了劳动学科体系。劳动社会学作为劳动学科体系的重要组成部分，从社会学的角度研究劳动，将社会发展作为劳动发展的核心，以劳动中的人及其相互关系、劳动对社会发展的影响等为研究内容[38]，是劳动科学体系的一大主干学科与基础理论学科，在劳动学科体系中有着独特且不可替代的地位，与其他相关学科有着不同的关系。

（一）劳动社会学与劳动经济学

劳动经济学是研究市场经济制度中劳动力市场现象及其运行规律的学科[39]，主要研究内容为劳动力资源配置市场经济活动过程中劳动力需求和供给的行为及其影响因素[40]。劳动经济学的主要研究对象为劳动力，而劳动力的本质是劳动者，这也正是劳动社会学的研究对象。只不过在微观层面的个体研究之中，劳动经济学从经济学的视角出发，将劳动者视作一种力量和资源去研究，关心劳动力所带来的经济效益；而劳动社会学从社会学的视角出发，重视劳动者差异化的个体属性、劳动者之间的劳动关系与互动以及与劳动者相关的社会属性。

（二）劳动社会学与社会保障学

社会保障制度是现代工业社会的产物，是对工业社会劳动风险的回应。社会保障学是研究以国民收入再分配的方式满足民众生活需要的制度运行和发展规律的交叉应用学科[41]。社会保障学的主体是社会保险学，从德国创立社会保险制度开始，到后来各个险种的制度设计，都注重解决劳动者年老、疾病、工伤、失业，及其家属的生活困境问题，以维持劳动再生产。社会保障学与劳动问题、劳动制度密切相关，社会保险学也是劳动社会学的研究范畴。具体实践中社会保障学与劳动社会学在解决劳动领域的问题上相互支撑，劳动社会学通过社会学的研究方法理解并解释劳动问题的内涵，社会保障学则从制度调整和政策回应方面为解决劳动问题做出努力。

（三）劳动社会学与劳动关系学

劳动关系是指生产关系中与劳动直接相关的社会关系，或者说是社会关系系统中和劳动过程直接相关的社会关系系统[42]。劳动关系学就是研究劳动关系的学科，具体研究内容包括劳动关系主体、劳动关系环境、劳动关系的协调和运行、劳动关系的矛盾处理等[43]。劳动关系也是劳动社会学中观层面的重要研究对象，劳动关系学与劳动社会学在研究内容上联系紧密。劳动社会学对于劳动关系的研究往往从社会关系的视角切入，劳动关系学的研究不仅包含社会学领域，还涉及劳动关系、政府和企业关系的经济学、政治学和法学研究，因此劳动社会学和劳动关系学是两门在劳动领域高度相关并有所交叉的学科。

（四）劳动社会学与人力资源管理

人力资源管理是对组织中人与人、事与事、人与事、人与组织关系的管理，以调动人的积极性、发挥人力资源的潜能、提升人员工作效率、实现组织目标为目的，是对此过程中涉及的理论、方法、工具、技术、政策、制度等的统称，是一门希望“人尽其才，事得其人，人事相宜”的管理学科[44]。作为劳动社会学的研究对象，劳动者总体本身就是宏观人力资源系统的一部分。劳动者的职业流动与职业分层、职业开发与职业指导、职业地位与职业声望的各项研究内容，受到人力资源管理和劳动社会学研究的共同关注。劳动组织的文化建设或者说企业文化建设、组织行为等，也属于人力资源管理和劳动社会学共同的研究范畴。

第 2 节　劳动社会学的产生与发展

从 19 世纪上半叶奥古斯特·孔德创立社会学，到 20 世纪中叶乔·弗里德曼和皮特·纳维利首次使用“劳动社会学”一词，再到劳动社会学的学科化，劳动社会学的产生和发展经历了一个多世纪的时间。社会环境、经济制度、政治环境、思想理论剧烈变革的时代背景，为劳动社会学的产生和发展打下了深深的烙印。

一、劳动社会学的产生条件

一个学科的产生和发展，与其所处的社会、经济、政治背景密不可分。在工业化和现代化的进程中，劳动社会学在独特的社会、经济、政治和学术条件下应运而生。

（一）社会条件

从社会条件来看，劳动社会学所研究的劳动问题是资本主义发展到一定阶段的产物。19 世纪以来，资本和劳动引发的社会问题层出不穷，工人罢工不断，甚至出现了暴力冲突，女工问题、童工问题、工作时间延长与工作条件恶化、劳动保护欠缺等问题日益突出。人们对于上述劳动问题的普遍关注，引发了社会学家的思考和研究，他们开始探究劳动问题产生的根源，并试图寻找解决劳动问题的措施，这也为劳动社会学的产生创造了条件。在工业化、城市化等社会变迁的过程中，劳动社会学不断对社会发展不同阶段所关注的劳动问题做出回应。第二次世界大战之前，劳动社会学更多关注的是原始资本的剥削、劳资冲突和提升生产率等问题。第二次世界大战后，劳动过程中的工作范式、工作地点的变化，如何建立良性的劳动关系，进一步完善劳动制度等研究议题得到密切关注[45]。后工业时代，全球化和现代化的浪潮也为劳动社会学研究带来了新的研究课题。

（二）经济条件

经济发展为社会发展提供了物质基础，也是劳动社会学研究必须要考虑的现实因素。经济学家在劳动领域的研究，拓宽了劳动社会学的研究视野。经济学密切关注稀缺资源的有效配置和经济效益最大化、如何实现劳动者和生产资料的有效结合和有效配置、怎样消除劳动贫困、如何从宏观的制度设计上修正就业与失业的关系、如何确立合理的劳动标准等，这些问题不仅是经济发展必须面对和解决的问题，也是劳动社会学的研究内容。然而，经济学的研究往往将工作视为收入补偿和提供购买力的途径，忽视了工作和劳动对于社会的作用和意义，在对社会公正问题的探讨上仍有不足。因此，社会学家将劳动力市场这一经济学的研究领域作为一种具体的社会结构来研究，认为市场反映了社会建构、社会运行和政治建设等问题[46]，基于此探究社会经济结构要素对雇主和劳动者之间的微观关系的影响、劳动力市场中不平等的形成、劳动和经济福利与社会公平等问题。

（三）政治条件

政治制度通过权力、法治和基本政治秩序维护市场和社会向好发展[47]，权力的运作、利益相关群体的关系及其可能采取的社会行动影响着社会运行，社会变迁过程中暴露的种种社会问题同样威胁着国家政权。资本主义产生初期，马克思笔下充满剥削的新兴工厂制度造成了空前激烈的劳资冲突，甚至直接影响到政党统治和国家政权的稳定；现代社会中的劳资冲突有所缓和，但阶级对立、阶层分化、利益冲突等问题仍有可能造成社会动荡[48]。面对可能威胁到自身统治的劳动问题，各国政府试图寻求一种能够平衡各方利益的机制。俾斯麦（Bismarck）在创立德国社会保险制度时说过，一个想从国家那里得到养老金的人是最安分守己的。这种维护政权的政治诉求，也为劳动社会学的发展创造了良好的政治环境。

（四）学术条件

除了社会、经济与政治条件，一门学科的产生和发展还与其所处的学术环境密切相关。从学术条件来看，劳资冲突、工人罢工等一系列劳动问题对于劳动、经济领域和整个社会的运行和发展造成了影响，现代社会变迁中劳动领域有待解决的众多理论问题与现实问题促进了劳动社会学理论的产生，引发了社会学、经济学、管理学、政治学等相关学科的广泛关注。相关领域的学者们共同努力，试图在学术上对劳动问题加以阐释，寻找解决劳动问题、缓解冲突、使社会有序发展的良方。相关刊物关于劳动问题的研究愈发丰富，制度化的大学、研究机构和学术团体也应运而生，劳动社会学也在这种学术架构的支撑下逐渐形成学科领域并日益繁盛。

二、劳动社会学的理论发展

劳动向来是社会科学共同关注的重点，经济学、社会学和管理学在劳动领域的研究及其理论成果，对劳动社会学的产生和发展做出了重要贡献。其中，马克思主义关于劳动、阶级的研究是劳动社会学的重要传统理论。涂尔干、韦伯、泰勒和梅奥等人为古典劳动社会学的发展提供了理论借鉴，冲突理论、功能主义理论等现代社会学理论的发展，进一步促进了劳动过程理论等劳动社会学理论的形成。

（一）马克思主义劳动社会学思想

马克思主义理论对社会学的发展产生了重大影响。马克思主义关于劳动问题的论述，也是劳动社会学的重要思想源泉和理论指导。

1. 传统马克思主义劳动社会学思想

19 世纪，随着第一次工业革命的开展，资本主义的发展进入繁盛时期，但也产生了贫富差距扩大、劳资冲突和阶级斗争加剧等社会问题。在此背景下，马克思与恩格斯深入研究了资本主义的生产方式、劳动、工人阶级，具体分析了雇佣劳动和剩余价值、劳动异化、生产力和生产关系、经济基础和上层建筑、资本主义生产方式内在矛盾等问题，为劳动社会学的研究奠定了理论基础。

马克思是一位社会理论家和政治革命家，对于资本主义内部生产关系有着深刻的理解，也对劳动进行了广泛而精深的研究。在理论上，马克思从历史过程的角度，论述了劳动在人类社会发展中的巨大作用，提出了劳动价值、劳动异化等理论。在实践中，马克思在晚年专门设计了一个包含 100 多个问题的工人调查表，涉及工人的劳动环境、劳动时间和强度、生活状况、劳动关系等，用于调查工人的日常生活状况。

马克思在《资本论》的第一章详细描述了劳动价值与剩余价值，并提出一切价值源于劳动。在资本主义社会中，劳动本身是具有交换价值的商品，劳动价值是一定量生活资料的价值，无产阶级将劳动出卖给拥有生产资料的资本家，通过生产与再生产，为资本家创造剩余价值，这种劳动力的消费过程同时也是商品和剩余价值的生产过程[49]。在剩余价值的生产过程中，机器作为商品和资本的物化形式，开始对工人进行剥削，人们的社会关系也被这种物品关系掩盖。

针对劳动力商品化的问题，马克思发展了劳动异化理论。劳动是区分人类与其他生物的本质特征，人类在劳动中表现出能动性与创造性，并以劳动为媒介开发自己的潜能。然而，资本主义经济竞争迫使工人执行专门的任务，资本家通过劳动控制阻碍了工人潜力的开发，从而造成劳动异化与工人的去技能化，不仅扭曲了人性，还阻止了工人共享劳动成果。所谓异化，简单来讲就是人创造出来的东西反过来奴役人，劳动者依靠自身劳动创造了客观世界，又被劳动世界束缚起来。劳动异化有如下表现：第一，工人被异化为劳动产品，他们所生产的劳动产品属于资本家而非他们自己；第二，由于资本家对工作条件的控制，工人被迫从劳动过程中分离，缺乏自我表达的途径，对于如何工作没有发言权，劳动无法使其感到幸福，反而使其感到不幸；第三，在资本主义制度下，工人的劳动并非自愿，而是被迫的强制劳动，工人必须按照资本家的要求工作，无法从事其他具有能动性与创造性的工作，造成人性的疏离[50]。

劳动的异化使得工人深陷与劳动格格不入的劳动关系，这种异化的实质是工人阶级与资本家阶级之间的社会异化。资本主义作为一种独特的生产方式，是建立在对绝大多数劳动者的剥削和异化的基础上的，围绕利润动机组织起来的资本主义生产要求资本家剥削工人，劳动者为少数占有生产资料的人劳动，从而与劳动产品、人类同胞和人类本质逐渐疏离，这种异化遍及整个资本主义社会，延伸到国家、政体和文化等方方面面，工人阶级和资产阶级之间的对立日益凸显，而这种矛盾冲突只有通过革命推翻资本主义经济制度才能解决。

恩格斯作为马克思的挚友与学术合作伙伴，被誉为马克思主义的“第二提琴手”。他在《政治经济学批判大纲》中尖锐地抨击了财产私有制与资本主义的非人性，指出建立在私有制基础上的现代工业是低效与异化的，商业竞争导致劳动分工增加、形成工厂系统，进而衍生出拥有生产资料和没有生产资料的群体，造成阶级对立与劳资冲突[51]。此外，恩格斯还分析了工人阶级的产生和发展。1842 年，恩格斯前往英国的曼彻斯特，在研究纺织业的同时，对工厂和工人进行全面而深入的考察，通过与工人阶级交流、阅读政府报告、获取其他资料，于 1845 年出版了《英国工人阶级状况》，具体描述了工业化对于农业社会的破坏以及曼彻斯特无产阶级境况的典型形式，深入剖析了英国的劳资关系和资本主义制度，指出社会革命的发生不可避免[52]。

2. 新马克思主义劳动社会学思想

随着社会经济的进一步发展，早期劳动社会学偏向功能主义的观点，但无法解释工厂内的劳资冲突和工会的经济主义取向，人际关系学派等理论观点逐渐没落，马克思主义在劳动社会学领域的研究开始兴起[53]。法兰克福学派的赫伯特・马尔库塞（Herbert Marcuse）、法国左翼理论家瑟奇・马勒（Serge Mallet）、英国马克思主义历史学家爱德华・帕尔默・汤普森（Edward Palmer Thompson）等新马克思主义学者，基于马克思主义传统理论进一步分析了资本主义生产过程中的阶级形成、劳动力市场分化等问题。

马尔库塞继承了马克思对资本主义的反思和批判，通过价值判断研究资本主义的意识形态，其在《单向度的人》一书中指出，发达工业社会通过确立不同的制度和生产生活方式遏制社会变化，并使得社会批判逐渐被剥夺并陷入停顿的境况[54]。而发达工业社会是一个由技术进步造成的单向度新型极权社会，随着现代科学技术的发展和工业水平的提升，生产和分配占据了人的全部身心，使得个人与社会逐渐一致化，身处其中的人被严重异化，出现单向度的思想和行为模式[55]。资本主义社会中的所有人单向度地接受意识形态，并融入这种意识形态之中。

马勒等左翼理论家研究了新工人阶级的形成。马勒在其代表作《新工人阶级》中提出了新工人阶级理论，指出第二次世界大战以后随着经济发展、科技应用和社会福利的增加，发达工业社会中生产和非生产的劳动界限逐渐模糊，传统的马克思主义所认为的工人阶级贫困已经得到改善，西方资本主义社会出现了与以传统体力劳动者为主的工人阶级不一样的“新工人阶级”[56]。所谓新工人阶级，主要由受到高度训练的工人和科研人员构成，又称为白领或者中产阶级。新工人阶级意识到自己在生产与社会之中的地位，要求实现工人自治，从根本上改变社会[57]。

汤普森是新劳工史研究的代表人物，著有《英国工人阶级的形成》等书。他认为，罢工是工人们在日常生活当中集体关系的自然拓展，在不同的文化环境中，罢工有着不同的含义与功能，但为共同利益和雇主对抗的罢工已经成为英国社会的一种常态[58]。汤普森认为，资本主义剥削是无产阶级身份形成的关键，工人阶级的形成是一个过程，而非生产资料中阶级位置导致的结果。此外，汤普森还阐释了劳动过程理论对劳动就业和劳动关系发展研究的指导作用，以及劳动过程理论的未来发展趋势[59]。

新马克思主义思想被广泛应用于研究劳动力市场中的社会关系和劳动力市场分化问题。美国社会学家埃里克·欧林·赖特（Erik Olin Wright）强调，阶级地位是劳动力市场分化的根源，不同阶级的劳动者对于自己的工作有着不同的自主权，依据是否拥有生产资料和是否雇佣劳动者，劳动者可以分为管理者、半自主员工和小资产阶级，这些不同阶级职位的劳动者共同构成了美国的阶级结构[60]。赖特等还进一步研究调查了不同阶级职位的收入决定过程，分析了阶级构成和收入不平等的关系[61]。

（二）古典劳动社会学思想

现代社会中，劳动占据着中心地位。前工业社会向工业社会过渡期间，涂尔干、韦伯、泰勒与梅奥等劳动社会学的先驱，从工业化、经济制度与经济关系的视角切入，关注工人与劳动组织在社会变革浪潮中的重要作用[62]，重点研究了劳动、劳动异化、劳动分工、科层制与劳动组织管理等问题。

1. 涂尔干的劳动社会学思想

埃米尔·涂尔干（Emile Durkheim）是法国著名的社会学家，1893 年他在博士论文的基础上出版了《社会分工论》，具体分析了现代社会劳动分工的功能、分工产生的原因和条件以及劳动分工的反常形式，进一步探究了劳动分工带来的社会后果，重点关注社会经济快速变迁过程中的社会团结问题。社会团结，或者叫社会整合，是与社会秩序密切相关的一种社会事实，它独立于个人之外，不受个人控制，具有“集体意识”的特征，只有社会公民共同认为社会是团结与和谐的，社会团结才能够实现。

在社会变迁的过程中，劳动分工是从传统社会向现代社会过渡的驱动力，也是专业化的工业社会发展的基础。在人口密集程度、信息传播速度与社会互动日益增加的城市中，为缓解个体为获得生存资源而产生的社会压力和冲突，人们开始专门从事一些会赋予其社会价值的活动[63]，形成特有的劳动分工，这种分工有利于减少对特定资源的竞争，促使社会更有效地利用总体资源。然而，劳动分工在提升效率的同时改变了个人与社会秩序之间的道德纽带，模糊并取代了集体意识，社会发展过程中的不确定性增强了个体对社会群体的依赖，使得社会组织具有整合性，从而促进了社会团结[64]。

依据不同社会阶段劳动分工的特点，社会团结可以分为机械团结和有机团结两种形式。在传统的封建农业社会，人们处于自给自足的低度分工状态，此时的社会团结是以血缘为基础的、较为原始的机械团结。随着行业协会的出现和劳动分工的细化，分工日益专门化，人与人之间存在高度且广泛的相互依赖，集体意识被削弱和抽象为约束专业化社会依赖关系的普遍化与世俗化的价值前提，个人也在这样的社会中拥有了更多的自由[65]，这种由劳动分工创造的社会团结就是有机团结。

有机团结常被视为社会进步的标志，且社会发展过程中分工越精细，有机团结程度就越高。而劳动分工对于社会团结的促进作用，只有在正常的劳动分工形态下才能实现。由于资本主义本身的缺陷，劳动分工会在特定的社会历史环境下出现反常形态，若监管不当，就会造成劳动异化和社会规范崩溃的局面。涂尔干提出了劳动分工的三种典型反常形态，即失范型劳动分工、强迫型劳动分工与协调不足型劳动分工。其中，失范型劳动分工体现了现代工厂制度下工作或劳动的无意义化以及劳动规范和道德价值的缺失，强迫型劳动分工是指受社会不平等影响而形成的分工，协调不足型劳动分工则是指在专业化过程中受不充分合作的不良影响而形成的分工。劳动分工的反常形态，根源在于资本主义经济市场的变幻莫测。快速的工业增长、周期性的经济危机和商业失败，造成了工人阶级与资本家之间的矛盾冲突，在不稳定的资本主义社会中，反常形态的劳动分工往往无法达成改善社会团结的目标。

2. 马克斯·韦伯的劳动社会学思想

马克斯·韦伯（Max Weber）是德国著名社会学家、政治学家和社会理论家，被认为是社会科学的集大成者，提出了科层制、理想类型等理论观点，构建了一个庞大的学科体系，对现代社会学、政治学、法学、经济学等学科的发展产生了重要影响，同时留下了《新教伦理与资本主义精神》《经济与社会（第1卷）》《经济与社会（第2卷）》等大量著述。

19世纪末，韦伯通过社会调查的形式关注德国工人的境况。受德国社会政策学会的邀请，他整理了“德国农业工人状况调查问卷”的调查结果并形成调查报告，发表了《易北河以东德国农业工人的状况》等文章，分析考察了德国农业工人的状况和其他劳动者的基本生活状况。

理性化与理想类型的划分是韦伯论述资本主义发展过程的重要概念。其中，理性化被看作现代性的重要特征。韦伯认为，人们存在着价值理性和工具理性两种理性，人的行为也可以因此划分为价值合乎理性行为、工具合乎理性行为、传统行为、情感行为四种基本类型。在现代社会层面，韦伯认为，现代资本主义只有在建立于专业官员制度和理性的法律制度之上的理性国家中才能发展[66]。在理性国家中，政治统治有三种理想类型，即魅力型统治、传统型统治和法理型统治[67]。现代社会就是通过法理进行治理的社会。

在1905年出版的《新教伦理与资本主义精神》一书中，韦伯具体分析了理性的含义、理性资本主义与掠夺式资本主义、新教伦理对劳动的影响、新教伦理与资本主义之间的关系等问题[68]，将价值观决定人类行动这一现象上升至理论高度，强调影响行动的除经济力量外还有价值观念，回答了什么是资本主义发展的心理条件这一问题。在韦伯理解的社会学之中，资本主义的发展得益于新教伦理、工业化和工具理性的兴起。

韦伯对于现代工业的理解，建立在社会结构和功能的综合性理论分析框架之下。在此框架之下，韦伯提出了现代官僚主义与科层制理论。在他看来，资本主义的兴起、法治化和民族国家的形成促进了新型工作组织的形成，这种组织形式与传统的官僚行政形式不同，是一种理性的理想型组织控制形式，称为“现代官僚主义”。现代社会的组织结构就是一个科层化的“类金字塔形”组织结构，该结构的每一层级都设有不同的岗位，履行不同的职责。这种合理化的官僚结构可以使行业领导者拥有更高的效率，但韦伯也担心这一过程会越来越多地限制人们自主和民主地工作[69]。韦伯还追踪了工厂、工会成员和政治官僚组织的动态，预测现代社会所有领域都将被重塑，并最终被合理化进程所困，工业组织的形态会在所有社会机构中留下印记。此外，韦伯基于长期对经济行为的社会学范畴的分析，针对劳动力市场结构、劳动分工的形式、职业类型与职业结构等问题进行研究，分析了职业专业化的产生[70]，为职业流动与职业分层、职业地位和职业声望等劳动社会研究提供了理论指导。

3. 泰勒与梅奥的劳动社会学思想

20 世纪初期，资本主义的进一步发展使得学者们开始关注工人行为、工作群体活动以及工厂内部的社会关系等微观劳动领域，科学管理主义与人际关系理论成为早期劳动社会学的研究重点。

美国管理学家与经济学家弗雷德里克·温斯洛·泰勒（Frederick Winslow Taylor）被称为“管理学之父”，是“科学管理”运动的创始人，先后发表了《计件工资制》《工厂管理》《科学管理原理》等著作，深入探讨了工资制度、工作组织管理等问题。他认为，工人和管理者是仅受金钱刺激的“经济人”，为解决怠工问题，应简化工作流程，采取标准化的科学管理方法，针对组织结构的科学管理远比机器等生产设备重要，科学管理能够激发员工的工作潜能、有效提升劳动效率，随之而来的经济回报可用于增加管理者与工人的收入，从而缓和劳资关系、确保两个群体和谐合作[71]。泰勒的科学管理主义深刻影响了工厂管理，但也存在很多争议。工业生理学家和心理学家认为，标准化的工作流程会累积疲劳，降低工人的劳动效率，还忽视了工人之间的能力差异，这引发了学者对供暖、照明、工作时间和休息暂停等工作环境与工作条件的关注，并对特定工作环境与组织社会关系下的工人行为进行研究。

哈佛大学教授乔治·埃尔顿·梅奥（George Elton Mayo）是行为科学的奠基人与人际关系学派的创始人。他主持了著名的霍桑实验（Hawthorne Studies），通过控制照明、工作时间和休息、奖金等工作条件，分析霍桑工厂生产率低下的原因，探究能够提升劳动生产率的因素。实验结果表明，无论是否改变光线、奖金、休息时间等因素，工人的劳动生产率均有所提升，且这种提升不能归因于物质激励或工作环境中的某一项因素变化的刺激，工人劳动生产率的提高是因为他们在实验环境感受到自己被重视，更大的自由度、较少的监督与训斥会令工人有更好的精神状态，愉快和幸福的感觉能够提升其工作效率[72]。该实验中参与者会做出符合研究者期待的行为的现象，被称为“霍桑效应”。由霍桑实验可知，人不仅仅是考虑利益的“经济人”，还是有情感需求的“社会人”。非正式组织的存在表明，工人并非孤立的社会个体，工厂是独立的社会系统，工人行为是独立于同伴的理性行为，其行为是他们对工作环境和群体的一种反应，这种反应由物质条件和社会关系等因素共同决定[73]。

1933 年，梅奥将霍桑实验的结果整理后正式发表了《工业文明的社会问题》，标志着重点研究人际关系、工作满意度、工人劳动生产率的人际关系学派正式创立。人际关系学派对于劳动组织控制和现代企业管理产生了深远影响，也促进劳动社会学更加关注非经济因素。如何让情感通过劳动得以宣泄、增加劳动过程中的愉悦感、促进工厂内的劳资和谐、提升劳工满意度和劳动生产率，成为该时期劳动社会学研究的重要主题。值得注意的是，泰勒与梅奥等人的研究多从管理者的视角出发，在实验控制与激进的经验主义导向上存在诸多不足。

（三）现代劳动社会学思想

第二次世界大战后，现代社会学理论的发展推动了劳动社会学的研究，在功能主义理论、冲突理论等视角下，劳动社会学研究开始关注制度与结构变量在劳动中的作用，进一步拓展了劳动社会学的研究领域。

1. 功能主义理论的劳动社会学思想

20 世纪中叶以来，功能主义理论一度成为社会学的主导性理论。随着功能主义理论的兴起，一些高度抽象的概念被广泛应用于劳动领域的研究，并逐渐分化出了职业社会学、组织社会学等分支学科。劳动社会学的研究不再局限于工作场所和工作群体，在功能主义理论视角下，工人不仅是工厂的雇员，还是社区、产业和国家的成员，“异化与自由”“科层制及工人的反应”等议题成为该时期的研究热点。

哈佛大学教授塔尔科特·帕森斯（Talcott Parsons）是功能主义理论的代表人物，著有《社会行动的结构》《社会系统》等。帕森斯提出，社会行动系统由文化系统、社会系统、人格系统和行为有机体系统构成，每个子系统分别承担模式维持、规范整合、目标达成与适应等不同的职能，社会中的每个行动者都同时属于社会行动系统的子系统[74]，任何系统都必须适应其所处的社会环境。社会系统又有经济、政治、社群和制度四个子系统，每个子系统各部分相互关联、相互制约，构成相对独立的有机体，共同塑造了人类行为本身。

罗伯特·金·默顿（Robert King Merton）强调经验的实在性，提出了社会学的中层理论，著有《十七世纪英格兰的科学、技术与社会》《社会理论和社会结构》《科学社会学》等，被称为“经验功能主义者”。默顿认为，相对于帕森斯高度抽象的单一概念结构统一理论，建立能够应用于经验研究的社会流动理论、角色冲突理论、参照群体理论等中层理论更为重要，他提出的功能主义范式进一步推动了功能主义的经验化。金斯利·戴维斯（Kingsley Davis）、威尔伯特·莫尔（Wilbert E. Moore）等提出了职业分层理论，依据功能主义理论解释职业地位与职业声望的形成，认为每个按照功能划分的社会中都有不同的职业、职业分层和职业分类，社会当中一些底层职业的存在也是源自社会需要，没有这些底层职业，法官、社会工作者或其他职业从业者就会面临失业的窘境[75]。

2. 冲突理论的劳动社会学思想

冲突理论强调社会变迁和非均衡的社会关系，认为社会不但是有功能的，还是有冲突和矛盾的，且冲突和矛盾无处不在。冲突理论的主要代表人物有拉尔夫·达伦多夫（Ralf Dahrendorf）、查尔斯·赖特·米尔斯（Charles Wright Mills）等。

德国社会学家达伦多夫沿袭了马克思主义理论传统，分析工业社会的阶级冲突，著有《工业社会中的阶级和阶级冲突》《社会冲突理论探讨》《阶级后的冲突》等。他提出，资本主义工业的典型组织是股份公司，其内部的社会角色也与工厂制的社会角色存在差异。中产阶级规模的扩大和无产阶级向上流动的可能性的增加，进一步减少了资产阶级与无产阶级的对立冲突，阶级冲突将被由职业决定的地位与等级关系导致的冲突取代。如果职业地位与等级关系的冲突积累到一定程度，就会出现组织结构的调整，由下层推翻上层，重新建立一个新的组织结构，造成工业、政治和其他形式冲突的秩序性分离，从而维护西方社会权威关系的基本结构，这种社会冲突也有利于促进社会变迁[76]。

美国社会学家米尔斯不仅是冲突理论的先驱之一，也是最早对帕森斯的功能主义理论进行批判的人，他将个人的需要置于优先的地位，认为社会结构对人存在压抑和阻碍。米尔斯关注社会结构中的阶级、统治形式和社会动态，借用韦伯的经济、权力和声望模式，以权力结构为中心，研究劳动社会中的阶级分层，著有《白领：美国的中产阶级》和《权力精英》两部经典之作，详细阐述了美国社会"白领阶层"这一新中产阶级群体的生活方式、权力行使方式及其与传统中产阶级的区别[77]，其主要特征为家庭年收入处于社会的中等水平、有相对悠闲的生活方式和相对体面的职业，并构成了一个具有共同职业意识和阶层意识的群体。

米尔斯还提出了权力精英的概念，指出美国社会中在经济、军事、政治机构中占据高位的企业行政长官、军事领袖和政治主管共同组成了权力精英群体，这一群体的重要决策决定了社会的基本结构和走向，影响着中下层人民的生活，权力精英群体的决策以维护其自身的统治利益而非普通公民的利益为出发点[78]，社会是由单一且整合的精英统治的，而精英群体的权力来源于对生产资料和新兴暴力手段的控制。有学者认为，改革开放以后，我国在现代化的过程中也出现了经济精英、政治精英、文化精英[79]，这三个精英集团所形成的利益结盟对中国社会的发展产生了重要影响[80]。冲突理论关于阶级和社会分层的研究，为劳动社会学研究职业分层和职业流动打下了良好的基础。

（四）劳动社会学理论的发展

20 世纪 70 年代以来，受功能主义理论与冲突理论的影响，劳动社会学的研究对象呈现出"劳动者消失"的特点，逐步由微观的劳动者转向劳动与垄断资本、劳动力市场分割、收入决定等结构层面与中观层面的研究，形成了劳动过程理论等劳动社会学理论。

1. 劳动过程理论的形成与发展

20 世纪中叶，西方劳动社会学关注更多的是劳动过程之外的领域。随着西方工业化向后工业化转型，企业组织的大型化和生产过程中现代管理模式的广泛运用，相对稳定的就业使多种社会矛盾集中在企业内部，劳动社会学研究也开始回归到企业内部的劳动过程。劳动过程理论来源于马克思主义关于资本主义工作组织和劳动过程的研究，以哈里·布雷弗曼（Harry Braverman）和迈克尔·布洛维（Michael Burawoy）为代表，对科学管理主义与人际关系理论进行批判，将工作场所的内部关系与管理策略和政治背景相联系，逐渐形成了相对独立的劳动社会学主干理论。

美国政治活动家和马克思主义经济学家布雷弗曼分析了资本主义生产关系。1974年其发表的《劳动与垄断资本：二十世纪中劳动的退化》围绕剩余价值和资本主义生产方式下的劳资冲突，重新阐述了垄断资本制度下的劳动过程。他依据社会分工将资本主义霸权生产模式分为科学管理、技术革命与垄断资本三个阶段。其中，科学管理阶段存在劳动过程和技能的分离、概念和执行的分离以及为达到控制目的而进行的知识垄断。技术革命阶段在提升生产率的同时存在一定破坏性，资本家通过其掌握的技术细化脑力劳动和体力劳动的分工，增强劳动控制[81]。布雷弗曼将管理方式、技术发展和劳动政策联系起来，针对垄断资本下的资本主义生产对剩余价值的剥削进行批判，分析了劳动的客观条件，但由于布雷弗曼仅从技术性而非政治性的角度分析劳动控制，其功能主义的研究也被认为是片面的。

美国社会学家布洛维继承了马克思主义将生产与政治相联系的理论传统，并以此为出发点，批判了布雷弗曼的研究，出版了《制造同意》《生产的政治》《辉煌的过去》三部曲，把工人带回劳动社会学研究的中心。与关注工人消极怠工的传统组织理论不同，他强调劳动过程中工人的主体性与"制造同意"的重要性，采用"民族志"的研究方法，具体分析了劳动过程中的同意和冲突，回答了工人卖力工作的原因。布洛维提出，工厂从纵向冲突到横向冲突的转变，掩盖了工厂内部不平等的剥削与生产过程，隐蔽地强化了劳动过程，更有利于剩余价值的生产和提取[82]，资本主义下的劳动过程本身既是"制造同意"的来源，也是阶级斗争中的政治问题。

布洛维将生产政治和意识形态等内容丰富到劳动过程的分析范畴中，详细分析了生产体制与国家政治体制之间的关系，将生产体制的变迁与国家政治体制的变迁联系起来，提出了"生产政体"的理论视角。从劳动过程、市场竞争、劳动力再生产和国家干预四个维度来考察"生产政体"的产生和发展。依据强迫、同意、专制和霸权四个核心概念，"生产政体"可以划分为不同的类型，劳动过程中当强迫占上风时"生产政体"为专制体制，若同意占上风则是霸权体制[83]。此外，布洛维还研究了劳工移民在资本主义经济中的角色，关注劳动力市场机制的性质、结构及其组织模式，提出种族主义是提供劳动力的一种方式[84]。针对后工业时代传统工商业的消亡、党派力量的增强与劳工运动的转变，布洛维重新理解了劳动与劳动过程的定义，明确了从劳动过程研究到劳工运动研究的理论转向[85]。可以说，布洛维为后续的劳动过程理论研究提供了方法和理论，做出了里程碑式的贡献。

2. 新经济社会学的嵌入性理论

经济学与社会学两大学科，既存在学科界限，又密切关联。以马克思、涂尔干与韦伯为代表的古典经济社会学家对经济和社会的关系进行了初步探索，帕森斯和斯梅尔瑟（Smelser）等现代经济社会学家从功能主义的角度进一步整合了经济社会学理论，但微观领域经济社会的研究仍有所欠缺。为进一步弥补经济社会学的空白，马克·格兰诺维特（Mark Granovetter）、理查德·斯威德伯格（Richard Swedberg）等对经济行动、社会结构、经济制度和社会关系网络等进行研究，其代表性的嵌入性理论也为劳动社会学研究提供了理论指导。

1985 年，美国社会学家格兰诺维特首次提出“新经济社会学”一词，探讨了现代工业社会中经济行动和社会结构的嵌入问题[86]。在他看来，社会结构是一种涉及个体、群体、组织等多种层次的处于社会单位之中的关系模式与关系网络。社会中的个体不是“原子化”的孤立存在，而是嵌入具体社会关系体系之中的“社会化”的人，个体行动因而会受到关系网络与社会资本的限制。现代工业社会中，利益最大化的经济行动作为社会行动的一种，同样嵌入社会关系网络之中，不仅具有影响资源配置和技术发展的经济功能，还具有社会结构和系统意义。市场不仅是一个封闭的自治系统，还是一个受到关系网络牵制的社会空间，个人可以通过关系网络来影响市场的资源配置方式，因此对于经济行动的考察必须考虑其在社会结构中的嵌入性。

格兰诺维特还将嵌入性理论应用于劳动力市场分析之中，他强调劳动力市场行为在社会互动和关系网络中的嵌入性，并试图解释劳动力市场中经济学家与社会学家研究个体行为时的侧重点不同。经济学家对劳动力市场的研究侧重关注经济动机，而未能考虑经济动机和非经济动机的相互作用。事实上，经济行动既有以理性人为假设的选择性行为，也有非选择性行为，个体在寻求经济目标的同时，往往与社交、获取认可、寻求地位和权力等目标相结合[87]。因此，分析经济行动时应综合考虑社会网络以及信任、情感等非理性因素。格兰诺维特还以嵌入性理论为基础，形成了社会网络理论分析框架，提出了“弱关系的强度”“嵌入性”“信息链”等概念，其理论观点也在工作搜寻、职业选择和职业流动的研究中被广泛使用[88]。

瑞典社会学家斯威德伯格和格兰诺维特合著了《经济生活中的社会学》一书。不同于其他学者对个人领域系统的关注，斯威德伯格从理论渊源出发，对经济社会学的产生机制、存在价值、发展前景进行了深入的思考[89]。1990 年斯威德伯格出版了《经济学与社会学》，具体分析了社会学和经济学的关系。其出版的《马克斯·韦伯与经济社会学思想》从韦伯关于经济社会的经典论述出发，批判了将所有经济现象均视为社会关系的结果的观点，并提出经济行为是由利益和关系共同决定的。斯威德伯格还组织编写了《经济社会学手册》，独自撰写了《经济社会学原理》，创立了以韦伯为核心的经济社会学，强调文化的意义以及经济行为对社会结构的嵌入，重视文化和社会关系在经济行为和劳动力市场中的作用。

除上述提到的理论，新制度主义、组织行为学、人力资本理论等与劳动领域相关的理论研究，对于劳动社会学的研究和理论的发展也具有重要的推动意义。

三、劳动社会学面临的挑战

工业化和现代化带来的各种社会问题，促进了劳动社会学的产生和发展。在社会发展变迁的过程中，后工业和后现代社会暴露出了更多社会风险，劳动社会学的发展也面临着全球化趋势、信息技术发展、劳动环境变化、政治变迁等诸多方面的挑战。

（一）全球化趋势

20 世纪 70 年代以来，随着科技进步和社会发展，全球化已经成为不可逆转的趋势。

世界范围内的社会关系不断强化，这种关系将距离遥远的地域链接起来，地域性变革和跨越时空的事件由此产生联系，形成全球性的社会网络[90]。世界资本主义、世界军事秩序和民族、国家有了新的发展，国际劳动分工面临着贸易全球化、资本全球化、跨国人员流动等挑战[91]，劳动社会学也经历了工作概念的重构、研究内容的更新和相关劳动理论的进步与发展。

随着全球性劳动的扩张，不同的国家或地区在工业类型、技术和原料的生产和加工等方面实行专业化分工，促成了世界范围内的产业分布转移，全球性的经济联系日益紧密，文化全球化和现代性的全球扩张随之产生[92]。劳动关系也由此展现出国际性的特点，具体表现为各国劳工矛盾处理基本规则和要求的共性和趋同，但各国资本和劳动所面临的境况和经济活动中的话语权不匹配，因而国际劳资关系力量十分不均衡[93]。劳动过程、劳动权益和劳动运动等受到冲击，“血汗工厂”的集中出现体现了全球劳工面临的困境，代表着劳工维权和赋权的“反血汗工厂运动”等劳工运动也随之产生[94]。传统工业社会和工厂相联系的职业风险不再局限于特定地域或团体，新的社会力量和非阶级化的政治力量打破了生产和再生产的界限，职业风险开始在全球范围内蔓延[95]。

通过改变国家经济和政治结构，全球化间接影响了劳动力市场的均衡工资和就业[96]，国际贸易使得企业和工人处于全新的环境，在创造就业的同时也导致了劳动力市场摩擦，影响企业和工人的匹配质量，造成劳动力需求弹性变化和工资不平等[97]。全球资本、外商直接投资、进出口和劳动力流动促进了劳动力市场的转型，劳动力市场出现去工业化、企业重组、官僚负担、工作去标准化等特征，而劳动力市场转型又进一步影响了国家或地区的收入分配、劳动力市场结构和社会人口发展[98]。经济危机对于就业的破坏也成为全球性特征，为恢复世界经济秩序，发达国家需要跳出唯本国利益论，依托全球视野向发展中国家提供财政援助[99]。

在倡导国际合作的同时，由于各国与各阶层间利益分配不均、社会两极分化加剧、金融风险蔓延、地区冲突、污染转移等，世界各国越发关注国家民族主义与民粹主义，出现了保护主义抬头、国际贸易紧缩等反全球化现象。处于弱势地位的国家，通过反全球化运动反抗跨国公司对本国劳动者的压迫，反对资本主义剥削[100]；部分曾倡导全球化的发达国家，为维护本国利益也开始成为反全球化的力量。新冠疫情期间跨国安全风险的增加，促进了政府对于反全球化策略的关注，学者们也开始思考反全球化对于跨国公司经营、本国劳工保护、技术和产业升级的影响[101]。

（二）信息技术发展

当今世界，数字化、人工智能等信息技术革命，全方位地影响了劳动世界。技术进步在促进经济发展的同时，也悄无声息地改变着就业格局和工作场所的组织形式，引发了工人行为与家庭生活互动以及整个社会层面的连锁反应，就业形态、劳动力市场职业结构、工作环境与潜在职业风险随之发生变化。

在信息时代，经济出现了信息主义、全球化与网络化的新特征。传统工业社会中，土地、资本与劳动是财富源泉，在后工业时代信息本身成为价值所在，以知识为基础的生产力进一步发展[102]，传统的公共场所服务等在场经济面临线上服务的冲击，非永久性经济和租赁活动盛行[103]，全球竞争优势由大规模生产转变为持续创新的高价值生产，要求劳动力市场具备一定的灵活性，更新原有的劳动标准。“体面工作”有了新的内涵和标准，工业社会中的标准化、全职工作就业体系开始向兼职工作、临时工作等灵活多元的不充分就业体系转变[104]，与工作挂钩的附加福利也可能就此消失[105]，这就要求政治体系及时做出反应，通过最低工资标准、社会保障制度为劳动者提供生活保障。

步入信息社会，职业结构和职业地位也开始重组。以美国为例，信息时代的蓝领工人群体数量相对减少，律师、教师、工程师等信息专业人员数量明显增加[106]，信息化与自动化系统剥夺了部分劳动者的工作机会，白领阶层的工作场所也随之发生变化，数字化的办公室就此出现[107]。对于劳动者个体及其家庭而言，信息技术的发展模糊了工作和家庭生活的界限，劳动者面临着工作-生活平衡的难题[108]。女权主义者强调女性对于家务劳动和情感劳动的贡献[109]，新就业体系也为妇女、大学生等“隐形劳动储备”提供了更多的工作机会。此外，信息技术在改变工作环境的同时，也可以用于改善工作条件和劳动保护，在小微企业正规化、工作环境检测、工资统计等领域，为维护劳工权利、强化企业责任提供了新的治理框架[110]。

（三）劳动环境变化

劳动环境是人类劳动发生的物质与空间基础，可以分为社会（一般）环境和工作（具体）环境，广义的劳动环境包括自然环境、经济环境、政治环境、社会文化环境四类，狭义的劳动环境则是和劳动行为直接相关的情况和条件[111]。环境作为社会系统的重要组成部分，是社会运行所依托的基本条件，人类从环境中直接或间接地获取必要资源，通过人类活动对环境进行改造，环境变化又影响了社会发展与社会变迁[112]。在人类历史发展的过程中，劳动环境的变化影响着劳动活动、劳动者的身体健康以及社会生产力的发展。

不同的生产结构之中，人类所处的劳动环境不同。前工业社会以农业社会为基础，劳动环境主要受到自然界既有环境的制约和影响。工业社会在技术进步与经济发展的同时，面临着气候变化、环境污染、资源枯竭等问题，以及旱灾、暴风雨等外部风险与新型疾病、食品安全等人为风险，人们开始关注职业安全与职业健康，注重劳动过程控制与劳动保护[113]。以知识和技术为基础的后工业社会，不仅面临工业社会中的劳动环境问题，同时由于工作性质的转变，工作环境更加复杂与多样，不再局限于工业时代的固定工作场所，工作场所暴力、工作压力等问题受到密切关注。

为应对高度发达的社会中环境污染等一般劳动环境问题，保障人类社会持续良好发展，政府应转变生产方式、修正劳动理念促进社会环境转型，在理念上由“生产主义”转向注重环境保护的“关怀主义”，在生产过程中控制污染型企业发展，进行产业结构重组，严格执行劳工保护和环境标准[114]。劳工和环境团体在适应劳动环境转变的过程中起到了积极作用，在防治污染的同时还应注意保障员工收入，平衡好环境保护和劳动就业之间的关系[115]，最终实现劳动环境中自然资源、社会凝聚和人类劳动的良好互动。

（四）政治变迁

在全球化与技术进步的背景下，许多新兴国家经济发展迅速，却出现了暴力事件频发、恐怖主义横生等政治秩序紊乱的局面，这往往是因为阶级分化和利益冲突超出了政体的承受能力[116]。政治变迁作为劳动社会学的重要现实背景，大到跨国人口流动、国际冲突与世界战争，小到组织内部权力关系结构的变化，都与劳动力市场分化、劳工运动等研究内容密切相关。从劳工输出的视角切入，跨国人口流动促进了国际劳工群体的形成，强化了劳方与资方的剥削关系，形成了跨国生产政治体制，这种外劳制度在赋予雇主权力的同时，也限制了劳工的诸多权利[117]，因此国际劳工组织、联合国等部门通过制定国际劳工标准等手段维护劳工权益[118]。然而，国际政治权力会影响各国国际劳工标准的执行，在集权化的全球市场中，强国依靠资本与技术掌握主导权，其集体谈判标准等劳工标准的执行力度显著低于弱国[119]。

劳动力市场的自由交换，同样受到政治等非市场因素制约。雇佣关系、阶级关系等社会和权力关系，深刻影响了劳动力市场性质和市场分化的过程[120]。劳动力市场中，既存在不同性别、民族与种族的劳动者之间的横向差异，也存在权力和阶级的纵向差异[121]。以第二次世界大战后的美国为例，黑人与白人之间种族工资差异、就业不平等这一劳动力市场种族歧视历史格局的形成，并非简单的经济结构调整的结果，还受到社会运动、政府政策、工会努力等政治和制度因素的影响[122]。

在劳资双方的不平等关系中，工会起到了缓解劳资冲突、保护劳工权利的重要作用。传统的商业工会以争取工资和工作条件为己任，而政治化的劳工运动有利于解决移民、种族和性别歧视、收入差距等问题。在国家经历自然灾害、社会冲突或社会动荡时，劳工组织还能起到保护劳工、维护政治秩序的积极作用[123]。然而，不断加剧的国际竞争削弱了劳工保护制度的保障能力，西方新自由主义与去“监管化”的政策，促进了弹性积累生产体制的形成，原有的工厂形态逐渐向非正规劳动市场转变，形成了“非工会化”的劳动力市场[124]。许多灵活就业的工人无法进行集体谈判，缺乏社会保护，容易陷入工作贫困，因此劳动社会学的研究也向重建劳工、雇主、政府之间的三方关系，提升劳工的议价能力，振兴劳工运动的方向转变[125]。

第3节 中国劳动社会学的传统与新兴

近代中国的仁人志士借鉴西方思想探索救亡道路，严复译介《群学肄言》后，西方社会学就此传入中国。中国社会学早在民国时期就十分重视劳工研究，将劳工问题视为中国社会革命和社会建设的核心，并逐渐形成劳动社会学学科。新中国成立后，我国劳动社会学经历了恢复与重建的波折，最终得以确立和发展。

一、中国劳动社会学的传统

随着近代工业技术与工厂制度的传入，中国开始出现城市工人阶级，民国时期劳工问题受到社会学的密切关注。仅19世纪20年代至40年代，中国有关劳工问题的社会学著作已过百种，研究内容涵盖了劳工运动、工会组织、工人生活、工人劳动保障等多个方面[126]。

（一）劳动社会学的萌芽

19世纪末20世纪初，中国属于半殖民地半封建社会，经历着由农业社会向半工业社会的转型，传统的小农经济与家庭手工业受到现代化工业体系的冲击。在西方侵略者的威胁与封建社会的压迫之下，中国社会运行状况日益恶化，维新派为救亡图存向西方寻求真理，谭嗣同的《仁学》等著作中出现了“社会学”的概念，严复将斯宾塞的《社会学研究》一书译为《群学肄言》后，社会学开始在中国生根发芽。[127]此后，有关工人的生活状况、工资报酬、劳动控制、劳动保护等劳动问题引起社会学界的关注，关于劳工的社会学就此兴起。

20世纪初，在教会学校任教的教授或传教士带领学生和慈善团体开展了对部分底层劳工的调查。1914—1915年，燕京大学教授步济时指导北京社会实进会通过简单的问题调查表调查了302位洋车夫的生活情形；1914—1917年清华学校（后更名为清华大学）的狄特莫指导学生对北京满、汉族居民家庭生活费进行调查[128]。此外，部分具有进步倾向的知识分子也进入工厂、矿山等地考察，并于报刊发表了文章。

1918年，北京大学校长蔡元培发表《劳工神圣》的讲演，提出凡是劳力有益于自己和他人的都是劳工，肯定了劳工的价值，倡导自食其力和互助合群，形成了“四民皆工”的思潮和观念，推动了近代劳动思潮的形成[129]。“五四”运动前后，李大钊与陈达等人在历史唯物主义的指导下，将劳动问题视为正式改良革命方案的核心，撰写了《唐山煤厂的工人生活》《中国劳工问题》等一系列关于中国劳动问题的文章[130]。《新青年》作为新文化运动的重要阵地，积极倡导关注劳动问题、发展劳工文学。1920年发布的《新青年》（第七卷第六号）、《劳动节纪念号》特刊，将蔡元培提出的“劳工神圣”四字印于封面之上[131]，该刊超过2/3的篇幅为国内各地劳工状况的调查报告，推动了中国早期的劳动社会学研究。

（二）劳动社会学的学科化

20世纪初，随着乡村经济的衰败与资本主义经济的兴起，众多农民主动或被迫离开土地进入工厂工作，涌入城市成为游民或工厂工人，产业工人群体就此形成并逐渐壮大，劳工问题日益突出。大批具有留学背景的社会学家将西方社会学的理论与实证方法应用于我国劳动领域，出版了一系列以中国劳工问题为主题的专著[132]，如马超俊《中国劳工问题》、唐海《中国劳动问题》、李剑华《劳动问题与劳动法》、陈达《中国劳工问题》、陈振鹭《劳动问题大纲》、何德明《中国劳工问题》等。此外，通过开设相应课程、建立学术机构和进行社会调查，中国劳动社会学的学科雏形就此形成。

随着各高校社会学系的成立，劳工问题开始出现在大学的讲堂上。1913年，上海沪江大学首先将社会学作为独立的学科，1917年清华学校开设社会学课程，20世纪20年代燕京大学、上海大学、复旦大学等先后成立社会学系[133]。1923年上海大学设立社会学系后，瞿秋白担任第一任系主任，在中国共产党的领导下，对中国社会、中国劳工问题进行了大量的研究。1926年起陈达于清华学校社会学系开始讲授“劳工问题”课程。同时期，复旦大学社会学系开设了“劳动运动史”“劳工研究方法”“劳动问题”等课程[134]。在学校的培养之下，许多社会学系的学生选择劳工问题作为自己的研究领域，北平社会调查所等学术研究机构也开始进行系统性的社会调查。

早期中国的劳动社会学调查机构，以陶孟和所在的北平社会调查所与方显廷所在的南开经济研究所为代表。1913 年陶孟和从英国伦敦大学政治经济学院学成归国，先后于北京高等师范大学、北京大学任教。1926 年他创建了中国最早的专业社会调查机构——中华教育文化基金董事会社会调查部，调查部在成立之初侧重于劳动问题和工人生活的调查。1929 年该调查部改组为北平社会调查所，陶孟和任所长，旨在以科学的方法调查并研究国人的社会生活。1920—1930 年，陶孟和以新式工厂工人为研究对象，主持并指导了多项工业调查，随后组织出版了《中国劳动年鉴》《塘沽工人调查》等一系列关于劳动力再生产、强调劳工治理的著作，力图整体性地勾勒中国劳动问题[135]。同时期，1927 年创建的南开经济研究所，在方显廷的领导下与北平社会调查所密切合作。虽然该机构并非社会学研究所，但其研究关注工业组织、制度及其变迁，出版了《中国之棉纺织业》《华北乡村织布工业与商人雇主制度》等一系列研究工厂制度下劳工状况与劳动雇佣的著作。

工人家庭、工厂、组织、工人运动、劳工问题、劳工立法、生产方式转变和社会建设等是该时期劳动社会学的热点议题。家庭作为劳动力生产的基本场域，和工厂共同构成了劳动的基本社会空间。陶孟和的《北平生活费之分析》以北平的旧式手工业者为研究对象，关注工人家庭生活与生计问题[136]。

劳资关系、工人运动也是当时劳动社会学的研究主题。受李大钊影响，邓中夏密切关注中国的劳工运动，分析工人阶级在中国革命中扮演的角色，以探求中国革命的根本出路。《一九二六年之广州工潮》与《中国职工运动简史（1919—1926）》是其关于劳工问题的核心著述，他试图用唯物史观对中国工人运动的发生、发展和演变进行经验性与历史性的解释，为研究中国革命初期工人运动提供了具体史料[137]。陈达亦对罢工、立法等劳工问题进行了研究，出版了《近八年来国内罢工的分析》等著作，分析了彼时中国罢工运动和法律实施的基本情况，从传统到现代的变迁之中分析劳工问题，明确了劳工问题的定义、性质、研究方法及其与其他社会学科的关系，综合分析了工人生活、劳工团体、罢工、工资和工作时间、生活费、福利设施、劳工法规等问题[138]，论述了中国劳工问题的起源、发展和解决途径。

此外，学者们还研究了该时期生产方式的转变与社会建设。1939 年张子毅、费孝通等人通过社区研究，对易村的农业活动、劳动力剩余、村民的生计状况、纸坊等手工业发展状况进行分析，指出以农业为主要生产工作的农村存在劳动力时间分配不均匀的问题，为解决农业活动的这一问题，应在农村中发展和农业相配合的手工业[139]。梁漱溟从社会改良的角度出发，认为中国政治问题的解决必须走乡村建设之路，通过振兴农业发展工业，从复兴农村入手，达到新社会建设的成功[140]。尽管梁漱溟、晏阳初等主导的乡村建设运动最终以失败告终，但其关于乡村组织和劳动生产方式改造的研究，对于中国社会建设的探索具有重要意义。

（三）劳动社会学的发展

20 世纪 30 年代中期到 40 年代，在抗战救国的背景下，劳工问题不再是单纯的经济或政治问题，而是民族、政治、经济三个问题的综合体[141]，在反抗帝国主义压迫、探索救国之路的过程中，大批学者归国任教，在国内的高校开展相关研究，政府也开始重视并资助劳工问题的研究课题，劳动社会学得到了进一步的发展。

陈达作为中国研究劳工问题的权威，早在哥伦比亚大学求学期间就对劳工问题产生兴趣，在美国的《每月劳工评论》（*Monthly Labor Review*）上发表了《中国劳工状况》（*Labor conditions in China*）、《女工与童工》（*Woman and Child Labor*）等反映中国工人运动、女工和童工问题的文章。1938 年，清华大学国情普查研究所成立，陈达任首任所长。除人口调查外，该所聚焦劳工组织、劳工运动、劳工法等研究问题，通过大规模问卷调查和访谈，于 1940 年在昆明、重庆、陕西、上海等地的工厂进行了民国史上规模最大的工厂调查，并于 1945 年依据之前的材料再次进行选样调查，详实地反映了当时的劳工生活。

1938 年费孝通学成归国后，于云南大学社会学系任教，接替其师吴文藻主持魁阁，出版了以他家乡江苏省吴江县开弦弓村的经济发展、产业结构为基础撰写的博士论文《江村经济》，在国内外受到广泛赞誉。1940 年，在费孝通的指导下，史国衡在昆明郊区国营兵工厂，和工人同吃同住两月有余，基于访谈与收集到的其他资料完成了工厂调查，并于 1946 年正式出版《昆厂劳工》一书，具体分析了昆明工厂的工人来源、工人态度、工资与工人生计、工人的管教等劳工问题[142]，并将田汝康所著的《内地女工》作为附录，对纺织厂女工的家庭结构、工作关系进行了详细叙述，论述了当时女工进工厂的社会原因以及她们对工业发展的作用，将社区研究应用于中国的劳动社会学领域。

总体来看，民国时期的劳动社会学不仅对劳工问题这一社会问题开展研究，还在中国社会经济结构变迁的背景下，从民族存亡的大局出发，探索中国工业化、现代化转型与未来发展道路，为中国道路提供了理论脉络和可能的方案。

二、中国劳动社会学的新兴

新中国成立后，劳动社会学经历了研究中断、学科恢复与重建的曲折过程。随着改革开放进程的深化，中国劳动社会学面临着经济社会转型带来的新问题，更新了研究群体并形成新的研究视野。

（一）劳动社会学的中断

新中国成立后，社会学工作者面对社会的巨大变化欢欣共舞，马克思主义的辩证唯物主义和历史唯物主义也为知识分子的思想改造创造了条件。然而，由于孔德系社会学和社会改良主义阻碍了马克思主义在中国的传播，也由于中国片面地学习苏联高教体制经验，加上对于社会主义社会中是否存在社会问题的认识不足等种种原因[143]，社会学的教学与研究未能获得应有地位，致使中国社会学研究中断了近 30 年。1952—1953 年，在全国大规模的院系和专业调整后，国内大学社会学学科被取消，依靠大学进行的社会学学术活动被迫终止，社会学不再拥有完整的学科体系和学术规范系统，作为社会学的分支学科，半个世纪以来我国的劳动社会学研究因此中断。

值得一提的是，1957 年陈达、费孝通等人曾呼吁重建社会学，希望社会学研究为解决劳动、人口等社会问题发挥作用，但受到反右派斗争等影响，不少社会学学者被打成右派，陶孟和与陈达两位院士也基本放弃了对劳工问题的研究，其理论研究成果在此期间未能出版[144]。社会学重点研究的民族问题、民政问题，分别在中央民族学院和政法学院等高校得到了部分发展和继承，有关劳动问题的研究却日渐式微[145]。劳动社会学的教学研究被归并到劳动经济学，研究劳动问题的学者前往劳动部相关研究机构、中国人民大学、北京经济学院等从事相关研究工作。直至 20 世纪 70 年代，随着社会学的恢复与重建，劳动社会学作为社会学的分支学科才得以复兴。

（二）劳动社会学的恢复与重建

1980—1999 年是我国劳动社会学恢复与重建的重要阶段。学科的重建主要体现在劳动社会学学科体系的恢复、科研人员的培养、学术刊物和著作的出版等方面。1980 年北京大学在费孝通的主导下开设了首期社会学讲习班，并由袁方讲授“中国劳动就业问题”课程，随后南开大学也开设了社会学的课程，培养了一批社会学的专业人才，其中不乏进行劳动社会学研究的学者。

袁方是中国劳动社会学家陈达的学生，也是劳动社会学学科发展的继往开来者，他提倡以社会调查作为劳动社会学研究的基础，并对中国工业化与职业流动等问题提出了自己独到的见解[146]。1979—1982 年，袁方任北京经济学院劳动经济系系主任，与任扶善等人共同开创了我国劳动经济学学科，为中国劳动问题研究做出了突出贡献。袁方还参与了北京大学社会学系的筹建工作，1982 年北京大学社会学系成立，袁方任首届系主任、学术委员会主任，承担了“劳动问题”等课程的教学工作。1983 年，中国人民大学和国家劳动人事部联合创办了中国人民大学劳动人事学院。中国人民大学劳动人事学院沿袭了袁方、任扶善等对劳动问题的研究传统，将“劳动社会学”课程正式带进大学讲堂。

大学开设劳动社会学课程、培养专门的人才，是劳动社会学学科恢复的基础。在北京大学社会学系、清华大学社会学系、中国人民大学劳动人事学院等的学者进行劳动社会学教学研究的同时，国外劳动社会学的译文、译著也相继问世。袁伦渠在首期社会学讲习班师从费孝通学习社会学，发表了《应加强对劳动社会学的研究》《劳动社会学之我见》《劳动社会学浅论》等一系列关于劳动社会学的研究成果。他主译并引入了德国施托伯格（Stoberg）所著的《劳动社会学》，与该著作同期出版的还有宋速等译的苏联学者瓦・彼・马赫纳雷洛夫所著的《劳动社会学》，随后欧美国家的一些相关著作也开始进入中国。除译著外，20 世纪八九十年代还涌现出一大批功底扎实的中国劳动社会学教材，如赵履宽、王子平主编的《劳动社会学概论》，潘锦棠、刘艾玉先后出版的《劳动社会学》和《劳动社会学教程》等。

改革开放初期，我国潜在失业问题严重，该时期的研究主要围绕当时迫切需要解决的就业问题展开，许多学者对于青年就业、待业等问题发表了自己的观点[147]。1981 年，冯兰瑞和赵履宽发表了《当前我国城镇劳动者的就业问题》一文，通过历史回顾，分析彼时城镇劳动者的就业问题成因，并从思想解放、政策制度与企业扶持层面提出建议[148]。1982 年，袁方发表了《青年就业问题的调查研究及其方法》一文，从青年就业问题的历史与现状入手，强调通过社会调查与资料收集梳理问题成因，以期解决我国青年就业问题[149]。与此同时，伴随着经济体制改革，农民工、城市工人等劳工群体的生活与就业状况也受到劳动社会学界的广泛关注。在此阶段，我国劳动社会学得到迅速发展，在劳动群体、劳动关系等方面均取得了重要研究成果。

（三）劳动社会学的新发展

21 世纪以来，随着中国加入世界贸易组织和国有企业改革深化，中国劳动社会学在经济社会转型和全球化的现实背景下，在国际交流与研究队伍层面得到了全新的发展，研究议题和研究领域日益广泛。围绕劳动者、劳动群体和劳动权利，21 世纪的最初十年，中国作为“世界工厂”，面对市场转型和社会结构变化，农民工、国企下岗工人与“日工”等新失业群体的生活与就业问题受到广泛关注[150]；对于劳动群体的再形成、劳动保障、劳动保护等相关问题的研究不断升温，全球化背景下的劳工问题也是研究的重点[151]。2010 年后，随着互联网技术突飞猛进与零工经济的发展，送餐员、快递员、网约车司机等平台经济的就业者与主播、“网红”等灵活就业群体成为劳动社会学关注的新焦点，关于“劳动”的研究开始向着范畴更为宽广的“工作”研究迈进。宏观层面的研究由区域分析转向制度分析，微观层面的研究开始关注情绪劳动，并针对技术因素在生产领域发挥的作用及其对劳工的影响展开了具体分析[152]。

受国际劳工问题研究的影响，“单位制”“血汗工厂”“企业社会责任”等概念在 21 世纪初的研究中频繁出现，劳动过程理论、布洛维的“生活的政治”与公共社会学等欧美劳动社会学的理论观点，为中国劳动社会学的研究提供了理论借鉴。有学者将卡尔的“市场-社会”间“双向运动”理论、社会运动和劳工运动理论，用以分析经济全球化背景下劳资对抗过程中的“反血汗工厂运动”的行动者行为与该运动区别于传统劳工运动的特质，并从劳动维权和劳工赋权的角度，提出相关研究可能面临的现实与理论问题[153]。中国学者还对以英美为代表的劳动社会学研究理论进行梳理，发现在后现代时代，西方关于工作组织和有偿劳动的研究逐渐式微，出现了脱离主流社会学理论的趋势。因此，中国劳动社会学的研究不应局限于劳动本身，应结合中国社会自身的发展特点，建立能与西方对话又有中国特色的劳动社会学[154]。

此外，近年来中国劳动社会学的国际学术交流日益频繁，研究队伍也不断壮大。以中国人民大学劳动人事学院为例，学院与国际劳工组织、美国康奈尔大学和罗格斯大学、英国华威大学、加拿大蒙特利尔大学和多伦多大学、荷兰蒂尔堡大学等世界一流高校均签有合作协议。此外，北京大学、清华大学、中国社会科学院、北京师范大学、中国劳动关系学院、首都经济贸易大学等相关系所，活跃着大批从事劳动社会学研究的学者，形成了较强的研究力量。中国劳动学会、中国劳动社会学专业委员会、中国工人与劳动研究中心等学术共同体的形成，也为推动我国劳动社会学的发展做出了贡献。

第 4 节　劳动社会学的研究方法

劳动社会学作为社会学的分支学科，其研究遵循着社会学的一般研究方法。自社会学创立之初孔德提出实证概念后，围绕实证主义和反实证主义、定量研究与定性研究的争论由来已久。劳动社会学研究方法的应用也围绕一般方法论、基本研究方法、具体方法和技术三个层面展开。

一、一般方法论

方法论（methodology）是确定研究基本方向、影响研究性质的基本观念和规律，涉及学科原理、原则和方法的体系，通常包括研究过程的逻辑、研究的哲学基础和一般理论[155]。孔德、涂尔干、韦伯、帕森斯以及吉登斯等学者，对社会学方法的发展做出了突出贡献，基本形成了实证主义和反实证主义两个方法论流派。

（一）实证主义

法国社会学家孔德（Comte）是实证主义社会学的创始人，他提出的“实证”概念源于圣西门的著作。孔德认为，人类认识演变经历了三个阶段，即虚构阶段（或称神学阶段）、形而上学阶段（或称抽象阶段），以及科学阶段（或称实证阶段）[156]。孔德完整地阐述了实证理论体系，并提出社会现象可以通过经验和知识加以理解，从整体上观察社会现象的实质。

涂尔干继承并完善了孔德的实证主义，他所著的《社会学方法的准则》被认为是实证主义的方法论纲领，《社会分工论》则是其劳动领域实证研究的典范[157]。涂尔干提出，社会学的研究对象是社会事实，社会事实的存在不取决于生命个体，而是普遍存在于社会各处的固有存在[158]。他认为，试图解释一种社会现象时，必须分别研究产生该现象的原因和它所具有的功能，从先于其存在的社会事实中寻找决定性原因，再联系社会事实的社会目的分析其功能[159]。

卡尔·波普尔（Karl Popper）、托马斯·塞缪尔·库恩（Thomas Samuel Kuhn）等进一步修正和改进了实证主义方法论。传统的实证主义体系是经验实证主义，认为科学知识起源于观察和归纳。波普尔提出“证伪理论”，修正了知识的起源，他提出自由想象促使人们做出各种假设，随后通过事实证伪形成知识。科学陈述是客观性的、可检验的，科学的理论也在假设检验的“试错”过程中得到了进一步发展[160]。库恩提出“范式”的概念和“科学发展阶段论”。所谓范式，就是对世界的解释和理解，代表着特定共同体成员所共有的信念、价值、技术等构成的整体，也是解答科学中疑问的模型和范例[161]。科学发展阶段论指出，科学的发展是事实、理论和方法累积和发展的过程，实证主义方法论本身不足以为所有类型的科学问题提供唯一的实质性结论，应将社会历史观和非理性因素引入科学研究之中[162]。

实证主义方法论深刻地影响了社会学研究，劳动社会学的研究也体现出实证性的特征。劳动社会学理论必须通过经验资料的验证，采用科学的方法收集并分析资料，综合讨论理论和资料分析的结果[163]。例如，若要分析工业化程度和社会阶层之间职业流动的关系，首先应依据相关理论提出研究假设，并对社会阶层、工业化、职业流动等进行概念界定，通过具体测量方法，基于所得资料证实或证伪相关理论。

（二）反实证主义

尽管实证主义是社会学的主流，但社会现象学派、主观主义学派等对其本身的缺陷多有批判。实证主义的反对者认为，实证方法无法正确地解释社会现象，自然界的法则未必同样作用于人类社会，社会学研究应充分发挥研究者的主观能动性。韦伯是反对实证主义的代表人物之一，他将“理解和意义”的观点与价值学说相结合，形成了自己对文化和文化现象的理解。他认为，社会科学相比自然科学更接近自然哲学，社会现象与自然现象存在本质差别，应从历史哲学的角度看待社会学研究，而社会科学的对象是包含价值和意义两个基本要素的文化事件[164]。社会学则是以解释的方式理解社会行动，并对社会行动的过程和结果做出因果说明的学科[165]。

由于理解主义在复杂现象的探索性研究中具有较强的适用性，受韦伯的影响，许多社会学家都主张用“理解”的方法解释社会现象。帕森斯继承了韦伯的理解主义观点，建构了自己的理论策略和解释架构，强调价值分析对社会学研究的重要性，将系统的抽象概念作为构建理论和研究的基础，认为社会系统是明确的概念归类在一起的经验系统[166]，社会实体由现象分析出的明确定义和概念构成，最终形成解释社会的社会行动分析框架。

安东尼·吉登斯（Anthony Giddens）在《社会学方法的新准则》中阐述了自己对方法论的理解，他肯定了理解主义对于厘清社会学和自然科学界限做出的贡献，但也提出理解主义近乎哲学的思想在实际应用之中容易出现关注“意义”而忽视人类生活实际参与的问题[167]。针对科学主义，他认为库恩夸大了“范式”概念的内在统一性，未能将具有不同意义的分析框架的协调作为分析的起点。吉登斯认为，社会学是一个双重解释学的概念：首先，自然科学和社会科学的任何理论图式本质上是一种实践生活形式；其次，社会学探讨的是社会行动者自身以及意义构建框架范围内的领域。基于此，社会学分析的首要任务为，在社会科学的描述性元语言范围内，对不同的生活形式进行解释性的说明和协调，并将社会生产和再生产作为人类能动行为的结果进行解释[168]。

随着实证主义和西方主流社会学的衰落，反实证主义社会学的地位日益凸显，社会学的研究方法和调查方法也更加多样[169]。反实证主义方法论同样指导了劳动社会学的研究。依据理解主义和功能主义，应从社会的本质出发理解社会中的工作或劳动的概念，在不同意识形态的框架基础上，分析阶级等社会结构差异，理解社会和经济的本质，关注社会的体制结构、行为模式，从宏观上针对劳动领域分析权力分配、产业等级和组织结构、工业发展和技术变革与社会的影响等问题，考察劳动社会中的社会系统结构，具体分析经济和劳动的制度[170]。

二、基本研究方法

基本研究方法指的是研究采取的形式或具体类型，通常分为定量和定性两种，这两种研究方法在方法论、分析方法、资料收集方法上存在差异。定量与定性研究之争由来已久，两种研究方法在实际应用中各有优劣，定量与定性相结合的混合研究方法在近年来的劳动社会学研究中得到广泛应用。

（一）定量研究

长期以来，定量研究方法占据社会学研究的主流地位。所谓定量研究，是指通过对变量的测量和对数量关系的分析，来解释社会现象和社会过程的方法[171]。在方法论和范式上，定量研究以实证主义为哲学基础，强调演绎推理和理论检验，并以研究变量之间的相关关系和因果关系为目标。定量研究的主要类型有调查研究和实验研究，其中调查研究也是社会学运用最多的研究方式，在调查研究和实验研究中，常用的技术手段有问卷法、量表法和统计分析等。

定量研究涉及变量的测量、操作化、抽样等核心过程，通过一定的规则将某种物体或现象的固有属性或特征表示为数字或符号完成测量，在操作化时将抽象的概念转化为具体的可观察指标[172]，并从总体集合中选择或抽出样本子集，完成从样本推论总体的研究。定量研究以其标准化、概括式的分析在研究中得到了广泛应用，在探究变量间的关系、通过样本把握总体特征和一般规律上存在优势，但由于存在统计分析的要求，问卷调查、结构访问有时会忽略社会现象所处的环境背景和现象背后的成因及内在机制，加之实验研究对环境、实施条件有严格的限制，往往难以精确地测量或通过统计分析的手段验证复杂多变的社会现象，在理论构建和价值研究上存在一些明显不足。

（二）定性研究

为弥补定量研究的局限性，定性研究越发受到学界的重视。定性研究是注重描述、剖析和解释现象或过程的特性或本质的研究方法，社会学的定性研究注重对社会事实性质与特征的概括，探索其背后复杂、细致的过程和原因[173]。定性研究以人文主义方法论为指导，是一种解释范式，以理解社会现象为目标，主要类型有个案研究、田野调查、行动研究等，常用的具体方法和技术有观察法、访谈法和文本分析法。

定性研究具有如下特征：第一，注重到现场和实地，讲求深入真实的社会生活环境，通过社会互动更好地理解社会现象；第二，注重情景和关联，认为社会事实是存在于具体的社会情景和社会联系之中的；第三，注重意义和主观性，认为社会事实和价值无法分离，假定人类行为是一种有意义的行动，人通过意识和情感作用完成认知[174]。由于定性研究注重实地、情景和意义的特征，常被用于归纳推理和理论建构，在价值研究和社会建构研究上优势明显，但定性研究也存在个案研究的代表性不足、研究容易受到研究者的主观体悟和个人经验的影响等问题[175]。

（三）混合研究

随着社会学研究的发展，越来越多的学者认为定量研究与定性研究不存在孰优孰劣，只是所能回答的问题和回答问题的方式不同，因此在研究过程中应对两种研究方法取长补短，依据研究问题的需要选择适合的研究方法，或者选择将二者相结合，系统而广泛地搜集资料，将其应用于相关的研究领域[176]。定量研究和定性研究相结合的方式，主要有以下三种：(1)在定量研究的过程中，采用观察法、访谈法等定性研究的方法和手段；(2)在定量研究的过程中，采用定性研究辅助解释统计分析结果；(3)针对研究问题的不同方面或研究问题的不同子问题的特征分别采用定量和定性研究方式，回答中心问题或总问题[177]。其中第三种结合方式应用较为普遍。

定量与定性相结合的混合研究，在劳动社会学研究中得到了越来越多的应用。例如，清华大学“中国卡车司机调研课题组”针对卡车司机及相关群体开展了持续深入的调研，编写了《中国卡车司机调查报告》三部曲，通过大规模问卷调查，以及焦点小组和深度访谈等个案研究方法，详细描述并分析了卡车司机群体劳动过程的基本特点，勾勒出我国卡车司机群体基本的人口社会学特征，总结了影响和制约卡车司机群体工作的劳动制度背景[178]。新冠疫情期间，哈佛大学和罗兹大学的玛莎·陈（Martha Chen）等人对曼谷、纽约等5个地理区域的11个城市开展了关于新冠疫情对非正规就业者群体及其家庭影响的调查，通过对2 009名工人的问卷调查，详细研究了他们的工作与收入、家庭生活状况、照料责任等问题。为进一步解释调查数据，研究人员还针对非正规就业工人领袖、工会组织、政府和民间学术界等关键信息提供者进行深度访谈，比较了政府对非正规就业者提供的支持和救济措施，为新冠疫情期间保障非正规就业者的各项权利提供了建议[179]。

三、具体方法和技术

具体方法和技术指的是研究时所使用的资料收集方法、资料分析方法和特定的操作程序与技术[180]。劳动社会学的研究者往往会综合采用问卷法、访谈法、观察法、量表法、实验法等多种方法和技术手段完成资料收集与分析工作。

（一）问卷法

问卷法是社会调查运用最广泛的资料收集方法。依据填答方式的不同，问卷可以分为由被调查者自己回答的自填式问卷和由访问员根据被调查者回答填写的访问问卷。问卷通常包括封面信、指导语、问题和答案以及其他资料，封面信的作用在于介绍调查者身份、调查目的等内容，指导语用来说明如何进行问卷填答工作和问卷填答要求，问题和答案是问卷的主体，其他资料则包括问卷名称、问卷编号、调查员和填写人信息等[181]。问卷的设计应遵循围绕研究主题，便于被访者回答，充分估计问卷的主观障碍和客观障碍，便于统计分析，综合考虑调查目的、时间经费限制等多方面因素的原则。问卷调查一般的流程包括选题，明确概念、理论和假设，操作化，抽样，发放并回收问卷，最后进行问卷整理[182]。

和其他传统的调查方法相比，问卷法具有标准化、匿名性、间接性的特点。标准化有利于定量分析，但由于问题的限定性，往往难以进一步了解实际情况。匿名性有利于提出敏感性问题。间接性有利于被调查者避免偏见，但容易出现难以控制回收过程、无法保障作答环境和填答质量的情况[183]。问卷法能够较好地节省时间、人力和经费，对填答者有一定文化要求，通过问卷收集到的资料的真实性往往低于访谈法，有时难以保障回收率和填答资料的质量。

实际应用中，问卷法常和大规模抽样调查、统计分析结合使用。早在民国时期，燕京大学社会学系就通过问题调查表对洋车夫的生活情形进行过调查[184]。全国总工会于1982年起开展了五年一次的“全国职工队伍状况调查”，通过问卷抽样收集了大量关于职工就业状况、劳动关系等的资料。此外，中国社会科学院还在国家统计局的协助下采用多阶段整群概率抽样，通过“中国城市劳动力调查”（CULS）问卷调查了城市劳动者个人及家庭的基本特征、收入、消费、教育、就业、技能、时间配置、社会保护以及主观态度等资料，为我国城市劳动者的研究提供了丰富的资料。

（二）访谈法

访谈法是访问者通过口头提问、当场记录，在和被访问者面对面的社会互动中收集资料的方法，访谈往往有预先制订的计划和专门的主题，通过访谈提纲、录音设备等工具和辅助手段完成资料收集工作。依据对访谈过程控制程度的不同，可将访谈法分为结构式访谈、半结构式访谈和非结构式访谈。结构式访谈又称标准化访谈，是指访问对象的选取、访谈过程的问题、记录方式等存在标准化限制的访谈方式。非结构式访谈又称非标准化访谈，是指双方可以就某一问题自由讨论，完全开放性的访谈。半结构式访谈即半标准化访谈，控制程度介于标准化访谈和非标准化访谈之间[185]。

与结构式访谈相比，非结构式访谈对于问卷、提问的标准要求较低，调查对象可以随意谈论自己的意见和感受，有较大的弹性且更利于调动被访者的积极性。依据实施方式的不同，非结构式访谈主要包括如下几类：(1)焦点访谈，又名集中访谈，该方法将访谈对象置于某一个特定环境之中，侧重探究特殊经验的影响；(2)深度访谈，以收集个人特定经验的过程、动机和情感资料为目的，常用于个案研究和对生活史的研究；(3)客观陈述，又称非引导式访谈，即让调查对象对他自己和周围的社会做出考察，随后进行客观地陈述；(4)座谈会，通过无结构式集体访问，将调查对象集中起来共同讨论。

访谈法最大的特点在于访谈是面对面或借助工具进行的社交过程，访谈者与被访谈者相互作用，这种社会互动会影响最终的调查结果。访谈法存在回收率高、环境可控、灵活性强和能够获取非语言信息的优点；但访谈法受访谈者的影响较大，有很强的主观色彩，访谈法的效果往往受制于个人社会交往能力和访谈技巧[186]。访谈法常用于了解人类行动的背景信息和历史性的资料，以及对社会行为和社会现象的进一步解释。例如，陈达等人通过访问 200 余名工人，获得其生活史记录，研究上海工人的生活状况。佟新通过对 64 位工人的访谈，从社会变迁与工人社会身份重构的视角切入，具体分析下岗失业工人的职业地位与其职业生涯中存在的问题[187]。

（三）观察法

观察是人类日常生活中常见的活动方式，科学的观察往往应具备一定研究目的和方向，预先有理论准备和系统的观察计划，要求观察者接受相关训练，最终得到可以被反复验证的观测结果。观察法是搜集社会初级信息或原始资料的研究方法，也常与访谈法等其他研究方法结合，是田野调查中常用的资料收集手段[188]。观察法可以划分为不同的类型：依据观察场所的不同，可分为实验室观察与实际生活中的实地观察；依据观察者角色不同，可分为常用于人类学和民族志研究的参与式观察和置身于观察之外的局外观察；依据是否有明确记录和观察程序，还可分为结构式观察和非结构式观察[189]。

观察法对研究对象的扰动较少，可以获取非语言资料等其他研究方法难以获得的信息，便于研究者掌握一手资料，还适用于无语言沟通的情况；但由于时空条件和观察者本人的限制，观察法存在一定的主观性，往往难以推断全局，观察信度不易检验，会耗费较多的时间精力，所获得的资料也缺乏系统性[190]。尽管在实际研究中做到科学观察十分困难，但由于观察法简单易行，该方法常被用于工人生活状况调查、工厂研究等劳动社会学的研究当中。恩格斯通过亲身观察，在《英国工人阶级状况》一书中详细描绘了工人的生活状况和社区环境。苏联社会学家奥里珊斯基进入工厂，以工人集体成员的身份完成装配工作，进行参与式观察，分析了生产集体中形成和确立的社会价值的性质和其内化机制[191]。史国衡和工人同吃同住，综合观察法与访谈法收集资料，在《昆厂劳工》一书中分析了工人态度、工资与工人生计、工人管教等劳工问题[192]。

（四）量表法

量表是社会科学研究中常用的测量工具，用于精确度量一个较抽象或综合性很强的复杂概念，能够比单一指标或单项问题获得更多、更真实、更准确的信息，通过间接的、定量的方式衡量难以观测和客观度量的社会现象[193]。量表通过对问题赋予相应分值，反映变量的变异程度。

常用量表有李克特量表、累积量表、语义差异量表等。李克特量表，即总加量表，由一组陈述构成，每一陈述有“非常同意”“同意”“不一定”“不同意”“非常不同意”五种回答，各陈述的得分加总在一起，通过总分说明态度或不同状态。累积量表，又称古特曼量表，该量表结构中就存在强弱变化的逻辑关系。比较有代表性的累积量表是社会距离量表，该量表由美国社会心理学家鲍格达斯（Bogardus）创用，由一组表示不同社会距离或社会交往程度的陈述组成，要求填写者表达自己的观点。语义差异量表由社会心理学家奥斯古德（Osgood）等人提出，用一组意义相反的陈述构成评价量表，用以测量人们对某一特定概念或事物的不同感受[194]。在劳动社会学研究中，量表的测量内容极为丰富，例如劳动者的态度、行为、智力、性格、社会地位、生活水平等。量表常用于测量职业地位与职业声望，如职业声望判断标准量表、中国城市职工职业声望测量等。

（五）实验法

实验法是一种通过控制情境和变量，探索因果关系的科学观察方法。依据实验实施场所和环境的不同，可以将实验分为实验室实验和发生在现实世界环境中的实地实验，前者在控制一定条件的实验室之中进行，后者则针对自然事件在现场进行资料搜集和研究工作，分析社会行为和社会现象的变化[195]。实验室实验往往对实验条件、控制以及实验设计存在严格的规定，实地实验通常发生在一般社会实践之中，实验设计的严格程度较低[196]。

传统实验的基本构成包括自变量与因变量、实验组和控制组、前测和后测。其中自变量为实验中的刺激因素，因变量则是刺激后的结果，实验者通过控制刺激因素出现与否观察结果的差异。为进一步分离自变量的影响，实验会采用控制法将受试者分为接受刺激的实验组和未被施以刺激的控制组。在实验设计中，受试者首先作为因变量接受前测，然后接受自变量的刺激后再作为因变量进行后测，两次测量之间的差异被视为自变量的影响力[197]。

实验法作为研究因果关系的首要工具，优点主要在于能够分离实验变量和它所带来的影响，而且存在范围限制，易于人为控制和重复。然而，实验室实验缺乏现实性，可能存在样本选择缺陷和伦理道德上的限制。实验法特别适用于范围有限、有明确界定的概念和假设的研究。以霍桑实验为例，该实验旨在探究能够提高工人劳动生产率的因素，通过控制照明、福利刺激等条件，最终发现感到被重视是工人劳动生产率提高的原因[198]。除人际关系和工厂管理外，实验法还被用于检验歧视是否存在，康奈尔大学的科雷尔（Correll）等人利用实验检验受试者对母亲身份求职者能力和待遇的评估，分析了行业不相同、资历相同但身份不同的求职者申请材料，发现母亲身份的求职者在建议起薪等方面受到歧视，得出了雇主对母亲身份求职者存在歧视的结论[199]。

本章小结

本章共有四小节内容，对于劳动社会学的概念、研究对象和研究内容、劳动社会学的产生与发展、中国劳动社会学的传统与新兴，以及劳动社会学的研究方法进行了介绍。

第 1 节从劳动和劳动社会学的概念出发，从微观、中观、宏观三个层次分析劳动社会学的研究对象和研究内容，辨明了劳动社会学的学科地位及其与有关学科之间的关系。第 2 节关于劳动社会学的产生和发展，详细地阐述了劳动社会学的产生条件和发展历程，分析了马克思主义劳动社会学思想、古典劳动社会学思想、现代劳动社会学思想和劳动社会学理论的发展，指出了全球化趋势、信息技术发展、劳动环境变化与政治变迁的当代挑战。第 3 节关于中国劳动社会学的传统与新兴，探讨了民国时期中国劳动社会学的历史与新中国成立后中国劳动社会学的发展。第 4 节关于劳动社会学的研究方法，从一般方法论、基本研究方法、具体方法和技术三个层次分析劳动社会学的研究过程和具体应用。

关键词

劳动　劳动社会学　劳动者　职业分层与职业流动　劳动组织　劳动关系　劳动制度　劳动问题　劳动社会学理论　研究方法

思考题

1. 简述劳动社会学的研究对象。
2. 劳动社会学与劳动经济学等其他劳动学科有何区别？
3. 简述劳动社会学的学科地位和发展历史。
4. 劳动社会学的经典理论流派有哪些？其代表人物、代表理论、核心观点分别是什么？
5. 当前劳动社会学研究的热点议题是什么？你认为还可以从哪些视角切入？

推荐阅读

劳工神圣

——在庆祝协商国胜利大会上的演讲词（1918 年 11 月）

蔡元培

诸君！

这次世界大战争，协商国竟得最后胜利，可以消灭种种黑暗的主义，发展种种光明的主义。我昨日曾经说过，可见此次战争的价值了。但是我们四万万同胞，直接加入的，除了在法国的十五万华工，还有什么人？这不算怪事！此后的世界，全是劳工的世界呵！

我说的劳工，不但是金工、木工等等，凡用自己的劳力作成有益他人的事业，不管他用的是体力、是脑力，都是劳工。所以农是种植的工，商是转运的工，学校职员、著述家、发明家，是教育的工，我们都是劳工。我们要自己认识劳工的价值。劳工神圣！我们不要羡慕那凭藉遗产的纨绔儿！不要羡慕那卖国营私的官吏！不要羡慕那克扣军饷的军官！不要羡慕那操纵票价的商人！不要羡慕那领干修的顾问咨议！不要羡慕那出售选举票的议员！他们虽然奢侈点，但是良心上不及我们的平安多了。我们要认清我们的价值。劳工神圣！

资料来源：欧阳哲生．中国近代思想家文库（蔡元培卷）．北京：中国人民大学出版社，2014：248.

注释

第 2 章

劳动者

【重点问题】

· 什么是劳动者？
· 劳动者概念的要素是什么？
· 劳动者是如何社会化的？
· 当代中国的劳动者有什么特征？

【开篇引例】

日本正式实施新《老年人就业稳定法》

日本自 2021 年 4 月起正式实施修改后的《老年人就业稳定法》，规定企业有采取措施为 65 岁至 70 岁老年人提供继续就业机会的义务。新实施的《老年人就业稳定法》除规定企业有确保 65 岁以下员工就业的义务外，还规定为确保 65 岁至 70 岁的老年人就业，企业有“努力义务”采取以下五种措施中的至少一种：把退休年龄提高至 70 岁；取消退休年龄；建立 70 岁以下员工继续就业制度（如再就业制度和工作年限延长制度）；建立与员工持续签订业务委托协议至 70 岁的制度；允许员工在 70 岁之前继续参与企业自主实施的或由企业委托或投资（提供资金）的团体开展的社会贡献项目。

新《老年人就业稳定法》的主要内容概括起来就是要求企业努力为 65 岁至 70 岁的员工在个人有意愿、有精力继续工作的情况下，提供在原企业继续工作或者到其他企业就职甚至创业的机会。需要注意的是，新法律只是规定企业有“努力义务”，并不具备强制作用，对违反规定的企业或企业员工并没有惩罚措施。同时，对老人而言，新法律更多的是提供在 60 岁以后继续工作的选项，并不意味着必须到 65 岁或者未来在 70 岁退休。如果健康状况不允许，或者希望含饴弄孙、安度晚年，全凭个人意愿。

老龄化问题对日本来说是一个老生常谈的话题，但近年这一趋势出现加速迹象。日本总务省调查显示，2020 年 9 月日本 65 岁以上老年人的数量为 3 617 万人，占全国总人口的 28.7%。另据日本厚生劳动省 2021 年 2 月公布的人口动态统计速报值，2020 年日本新生儿数量为 872 683 人，相比上年减少 25 917 人，创 1899 年统计开始以来新低。人口老龄化背景下，为保证社会可持续发展，提高退休年龄成为必然选择。

面对老龄化问题，日本政府需要考虑的是怎样为老人提供就业机会和安心工作的环境，老年人则需要认真规划第二人生的度过方式，其中养老资金、身体健康和生命价值都是需要考虑的因素。

此外，在日本社会讨论的延长退休年龄相关话题中，老年人孤独问题和退休后返贫问题是两个不能绕过的话题。在新冠疫情肆虐的背景下，“比起感染新冠病毒，孤独死更恐怖”这样一句话在日本网络流行，引起很多人的共鸣。老人在无依无靠中悄然在家死去被称为“孤独死”。作为日本独特的一种现象，“孤独死”已经成为严重的社会问题。因为大量老人独居，有的老人甚至一个月只和人说一两次话，“孤独死”的报道也不只在电视上出现。说起老年人贫困，人们很难将之与发达的日本联系起来，但此前的一项调查显示，日本65岁以上老年人每16人中有1人事实上已经处于破产状态，独居老人中更是每3人中就有1人破产。当然，这里说的破产指养老金入不敷出的状态，并不是经济意义上的破产。

资料来源：冀勇．日本正式实施《老年人就业稳定法》．法治日报，2021－04－12.

思考：

1. 日本为什么要实施新的《老年人就业稳定法》?
2. 老年人就业的主要阻碍有哪些？需要提供哪些配套措施？
3. 在老龄化程度不断加深的情况下，我国如何保证劳动力的供给？

第1节　劳动者概述

劳动者是劳动社会学研究的重点之一，总体上处于劳动社会学研究的微观层面。劳动者作为劳动社会学研究的重要主体和劳动经济学研究的重要前提，要求研究者必须对这一概念进行清晰的界定。从表面上看，劳动者的字面意思非常清晰，即从事劳动的人。但这种宽泛的说法显然没有触及劳动者概念的核心。因此，要理解劳动者概念，不妨沿着“劳动的人”这一思路，将劳动者的含义分解为“劳动”和“者”两方面来思考——什么特征的人、从事什么劳动。

一、劳动者的定义

劳动是人类最基本和最重要的社会实践，是人的本质活动。人类可以通过实践来创造对象世界，改造无机自然界，从而证明人是有意识的类存在物[1]。无论是原始人类的采摘狩猎，还是现代社会的程序设计；无论是商业交易的互通有无，还是家庭内部的日常家务，劳动的内容和形式都是多种多样的。这种复杂性也给对劳动者的界定带来了困难——并非所有从事劳动的人都能够被认定为劳动者。例如，家庭主妇是劳动者吗？如果是，那是否意味着只要从事某类劳动的人就是劳动者呢？答案却未必。同样以家务劳动为例，虽然研究中通常不会将从事家务劳动的人定义为劳动者，但一旦雇用他人做家务，那被雇用的这个人就成了劳动者。这些复杂的劳动情况说明，从事某种劳动的人是否被界定为劳动者，取决于研究者从什么角度来看待这种劳动，这也使得对劳动者定义时所选择的研究视角尤为重要。

长期以来，对劳动者进行定义时所选择的视角各不相同，但相当多的学者都会从劳动报酬的角度出发，将劳动者界定为从事有酬劳动的人。美国学者卡罗尔·珍·奥瑟（Carol Jean Auster）认为，从事与有酬职业有关活动的人都叫劳动者[2]。在奥瑟看来，只要一个人能从活动中获得报酬，就是一名劳动者。很明显，这种定义基本从经济视角出发，具有浓厚的劳动经济学色彩，难免会带来一些争议。例如，它没有对劳动者的年龄进行限制：刚出生的婴儿，或是尚在求学阶段的青少年，是否属于劳动者？它并没有对劳动报酬的获得方式进行限制：从事违法犯罪活动取得报酬的人，是否属于劳动者？这些都是有待商榷的，这也意味着对劳动者的定义除了经济因素，还需要将社会因素纳入考虑范围。

劳动社会学和劳动经济学对劳动者定义的核心差异即在于此。在潘锦棠主编的《劳动社会学》中，劳动者是这样定义的："从最广泛意义上讲，劳动者是各行各业从事有酬劳动、获得一定职业角色的社会人，包括工业劳动者和服务业劳动者，也包括农业劳动者。"[3]书中还对劳动者做了三种产业类型的划分，即工业劳动者、农业劳动者和服务业劳动者，它们共同构成了一般意义上劳动者的概念。在袁方主编的《劳动社会学》中，劳动者被定义为："在一定社会分工体系之下，具有一定劳动能力，处在一定劳动岗位，遵循一定劳动规范，有目的地、相对持续地从事或向他人提供有价值物品与服务活动的社会人。"[4]童星等编著的《劳动社会学》则认为，"广义的劳动者是指具有劳动能力并从事一定社会生产劳动的人"。[5]这种定义考虑到了劳动的社会属性，同时也考虑到了劳动规范等社会性因素。可以看出，与仅从经济报酬方面对劳动者定义的视角相比，劳动社会学更重视劳动的社会属性，将从事劳动的人从"经济人"拓展到了"社会人"的维度，这也是劳动社会学对劳动者进行分析的独到之处。

综合以上视角和各个学者的观点，本书将劳动者定义为：劳动者是指具有劳动能力，承担劳动角色，符合劳动规范，为他人提供服务或有价值物品且获得报酬的人。

二、劳动者的要素

要素即构成一件事物的必要因素。对劳动力的定义纷繁复杂，要想找到其中的共性，就要从这些定义中提取出共同的要素，而这些共同的要素就是人转化为劳动者需要具备的必要条件。需要注意的是，不同的学者可能对劳动者的概念持有不同观点，这也导致他们在对劳动者进行定义时对这些要素有所取舍。

前文已经对劳动社会学和劳动经济学研究中劳动者的定义进行了回顾。一个最基本的事实是，成为一名劳动者的必要前提就是具有劳动能力，即处在一定年龄范围内、具备劳动能力能够进行劳动的人。换言之，劳动者首先是处于某一年龄段且具备一定的体力和智力、能够进行劳动的人口。按照我国的规定，劳动人口的最低年龄为16岁，而最高劳动年龄则存在性别差异。从全世界范围来看，对于企业职工来讲，一般男性的最高劳动年龄是60～70岁，女性则是55～65岁，在我国如果雇用16岁以下的人就是非法雇用童工。同时，体力和智力也是必要的，任何劳动者进行劳动都要建立在一定体力和智力的生理基础之上。满足了劳动条件后，成为一名劳动者的另一前提就是承担劳动角色。反过来说，不承担劳动角色从事任何社会生产劳动，就不是社会意义上的劳动者。此外，就是要有相应的劳动报酬或者经营收入。

在劳动社会学和劳动经济学的视角之外，法学和劳动关系研究也对劳动者的定义有所关注。法学中对劳动者的定义侧重于人被法律赋予的劳动权利、义务，这也导致不同法律中的劳动者定义存在一定的差异。一般而言，我国法律中的劳动者主要存在以下几种类型：第一，《宪法》中的劳动者，主要强调的是劳动者的阶级属性、劳动能力和劳动关系；第二，《劳动法》中的劳动者，广义上指有劳动主体资格的自然人，狭义上指劳动力市场中的劳动者；第三，《社会保险法》中的劳动者，主要是从劳动关系的雇佣关系来定义。可以看出，法律上对于劳动者的定义虽然存在狭义和广义的差异，但总体围绕着雇佣与否的劳动关系、合法与否的法律关系来进行界定，这也导致劳动关系研究中对劳动者的定义和法学中的定义存在紧密联系。一旦涉及劳动关系认定和转化、雇主雇员身份的认定，就必须将《劳动合同法》《劳动法》《民法》等法律条文纳入考虑范围。

结合各个学科视角，可以提取出劳动者概念的要素有：具有劳动能力、承担劳动角色、参与社会化劳动、确立劳动关系、获得劳动报酬、合乎社会和法律规范等。

三、劳动者的相关概念

对于社会中的个体来说，劳动者是其在生命历程中最重要的社会角色。无论在什么历史时期，也无论在什么形态的社会中，劳动者都是社会中体量最庞大的群体。因此，从劳动者这一视角出发，既能够从微观角度理解社会中的成员，也有助于理解宏观社会结构。

（一）劳动力

劳动力，顾名思义，通常被认为是人的劳动能力，即人在劳动过程中所运用的体力和智力的总和。在现代劳动经济学体系中，劳动力特指在一定年龄范围内，具有劳动能力和劳动要求，愿意参加付酬的市场性劳动的全部人口[6]。劳动力和劳动者的关联和区别在于，劳动力是从劳动者体力和智力的角度来看待劳动的，若劳动者没有用于劳动的体力和智力，就不属于劳动力；不在特定年龄之内、没有劳动能力、没有就业意愿的人口也不属于劳动力的范畴。需要注意的是，是否具有劳动能力和就业意愿是相对统一的，即个体的身体和精神状况是否适合劳动、个体是否想参与社会劳动，这两点可以基本统一的标准进行衡量。

但是，在劳动力的定义中，劳动年龄则是相对的年龄限制，各个国家都会依据自身的经济发展状况、人口受教育水平、老龄化水平、福利水平等因素进行调整，最终形成本国的劳动年龄或者就业年龄，进而对本国的劳动力数量和结构产生影响。一般来说，大多数国家和地区都对劳动年龄的下限进行严格控制，而对劳动年龄上限进行灵活调整。劳动年龄的下限是指最低劳动年龄，这是为了保护儿童权益和禁止非法雇用童工而设定的，包括我国在内，大部分国家都把 16 周岁作为最低劳动年龄。我国《劳动法》明文禁止除文艺、体育和特种工艺单位外的用人单位招用未满 16 周岁的未成年人。此外，性别因素也会对劳动年龄的上限产生影响，通常男性的最高劳动年龄高于女性的最高劳动年龄。1978 年我国规定男性的劳动年龄是 16～60 岁，女性是 16～

55 岁（女性工人到 50 岁），除国家规定的特殊情况外，不同性别劳动力可在达到劳动年龄上限的次月退休。近年来，随着老龄化问题的凸显，《中华人民共和国国民经济和社会发展第十四个五年规划和 2035 年远景目标纲要》明确提出，按照“小步调整、弹性实施、分类推进、统筹兼顾”等原则，逐步延迟法定退休年龄，这将对我国的劳动力结构产生重要影响。

（二）劳动力资源

劳动力资源将劳动力视作一种能够被开发的资源，包括劳动力和能够转化为劳动力的资源两部分。从这一角度来看，能够被开发为劳动力的劳动者，就可以被视为劳动力资源。它涵盖了社会中所有具有劳动能力且可以从事社会劳动的人口，既包括社会中的劳动者，又包括潜在的参加社会劳动的人口。因此，劳动力资源包括一个社会中能够被释放的最大的劳动人口潜力，它是国家经济和社会发展的重要动力源泉，是社会创造财富的基础。政治经济制度、生产力水平、劳动者受教育水平等因素，都会影响到社会中劳动力资源的开发水平，而只有社会中的劳动力资源得到充分开发，社会的生产潜力才能充分释放。

劳动力资源可以从质和量两个方面来看待：劳动力的“质”就是劳动人口的素质，通常以劳动力的受教育水平来体现；劳动力的“量”就是劳动人口的数量。前者主要受劳动者的身体素质、智力水平和智力结构因素制约；后者则受人口因素和社会因素制约。劳动力资源的“质”和“量”为劳动力资源开发提供了两种思路：如果考虑到劳动力资源“质”的方面，就需要注重提高劳动者素质和劳动生产率，使单个劳动者能够释放出更大的劳动力；如果考虑到劳动力资源“量”的方面，就需要通过提高生育率或增加跨国劳工来增加劳动者的数量。这两种因素对劳动力资源开发都具有重要作用，只有两方面并举使它们协调发展，才能使劳动力资源得到充分开发。

（三）劳动力市场

市场是经济学中的基本概念，指的是各方参与交换的基础设施。劳动力市场即各方参与劳动力交换的基础设施。劳动力市场反映了一个社会中劳动力的供需情况和劳动市场的基本结构。从劳动力供需角度来看，劳动力市场的相关研究主要关注劳动者的就业问题，具体包括劳动者就业与否、就业形式、就业收入等。社会中劳动者能够充分就业对劳动者个人和社会稳定发展的重要性不言而喻，劳动者的就业形式又与他们的就业收入紧密相关。从劳动力市场分割理论来看，劳动者的非正规就业通常具有收入低、保障低、流动高的特点，这导致非正规就业的收入通常低于正规就业的收入。从劳动市场结构的角度来看，劳动力市场的相关研究主要关注劳动力市场的培育、分割、扭曲、转型等自身的发展问题，劳动力市场灵活性等结构特性问题，劳动力市场与其他市场的关系问题，劳动力市场与宏观经济发展问题等。可以看出，从供需和交换视角出发的劳动力市场概念，更多地被运用于经济学的研究之中，而在关注劳动者和劳动关系的劳动社会学领域，其更多地作为一种背景性的概念使用。

（四）劳动参与

劳动参与是一个与劳动力市场密切相关的概念，一般在市场经济中，劳动者如果参与劳动就意味着进入了劳动力市场。劳动参与情况通常用劳动参与率测定。劳动参与率指一个国家或者社会中在业人口和正在谋业的人口之和在劳动年龄人口当中所占的比重。这里的劳动年龄人口即处于劳动年龄范围内的人口，它代表一个国家从事经济活动的工作年龄人口的规模[7]。劳动者中那些还没有就业但正在找工作的人，也应该包含在内。通常情况下某个国家或地区的劳动参与率越高，就说明该国家或地区的劳动力资源的利用可能性越高，具体计算公式是：

劳动参与率＝（在业人口＋谋业人口）/劳动年龄人口×100%

劳动参与率的影响因素很多，它既受性别、年龄、受教育水平等个人特征的影响，又受经济发展水平、社会保障水平、老龄化水平、产业结构等经济社会因素的影响。因此，研究者通常对分性别的劳动参与率、分年龄段的劳动参与率、就业率和失业率等概念及它们之间的关系十分关注。此外，在这些因素中，人口的老龄化水平对劳动参与率有最直接的影响。有学者对中国、巴西、法国、印度、日本和美国的 2013 年劳动参与率进行比较，发现年轻型人口明显比老年型人口的劳动参与率高[8]。另有研究表明，当代中国的劳动力增长可分为三个阶段：1982—2010 年为快速增长期，2010—2025 年为缓慢变化期，2025—2050 年为增长下降期[9]。世界各国的数据显示，日趋严重的老龄化对各国的劳动参与产生了巨大的负面影响，这要求各国采用各种方法开发劳动力资源，提高劳动者的劳动参与率。

（五）人力资本

与紧密围绕着“劳动”的一系列概念相比，人力资本概念更加侧重人在经济中的作用。从资本多元导向的视角来看，劳动在某种意义上可以被看作一种资本，也就是人力资本。现代人力资本理论经历了漫长的发展阶段，人力资本的概念也不断丰富和发展。作为现代人力资本理论的奠基人，西奥多·舒尔茨（Theodore W. Schultz）认为，人力资本包括“量”和“质”两方面，前者主要由劳动者数量、劳动时间等因素决定，后者则由劳动者的工作能力和熟练程度等因素决定。在舒尔茨一系列相关研究的基础上，加里·贝克尔（Gary S. Becker）对人力资本理论进行了系统性总结，从更加综合的视角来看待劳动者，对人力资本进行分析，不仅将劳动者视为一种生产者，还将劳动者视为消费者，把劳动者的消费视作一种重要的投资。从当代人力资本理论的发展来看，保尔·罗默（Paul M. Romer）、罗伯特·卢卡斯（Robert E. Lucas）等也提出了关于人力资本的各类模型，促进了当代人力资本理论的发展。此外，跨学科的现代劳动研究也越来越认识到劳动者的人力资本与经济资本、社会资本、心理资本之间的复杂关系。

从人力资本的角度来分析劳动相关概念的重要意义在于，通过评估人的经济价值得出人所拥有的知识、创新能力和它们在财富创造中发挥的决定性作用，有助于分析现代社会中劳动和劳动者对于社会财富创造和社会整体发展的重要意义。

第 2 节　劳动者的社会结构

结构指的是系统中各组成要素之间相对稳定的联结关系的总和，是一个通过内部自行调整进行变化的封闭整体，一切语言、社会关系、经济制度乃至人的思维活动都可以从中派生。社会结构是整个社会的基本结构和社会生活各个方面具体结构的总和。简单来说，我们每个人都处在一个特定的结构中，每个人自身就带有某些社会结构的特征。劳动者的社会结构就是劳动者在劳动过程中具体结构的总和。劳动者的社会结构包括四个方面：年龄结构、性别结构、素质结构和职业结构。

一、劳动者的年龄结构

劳动者的年龄结构指的是某地区在某个时间段内各个年龄段劳动者所占的比重情况。它所映的是劳动者总体年龄结构是年轻的还是偏老龄化的，什么年龄层的人在劳动力就业市场上是主体。劳动者的年龄结构主要有以下影响。

（一）影响劳动力供给

劳动者的年龄结构最直接的影响体现在劳动力供给方面。生理因素决定了一个年轻人占人口结构主体的社会，相比于老龄化严重的社会能够提供更多的劳动力。因此，一个比较合理的劳动力年龄结构应该与社会人口结构一样，即年轻人、中年人、老年人的比例应该在一个合理的范围内。劳动力的年龄结构偏年轻，说明劳动力供给相对充足。如果年龄结构偏老龄化，说明劳动力可能会出现短缺。

从世界范围来看，大部分发达国家的劳动力供给不足的问题由来已久。日本早在 20 世纪 70 年代就进入了老龄化社会，且老龄化程度日益严峻，如今已成为名副其实的超老龄社会。在日本，超过 60 岁依然活跃在工作岗位的老年人已非少数，老年人退休后再就业也成为常态。2018 年，日本 60～64 岁、65～69 岁、70～74 岁、75 岁以上这几个年龄段的老年人的就业率分别为 68.8%、46.6%、30.2%和 9.8%[10]。面对高龄化、少子化导致劳动力供给数量不断下降的困境，包括日本在内的多国不约而同地采取刺激生育、延迟退休和移民政策等手段来增加本国的劳动力供给。我国劳动力供给的绝对数量目前依然很庞大，但年龄结构上老龄化的问题初显。总体上我国新增就业人数始终保持着良好增速，2021 年出台的“三孩政策”在某种程度上无疑是对劳动力供给问题的积极应对。

（二）影响社会保障制度

社会制度是为了满足人类需求而形成的社会关系以及彼此相关联的社会活动规范体，涉及经济、政治、法律、文化等。社会保障制度即国家和社会依法保障社会成员的基本生活权利，提供社会福利、社会服务以维护社会安全和稳定的制度。从现代社会保障制度的起源来看，19 世纪末德国的社会保险制度应对的是劳动者的医疗、伤残问题。

新中国成立初期，我国的社会保险制度称为劳动保险制度，改革开放后普遍称为社会保险制度，主要包括养老、失业、工伤、医疗和生育五个险种。此外，还有针对贫困者的社会救助制度和针对老年人、残疾人和孤残儿童等特殊群体的社会福利制度。

劳动者的年龄结构深刻影响着一个国家和地区的社会保障制度设计。一旦劳动者的年龄结构发生变化，社会保障制度也要发生相应的变化。这一点在养老保险制度中体现得最为显著，以现收现付制下的养老保险基金为例，理论上说，以劳动者缴纳的养老保险基金来发放已退休的人的养老金，那么劳动者的年龄结构越年轻，老年抚养比就越低[11]。这一比例越低，养老保险基金的可持续性就越好，养老金也能够有一定的上涨空间，进而能够提高老年人的生活质量。随着我国老龄化程度的不断加深，我国也面临着调整社会保险制度以增强制度可持续性的问题。

（三）影响企业制度

劳动者的年龄结构还会对企业制度产生影响。相对而言，这种影响在传统行业中表现得更为突出，但并不绝对。以用工培训为例，如果企业的劳动者年龄结构偏年轻，那么企业需要投入较多的资金、人力和物力来对员工进行培训。如果企业中劳动者的年龄结构更加偏向中老年，这些职业技能相对成熟的劳动者在企业和劳动市场中基本已接受了相对完整的职业化培训，即他们的劳动社会化过程基本完成，这时如果企业面临的市场竞争没有那么激烈，它们可能就不会将资金向员工职业培训倾斜。劳动者的年龄结构也会对薪酬制度产生影响。仍然以传统行业为例，这些行业中企业劳动者的薪酬通常随着年龄的增长和职级的提升而增加，如果企业劳动者中大多是已经完成了劳动社会化的年长劳动者，相比刚进入劳动力市场的年轻劳动者，他们的薪酬福利待遇也相应更高。

需要注意的是，随着现代互联网公司等一系列新兴公司的兴起，以上所述的劳动者年龄结构对企业用工培训和薪酬制度的影响可能不再适用。互联网公司的劳动者的年龄结构偏年轻，这类公司与传统公司在企业制度上最大的差异体现在劳动者的工作时长的相关制度。部分公司甚至从传统工作时间的“朝九晚五”走向了“996”工作制，这种广受诟病的工作制无疑只有劳动者年龄结构偏年轻的企业能够实现[12]。劳动者的年龄结构对企业制度的影响并不仅仅体现在培训、薪酬和工作时长方面，它对企业制度的影响全面且深远。

二、劳动者的性别结构

劳动者的性别结构是指男性和女性在劳动力结构当中所占的比例。从历史发展的角度来看，劳动者的性别结构体现着社会生产力的发展、生产方式的转变，反映着性别分工的合理程度，也体现着一个社会文明进步的程度。

人类社会的劳动性别分工经历了漫长的发展过程，并在不同阶段呈现出不同特征。恩格斯曾在《家庭、私有制和国家的起源》中对原始社会的性别分工进行了论述。他提出，原始社会由于生产力水平低，男性出去打猎，女性出去采摘，采摘的收获远多于打猎，使得女性在经济地位上高于男性。由于原始家庭只能识别母系血缘，同时家庭成员的生活环境恶劣，抵御大自然危害的手段单一，还面临着其他氏族的攻击，人口存活率极低，人口的再生产也成为重中之重，女性在族群中的地位高于男性，形成了母系社会。但随着私有制的出现、男性继承制的确立和“两种生产”① 的发展，女性逐渐成为“附庸”，母系社会转变为父系社会。在父权制为主的农业社会中，土地和粮食是财富的基础，男性由于生理因素在粮食生产中相对占有优势，女性则处于不利的社会经济地位，形成了“男耕女织”的家庭分工。需要注意的是，这并不意味着女性从事的“织”比男性从事的“耕”更“低级”，相反，根据农业社会的劳动特征，这是一种基于现实的劳动性别分工。

现代社会的劳动性别分工和性别结构研究通常与不平等紧密联系，主要议题有性别隔离和性别歧视、收入和地位差距、生育政策研究等。从现实情况来看，劳动者的性别结构失衡体现在社会经济领域存在大量男性职业和女性职业，导致两性在劳动收入和社会地位上产生巨大的差异。女性在进入劳动力市场时会面临隐形的歧视。稳定就业的女性也会大量在护士、幼师等特定职业类型聚集。从晋升来看，只有少数女性能够打破“天花板”获得领导者的岗位。当然，目前也有一些研究试图突破劳动者的性别二元对立，例如马丹在对女性卡车司机的劳动实践研究中，试图从“去标签化”和“性别工具箱”的角度消除劳动性别分工的刻板印象[13]。但总的来说，性别隔离和性别歧视反映了女性劳动者受到的不公正对待，最终导致她们在社会经济中处于弱势地位，这就要求包括生育政策在内的多种面向劳动者的社会政策为女性提供充足的保障。

三、劳动者的素质结构

劳动者的素质包括劳动者的思想素质、身体素质、文化科学素质、技术能力素质等多个方面。其中与劳动者的素质结构紧密相关的主要是劳动者的文化结构和技能结构，这两个方面既有区别又相互联系，共同构成了劳动者素质结构的两个重要方面。

（一）文化结构

科学文化素质是劳动者的核心素质。劳动者的文化结构是指不同受教育水平的劳动者所占的比重。通常可以通过人口平均受教育程度、各级各类学校在校学生人数占人口比重、第一产业就业者占全部就业者比重，来对一个国家劳动者的文化结构进行分析。俗语中所称的“蓝领”和“白领”，就是根据劳动者的文化结构所形成的劳动分工。根据劳动者平均受教育程度和掌握科学知识的多少，蓝领通常指文化水平整体较低的体力劳动者，白领则是受教育水平较高的脑力劳动者。体力劳动者是依靠让渡自己的体力来获得报酬的劳动者，例如建筑工人、家政服务人员等；脑力劳动者则是依靠让渡自己大

---

① 两种生产是构成人类社会存在和发展基础的物质资料生产和人类自身生产。人类进行物质资料生产是为了不断取得生存所必需的生活资料；人类自身的生产是为了维持自身的生存和繁殖，实现人类自身的延续和更新。这两种生产是不以人们意志为转移的客观存在。

脑中的智力来获得报酬的劳动者，例如建筑设计师、教师等。一个社会中劳动者整体的文化水平越高，劳动者的素质就越高。只有更多高素质劳动者进入劳动力市场，劳动者的文化结构才会呈现出良好的情况，才能为社会发展提供更多的智力支持，进而提高全社会的劳动生产率和生产效率，促进社会经济的不断发展。

（二）技能结构

技术能力是劳动者的另一核心素质，且与其文化水平紧密相关。从社会经济的宏观层面来看，高级技术人员占总人口的比重、科研人员占总人口的比重、国家专利受理数量、商标注册数量等因素，都是反映一个国家劳动者技能结构的重要指标。从劳动者个体微观层面来看，可以按照劳动者劳动技能和熟练程度的不同，划分出劳动者技能结构的若干不同的亚类型。例如，机关事业单位中的工勤人员从高到低依次为高级技师（技术工一级）、技师（技术工二级）、高级工（技术工三级）、中级工（技术工四级）、初级工（技术工五级）、普通工，每一级都有其对应的资格条件且直接与工资待遇相关。

虽然劳动者的技能水平与其科学文化素质相关，但又存在差异。一般而言，在劳动者的技能结构中所处的等级越高，所要求的文化程度就越高。例如教师、律师、金融从业者等，只有达到一定的文化程度，才能参加国家或地区组织的技能等级资格证书考试。但并非所有岗位都具有这种特征，尤其对于体力劳动者和在第一产业就业的劳动者。虽然劳动者的文化素质也十分重要，但这类岗位主要是从实践中获得经验，需要通过时间积淀来提升自身的技术水平。

四、劳动者的职业结构

劳动者的职业结构是指劳动者所从事的职业及其相互之间的比例关系。与劳动者的性别结构一样，劳动者的职业结构也经历了漫长的发展和变化过程。传统社会的社会分工专业化不足，导致劳动者的职业结构相对简单。以中国传统社会为例，在自给自足的小农经济的基础之上，农业劳动者作为主体，一般分为士、农、工、商四种职业类型。随着社会经济的发展，现代社会中劳动者的职业结构日趋分化，职业类型日趋复杂。20世纪80年代以来，随着信息技术的发展，以及生物技术、智能生物技术与信息技术的结合，出现了新的社会分工和新的职业体系。美国未来学家阿尔文·托夫勒（Alvin Toffler）将信息社会称为人类发展史上的“第三次浪潮”，并且对未来的劳动者职业结构变化进行了预测。他认为，信息社会改变了传统工业社会的职业结构，更多职业类型会不断涌现。

从职业结构变迁的现状来看，当代劳动者的职业结构呈现出向第三产业和知识密集型产业不断倾斜的特点。回顾中国的劳动者职业结构发展历史可以发现：从新中国成立到改革开放之前，随着社会主义建设的推进，第二产业是我国国民经济的主导；改革开放以来，随着产业结构的不断调整，我国的第三产业有了非常大的发展，第三产业占国内生产总值（GDP）的比重从1978年的24.6%上升到了2018年的53.3%（见表2-1）。

表 2-1　我国 1978 年以来每十年各产业占 GDP 情况（%）

年度	第一产业	第二产业	第三产业
1978	27.7	47.7	24.6
1988	25.2	43.5	31.2
1998	17.2	45.8	37.0
2008	10.2	47.0	42.9
2018	7.0	39.7	53.3

资料来源：国家统计局．中国统计年鉴 2020. 北京：中国统计出版社，2020：58－59.

产业结构的变化也带来了劳动者职业结构的变化。我国已经从第二产业为主、工业职业占主体的劳动者职业结构类型，转变为以第三产业的服务业职业占主体的劳动者职业结构类型（见表 2－2）。从统计数据可以看出，1978 年我国第一产业吸纳了绝大多数就业人口（70.5%），第三产业只吸纳了 12.2%。改革开放以来，随着国家经济社会的发展，这种情况发生了巨大的转变：2018 年，第三产业吸纳了将近一半的就业人口，成为吸纳就业人口最多的产业，达到了 46.3%。

表 2-2　我国 1978 年以来每十年不同产业就业情况（%）

年度	第一产业	第二产业	第三产业
1978	70.5	17.3	12.2
1988	59.4	22.4	18.3
1998	49.8	23.5	26.7
2008	39.6	27.2	33.2
2018	26.1	27.6	46.3

资料来源：国家统计局．中国统计年鉴 2020. 北京：中国统计出版社，2020：106.

第 3 节　劳动者的社会化

每个人来到这个世界上都是“状若赤子”的自然人，只有经历了社会化，才能成为一个社会人。社会化即一个人从自然人向社会人转化的过程，是指个体在与社会的互动过程中，逐渐养成独特的个性和人格，从自然人转变成社会人，并通过社会文化的内化和角色知识的学习，逐渐适应社会生活的过程[14]。从更广泛的社会意义来看，劳动者的社会化也是人的社会化的重要内容。

一、劳动者社会化的定义和理论

虽然社会化理论是社会学的经典理论，但严格来说，社会学中并不存在专门针对劳动者社会化的理论。劳动者的社会化是人的社会化的重要组成部分，理解了人的社会化，自然也就理解了劳动者的社会化。反过来说，理解劳动者的社会化，实质上是理解人作为劳动者这个角色在社会中社会化的过程。

（一）劳动者社会化的定义

劳动者是一个具有职业地位的社会角色，个人要变成一个具有社会属性的劳动者，就需要经历劳动者的社会化过程。从狭义的劳动者社会化概念来看，在一个人从自然人成长为合格的劳动者的社会化过程中，个体需要不断适应劳动组织的文化氛围，遵守劳动规范，掌握劳动技能，这就是劳动者的社会化。但从广义的劳动者社会化过程来看，由于劳动者进入劳动力市场之前必须经历基本的社会化过程——包括掌握生活技能、遵守社会规范、学习社会文化知识等，这就使得劳动者的社会化并不局限于劳动领域，而是要从社会整体的角度来看待。

（二）劳动者的社会化理论

对劳动者的社会化进行理论探讨，离不开对人的社会化理论的探讨。人的社会化理论涉及多个学科。从社会化的具体内容来看，心理学主要从人的生理和心理发展角度切入社会化的探讨，代表性理论有精神分析理论、认识发展理论、社会学习理论、自我实现理论等。

社会化本质上反映的是人和社会之间的关系。经典的社会学研究虽然没有直接提出“社会化”概念，但对人和社会的探讨一直居于古典社会学家理论研究的核心地位。对19世纪的社会学理论家来说，社会分工是社会秩序最重要的基础。这一方面使得个人不断摆脱传统价值的约束，获得前所未有的自由空间，个人人格走向独立；另一方面，因为职业活动的异质性，在社会结构中的个体不得不相互依赖结成团体[15]。如何使得逐渐分化的社会凝聚成团体？社会学奠基人之一埃米尔·涂尔干的答案即为道德，而他的道德理论就是其主要的社会化理论[16]。在他看来，个体道德规范是最基础的规范，是决定人们对其他人究竟负有何种义务的规范。但是性别、年龄、社会因素都会导致规范和义务的不同，职业道德也是如此，它反映了个体和不同职业群体之间的关系，而不同的职业群体有不同的道德，因而有了各自的群体性质[17]。因此，必须通过道德教育，使个人内化道德规范并使之成为人格的重要组成部分，这样才能够使个人融入团体，增进社会团结。

此外，社会学的另一位奠基人马克斯·韦伯也在探讨个人和社会的关系时涉及了人的社会化问题。韦伯认为，个人才是社会行动的真正主体，独立于社会之外的社会实体并不存在，因此必须理解行动者行动的意义和价值并对此做出解释，社会行动具体可以分为工具合理行动、价值合理行动、情感行动和传统行动四种类型[18]。个人在各种不同类型的行动中与他人乃至社会产生联系，个人的社会化也是在行动的过程中发生的。

关于社会化的理论中最有代表性的当属符号互动理论，其中比较有影响的是查尔斯·霍顿·库利（Charles Horton Cooley）的“镜中我”理论和乔治·赫伯特·米德（George Herbert Mead）的“自我”观点。库利在《人的本性与社会秩序》中研究了个人的社会化过程，他认为，社会生活的变化反映了人的行为和动机的不断变化，不存在能够控制行为的统一规律，人的本性是可塑和可变的，人是一个能够通过意识到自我和个性进而把自己与其他人区分开来的个体[19]。库利将人意识到的这种“自我”称为“镜中我”，即人通过他人看到和评价的关于自我的观念形成关于自身的感受。米德也提出了关于“自我”的观点，他认为个体对自身的认知既包括未经社会化的、未经反思的方面，也包括内化了他人观点、社会化后的方面。总的来说，库利和米德都从个体微观层面探讨了人的社会化问题，认为个体意识是在人和他人的互动之中产生的。

二、劳动者社会化的主要内容

如前所述，劳动者的社会化大体可以分为两个阶段：第一阶段是劳动者在进入劳动力市场以前的基本社会化，只有基本社会化成功才能进行劳动的社会化；第二阶段是劳动者在劳动力市场中适应劳动角色、学习劳动技能、认同劳动文化、形成劳动价值观的过程。这两个过程虽有先后，却始终互相交织在一起。总的来说，个体进行劳动社会化，转变成一个合格的劳动者，包含以下四项内容。

（一）学习并掌握劳动技能

劳动技能是对劳动者进入某种职业或岗位的技能素质要求。学习并掌握劳动技能建立在基本社会化的基础之上，是人的社会化的重要组成部分。基本社会化指的是人在儿童和青少年时期的社会化过程，在这一过程中，个体必须学习基本的生存生活知识、习得基本的社会行为规范，进而通过教育培训等途径学习和掌握劳动技能。学习并掌握劳动技能，对劳动者社会化的重要性不不言而喻。一般而言，劳动者只有具备了基本技能，才能够长期、稳定地进入劳动力市场就业；劳动者只有具备了某一领域的较高水平的劳动技能，才能够在劳动力市场竞争中占据优势地位。

（二）学习并遵守劳动规范

社会规范是个体在社会中需要遵守的明文规定或约定俗成的行为标准，劳动规范也属于个体需要遵守的重要社会规范。或者说，既然个体的社会化要求其必须学习和遵守社会规范，那么个体在劳动领域的社会化必然包括学习并遵守劳动规范。在我国，比较典型的劳动规范有《劳动法》、《劳动合同法》、行业道德规范、组织规章制度等，这些劳动规范对获取劳动报酬的合理途径、从事社会生产应该遵循的基本规则等一系列与劳动相关的事项进行了具体规定。可以看出，作为社会规范的组成部分，劳动规范和社会规范一样，既包括劳动者从事劳动的基本法律法规和规章制度，又包括道德和习俗等内化部分。

（三）学习和适应劳动角色

社会中的不同个体扮演着不同的角色，同一个个体也会在社会中扮演不同的角色，这构成了社会学中的社会角色概念。社会角色是微观社会学中理解个体行动的重要概念，它是由特定的人的行为期望构成的规范和行为模式。社会中的个体在不同的时空，面临着不同的角色期望，这也形成了多样的角色。换言之，社会中的个人都是由多种角色组合而成的角色集或者角色丛。劳动角色就是社会化的个体面临劳动领域的社会期望所形成的社会角色。社会中的不同职业和岗位都是一个劳动角色集或劳动角色丛。以高校教师为例，教师在面对学生时主要从事教学工作和科研工作，面对社会时则从事社会服务工作。一旦个体进入某一劳动领域，就要学习并适应这个劳动角色集中的权利、义务和与角色相匹配的规范要求，这样才能满足这一职业的角色期望，避免出现劳动时的角色混淆和角色失败。

（四）认同和内化劳动文化

社会文化既包括人类社会历史实践过程中所创造的物质和精神财富的总和，又特指社会意识形态及其相关制度。劳动文化是社会文化的重要组成部分，它既是人类在劳动过程中所创造的物质和精神财富的结晶，也具体指向了劳动者所处劳动环境的意识形态和劳动价值观。具体到劳动组织内部，劳动者只有内化组织文化，认同职业身份和职业地位，才能够更好地从事劳动，实现自身的劳动价值、人生价值和社会价值。改革开放以来，随着生产力的发展和劳动领域的变迁，我国的劳动文化不断发展变化。新时代的劳动文化必须重视劳动者的价值和尊严，重视信息时代的技术创新需求，重视劳动者与社会发展的和谐，这样才能形成劳动者认同和内化的劳动文化，才能促进个体和社会的不断发展。

三、劳动者社会化的主要途径

劳动者社会化涉及从微观到宏观的社会过程，社会中的个人和组织构成了劳动者社会化所必需的环境条件。一般而言，个人要进行劳动社会化，成长为一个合格的劳动者有以下四个主要途径：家庭的劳动教化、学校的劳动教育、劳动组织的培训、社会环境的影响。

（一）家庭的劳动教化

家庭几乎是每个人出生后接受社会化的第一个社会环境，对个人早期的社会化乃至一生的社会化都具有重要意义。家庭对个体的劳动教化主要体现在两个方面：其一，家庭对个人的影响具有强大的渗透和塑造能力。家庭中长辈所掌握的劳动技能、确立的劳动角色、认同的劳动文化等劳动社会化的内容，在不同程度上都会影响到子辈，子辈也能够从长辈身上学习劳动知识、形成劳动认知，并可能在长辈的影响下做出自己的劳动选择。其二，家庭是子辈进行劳动实践的具体场所。子辈能够在家庭内进行一些简单的家务劳动，甚至参与到长辈的职业劳动中，这些在家庭领域内部参与的非正式劳动实践为个体成年后在家庭以外的环境进行劳动打下了基础。

（二）学校的劳动教育

学校作为专门的学习机构，可以有组织、有目的、系统化地为学生提供劳动社会化的各种条件[20]。与家庭在劳动社会化中潜移默化的影响相比，学校通过基础教育和建立在此之上的各个领域的专业教育，可以更直接地促进劳动者的社会化，对劳动者的具体劳动实践更具指导作用。学校既传授各种劳动知识和技能，又能培养和树立劳动者的职业价值观，还能使得劳动者理解和内化劳动规范。需要注意的是，不同类型的学校教育会对劳动者社会化产生差异性影响。例如，职业学校的教育主要以培养具有熟练劳动技能的工人为目的，大学研究生的教育则注重培养科研领域的劳动者。即使同样是通过学校的劳动教育途径进行劳动社会化，在不同的教育目的、教育方式和教育要求之下，学校劳动教育的培养目标不一样，也会塑造出不同类型的劳动者，这充分体现了学校的劳动教育对劳动者社会化的重要影响。

（三）劳动组织的培训

劳动组织是个人进行劳动社会化最直接的场所。劳动组织的培训通常由组织的人事部门或人力资源部门负责，组织多方成员共同参与。对于任何一个劳动组织来说，新员工的入职培训都是必不可少的，这也是劳动者在组织内所参与的最重要的劳动培训。通过劳动培训，劳动者掌握组织的规章制度，明确技能要求，甚至有助于确定自己的职业理想，拓展今后职业发展的通道和空间。此外，为了使劳动者不断更新技能，保持良好的劳动状态，许多劳动组织会长期组织各类在职培训。一般而言，劳动者在组织内的劳动过程会长期伴随着各类劳动培训。劳动培训能够检验和发展劳动者在家庭和学校劳动社会化的成果，也使得劳动者的社会化更加充分。

（四）社会环境的影响

在家庭、学校和劳动组织之外，身处社会中的个体也会从各个方面接触到劳动信息。无论是新闻广播、电视媒体，还是书籍文献，甚至是社会成员的口口相传，都会对个体的劳动社会化产生影响。此外，人的社会化有一个非常重要的途径，即同辈群体。同辈群体是指那些在年龄、兴趣爱好、家庭背景等方面比较接近的个体自发组成的社会群体[21]。作为个体的重要参照系，同辈群体的劳动情况会成为个体在劳动方面的参照。劳动者通过将自身的劳动境遇与同辈群体相比较，会做出自身的劳动选择和劳动评价，形成对劳动技能、劳动规范、劳动角色等劳动内容的社会化理解。

四、劳动者社会化的阶段

从劳动者的社会化途径可以看出，劳动者的社会化是一个循序渐进、不断深入的过程。成为一个社会化的劳动者，首要前提就是成为一个社会化的人。个人只有完成了基本的社会化，才能成为一个合格的劳动者。在劳动者社会化过程中，劳动者需要适应劳动组织的文化氛围、遵守一定劳动规范、掌握劳动技能。一旦劳动者角色失败，就可能需要重新进行劳动社会化，直至退出劳动力市场。劳动者社会化伴随着人的社会化的发展过程，形成了四个阶段，即预期社会化、初始社会化、基础社会化和继续社会化。

（一）劳动的预期社会化

从劳动社会化的内容和途径可以看出，个体在从事具体的劳动之前就已经为参与劳动进行着各种准备，换言之，个体的劳动社会化早于其劳动参与。劳动的预期社会化指人们在参与劳动之前，在心理上认同劳动角色、在思想上内化劳动规范，学习劳动文化和技能，为满足劳动角色期望而做各项准备。这一阶段的劳动社会化是基于劳动者对于未来劳动角色的预期而进行的，因此称为劳动的预期社会化。对于劳动者而言，预期社会化是其参与劳动的前提和基础，劳动者只有在这一阶段掌握知识和技能、了解相应的文化和价值观，才能够满足劳动力市场的准入要求，才能够为未来可能面临的职业变换和职业流动做好充分的准备。

（二）劳动的初始社会化

劳动的初始社会化是指劳动者在进入劳动场所参与劳动之前所经历的社会化，上文提到的劳动组织培训就是最典型的劳动初始社会化。通过培训，劳动者能够初步掌握劳动组织的规章制度和所需技能，以便扮演好未来的劳动角色。如果从劳动者社会化的主要途径进行比较的话，劳动的预期社会化阶段主要包括家庭的劳动教化和学校的劳动教育，而劳动的初始社会化主要是劳动组织的培训，虽然两者都有助于劳动者学习劳动技能规范、适应劳动角色和内化劳动文化，但劳动的初始社会化在劳动社会化的主要内容和目的等方面更为具体。

（三）劳动的基础社会化

劳动的基础社会化指劳动者在一个相对固定的工作中从事稳定的劳动时的社会化。这是劳动者社会化的第三个阶段，劳动者的社会化在这一阶段已经基本完成。如果劳动者不再变换工作，且从事的劳动在技能、规范等领域的要求比较固定，劳动者的社会化就可能会止步于这个阶段。在劳动的基础社会化阶段，一方面劳动者要继续学习和掌握必要的劳动知识和技能，通过不断的劳动实践理解劳动规范和岗位要求，成为一个合格的角色扮演者；另一方面，劳动者要不断学习和更新自身的知识和技能，以适应岗位中可能产生的新变化，避免劳动角色的失败。

（四）劳动的继续社会化

从劳动者的实际工作情况看，许多劳动者在从事某种工作后，会由于各种原因重新选择另一份工作。当劳动者面临从一个职业到另一个职业的流动时，就产生了劳动的继续社会化问题。劳动的继续社会化指劳动者由于某种原因需要重新进行劳动的基础社会化，特别是当职业要求差距比较大的时候，继续社会化就显得尤为重要。新的劳动环境会对劳动者提出不同以往的规范和要求，劳动者为了适应新环境必须进行继续社会化。

总的来说，劳动的预期社会化阶段、初始社会化阶段、基础社会化阶段和继续社会化阶段，构成了劳动者社会化的全过程。虽然劳动者在这几个阶段都必须学习劳动技能和劳动规范，适应劳动角色和内化劳动文化，但不同阶段的社会化内容和途径各有侧重：预期社会化主要通过家庭和学校途径实现，后三个阶段的社会化主要依托劳动组织来实现，社会环境对劳动者社会化的影响则始终贯穿其中。此外，劳动的继续社会化阶段并不是每一个劳动者都需要经历的。整体来看，劳动者在成功完成了上述几个阶段的社会化后，将对自己希望扮演的、即将扮演的和正在扮演的劳动角色有更多认识，能够领悟和实践劳动角色的规范和要求，适应所处的劳动环境，形成正确的职业价值观。

第 4 节　当代中国的劳动者

中国传统社会中就有关于各种类型的劳动者和劳动群体的描写和记录，例如《史记·货殖列传》就专门对古代商人的往来贸易和社会生活进行了记载。随着中国社会的不断变迁，劳动者和劳动群体在不同时期呈现出不同特质。改革开放以来，随着市场经济转型的不断深化，我国涌现出大量具有新特质的劳动者和劳动群体。如果说对劳动者社会化的关注是从微观社会学视角来理解社会中的劳动个体，那么对劳动群体进行整体性讨论（比如对当代中国劳动者的共同特性进行分析）就能够从中观和宏观层面理解当代中国劳动群体的起源、发展和变迁及其对社会结构变迁和经济社会发展的重大意义。

一、社会转型与劳动群体的再形成

当代中国的劳动者和主要劳动群体是在改革开放以来的社会转型中逐渐形成的。社会转型通常包括社会结构变动和社会形态变迁两个方面。改革开放以来的中国社会毫无疑问经历了一次转型过程——从计划经济体制向社会主义市场经济体制转型。社会转型是一种特殊的结构性变动：它不仅意味着经济结构的转换，同时意味着其他社会结构的转换，是一种全面的结构性过渡；它是持续发展中的一种阶段性特征，是在持续的结构性变动中从一种状态过渡到另一种状态；它是一个数量关系的分析概念，由一组结构变化的参数来说明，而不仅仅是一般的宏观描述和抽象分析[22]。社会转型对社会产生的影响广泛而深刻，无论是宏观领域的经济制度、政治制度，还是微观领域的个体行为方式、生活方式，抑或是意识形态的价值体系，都会发生变化。随着计划经济向社会主义市场经济转型和产业结构的不断变化，中国形成了新的劳动群体，其中最典型的就是农民工群体和国企工人群体，它们一起构成了我国规模最大的劳动群体[23]。

（一）农民工群体

农民工即通俗意义上的进城务工群体，指的是改革开放以后离开农村进入城市从事工业或服务业的劳动群体。从农民工的总量变化来看，20 世纪 80 年代至 21 世纪初，我国农民工的总量持续快速增长：国家统计局相关调查资料显示，2014 年我国农民工的总量为 27 395 万人，但此时农民工的总量增速已明显放缓[24]。农民工群体呈现出明显的地域性和季节性特征。从地域性特征即地理空间分布来看，农民工的来源主要是中西部地区和农村地区，输入地点则主要是东南沿海地区和城市；从季节性特征来看，农民工的流动会根据经济周期、农作时间和重大节假日等因素进行调整。

经典的推拉理论认为经济驱动力、教育水平、性别和年龄会对农民是否进城务工产生影响，但中国农民工的推拉模式与国际相比存在较大差异，其中最主要的差异在于户籍制度[25]。严格的户籍制度导致农民工将生活的重心、目标、预期和心理定位仍然放在农村，难以融入城市生活。有研究显示，绝大多数农民工不愿意转为非农业户口；如果要求其交回承包地，只有10%的农民工愿意转为非农业户口[26]。因此，总量巨大但又难以市民化的农民工群体面临着许多困境，也带来了一系列社会问题：农民工群体的身份认同问题、农民工家庭成员的留守问题、农民工的权益与社会保障问题等。随着经济社会的不断发展，农民工群体内部也在不断变化，改革开放以来形成的第一代农民工已经逐渐退出了劳动力市场，第二代或新生代农民工群体已经出现。

（二）国企工人群体

早在我国改革开放以前的计划经济时期，就已经形成了以单位为组织的、以先赋身份为等级原则的、高度组织化的国企工人群体，随着我国从计划经济体制向社会主义市场经济体制转型，国企工人群体的劳动特质也发生了巨大的变化[27]。这里所说的国企工人群体，特指由于国有企业改革而从单位制员工转为劳动合同工的国有企业工人群体。由于企业效益降低、劳动关系变化和福利制度改革等，国企工人群体的经济社会地位普遍降低。虽然劳动力市场的逐步开放为国企工人的劳动和就业提供了更多可能性，但他们所拥有的社会资源和对社会结构变化的反应能力存在巨大差异，导致许多资源匮乏和能力不足的国企工人难以适应市场竞争，再加上缺乏原有的单位制保障，他们不得不直接面对市场经济中各种社会风险，最终在心理上形成高强度的相对剥夺感，在生活中陷入窘境。

（三）其他劳动群体类型

现实生活中的劳动群体种类多样，如果从社会学的分析视角对整个劳动群体进行划分，可以将其划分为不同的类型。例如，依据成员资格获取方式，劳动群体可以分为先赋群体和自致群体。在传统社会中由所谓的“子承父业”形成的劳动群体可以理解为由出身带来的、不随个人意愿改变的先赋群体，但当代劳动力市场中绝大多数劳动者属于后天个人选择而形成的自致群体。依据就业方式的规范化程度，劳动群体可以分为正规就业群体和非正规就业群体。正规就业群体通常遵守严格的规章制度以及相对更明确的权责，例如公务员群体、医生群体、教师群体等；非正规就业群体通常具有低收入回报、低福利保障的特征，例如灵活就业群体、自由职业群体等。总的来说，既可以从社会学对群体的类型划分出发，将劳动者作为一个整体与非劳动者比较以突出劳动群体的独特特性，也可以针对劳动者的内部特征进行细分，从而分析某类劳动群体的职业特征。关于职业分类与职业分层的相关内容，后文将专门进行介绍。

二、劳动群体的社会特征

劳动群体的社会特征是能够被研究者观测到的固有属性或特性，通常能够对整体的变化情况进行概括现。本部分从劳动群体的社会身份特征、劳动文化特征和劳动政治特征三个方面，对劳动群体的社会特征进行分析。

（一）社会身份特征

劳动者的社会身份是劳动者在一定组织体系和社会关系中所处的稳定地位。对劳动者身份的研究起直接和主导作用的就是劳动过程中所形成的劳动关系、劳动报酬等经济性因素。传统马克思主义从经济角度出发把劳动者看作生产关系中受剥削的主体，这明确了资本主义经济关系中劳动者的被剥削身份，但也导致对劳动群体特征进行分析时容易忽略社会性因素。事实上，劳动者在成为劳动者之前，首先是经历了长期社会化过程后具有社会身份的个体，且具有作为一个社会人的基本素质，这决定了劳动者作为社会人在人生处境中的行动模式。换言之，每一个劳动者身上具有的特定的性别、公民等社会性身份，都会影响劳动者的职业选择、劳动表现等。

1. 劳动者的性别身份

性别身份是每一位劳动者与生俱来的特征，几乎不会随着社会时空的变化而变化。劳动者的性别身份会对劳动分工产生巨大影响。劳动者性别分工所产生的劳动性别结构，反映了性别分工的合理程度，也体现了社会的文明进步程度。从社会现实看，男性劳动者和女性劳动者进入劳动市场的机会可能不同，从事同一份工作的劳动报酬可能不同，所擅长的工作领域可能存在差异，获得晋升的概率也存在较大差异。有学者研究当代中国的性别和薪酬之间的关系发现，以“男主外女主内”为核心的传统性别角色观念对女性的工资收入具有直接的抑制作用，对男性收入则没有显著影响[28]。

对于这种传统社会性别分工的形成和发展，以及劳动者所面临的性别隔离和性别等级等问题，众多社会学理论进行了批判和解构。功能主义从社会系统的稳定和维持角度来看待这一问题：第一，传统的两性家庭分工，即女性服务于家庭内部、承担母亲的职责，而男性服务于家庭与其他社会组织、承担养家的职责，这主要是由女性的生理结构决定的；第二，这意味着女性的工作领域主要在家庭内部，而男性则相反；第三，这种家庭分工有利于社会稳定和秩序维护。马克思主义对性别分工也有深刻分析，在《家庭、私有制和国家的起源》中，恩格斯指出生产分为两种，一是生活资料的生产，二是人类的生产[29]。私有制下的社会分工使得女性脱离了社会生产劳动并且主要负责人类的再生产，生活资料的生产主要由男性来承担，这使得剩余产品主要出现在男性的劳动领域，女性则丧失了生产资料，最终使得女性局限于家庭内部，在经济上不得不依附于男性。值得注意的是，对劳动者社会性别身份的理解并不能仅仅停留在按照性别分配工作的表面，而是要意识到其背后可能存在的不平等最终导致两性在劳动领域的资源和机会不均。

2. 劳动者的公民身份

公民身份同样会对劳动者的劳动和生活产生巨大影响，因为它直接关系到劳动者的权益。托马斯·马歇尔（Thomas Marshall）对公民身份和公民权作出了经典论述，他强调公民身份的权利，将公民身份作为一个由民事、政治、社会三重要素构成的权利系统，认为它对社会平等有着重大影响[30]。在马歇尔看来，民事要素包括个人自由必须要拥有的权利，例如人身自由、言论自由、财产权等；政治要素主要包括参政议政的权利；社会要素主要是成员进行正常社会生活的一系列权利，例如受教育权、社会福利权等，这三个方面共同构成了社会成员在社会生活中所必须拥有的基本权利。对于社会中的劳动者来说，一旦这三个方面的权利有所缺失，势必会对他们自身的劳动和发展乃至社会稳定都产生负面影响。举例来说，如果一个社会中的女性劳动者得不到生育相关的福利保障，就可能影响其生育意愿，从微观上看这会影响其家庭的和谐稳定，从宏观上看会对国家的劳动力供给产生负面影响。

当今中国，在获得公民身份方面产生障碍的典型劳动群体当属跨国劳动群体。随着全球化进程的加快，跨国劳动群体规模不断扩大。例如，我国台湾、香港和东南沿海地区存在大量菲佣。有学者对这类劳动群体进行了研究，根据亚洲跨国劳工和本地雇主之间的互动，探讨女性劳工的性别和阶层的界线形成，揭示了东南亚女性跨国劳工由于性别不平等在全球跨国劳动中社会地位的边缘化[31]。

（二）劳动文化特征

劳动文化是人类在社会历史发展过程中与劳动相关的物质财富和精神财富的总和。虽然广义的劳动文化涵盖了社会生活的各个领域，也包括与劳动相关的物质和精神两个层面，但通常社会学界所关注的劳动文化仍集中于精神层面。

1. 劳动心态和群体意识

从狭义的文化概念来看，劳动文化指的是劳动者在劳动实践过程中所创造的精神财富的总和。从某种意义上说，劳动者在劳动过程中所形成的劳动关系、薪酬标准等因素都是外在于劳动者的。劳动者作为社会中具有主观能动性的行动主体，并非只是被动地参与劳动，而是对劳动参与的每个环节都进行了主动选择，这就是劳动者的主体性。这种主体性体现在每个劳动者个体身上，也就是劳动者的劳动心态；而上升到劳动群体层面，就是劳动者的群体意识。劳动心态和群体意识构成了劳动文化的两个最重要的层面。

改革开放以来，我国劳动者的劳动心态发生了巨大的转变，呈现出一定的断裂性。这一点在农民工群体和国企工人群体中体现得尤为明显。对于农民工群体来说，他们从乡村走入劳动状态和生活状态截然不同的城市，面临融入城市生活的巨大障碍，使得他们的市民化过程漫长而艰难。在群体认同方面，国企工人群体的群体意识的断裂性更为显著。他们过去长期受单位制的影响，对劳动意识的理解侧重于群体方面，即使被迫进入市场竞争，也难以摆脱对工作单位的认同感和依赖感。

2. 劳动规范和劳动标准

劳动规范和劳动标准是两个紧密相关的概念，前者指对劳动行为明文规定或约定俗成的标准，后者指劳动领域内以文字描述或数据图表等形式对劳动者行为做出的统一规定。如前所述，比较典型的劳动规范有劳动法律规范、行业道德规范、组织规章制度等，这些劳动规范对合理获取劳动报酬的途径、从事社会生产劳动应该遵循的基本规则等一系列与劳动相关的事项进行了规定。当代中国典型的劳动法律规范当属《劳动法》《劳动合同法》，这两部法律对保护劳动者的合法权益、调整劳动关系、建立和维护适应社会主义市场经济的劳动制度、促进经济发展和社会进步，起着至关重要的作用。同时，劳动领域存在着一些逐渐形成的行业标准，例如邮政行业制定的《邮件快件包装管理办法》《鲜活水产品快递服务要求》《无人机快递投递服务规范》等。

对于劳动者来说，遵守劳动规范和达到劳动标准是其劳动社会化的重要内容，而这些内化了的规范和标准就形成了劳动者的共同文化。同时，这些文化会随着劳动特性的变化而不断变化。例如，随着信息技术的不断发展，当代中国的平台经济和数字经济飞速发展，这对原有的劳动规范和标准产生了巨大冲击：在新型就业中，劳动者与平台的劳动关系认定被模糊化，以至于劳动者难以找到责任主体，也难以获得各项劳动保障。这就要求当代中国的劳动规范和劳动标准必须适应新形势下的劳动环境变化，国家必须适时出台适应劳动领域新变化的劳动规范和劳动标准体系。

（三）劳动政治特征

从狭义的政治定义来看，劳动政治指劳动者通过政府、政党、社会团体在内政及国际关系方面的活动。迈克尔·布洛维曾对劳动者进行过这样的论断：他们从生产开始到政治终结[32]。劳动者的劳动过程始终与政治、文化等因素并存，发挥作用。历史上欧洲社会风起云涌的工人运动也印证了这一点——某一国家的工业越发达，该国工人想要弄清他们作为工人阶级在有产阶级面前所处地位的愿望也就越强烈，工人的社会主义运动也就越壮大[33]。

1. 劳动者的政治意识

政治意识即政治意识形态，它从本质上看是一个心理学概念，是关于社会的合理秩序及其表达方式的态度和信念系统。从政治意识形态与政治行为的关系角度来看，马克思主义认为意识形态具有激发和鼓动人类政治行为的作用；从政治意识形态与心理健康的角度来看，不同的政治意识形态会对人的心理健康状况产生不同的影响[34]。从定义可以看出，政治意识形态包含着极其丰富的内容，个人在不同情况下可能会呈现出不同的政治意识形态，这并不意味着不同群体之间的政治意识形态存在极大的差异。例如，学者从依据职业划分的中国不同群体的政治意识的测量中发现，不同群体在政治意识，特别是政治民主意识方面，并不存在显著差别[35]。除了政治民主意识，当代中国劳动者的劳动意识同样体现在爱国主义精神、社会主义劳动道德、社会主义劳动理想、集体精神、责任精神等方面。

2. 劳动者的政治参与

劳动者的政治参与顾名思义就是劳动者参与政治活动。从社会发展角度看，劳动者作为社会中的公民有需求、更有权利参与政治活动。从劳动者个人看来，与雇用他们的劳动组织相比，劳动者通常属于弱势群体，因此，为了维护个人的劳动权益，劳动者有必要通过影响政府决定与政府活动的方式来保护自身的利益。在当代中国，劳动者政治参与的形式是多样的，例如应用次数多、范围广的劳动集体谈判制度，但最激烈和极端的当属劳动抗争。毋庸讳言，劳动群体组成的劳工组织进行的相关抗争行动在全世界都时有发生。只有正视劳工运动所反映出来的劳动权益困境，才能够为劳动者增权和赋能，促进劳动者个体的发展，维护社会的和谐稳定，当代中国的劳动者才能团结一心。因此应在习近平新时代中国特色社会主义思想的指引下，坚持人民民主专政，通过社会主义政治制度参政议政，沿着中国特色社会主义道路，集中力量进行社会主义现代化建设。

三、劳动者和劳动群体的新发展

随着现代科学技术的不断发展，人类的社会生活发生了广泛而深刻的变革，劳动群体的面貌也产生了巨大的变化，许多全新类型的劳动群体诞生并不断发展变化，对新兴劳动群体的研究也进入了一个新阶段。

在我国从计划经济向社会主义市场经济转型的进程中，劳动者逐渐从原来的单位制的“终身雇佣”形式，向合同用工、非正规就业、灵活就业等形式转化。互联网技术也使得非正规就业和灵活就业的内容和形式越来越多样化。这里的非正规就业和灵活就业强调的是劳动者的就业没有被国家、集体或私营制度完全覆盖，最典型的是自由职业者。这类就业者通常在劳动密集型的服务业和建筑业中比例较高。对于国家和劳动群体自身来说，非正规就业和灵活就业既增强了劳动力市场的整体活力，促进了就业和经济增长，又使得就业稳定性、就业安全性下降[36]。因此，必须重视这类劳动者的社会保障覆盖，维护非正规就业人员和灵活就业人员的合法权益。

在诸多新劳动群体中，与互联网经济紧密联系的平台经济以及伴生的平台劳动者颇受研究者瞩目。由于平台经济正处于快速发展和成长时期，对它的定义也众说纷纭、莫衷一是，但总体上学界认为平台经济至少具有以下两个共同特点：(1)平台经济是一种基于互联网等现代信息技术的新经济形态；(2)现代信息技术在平台经济的生产和经营中发挥基础性的作用。在这种新发展下，劳动者和平台间的劳动关系认定、劳动性质和类型、劳动权益保障等都产生了新变化，也涌现出一大批如外卖骑手、网络主播等类型的平台劳动者。随着我国餐饮外卖行业的蓬勃发展，外卖骑手的人数呈爆炸式增长。严格意义上说，外卖骑手属于传统快递行业的分支，但基于平台经济的运行逻辑导致他们的生活场景和工作类型与快递业相比存在巨大的差异。研究发现，大城市的外卖骑手虽然能够适应不佳的居住条件，但难以适应城市的高消费，很难融入城市生活；他们期待更高的劳动报酬，但劳动安全保护意识淡薄，行业内晋升渠道有限，因此需要加强对外卖骑手的劳动培训，增强其劳动认同[37]。网络主播是通过互联网视听平台与观众进行互动获取收入的劳动者。同样作为平台经济劳动者，与外卖骑手相比，网络主播在劳动特性上与前者呈现出较大的差异。首先，外卖骑手主要在物理空间中进行劳动，而网络主播是在数字媒介空间中进行劳动。其次，外卖骑手主要从事体力劳动，而网络主播呈现出情感劳动的特性。

总的来说，当代中国的劳动者和劳动群体呈现出多样化的特征，伴随着互联网等信息技术的发展，他们的群体特性在不断发展变化。这对当代中国的劳动关系认定、劳动培训制度、劳动报酬制度、劳动保护制度、劳动法律法规和社会保障体系的完善都提出了新要求。

本章小结

本章围绕着全书的起始点——劳动者，对劳动者的定义、劳动者的社会结构、劳动者的社会化过程进行了介绍，然后在此基础上具体考察了当代中国的劳动者和劳动群体。

第 1 节主要从劳动社会学和劳动经济学的视角对劳动者的定义和要素进行了介绍，并对劳动者的相关概念进行了辨析。第 2 节从社会结构出发，对劳动者的年龄结构、性别结构、素质结构和职业结构进行了分析。第 3 节依托社会学经典的社会化理论，介绍了劳动者社会化的定义，然后对劳动者社会化的主要内容进行了分析，分别是学习并掌握劳动技能、学习并遵守劳动规范、学习和适应劳动角色、认同和内化劳动文化。家庭、学校、劳动组织和社会环境分别是劳动者社会化的主要途径，预期社会化、初始社会化、基础社会化和继续社会化则分别是劳动者社会化的主要阶段。第 4 节从农民工群体和国企工人群体入手，对当代中国的劳动者和劳动群体的类型和特征进行了具体介绍。

关键词

劳动者　社会结构　社会化　社会特征　灵活就业

思考题

1. 劳动者的定义是什么？劳动者必须具备什么要素？
2. 请辨析劳动者、劳动力和人力资本三个概念，并举出具体实例进行说明。
3. 劳动者的社会结构是什么？劳动者的社会结构在劳动者个人层面、劳动力市场层面和社会层面分别有什么影响？
4. 劳动者为什么要进行社会化？劳动者如何进行社会化？
5. 请思考当代中国的劳动者和劳动群体的类型和特征，选择其中任意一类加以说明。

推荐阅读

美丽的标价——时装模特的外形生产劳动

在阿什利·米尔斯（Ashley Mears）的作品《美丽的标价——模特行业的规则》中，作者对创意文化产业中时装模特的 T 台劳动、广告劳动等多种微观劳动实践进行了研究，探讨了模特的外形价值，并认为模特劳动中的外形价值是在媒体和商业时尚圈中生产者的社会互动中产生的。尽管在时尚杂志、网络媒体上我们经常能够发现关于光鲜亮丽的时装模特的报道，但拨开笼罩在模特身上的光环，仅将模特作为一名劳动者来看待，即从劳动者视角研究模特的劳动时，其劳动实践却变得模糊不清。因此，米尔斯通过严谨的社会学研究对模特劳动进行了分析。

首先，模特的劳动是一种通过外形吸引时尚消费者的过程。每个社会中的个体都拥有外形，因此，对模特劳动中外形的理解的关键不在于什么是外形，而在于什么样的外形能够在模特市场中被认为具有价值。从现实情况来看，模特劳动中的外形筛选和生产是模特、星探、模特学校、经纪公司、设计师、买手等多主体互动的过程。这意味着，与外形相关的劳动并不是一个纯粹的基于个人天赋和天生样貌的生产过程，而是基于现代机构、组织、产业的劳动过程。在这个生产过程中，媒体圈掌握着大量的象征资本，强调外形的艺术价值，模特能够在这种类型的劳动中获得高声望；商业圈则掌握着大量的经济资本，强调外形的商业价值，模特能够在这种类型的劳动中获得高经济报酬。

其次，性别对时装模特的劳动有重大影响。最直观的就是女性时装模特的数量远多于男性。与通常男女同工不同酬的情况中男性平均收入更高相反的是，女性时装模特的平均收入远高于男性时装模特的平均收入。那么这是否意味着在模特的劳动中传统的男女不平等现象颠倒了呢？在米尔斯看来，答案显然是否定的。时装模特仍然主要在推销女性气质，男女时装模特的工资差别体现了更广泛意义上社会的男性气质主导——通过男性气质商品化后的低报酬来抵制男权的商品化和展示化。

随着社会生活的不断发展，劳动的内容和形式不断变化，劳动者的特征和劳动过程也与传统社会相比呈现出巨大的差异，时装模特就是一个典型例子。未来劳动者又将呈现出怎样的新特征，有待我们每一个人不断观察和思考。

注释

第 3 章

职业选择与指导

【重点问题】

- 什么是职业，职业的特点是什么？
- 职业对个人和社会具有什么样的功能？
- 职业选择理论有哪些代表人物，他们的主要观点是什么？
- 职业指导的目标及内容是什么？
- 职业指导的过程和条件是什么？
- 我国职业选择和职业指导的发展过程是怎样的？

【开篇引例】

数字化平台的兴起与职业技能变革

职业的变革与科学技术的进步紧密相关，18 世纪初，随着纺织业的工业化转型，人类逐步迈入工业时代。工业化提高了生产率，也使成千上万的工人流落街头。科技进步在创造繁荣的同时，也对人们的生活和工作产生着重要影响。随着生产技术的发展，人们需要在工作中具备过硬的技能，即技术知识、解决问题的能力和批判性思维的组合，以及诸如毅力、协作和共情能力等软技能，几十年如一日地从事同一份职业或就职于同一家企业的时代正在远去。

在科技高度发达的当今社会，每一位社会成员都拥有很多市场机遇。互联网的普及使得个体和企业只需要连接宽带就可以在线上平台实现商品交易，企业家利用数字技术创造了以线上平台为依托的全球性企业，这种企业的生产过程与一端输入一端产出的传统生产过程截然不同。新型企业即数字化平台企业通过在客户、生产者与供应商之间创造网络效应以及在多边模型中促进互动来创造价值。与传统企业相比，数字化平台实现规模化的速度更快，成本更低。创建于 1943 年的瑞典宜家家居几乎用了 30 年的时间才开始在欧洲市场扩张。经过 70 多年的不懈努力，宜家家居取得了不错的业绩。然而，凭借数字技术，中国企业集团阿里巴巴用了两年的时间就吸引了 100 万用户，用了 15 年的时间积累了 900 多万在线商户，年销售收入达到7 000 亿美元。目前，数字化平台企业在世界各国方兴未艾，比如印度的 Flipkart 和尼日利亚的 Jumia。随着数字化平台的兴起，劳动者的职业技能也在经历着重塑。

在数字化平台的影响之下，市场正在淘汰那些可以被科技产品取代的、技能水平较低的劳动者，而具备高级认知技能、社会行为技能以及较强适应能力的劳动者的职业优势更加明显。这一现象在发达国家表现得尤其显著，即使在发展中国家，这一状况也初见端倪。2000—2014 年，玻利维亚的高技能职业就业比例增加了 8 个百分点，埃塞俄比亚更是增加了 13 个百分点。技术正在改变工作场所对职业技能的需求。第一，无论在发达经济体中还是在新兴经济体中，对非重复性认知技能和社会行为技能的需求都呈现出上升趋势。第二，对重复性任务所需要的具体工作技能的需求呈现下降的趋势。第三，不同技能类型组合的回报有所增加。这些变化不仅体现在新工作取代旧工作这一点上，而且体现在既有工作技能组合的变化上。

首先，非重复性工作要求工人具备高超的分析技能、熟练的人际关系处理技能或者对灵敏性要求很高的手工技能，比如团队工作、关系管理、人员管理和护理工作等，对从事这些工作的工人，机器人可以发挥辅助作用。在这些工作中，人们必须基于一定社会交往常识进行互动。事实证明，设计、制作艺术、研究活动、团队管理、护理工作和清扫卫生等工作难以实现自动化，机器人很难掌握这些技能与工人展开竞争。

其次，在可被“编码”的重复性工作中，工人很可能被机器取代。其中一些工作是认知性的，比如处理工资单或账务。一些工作则是手工性质或者体力性质的，比如操作焊接机和配送商品，这些工作很容易实现自动化，从而使得不具备专业技术的工人被取代。

最后，不同技能类型组合所带来的回报在持续增加。工作性质的持续变化要求工人具备多项技能以提高适应能力，从而使他们能够从容应对工作中的不同任务。高阶认知技能和社会行为技能一直是雇主最重视的技能，在现代社会，团队工作能力、沟通能力和解决问题的能力是不可或缺的职业技能组合。

另外，数字化平台也在改变人们的工作方式和工作条件。在数字技术的影响下，人们更倾向于短期工作，而不是“标准化”的长期工作，“零工”使人们能够更加灵活地进行职业选择。笔记本电脑、平板电脑和智能手机等为线上服务的发展创造了条件。在埃及，在线学习平台 Tutorama 通过网络将世界各地的学生与家庭教师联系起来，构建出按需服务的线上经营模式。俄罗斯学生可在 Yandex 平台寻找课余时间的兼职，信息搜集效率大大提高。随着数字化平台的兴起，工人在职业生涯中可能会从事更多种类的工作，职业技能要求更高，这意味着他们不得不进行职业技能的终身学习。

资料来源：World Bank. World Development Report 2019：The Changing Nature of Work. Washington. DC：World Bank，2019：1-26.

思考：

你认为数字化平台的兴起给当代大学生的职业发展带来了哪些机遇与挑战？

第 1 节　职业概述

劳动社会学所关心的问题大多与职业相关，如劳动者基本上是拥有一定职业角色的人，劳动者通过职业活动和他人发生业缘关系，对劳动组织、企业文化及劳动社会化过程的研究都离不开职业[1]。职业不仅可以反映人们的经济状况、行为模式和生活方式，还是人们的社会阶层、受教育程度和社会地位的一般表征。职业活动在个人社会生活中占据着重要地位，同时个人的职业选择、职业流动又在宏观范围内影响着社会经济的发展[2]。

一、职业的概念

职业是劳动社会学非常关注的一个核心概念，由于研究目的不同，学者们从不同角度、不同侧面对职业的内涵进行了不同的界定。

美国学者李・泰勒（Lee Taylor）在《职业社会学》一书中指出，“职业，可以理解为一套成为模式的与特殊工作经验有关的人群关系。这种成为模式的人群关系的整合，促进了职业结构发展和职业意识形态的显现”[3]。迈克尔・曼（Michael Mann）主编的《国际社会学百科全书》对职业的解释是：职业这一术语最初是指从事法律、教会、医疗和军事服务的传统意义上的“自由职业”，现在被用来表示具有或声称有职业身份的职业群体。同时，职业还是具有自我利益的职业群体在分工中力图保护和维持其垄断领域而予以运用的工具[4]。潘锦棠认为，职业是劳动者能够稳定从事的有酬工作。也就是说，并不是任何工作都能成为职业，某项工作只有变得足够丰富、足够重要，以致能吸引劳动者长期稳定地投身其中，才能成为职业，并且，劳动者从事这项工作，还可能取得一定的经济收入。此外，职业还是劳动者足够稳定地从事某项有酬工作而获得的劳动角色[5]。

基于以上分析，我们认为，职业的构成要素主要有以下三个方面：

第一，职业是劳动者相对稳定地从事的工作，即劳动者从事的是一种有一定的时间限度、非中断性的工作。

第二，职业是能够为劳动者带来稳定经济收入的工作，即劳动者通过这项工作可以获得一定的经济报酬。

第三，职业是劳动者模式化的一种人群关系以及相应的行为规范。

由此，职业是劳动者为了生活所得而发挥个人能力，在社会分工体系中从事的相对稳定的、有报酬的、专门类别的工作及由此获得的一种特定的劳动角色。它是对人们的生活方式、经济状况、文化水平、行为模式和思想情操的综合性反映，也是一个人的权利、义务、权力、职责，从而是一个人社会地位的一般性表征[6]。

二、职业的产生与发展

职业是社会劳动分工的必然产物。分工是职业产生的基础，因为只有分工发展到一定的程度才使某些一般工作变得足够丰富、足够重要，以致成为一种职业工作，即使劳动者能足够稳定地从事的工作[7]。在原始社会末期，随着社会生产力的发展，畜牧业从原始农业中分离了出来，实现了人类历史上的第一次社会化大分工。此后，手工业和商业先后独立，完成了第二次和第三次社会化大分工，职业分工也因此成为社会普遍现象。在现代工业社会中，新的劳动分工形式不断涌现，职业分工精细化成为人类劳动活动的历史趋势[8]。

在我国，随着经济体制从计划经济向社会主义市场经济转型，社会职业开始分化和重组，职业分工越来越精细，职业种类不断增加，人们选择职业的空间和观念等都发生了较大变化。新中国成立初期，国家以指令性计划的方式安排就业，个体对职业的选择空间较小。1949—1954 年，政府为解决旧中国遗留下来的失业问题和城镇新增劳动力就业问题，采取了政府介绍就业和劳动者自谋职业相结合的就业机制。该时期，个体的职业规划一度被忽略，学校的职业指导带有鲜明的政策性和政治性色彩，鼓励学生到祖国需要的地方就业。1950 年，政务院发布《为有计划地合理地分配全国公私立高等学校今年暑期毕业生工作的通令》，这是新中国成立后，国家对第一届大学生的分配意见，实行高等学校毕业生有计划的统筹分配。自 1955 年起，中央政府决定对今后的招工和职工调配实行“统一管理，分工负责”的方针，明确招工须经劳动部门批准这一原则，政府对劳动者的就业实行“包下来”政策，此后逐渐形成传统计划经济体制下政府“统包统配”的就业机制。20 世纪 50 年代初到 80 年代末，我国实行的基本上是“统包统配”的就业机制，并固定下来直到改革开放之前。

改革开放之后，随着我国由计划经济体制逐渐转变为社会主义市场经济体制，就业机制由过去的“统包统配”逐步转向市场化。我国大学生的就业模式转变为“自主择业，双向选择”模式[9]。1993 年，《中国教育改革和发展纲要》提出，国家任务计划招收的学生，原则上仍由国家负责在一定范围内安排就业，并逐步推行毕业生与用人单位的双向选择。1994 年，劳动部颁发《职业指导办法》，规定职业指导的主要任务是向劳动者和用人单位提供咨询和服务，促使形成双向选择，同时指出了就业指导人员的职责范围。同年，国家教委下发《普通中学职业指导纲要（试行）》，明确了普通中学职业指导的任务：帮助和引导学生了解社会，了解职业和专业；了解自己的生理、心理、兴趣、才能和体质等特点；教育学生正确处理国家、社会需要和个人志愿之间的关系，增强职业意识和对未来职业的适应能力，使学生能够正确地选择符合社会需要及其身心特点的职业或专业方向。同时，为了准确了解社会职业结构状况，1995 年 2 月劳动部、国家统计局、国家技术监督局联合成立了国家职业分类大典和职业资格工作委员会，组织了上千名专家学者，历时近四年，于 1998 年底完成了《中华人民共和国职业分类大典》，并于 1999 年正式颁发，将我国职业的总体结构分为 8 个大类、66 个中类、413 个小类和 1 838 个细类（职业），体现了由粗到细的职业类别。

进入 21 世纪，随着产业结构的调整和技术的进步，我国职业结构也发生了相应的变化，许多新职业如雨后春笋般涌现。为了跟上社会的发展步伐，从 2004 年起，国家根据社会经济发展需要，建立了新职业定期发布制度，新的职业需要补充纳入《中华人民共和国职业分类大典》。一些传统职业的内容随着科学技术的发展发生了变化，2015 年，我国对《中华人民共和国职业分类大典》进行了修订，与 1999 年版相比，维持 8 个大类，增加了 9 个中类和 21 个小类，减少了 547 个职业[10]。2021 年 3 月 18 日，人力资源社会保障部公布集成电路工程技术人员、企业合规师、公司金融顾问、易货师等 18 个新职业的信息，这是 2015 年版《中华人民共和国职业分类大典》颁布以来我国发布的第四批新职业。2022 年 9 月，人力资源社会保障部颁布新修订的《中华人民共和国职业分类大典》。在 2022 年版中，职业数达到 1 639 个。随着职业类型的增加和专业化程度的提高，人们在选择职业时更加注重工作技能、沟通能力、管理能力等综合素质的提升。人们必须不断学习以适应快速变化与发展的时代趋势，一次就业定终身的情况日益减少，自主选择职业成为一种普遍的价值取向。

三、职业的特点

一般而言，职业具有同一性、差异性、层次性、广泛性、时代性几个主要特点。

（一）同一性

同一类职业往往有很多相同和相似的特征，在同一类职业内部，其劳动条件、工作对象、生产工具、操作内容等方面都是相同的或相似的。由于情境同一，人们会形成同一的行为模式，有共同语言，很容易产生认同。同行、同事就是因相同职业而形成的有一定类似之处的业缘群体。正是基于职业的同一性，才形成了工会、同业公会、行业协会等共同利益团体，著名的保险行业就是由船东等职业人士基于共同利益和共同认识创造出来的。职业的这种同一性往往会给人打上社会印记，例如，人们对侦探的社会印记是精明，认为从事文艺事业的人活泼而浪漫，对教师群体的社会印记是学问渊博[11]。随着时代的发展，虽然职业分化越来越精细，但同一类别的职业有流程化的、模式化的职业行为，这就是职业的同一性。

（二）差异性

现代社会各种职业之间的差异非常大。比如，职业活动的内容不同，工作的复杂程度不同，所需付出的体力脑力不同，工作的环境不同，所需要的任职资格条件不同，在组织结构中的权利不同，收入水平不同[12]。另外，不同职业之间在劳动者行为模式和职业社会心理方面也有着巨大的差异，最基本的理解是隔行如隔山。另外，不同性别之间也存在着职业差异。在澳大利亚，职业的性别差异主要体现在收入方面，男女工资差别较大，女性的职业发展通常较为缓慢，在临时工和非全职工作中，女性占比往往较高，这使得她们的终生储蓄大大减少，老年女性常常没有足够的退休金来维持生活[13]。

（三）层次性

职业的层次性特点是与职业分层、职业地位相关联的。众多的职业类型可以按照职业的社会评价分为不同的层次。职业的社会评价取决于不同职业在体力脑力支出、工作的复杂度、工作的轻松性、教育资格条件、在工作组织权力结构中的地位、工作内容的自主性、收入水平、社会声望等方面的差别。劳动社会学领域或者职业领域经常对职业声望进行评价，但是需要注意的是不同的时代有着不同的职业声望评价，所以职业具有很强的层次性[14]。一项在北京市 9 所高校开展的职业声望调查结果表明，声望较高的职业有三类：第一类是企业的管理人员；第二类是对知识和专业技能要求高的职业，如大学教授、法官、工程师、音乐家等；第三类是国家机关人员等。声望较低的十种职业分别是：建筑工人、保姆、环卫工人、废品收购人员、纺织工人、进城务工的农民、炼钢工人、矿工、人力车夫和搬运工。这些职业大部分是体力劳动，对专业技能要求低，收入较低，缺乏社会资源[15]。

（四）广泛性

职业活动关系到社会的大部分成员，职业问题也涉及社会的经济、政治、心理、教育、技术、伦理等许多方面。比如，“五花八门”[16]是我国古代的职业分类，现代社会的职业分类已经不能用“五花八门”概括。2015 年，我国对《中华人民共和国职业分类大典》进行了修订，在 1999 年版的基础上增加了 9 个中类和 21 个小类，修订后的职业分类体系为 8 个大类、75 个中类、434 个小类、1 481 个职业、2 670 个工种[17]。2022 年，《中华人民共和国职业分类大典》再次修订。美国职业信息网络（O* NET）在其发布的分类标准中，将职业划分为 1 016 个类型[18]。可以预见的是，随着科技的进步和社会经济的发展，未来的职业分类将变得更加广泛。

（五）时代性

职业的时代性有两个含义，一是职业随着时代的变化而变化，产生了一部分新兴职业；二是每一个社会都有自己的职业“时尚”，它反映该时代社会中的人们所热衷的职业。任何职业都和时代发展密切相关，有的时代需要某些特殊的职业，这些职业就发展得很好。随着科学技术的发展，现代社会还会不断出现一些在传统社会中甚至无法想象的职业[19]。进入 21 世纪，信息化工作方式在发达国家迅速普及并极大改变了人们的就业方式与观念。商业环境的变化和知识技术的革新，使得员工的职业流动模式发生了变化。在传统职业模式中，组织成员往往从基层做起，经过多年的经验积累逐步沿着特定的直线等级向上升迁，等级越高，获得的权力就越大，得到的报酬就更高。在新的时代特征下，员工们更加频繁地在不同部门、不同企业、不同领域之间流动，流动模式更加多样化，不稳定的因素也越来越多[20]。

四、职业的功能

职业不管是对个体，还是对社会都发挥着不可替代的功能。

（一）职业对个体的功能

职业是人的一种社会活动方式，也是人的一种经济行为，是人们从社会中谋取各种利益的资源，它对于每一个人都极为重要。

首先，职业是劳动者获得经济收入的主要来源。人作为个体在社会上生存，首先要有一个获得经济支持和保障基本生存的技能。职业作为人们参与社会生活、从事社会工作、进行人生实践的主要场所，是个人获得经济收入的主要手段，为个人生存和维持基本生活提供物质基础。

其次，职业是劳动者个性发展的重要手段。个体在进行职业选择的时候，会根据自己的兴趣、爱好以及个性特点来选择职业，进行职业搜寻，进而从事某一方面的工作。

劳动者在有一定自主性的前提下做职业选择，同时也在一定程度上选择有利于自己个性发展的环境。人们从事某种特定职业类别的工作，不仅能使人的才能得到发挥，而且能促进人的才能和个性的发展[21]。在职业培训的过程中，人们的专业知识将得到强化[22]，在从事某种工作的过程中，个体的技能和能力也将得到磨炼和提升[23]。

职业还是劳动者进行社会交往（业缘关系）的主要纽带。职业是社会与个人的结合点，这个结合点的动态关联形成了人类社会共同生活的基本结构。个人是职业的主体，个人的职业活动必须在一定的社会组织中进行。组织的目标必须靠个人通过职业活动来实现，个人则通过职业活动对组织的存在和发展做出贡献[24]。职业为人塑造了一种情境，使人进入一个社会劳动分工体系之中并参与活动。这使得从业者与他人建立了一定的业缘关系，从而使人们拥有一定的社会关系。个人所从事的职业和所拥有的特定社会关系，成为其获得社会声望的来源[25]。通过业缘关系形成的这种社会交往或者社会网络，是伴随每个人一生的网络纽带。

最后，职业是个人获得社会声望的重要通道。社会声望、社会地位是许多人追求的重要目标，而职业又与个体的社会声望、社会地位以及个体在整个社会分层当中的位置紧密关联。职业类别、职业环境和职业中的个人等级是人的社会声望、社会地位的象征。人们在职业问题上的努力和进步，促进了人们在社会声望、社会地位“阶梯”中的向上流动。

（二）职业对社会的功能

职业对社会也有一些功能，职业分工、职业协作等对社会协作、经济生产、社会变迁以及社会控制都有不可替代的功能。

1. 社会协作功能

社会需要不同的人群、不同的职业。职业作为一种社会存在，不仅是人的社会身份、等级的体现，其本身也构成了人类社会存在的内容。一个人从事某种职业，就是进入一个社会劳动分工体系之中参与活动。个人在这个体系中的活动结果，就是他为社会做出的贡献。职业分工及其结构，是社会经济制度与社会经济结构的重要部分，是社会经济发展水平的反映[26]。职业为社会成员的分工协作奠定了基础。一方面，职业把社会劳动划分成不同的工作岗位，使各种职能专门化，为每一个岗位上的劳动者提供完成其职责的必要条件；另一方面，职业和职业体系又使各种劳动结合起来，保证了经济和社会的有效运转。社会协作功能是职业最基本的社会功能。

2. 经济生产功能

经济生产功能是职业的一个基本功能。职业是社会生产力发展的产物，每一种职业都体现了社会分工的细化，对经济生产和社会进步具有积极作用。职业劳动可以创造出各种社会财富，为社会的存在和发展奠定物质基础。职业劳动具有高度的专门性和技术性，可以最大限度地发挥职业劳动者的才能和专业智慧，进而提高整个社会的生产力。社会成员在一定的职业岗位上为社会整体做贡献，社会整体以全体成员积累的劳动成果获得持续的发展和进步。马克思主义经典理论证明，一个社会、一个国家要发展，没有经济做基础是不可能的，经济基础决定上层建筑，生产力决定生产关系，生产关系对生产力又有反作用力[27]。

3. 社会变迁功能

职业承载着经济生产的基本社会功能，也具有影响社会变迁的功能。一个社会在发展进步和转型的过程当中，总是和特定的职业发展密切相关。职业活动从两个方面影响社会变迁的进程：一是职业活动影响着社会风气。合法、有益的职业活动有利于良好社会风气的建设，非法、非伦理约束的“职业”活动则会直接败坏社会风气。二是职业活动（指个人的职业流动、职业结构的变动、职业阶层间的利益冲突和调适）会成为社会变迁的动力。另外，在社会变迁的过程中，职业还是划分社会阶层的重要依据。有人提出，在芬兰，社会阶层以职业为基础可以划分为四个：一是较高层级的非体力劳动者，包括教师、工程师、经理和软件开发人员等；二是较低层级的非体力劳动者，包括销售助手、护士、儿童保育员等；三是掌握专业技术的体力劳动者，如卡车司机、厨师、机械师；四是非技术性体力劳动者，包括清洁工、门卫和仓库职员等[28]。

4. 社会控制功能

职业还具有社会控制功能。这里所说的社会控制，是一个相对中性的概念，而不是一个褒义或贬义的概念。职业承载着社会控制功能，如果从事不同职业的人群能够各司其职，形成良好的职业氛围和职业关系，整个社会就会和谐、团结、有秩序，否则在一个人们普遍失业的社会，往往会产生各种社会问题，甚至意味着经济危机的来临。职业可以对个人行为进行有力的控制，职业规定着个人在经济和社会生活中所处的地位，因而也规定了个人的社会角色和特定的行为模式，规定了个人与他人之间的社会关系[29]。在工业化社会中，随着劳动分工的细化，社会规范、价值观和思想观念更加多元。在此情况下，职业分化也愈发明显，不同职业群体之间的分工更加明确，相互依赖程度也更高。职业的横向分工使得人们在工作中的互动性和依赖性更强，从而更有利于社会团结[30]。政府在职业方面的种种政策，如为公众创造职业岗位、促进充分就业的政策，可以有效控制失业率，减少社会问题，维持社会稳定，达到社会控制的目的，通过这些不同的形式来实现社会的整合和社会的团结，从而维护良好的社会秩序。

第 2 节　职业选择

职业选择是人们满足职业期望的过程，职业期望与择业行为有一定的逻辑关系。职业期望贯穿人们职业生涯发展的全过程，在职业生涯的不同阶段，人们的身心发展各具特点，职业期望各不相同。

一、马克思的职业观

马克思被认为是人类历史上最有影响力的思想家，他是在资本主义生产方式和资本主义制度背景下开展其理论与实践活动的，对资本主义社会的雇佣劳动制、失业现象、劳动报酬等问题进行了深入的分析和批判。他对资本主义的批判、他的历史观以及他关于理论和实践之间关系的观点，都超出了哲学的范畴而延伸到经济学、社会学、伦理学等领域[31]。

首先，马克思认为，人们在选择职业时，应树立为全人类的幸福而工作的职业理想。马克思在《青年在选择职业时的考虑》一文中写道："如果我们选择了最能为人类福利而劳动的职业，那么，重担就不能把我们压倒……我们的幸福将属于千百万人，我们的事业将默默地、但是永恒地发挥作用地存在下去，面对我们的骨灰，高尚的人们将洒下热泪。"[32]马克思还指出"无产阶级的运动是绝大多数人的、为绝大多数人谋利益的独立的运动"[33]。马克思批判那些功利的、自私的职业观，"被名利弄得鬼迷心窍的人，理智已无法支配他，于是他一头栽进那不可抗拒的欲望驱使他去的地方"[34]。现实的人，既有职业选择又有信仰选择，只有把职业与信仰统一在为大多数人谋幸福的基石上，才称得上是伟大的人，才不会为困苦所惧、为诱惑所动，因挫折而心灰意冷[35]。

其次，马克思认为，职业发展的最终目标是实现人的自由全面发展。"每个人自由全面发展"是马克思哲学的核心概念，是人类解放的终极追求[36]。资本主义社会存在着社会的畸形发展和人的异化等历史局限性[37]，"就个人自身来考察个人，个人是受分工支配的，分工使他变成片面的人，使他畸形发展，使他受到限制"[38]。社会主义社会劳动就业与资本主义社会劳动就业具有不同的性质。所谓劳动就业，指人们在某种职业中从事相应的工作和劳动。在社会主义社会里，劳动不再处于被束缚的状态，生产资料公有制使社会的每一个人都成为国家的主人，劳动不再是令人厌恶的、外在的强制性劳动，而是真正的自由劳动，是一种为自己、为社会的劳动，劳动就业的本质目的在于促进人的自由全面发展[39]。

最后，马克思指出，应立足社会现实，结合自身条件理智择业。"人的本质不是单个人所固有的抽象物，在其现实性上，它是一切社会关系的总和。"[40]人的行为受到社会因素的影响，职业选择也是如此，"我们并不能总是能够选择我们自认为适合的职业；我们在社会上的关系，在我们有能力对它们起决定性影响以前，就已经在某种程度上开始确立了"[41]。因此，应充分考虑社会现实因素，冷静、慎重地做出职业选择。除考虑现实情况，选择职业还应符合自身条件，如个人体质、能力等。马克思认为，人们应充分考虑自身体质因素，不应超越身体所能承受的限度去选择职业，否则会造成严重后果。"我们能够超越体质的限制，但这么一来，我们也就垮得更快……我们的一生也就变成一场精神原则和肉体原则之间不幸的斗争。"[42]同时，个人能力也是影响职业选择的重要因素。应对自身的能力有清醒的认知和定位，不应从事自身能力范围之外的职业，正如马克思所指出的："如果我们错误地估计了自己的能力，以为能够胜任经过周密考虑而选定的职业，那么这种错误将使我们受到惩罚。即使不受到外界指责，我们也会感到比外界指责更为可怕的痛苦。"[43]

概述之，与西方职业选择理论不同，马克思认为选择职业应具备崇高的理想和追求，树立为全人类的幸福而奋斗的职业理想。同时，马克思认为，工作的最终目标是实现人的自由全面发展，将共产主义社会描述为"一个更高级的、以每个人的全面而自由的发展为基本原则的社会形式"[44]。职业选择还应脚踏实地，尊重社会现实因素，在自身能力、身体条件所能承受的范围之内，理智地选择职业。马克思对职业选择的论述为当代青年理性择业提供了科学指导，同时，也对青年形成正确的职业观有着重要启示意义，正如马克思所说："人只有为同时代人的完美、为他们的幸福而工作，自己才能达到完美。"[45]

二、职业生涯理论

每个人在一生当中都可能面临着职业选择的问题，只要是具有一定的体力和智力、合格的劳动者，其职业选择就必不可少。美国著名职业指导专家金斯伯格和萨帕等人，对职业生涯发展过程进行过长期而认真的研究，他们的理论对理解职业期望和择业行为，对开展职业指导工作产生了广泛的影响[46]。

（一）金斯伯格的职业发展理论

最早致力于职业发展理论研究的是美国职业指导专家伊莱·金斯伯格（Eli Ginzberg）。他将职业期望和职业选择的发展看成一个过程，这一过程可以分为三个时期：幻想期、尝试期和现实期。

1. 幻想期（11 岁以前）

第一个时期是幻想期，指 11 岁以前。在这个阶段，幼年儿童想象他们将来成为什么样的人。比如幻想长大后成为飞行员，或者成为警察等，他们在游戏中经常扮演他们所喜爱的角色。这些幻想的职业与特定的时代背景相关联，或者受父母影响，再或者受周围同龄群体的影响。人们的职业理想可能会不断改变，因为在很多时候，幻想是虚幻的、飘忽不定的，是与现实存在差别的。总之，这个阶段职业期望的特点是只与儿童的兴趣和想象力有关而不受个人能力和社会职业机会限制。在幻想期，儿童的一切幻想都能如愿以偿。

2. 尝试期（12～17 岁）

第二个时期是尝试期，指 12 岁到 17 岁之间。这一阶段，成长中的青少年已经开始运用他们获得的知识和生活经验来修正自己的职业意愿。他们在未来职业选择的问题上，不仅考虑到自己的职业兴趣，而且能够较客观地审视自己的能力，也开始注意到职业的社会意义，但还不能充分考虑社会就业环境和职业机会等因素。这一时期，正是一个人由少年向青年过渡的时期，其生理和心理各方面都在变化。知识的增长、能力的增强、价值观的形成等都极大丰富了个体的人生经验。这个阶段职业期望的特点是人们不仅考虑自己的职业兴趣，而且已经能较客观地审视自己的能力。同时，人们已经开始注意到职业角色的社会意义。但是，他们还不能充分考虑社会就业环境[47]。

具体而言，金斯伯格把尝试期分为四个阶段：12 岁的兴趣阶段，青少年主要基于自身兴趣爱好进行职业选择。13 岁至 14 岁的能力阶段，个体开始将现实因素纳入职业选择的考量范围，如个人能力，不同职业的类型、回报和所要求的入职条件等。15 岁至 16 岁的价值阶段，在该阶段，人们从少年转变为青年，在进行职业选择时考虑的因素更加综合，如自己想从事什么职业、自己所具备的能力可以使自己从事什么职业、现实条件又允许自己从事什么职业、自己从事某一职业将获得怎样的回报等。在该阶段，个体需要在综合考虑多种因素的基础上，明确自己的职业目标和价值导向。17 岁的转变阶段，处于该阶段的人们即将高中毕业，面临就业和继续上大学的选择，需要在综合考虑主观意愿和客观发展条件的基础上做出抉择[48]。

3. 现实期（17 岁以后）

最后一个时期是现实期，指 17 岁以后。这一阶段的青年即将步入社会，与以上两个阶段不同，在这个阶段，他们已经把自己的主观愿望、主观条件与社会现实协调起来。离开学校步入社会以后，他们所期望从事的职业不再是模糊不清的。他们往往缩小选择范围，将求职目标集中在几个具体的职业上，找到一个适合自己的职业平台，从而进入一个更为稳定的职业发展阶段。现实期可细分为三个阶段：探索阶段，青年人试图将自己的职业选择与社会上的岗位等现实条件匹配起来；结晶阶段，人们对一个职业目标有所专注，并努力推进这一选择；特定化阶段，人们为了特定的职业目标，进入更高一级的学校或通过其他途径接受专业训练，如一些对当前工作不满意的人会重新进修并寻找新的工作。

这是金斯伯格职业发展理论比较简单的三个阶段的划分。金斯伯格的理论贡献在于将职业期望看成与人的社会化相一致的发展过程，这一过程受社会经济因素、教育结构、兴趣条件和价值观的影响。同时，职业选择表现为一种持续不断的主观因素同社会实际的折中调和[49]。

金斯伯格的职业发展理论实际上是关于职业生涯发展前期的不同阶段，即就业前人们的职业意识或职业追求的变化与发展的理论。多年后，金斯伯格为了完善上述理论，对他的职业选择理论进行了重新阐述，其中着重强调的一点是：对于那些从工作中寻找满足感的人来说，职业选择是一个终生的决策过程，是人们不断优化自己正在变化的职业目标与现实的工作机会之间的最佳匹配的过程。这一过程受三方面因素的影响：最初的职业选择、最初的职业选择与随后的工作经历所给予的反馈、经济与家庭状况。也就是说，如果一个人最初的职业选择没有达到预期的职业满意度，那他很可能会重新进行一次职业选择，但再次的职业选择依然受到工作经历和家庭状况等因素的制约[50]。

（二）萨帕的职业发展理论

受金斯伯格的影响，美国心理学家唐纳·萨帕（Donald Super）提出一种更加详尽的职业发展理论。萨帕也将职业期望和选择看成一种个人偏爱与现实工作情况的调适过程，这一过程贯穿整个人生，表现为成长、探索、建立、维持和衰退五个阶段。

1. 成长阶段（4～14 岁）

首先，成长阶段是指从 4 岁到 14 岁，其中包括幻想期、兴趣期和能力期三个时期。

(1)幻想期（4～10 岁）。这一时期，儿童从外界获得各种关于职业的知识，在幻想中扮演自己喜爱的职业角色。

(2)兴趣期（11～12 岁）。这一时期，儿童以兴趣为中心，对自己所理解的职业进行选择与评价。

(3)能力期（13～14 岁）。这一时期，儿童开始更多地考虑自身条件，并有意识地进行能力培养。

在 14 岁以前，儿童可能会幻想自己所喜爱的职业角色，比如想当飞行员，或者想成为一个卡车驾驶员，然后逐渐开始对某一方面有独特的兴趣，继而以兴趣为中心，开始对自己的职业进行简单的选择与评价，并开始发展一种能力。

2. 探索阶段（15～24 岁）

探索阶段是从 15 岁到 24 岁，探索阶段又包括试验期、过渡期、尝试期三个时期。

(1)试验期（15～17 岁）。在这一时期，个人对自身的兴趣、能力，以及对职业的社会价值、就业机会等方面都已经进行了一定的考虑，并开始通过许多方式进行职业选择的尝试。比如美国总统富兰克林年少时就在印刷厂做过学徒、帮工，后来几经周折创办了自己的印刷厂，并且注意观察自然现象、研究科学问题、从事科学实验等，后来成为美国总统。

(2)过渡期（18～21 岁）。在达到法定劳动年龄、具备一定的劳动能力之后，青年就开始进入劳动力市场，进入过渡期，开始接受一些专门的职业培训。

(3)尝试期（22～24 岁）。经历了以上阶段和时期，青年此时已经大体上有了目标，选定了自己的职业领域，并开始从事所选择的职业。

3. 建立阶段（25～44 岁）

建立阶段是从 25 岁到 44 岁，包括尝试期和稳定期。

(1)尝试期（25～30 岁）。在这一阶段，劳动者对以前选定的职业并不满意，通常在找到终身职业以前变换 1～2 次工作。与古代社会不同，现代社会是一个终身学习的社会，人的一生都在不断地学习，不断地适应纷繁复杂的社会变化，迎接新知识、新技术、新革命带来的挑战。由于种种原因，个体可能对当下的职业并不是很满意，并不能以此作为终身职业，这个时候就可以更换工作。

(2)稳定期（31～44 岁）。这一时期人们的职业模式已经确定，开始致力于稳定的工作，到了 40 多岁，基本上会从事一个相对稳定的职业。

4. 维持阶段（45～64 岁）

45 岁到 64 岁属于维持阶段。经历了以上几个阶段，个体已经积累了一定的工作经验，并或多或少取得了一定的成就，获得了一定的地位。在维持阶段，个体几乎不会再考虑更换别的工作，而是将主要精力放在维持现有成就和社会地位上，并努力保持工作和家庭的平衡。

5. 衰退阶段（65 岁及以上）

在这一阶段，人的健康状况和工作能力都在逐渐衰退，职业生活接近尾声，劳动者将退出工作领域，成为职业活动的旁观者。人在 65 岁以后，各种身体机能出现退化，社会关系、业缘网络等都相对萎缩。到了老年之后，老年人就和社会出现了脱离，不仅职业上出现了脱离，社会生活和心理上也逐步出现了脱离。生活中有些人会觉得有的老年人很难理喻、很怪，实际上他的心理和儿童一样，更像是老小孩，慢慢地就进入生命的末端，遵循生老病死的自然规律，完成一个生命的周期，结束一段生命的旅程。萨帕认为，一个人的职业生涯模式是由父母的社会经济地位、本人的智力、人格特征以及机遇决定的。当然，可以对各个人生阶段的职业期望和选择加以指导，使其得到合理发展[51]。

然而，萨帕的职业发展理论经常被误解为人的一生就是按照他所指定的顺序发展，这种笔直的发展路线有违于人们的常识，因为日常生活中经常出现 65 岁以上的已经到了萨帕所说的衰退阶段的老年人，仍然拥有工作的能力，取得了一生中最辉煌的工作业绩。因此，在后续的研究中萨帕对该理论进行了修正[52]，并结合生命周期列出了不同职业发展阶段的职业发展任务[53]，详细内容见表 3-1。

表 3-1 职业发展阶段的职业发展任务

发展阶段	青年期（15~24 岁）	成年初期（25~44 岁）	成年中期（45~64 岁）	成年晚期（65 岁及以上）
成长	自我概念的发展应切合实际	学习处理与他人的关系	接受自身职业发展的限制因素	发展职业之外的新角色
探索	寻找工作机会	寻找心仪的工作机会	分辨该处理的新问题	寻找一个好的养老场所
建立	在选定的职业领域中起步	在适合自己的职位上安定下来	培养新技能	做向往的事情
维持	验证目前的职业选择	保持职位的稳定	在现有的环境中寻求稳定	维持兴趣爱好
衰退	用于兴趣爱好的时间逐渐减少	更少地参与运动	专心于相对重要的活动	减少工作时间

萨帕认为，在不同年龄阶段，个人的职业发展是有弹性的，未必完全按照既定的顺序。为了说明自己的观点，萨帕使用了“循环”和“再循环”的概念，在不同的生命阶段，职业发展阶段也是在不断循环的，甚至从头再来。例如，如果一个成年人被解雇了，那么他不得不重新进入职业的成长阶段并为下一份工作做好准备。在此情况下，虽然这个人曾经到达了职业维持阶段，但他只能“再循环”到职业的探索阶段来寻找新的工作[54]。萨帕对理论的修正回应了人们对他的质疑，同时也使得其职业发展理论臻于成熟。

三、霍兰德的人格-职业匹配理论

在形式上，职业选择表现为劳动者选择职业，在内容上，职业选择是劳动者与职业岗位互相适应的过程，因此，劳动者选择职业的过程也是职业选择劳动者的过程。约翰·霍兰德（John Holland）是美国约翰·霍普金斯大学的心理学教授，长期从事职业咨询工作。他通过对自己职业生涯与他人职业生涯的研究，提出了影响广泛的人业互择理论。他根据劳动者人格特征和社会上职业的类型，分别做了六种类型的划分，在此基础上寻找劳动者人格特征和职业类型之间的匹配关系。

（一）关于劳动者的六种类型

劳动者包括实际型、智慧型、艺术型、社会型、事业型、常规型六种类型。

1. 实际型（R）

实际型劳动者愿意从事“看得见、摸得着”的工作。他们喜欢使用工具，特别喜欢操作大型机器，喜欢进行明确的、有序的、系统性的操作活动。他们做起事来手脚灵活、动作协调，但不善言辞、不善交际，不喜欢自己的行为和活动被社会环境影响。在社交场合他们往往觉得很不自在，不喜欢教育工作与接待工作。实际型劳动者比较注重实际，不张扬，做事比较踏实，给人的印象是谦卑、坦诚、注重实际，或是呆板、固执等。

2. 智慧型（I）

这一类型的劳动者乐于解决抽象问题，喜欢运用词、符号和观念进行工作。他们非常好奇，急于了解周围的未知世界。他们喜欢思考问题而不愿意动手去处理问题，他们喜欢独立的和富有创造性的工作，而不喜欢从事社会性的和重复性的活动。通常他们不愿意受人督促，也不愿意督促别人。他们知识渊博，为自己的学识和才能感到自豪，但对自己的领导能力缺乏信心。当在工作中或其他情况下遇到困难时，他们会发挥自己的调研能力来解决问题。他们给人的印象通常是善于分析、理性、细心谨慎等。

3. 艺术型（A）

艺术型劳动者喜欢在能以写作、作曲、绘画、摄影、建筑等各种艺术形式表现自己的环境里工作。他们乐于创造新颖的、与众不同的东西，渴望表现自己的个性。他们比较敏感，易动感情，喜欢独立工作，而不过多关心社会纠纷。他们一般对单调的或经营性的工作不感兴趣，不喜欢从事文书处理等方面的传统性工作。他们给人的印象是富有想象力、独立、善于表达、理想主义，或是冲动、无条理、不切实际等。

4. 社会型（S）

社会型或社交型的劳动者喜欢从事为人民服务和教育他人的工作，喜欢参与解决人们共同关心的社会问题。他们热情慷慨，善于交际，关心他人，人际关系很融洽。他们总是在寻求与群众接触的机会，渴望发挥自己的社会作用。平时，他们比较看重社会义务与社会道德。他们一般缺乏技术特长，不喜欢从事需要使用劳动工具的工作。他们给人的印象是乐于助人、有责任心、合群、仁慈、有说服力等。

5. 事业型（E）

事业型或企业型的劳动者喜欢竞争，敢冒风险，他们精力充沛、乐观自信，善于交际，能说会道，具有领导才能。他们喜爱权力、地位与物质财富。他们一般不擅长科学研究，对系统而复杂的思维工作很不耐烦。他们给人的印象是精力旺盛、大胆、自信、野心勃勃、外向等。该类人群通常精力充沛、乐观、自信，但有时会武断、专横跋扈。

6. 常规型（C）

常规型是比较一般化的个性特征，常规型的劳动者喜欢按计划办事，乐于完成指令性的任务，如材料的备份和整理、信息的记录等。他们总希望知道别人期望他干什么，自己从不谋求领导职务。他们不喜欢冒风险，对复杂的人际关系问题不感兴趣。他们工作踏实，忠实可靠，遵守纪律。他们给人的印象是执着、有条理、谨慎，有时会缺乏想象力、缺乏灵活性等。

（二）关于职业的六种类型

与六种劳动者类型相对应，霍兰德也做了六种职业类型的划分。职业的六种类型包括实际型、调研型、艺术型、社会型、企业型和常规型。

1. 实际型（R）

实际型职业主要是指各类工程技术工作与农业工作。它通常需要一定的体力，需要使用手工工具或操作机器。该类型的职业要求劳动者掌握某些特殊的技术，而相对地忽视其处理人际问题的能力。实际型职业主要有机械、汽车、土木等方面的工程师、技术人员；维修、安装工人；轮船、火车、汽车驾驶员；消防队员等。

2. 调研型（I）

调研型职业主要是指科学研究和科学实验工作，通常需要具备复杂抽象的理论分析能力，如通过显微镜研究微生物、通过大量的统计资料寻找人口增长的规律等。调研型职业主要有物理、化学、数学、经济学、人类学等方面的专家、助手；飞机、电子、无线电等方面的技术人员等。

3. 艺术型（A）

艺术型职业主要指各类艺术创作工作。从事这些职业的人用语言、音响、色彩等创造作品，如绘画速写、谱曲演奏、编剧表演、住宅设计、房屋装饰等。艺术型职业主要有艺术、音乐、戏剧、外语、文学、舞蹈等方面的教师；编辑、广播节目作者；设计师、文学评论员等。

4. 社会型（S）

社会型职业是指各种直接为他人服务的工作。该类型的职业要求劳动者具备乐于助人、善解人意、慷慨、仁慈等品质，鼓励人与人之间的帮扶与互助。社会型职业主要有社会科学、历史、体育等方面的教师；政治科学、社会学、历史学等方面的专家；政治工作人员、职业护士等。

5. 企业型（E）

企业型职业是一种与上面提到的事业型劳动者相匹配的职业类型，它主要指那些组织和管理他人从而完成组织和个人目标的工作，如经营企业、组织公司，建立一个政治机构等。企业型职业的工作环境经常涉及权力、地位、责任等议题。企业型职业主要有零售行业的商人、律师、市场和商业系统分析专家；工业关系指导、管理助手；政府官员；电视播音员等。

6. 常规型（C）

常规型职业主要是指各类科室工作，即与文件档案、图书资料、统计报表等打交道的工作，如管理档案、制定报表、收发文件等。常规型职业主要有会计、秘书、人事专员、财政专家等。

（三）人与职业的互相适应

在对个性特征与职业类型进行划分的基础上，霍兰德提出人与职业的互相适应模型。简单来讲，这个模型包括实际型、调研型、艺术型、常规型、企业型、社会型六种类型。劳动者个性特征和职业类型连接的紧密程度可划分为四个层次：最高、次高、较低和最低。为了更加直观地说明自己的思想，霍兰德设计了一个平面六边形（见图 3－1）。

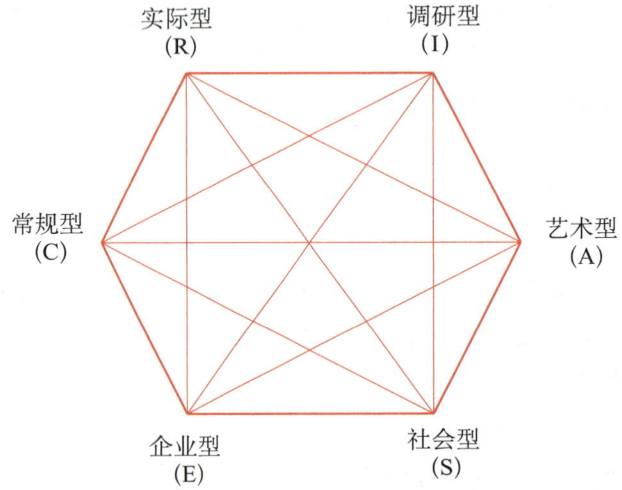

图 3－1　人与职业的互相适应模型

该图六个角分别代表六种职业类型或者六种劳动者类型，每种类型的职业（或劳动者）与其他五种职业（或劳动者）之间都有连线，连线距离越短，两种类型的相关系数就越大。连线距离越长，两种类型的相关系数就越小。比如，实际型劳动者与实际型职业的相关程度最高，与调研型和常规型职业的相关程度次高，与艺术型、企业型职业的相关程度较低，与社会型职业的相关程度最低，其余依此类推（见表 3－2）。

表 3－2　职业/个性类型相关度

相关度	职业/个性类型
最高	RR　II　AA　SS　EE　CC
次高	RI　IR　IA　AI　AS　SA　SE　ES　EC　CE　CR　RC
较低	RA　RE　IS　IC　AR　AE　SI　SC　EA　ER　CS　CI
最低	RS　IE　AC　SR　EI　CA

霍兰德认为，当同一类型的劳动者与职业互相结合，如社会型劳动者从事社会型职业，结果是互相适应。社会型劳动者喜欢为他人服务，社会型职业恰恰都是与人打交道的工作。社会型劳动者不擅长使用机器，而社会型职业并不需要这种能力。因此，他如鱼得水。当某一类型的劳动者从事与此类型低度相关的职业，如常规型劳动者从事艺术型职业，结果是互相排斥。常规型劳动者乐于按计划办事，但在艺术型职业环境中往往都是一些没有严格计划的活动，他所具备的处理日常事务的能力，在艺术型职业环境中

没有用武之地。他所具有的良好品质，如遵守纪律、自我约束等等在艺术型职业环境中并不为他人所欣赏。他的保守态度也与艺术型劳动者激进而开放的价值观念冲突。因此，他会显得格格不入。总之，劳动者类型与职业类型的相关系数越大，两者的适应程度就越高，相关系数越小，两者适应程度就越低[55]。

上述六种类型是最典型的情况，在现实生活中许多职业和劳动者往往是几种类型的综合，有的职业兼有实际型与调研型两种特征，有的职业以艺术型为主兼有社会型的特征等[56]。因此，可以根据需要，对六种类型进行再次分类，如[57]：

R＝实际型	S＝社会型
RI＝实际/调研型	SE＝社会/企业型
IR＝调研/实际型	ES＝企业/社会型
I＝调研型	E＝企业型
IA＝调研/艺术型	EC＝企业/常规型
AI＝艺术/调研型	CE＝常规/企业型
A＝艺术型	C＝常规型
AS＝艺术/社会型	CR＝常规/实际型
SA＝社会/艺术型	RC＝实际/常规型

四、沙因的职业锚理论

职业锚理论是美国麻省理工学院斯隆管理学院教授、哈佛大学社会心理学博士埃德加·沙因（Edger Schein）最早提出的。沙因的主要研究范围是管理者的职业发展和社会化过程，以及组织文化和领导。其研究方法多以朴实、自然的质化研究方法（例如个人访谈、实地观察和团体访谈）为主。沙因的职业锚理论对美国社会心理学界和组织行为学界有着广泛而深刻的影响[58]。

（一）职业锚的含义

“职业锚”概念最初形成于对斯隆管理学院毕业生职业发展的纵向研究中。1961 年、1962 年、1963 年斯隆管理学院的 44 名毕业生自愿组成了一个专门小组，愿意配合和接受沙因所进行的关于个人职业发展和组织职业管理的研究与调查，并且在 1973 年返回麻省理工学院，就他们的职业和生活接受面谈和调查。沙因在对他们的跟踪调查和对许多公司、个人及团队的调查中，形成了自己的观点，并提出了职业锚的概念[59]。

所谓职业锚，是指个人经过搜索而确定的长期职业地位。职业锚是个人职业经验逐步稳定、内化而来的，是个人面临众多职业选择时最不能放弃的自我职业意向[60]。一个人的职业锚由三部分组成：自己认识到自己的才干和能力（以各种作业环境中的实际成功为基础）；自己认识到自我动机和需要（以实际情境中的自我测试和自我诊断以及他人的反馈为基础）；自己认识到自己的态度和价值观（以自我与组织和工作环境的价值观的实际情况为基础）。沙因强调，个人不可能在最初就业时就很明确自身所向往的工作的特点，而是需要通过一段职业经历才能确定个人的职业观或所关注的工作焦点[61]。

（二）职业锚的类型

沙因前期的研究发现了五种职业锚，后来又补充了三种，共有八种“职业锚”[62]，即技术-职能型职业锚、管理型职业锚、自主-独立型职业锚、安全-稳定型职业锚、创业-创新型职业锚、服务型职业锚、挑战型职业锚、生活型职业锚。

1. 技术-职能型职业锚

随着职业的发展，部分人群会发现他们对某一特定类型的工作表现出较高的才能和较强的动机。他们追求的是有机会展现自己的技术才能，并享受作为某方面专家带来的满足感。例如，一名工程师可能发现他很擅长设计，一名销售人员可能发现自身的销售才能以及对销售的渴望，一名教师会热衷于在自身专业领域不断提高专业技能。拥有技术-职能型职业锚的人倾向于一种专业化的职业发展道路，他们不希望成为一名全面的管理人员，因为这意味着放弃专业领域的发展。该类群体更看重技术或专业等级，而非职位晋升，他们追求的是技术才能或职能方面工作能力的提升，会通过技术或职能领域的工作使自己得到别人的认可。在薪酬方面，拥有技术-职能型职业锚的人希望根据他们的教育背景和技能等级得到相应的报酬。例如，一个拥有博士学位的人希望得到比有硕士学位的人更高的工资，而不考虑实际的工作成果。

2. 管理型职业锚

拥有管理型职业锚的人渴望成为全面的管理者，并将此视为职业发展的标准，对其最重要的职业认可是将其晋升到责任更大的职位上。他们通过级别、头衔、预算规模等的组合，以及由他们上级定义的其他不可见的因素（如某个项目或部门对公司未来的重要性）来衡量自己的地位。与拥有技术-职能型职业锚的人不同，拥有管理型职业锚的人将专业化视为“陷阱”，他们能够意识到熟悉专业领域知识的必要性，但他们的核心价值观和动机是在组织阶梯中上升到越来越高的级别、拥有更多的领导机会、对组织成功做出更大的贡献以及更高的收入水平。分析能力、跨部门协调能力和情感管理能力是管理型职业锚人群的基本能力。

3. 自主-独立型职业锚

拥有自主-独立型职业锚的人追求自主和独立，不愿忍受他人的约束，也不愿受到程序、工作时间、着装方式以及在任何组织中都难以避免的其他规范的制约。无论从事什么种类的工作，该类群体都希望按照自己的方式、工作节奏和标准做事。如果被迫在自主性较高的当前工作和要求放弃自主空间的更好的工作之间进行选择，拥有自主-独立型职业锚的人通常会选择当前的工作。受这种需求牵引的人往往会选择自主性较强的工作，如对商业或管理感兴趣的人可能会从事咨询或培训工作，或者他们会选择一些相对比较自主的工作领域，如研发部门、区域销售、法律服务、财务分析或远程管理等。

4. 安全-稳定型职业锚

拥有安全-稳定型职业锚的人通常会在能够提供稳定的工作任期、有良好的退休金计划和福利体系，同时形象良好的组织中寻找工作，政府部门和事业单位是这类人的首选。拥有安全-稳定型职业锚的人倾向于可预测、可持续的工作。相比于工作的丰富性、挑战性以及其他内在激励机制，他们更看重愉快的工作环境、增加的收入以及健全的福利体系。在薪酬和晋升方面，该类型的人希望薪水随着工作年限的增加而稳定增长，喜欢基于资历的晋升系统，即公开的、明确一个人必须完成什么任务以及在特定的级别必须工作多久才可以晋升的评级系统。

5. 创业-创新型职业锚

拥有创业-创新型职业锚的人的职业需求是建立或设计属于自己的事业，如开发新产品建立新的公司、收购其他公司并按照自己的规范进行重塑等。积累财富和建立一定规模的企业是该类群体获取他人认可最主要的两种方式。拥有创业-创新型职业锚的人通常以自我为中心，追求个人地位和公共声誉，喜欢用自己的名字命名产品或公司。在薪酬回报方面，该类群体最看重的是所有权。他们通常不会给自己支付很高的薪酬，但拥有公司股票的控制权。拥有创业-创新型职业锚的人积累财富并非完全为了获取经济回报，而是将其作为一种向他人证明自己成功的方式。需要指出的是，艺术家、研究人员和发明家并不属于这一类别。他们虽然在很大程度上依赖创造性，但通常不致力于建立新的事业。拥有创业-创新型职业锚的人的创造活动以创造新的组织、产品或服务为目标，使其能够发展下去并获得成功，且这种成功以能够赚钱为衡量标准。

6. 服务型职业锚

服务型职业锚又称奉献型职业锚，拥有该类型职业锚的人希望从事能够给别人提供帮助的职业，如医生、护士、社会工作者、教师和军人等。另外，一些从事商业管理的人以及他们的职业也具有此特征，如致力于社会公平和劳资关系改善的律师、投身于环境保护的科学家、为改变社会现状而进入公共服务领域的管理者等。对于拥有这种职业锚类型的人，比金钱奖励更重要的是对其贡献的认可，给他们更多的权力和自由去实现自身价值。

7. 挑战型职业锚

拥有挑战型职业锚的人将成功定义为克服不可能的障碍、解决不可能解决的问题或战胜极其强大的对手。实现目标后，他们会寻求难度更大的挑战。相对于工作环境、受雇组织的类型、薪酬体系、晋升机会、认可方式等，该类群体更加看重某项工作能否带给他们不断挑战自我的机会。拥有挑战型职业锚的人将挑战定义为竞争，例如，一些海军飞行员将与敌军飞机进行一场决战视为一生唯一的目标。在决战中，这些战士将向全世界证明他们在战斗中的优越性。许多从事其他职业的人，如创业者或职业运动员，也将他们的职业定义为在竞争或竞赛中取得胜利。

8. 生活型职业锚

拥有生活型职业锚的人追求职业与生活的有效平衡，认为个人所从事的职业必须与自身需求、家庭情况以及配偶的职业有效平衡。职业的灵活性是该类群体的首要需求，与拥有自主-独立型职业锚的人不同，拥有生活型职业锚的人愿意接受组织的规则和限制，只要他们拥有选择在合适的时间工作的权利，如在家庭情况允许时出差、在生活需要时拥有非全职工作和居家办公的机会等。该类人群看重组织的态度，即组织文化是否尊重个人和家庭需要，要求组织的人事政策和管理系统具备灵活性，为个人的工作时间提供更多的选择[63]。

五、格兰诺维特的弱关系理论

马克·格兰诺维特（Mark Granovetter）的研究涉及社会学和管理学，是新经济社会学的主要创始人和代表性人物。新经济社会学试图运用社会网络以及信任、情感等非理性因素来分析人们的行为。格兰诺维特提出的“弱关系的强度”“嵌入性”“信息链”等概念，被社会学界和管理学界广泛使用[64]。

（一）弱关系与强关系的区分

“关系”是人与人、组织与组织之间由于交流和接触而实际存在的一种纽带联系[65]，在职业选择和职业流动中发挥着重要作用[66]。根据强度，关系分为强关系与弱关系，可用四个指标来衡量：一是互动的频率，即花费在某种关系上的时间，花费的时间长、互动的次数多，为强关系，否则为弱关系；二是情感密度，情感较深为强关系，反之为弱关系；三是熟识或相互信任的程度，熟识或信任程度高为强关系，反之为弱关系；四是互惠交换，互惠交换多而广为强关系，反之为弱关系。强关系或弱关系在人与人、组织与组织、个体与社会系统之间发挥着截然不同的作用。强关系维系着人们在群体、组织内部的关系，弱关系则使人们在群体、组织之间建立了纽带联系[67]。

（二）弱关系在找工作中的作用

与强关系相比，弱关系在人们获取工作信息、进行职业选择的过程中发挥着更加积极的作用。强关系是在性别、年龄、受教育程度、职业身份、收入水平等社会经济特征相似的个体之间发展起来的，弱关系则是在社会经济特征不同的个体之间发展起来的。因此，通过强关系获得的信息往往是雷同的、重复性的。弱关系则是在属于不同群体的个体之间发生的，这些来自不同群体的、不相似的个体所了解的信息往往存在差异。通过弱关系所收集的信息异质性更高、重复性更低。同时，拥有弱关系的人群分布范围较广，弱关系比强关系更能充当跨越社会界限去获得信息和其他资源的桥梁，它可以将其他群体的重要信息传递给不属于该群体的人。在与其他人的联系中，弱关系可以创造额外的社会流动机会，如工作变动等[68]。因此，在找工作的过程中，弱关系可以给求职者提供更多的工作信息，从而使其更好地进行职业选择。

（三）弱关系理论的实证检验

弱关系理论还包括对理论本身的实证检验，格兰诺维特通过对美国马萨诸塞州牛顿市的 100 份入户访问和 182 份邮寄问卷的分析，对专业人员、工程师和管理人员等人群的职业选择和职业流动问题进行了研究，并将这三类人群统称为 PTM 工人，即专业技术管理人员[69]。专业技术管理人员主要使用三种基本的方式寻找工作：正式渠道、个人关系和直接申请。正式渠道包括：由大学或专业团体发起的面试与安置；公共和私人职业介绍所；广告等。正式渠道的特点是，求职者使用的是一种在自己和雇主之间的非个人的中介。与正式渠道中求职者与职业中介机构的频繁见面和密切互动相比，在通过个人关系寻找工作的过程中，介绍或推荐工作的人与求职者通常在某个与找工作不相关的场合结识，私人关系的形成也并不以找工作为目的，在工作过程中求职者与关系人之间只有一种弱关系。直接申请指求职者直接到公司应聘或向公司写信申请，求职者并没有通过中介途径或个人关系获取职位信息[70]。格兰诺维特的调查结果显示，个人关系所形成的弱关系，在寻找工作时发挥着主要作用。约 56%的被访者通过个人关系找到工作，18.8%的被访者使用了正式渠道，18.8%的被访者进行了直接申请[71]。同时，通过弱关系获得工作信息的人大多最终得到了地位较高、收入较高的职位，而通过强关系获得信息的人，向上流动的机会则大大减少。

然而，格兰诺维特的弱关系理论在不同国家的有效性是存在差异的。在一些国家，个人关系经常被用来获得拥有工作分配实权的人的影响，而不是用来收集就业信息，因为求职者即使得到了信息也不可能自由地申请工作。实权人物往往把工作职位作为对那些与他们有直接关系的人的一种恩惠。基于信任和义务的强关系会激励这种不被公开认可的行为。在工作分配的制度环境中，相对较少的求职者与实权人物有直接关系，所以许多人必须通过建立间接关系来获得实权人物的暗中帮助。因此，工作分配为人们通过强关系获得有效影响提供了制度环境和作用条件[72]。

第 3 节　职业指导

职业指导作为一项重要的社会活动，产生于 20 世纪初。它是为满足西方国家经济发展、职业分化，以及解决失业问题等客观需要而提出的[73]。1908 年，弗兰克·帕森斯（Frank Parsons）创设了世界上最早的职业指导机构——波士顿职业局，美国首次将职业咨询工作制度化[74]。其后，职业指导在法国、英国、德国、日本等国家发展起来，并受到社会各界人士的普遍关注和重视。

一、职业指导的概念

从最基本的意义上来理解，职业指导是指导、帮助劳动者根据自己的生理与心理特点，同时考虑社会的需要，选择最佳职业的过程[75]。《中国教育百科全书》将职业指导定义为："职业指导，亦称职业咨询或就业指导，指根据社会职业需要针对人们的个人特点（素质、能力、特长、性格、志向、经历）以及社会与家庭环境等条件，引导他们较为恰当地确定职业方向、选择劳动岗位或者转到新的职业领域的社会活动，是沟通求职者和用人单位、教育部门和社会的有效途径。"[76]帕森斯在其著作《选择一个职业》中提出了基于个体的能力、兴趣、态度等自我认知特征，基于晋升条件、工资待遇、发展前景等职业认知环境，并对两者进行匹配的职业指导理念[77]。我国人力资源社会保障部将职业指导定义成为求职者就业、就业稳定、职业发展和用人单位合理用人，提供咨询、指导及帮助的过程[78]。

一般而言，职业指导就是帮助劳动者个体了解自己的生理与心理特点，提供有关现有职业机会及其职业特点的信息，辅助个人选择和获得最合适的职业。职业指导包括对个体自身个性特征、行为模式等方面进行测量，然后根据不同个体的个性特征和未来职业发展的匹配程度，辅助个体选择和获得最合适的职业[79]。

二、职业指导的目标与作用

职业指导伴随着人的整个职业生涯，而不仅仅是某一个阶段或时期。在帮助劳动者就业的基础上，职业指导的最终目标是促进个人的职业发展和用人单位更好地做到人尽其才。实施职业指导对个人和社会都有重要的作用。

（一）职业指导的目标

具体而言，职业指导的目标可以概括为三点。

一是帮助就业。有效地帮助求职者实现就业是职业指导人员的首要目标，也是最基本的目标。众多求职者普遍面临职业意识缺乏、难于定夺职业决策和策略、职业信息匮乏、自我认识不足等各种有碍于个人就业的问题，这些问题的解决自然形成了职业指导的重要内容。帮助就业目标的提出，体现了职业指导的重要职责，体现了职业指导在就业服务过程中的重要作用，体现了职业指导对求职者就业的积极作用，更重要的是满足了我国就业形势及就业服务工作的现实需要。

二是维持就业稳定。职业指导帮助就业的目标，远远不能满足求职者、劳动者的客观需求，从更深层的角度讲，也不能认为完成了促进就业的使命。许多求职人员在就业上岗后，由于不能适应岗位要求，或难以融入企业文化等而就业不稳定。维持就业稳定与帮助就业相比，表现出一种递进，这种递进反映了职业指导服务要以人为本，反映了职业指导服务的深入化，也说明了职业指导的应用范围和价值。职业指导应更加注重个人职业的发展，强调跟踪服务，这一点对人们重新认识职业指导的工作性质具有重要意义。

三是推动职业生涯发展。推动职业生涯发展是职业指导的最终目标。此目标反映了两方面的含义。一方面，它意图说明职业指导是一个过程，不论在就业过程中还是在就业后，它将伴随人的职业生涯，人们处处需要职业指导[80]。与传统的职业模式不同，当下社会正在经历着从工业时代向媒体时代的转型，信息技术的发展重塑了雇主和雇员之间的心理契约，也加快了新职业的形成。在快速发展与变化的社会，个体必须时刻做好应对各种职业变数和风险的准备[81]。在此情况下，职业指导是一个终身的过程。另一方面，它更加明确地说明了职业指导的工作性质，以及它在就业服务过程中的重要作用。解决某一个劳动者的就业问题，不仅是满足其暂时的需要，更重要的是促进其职业的健康发展。虽然后者的理念与前者相比似乎显得不那么具体，但这种工作目标更加丰富了职业指导的内涵，更加符合现实需求，也更加体现了职业指导工作以人为本的思想[82]。

（二）职业指导的作用

职业指导对求职者个体的作用主要体现在帮助个体树立正确的人生观和职业价值观、确定职业发展方向和提高择业成功率等方面。对于社会而言，职业指导有助于劳动力资源的开发与配置，同时，职业指导有助于解决待业和失业问题。

1. 职业指导对个体的作用

首先，职业指导能够帮助个体树立正确的人生观和职业价值观。在职业选择的过程中，职业指导对社会价值观、职业价值观的培养非常重要，只有树立正确的人生观、职业价值观，才能较好地将个人的职业预期与社会的客观需要相结合。比如，很多大学在新生入学时，就给新生开设新生研讨课，内容涉及生活、学习、就业等多个方面，这对新生适应大学生活，树立正确的人生观、职业价值观具有良好的促进作用。

其次，有助于个体确定职业发展方向。职业指导通过对个体个性特征、行为模式等方面的生理与心理测试，帮助个体更好地认识自己、了解自己的个性特征，然后根据不同个体的个性特征和未来职业发展的匹配程度，辅助个体选择和获得最合适的职业，有助于个体确定自己的职业发展方向。在未来，随着职业竞争的加剧，职业指导还应在帮助人们获取职业资源、规划职业发展的基础上，提高人们的自我职业管理能力，从而更好地实现自身的职业发展[83]。

最后，有助于提高个体的择业成功率。很多个体在面临就业时不知道选择什么，甚至很多时候无从选择。通过接受职业指导，参加职业指导的课程、讲座等，劳动者择业的盲目性与随机性大大降低，择业信息与谋求理想职业的成功率大大提高。

2. 职业指导对社会的作用

首先，职业指导有助于劳动力资源的合理配置。职业指导能够帮助劳动者按照自己的特点和爱好选择职业，用人单位也可以挑选到比较合适的聘用对象，双方都减少了盲目性，从而有利于全社会劳动力和全社会职业的合理配置。让不同类型或者不同个性特征的劳动者业有所就，有利于提高劳动力资源配置的合理性。

其次，职业指导有助于劳动力资源的开发，有助于促进经济效益的提高。职业指导可以让青少年较早地确定职业方向，在以后的学习过程中逐步增加对所选职业的兴趣，并提供必需的理论学习和技巧训练。由于劳动者找到了一个发挥其智力潜能的良好的工作环境，其劳动积极性和创造性必然能充分发挥出来，这将提高工作效益，从而带来良好的经济效益，避免在职业选择和职业指导的过程中造成人才和资源的浪费。

最后，职业指导有助于解决待业和失业问题。在现代社会中，劳动者和职业种类日益增多，而社会又明显缺乏传播职业知识和使劳动者与职业得到合理配置的机制[84]。特别是在我国社会转型的背景下，社会群体的结构性分化使得不同的职业群体形成了不同的利益基础[85]。在这种情况下，职业指导的一项重大使命是尽可能地帮助社会把劳动力分配到各个劳动岗位上去，使劳动力群体既能满足自己的工作需求，又能给社会带来整合和秩序[86]。

三、职业指导的内容

职业指导的内容比较丰富，不同的国家有不同的侧重点。一般来讲，职业指导的基本内容主要包括以下几个方面。

（一）鉴定职业素质

劳动者的职业体力倾向、职业能力倾向和职业个性倾向，构成了劳动者职业素质的主要部分。职业体力倾向表示职业对劳动者身体素质的要求或从业人员为胜任这种职业必须具备的体力，包括力量、平衡、弯腰、伸张手臂、说话、听力、视力等内容。职业能力倾向表示职业对劳动者工作能力的要求或从业人员为胜任这种职业而必须具备的能力，包括智力、语言表达能力、数学计算能力、空间感、办公文书处理能力等。职业个性倾向主要是指劳动者个人的职业兴趣与职业性格。职业兴趣是指劳动者对某种类型的工作或活动由于关切或被吸引而能够专心致志的倾向。职业性格是指劳动者个人比较稳定地表现其所特有的偏爱、倾向或性情的个人品质。对于求职者来说，他们一般对自己的职业倾向并不十分了解。职业指导要通过测试、调查、分析、对比，帮助求职者了解自己。比如对劳动者进行心理特征测量、劳动技能测量，或者是通过一些证明劳动者文化程度或劳动技能的证书等，从素质结构上对劳动者进行鉴定。

（二）传播职业知识

传播职业知识是职业指导的另一部分内容。劳动者要从事某一职业，首先要积累一定的职业知识。职业知识包括职业的名称及种类，职业的社会经济意义，职业环境条件，职业报酬，晋升机会，职业前景，职业对劳动者体力、能力及个性的要求，职业对劳动者受教育程度（或学历）的要求，职业对劳动者道德水平的要求等[87]。随着科技的进步和社会的变迁，就业环境愈发复杂多变，职业的知识含量、技术含量越来越高。信息产业、管理、咨询服务业等领域都产生了众多新职业，如计算机系统分析师、金融分析师、投资咨询师、心理咨询师等，对从业者的教育背景、专业技能、沟通能力、职业信息搜集能力等提出了更高要求。比如，数字视频策划制作师除了需要掌握数码、策划等方面的专业知识，还需要掌握视频节目策划、视音频编辑合成、剪辑、DV影片输出与刻录等方面的技能[88]。只有全面掌握有关职业知识，求职者才有可能做出适当的职业选择。

（三）反映市场供求

劳动者与职业岗位的结合，最终取决于职业市场的供求。在不同的社会发展阶段、不同的地区、不同的时间，职业岗位的空缺与求职者人数等情况都是变化的。求职者迫切需要得到关于职业市场的供求信息，因为它是职业定向的现实依据。职业指导人员通过各种渠道搜集丰富的职业信息，并对职业信息进行归纳、整理，分析劳动力市场中的供需状况和发展趋势。在此基础上，职业指导人员把相关的职业信息反馈给求职者、用人单位、学校，使三者形成紧密的联系。反映市场供求也包括职业预测，即反映未来职业市场的供求。它有助于在校学生、学生家庭以及教育部门早做准备。比如，很多高校与从事职业指导的公司有比较密切的合作，定期发布劳动力市场的供求信息。得到这些信息后，求职者可以根据自己的具体情况调整求职方向，重新制订学习计划，学校可以根据信息重新考虑调整专业设置和教学计划，企事业单位则可以重新制订招聘计划[89]。

（四）介绍就业政策

除了职业市场的供求状况，政府在各阶段制定的就业政策也是影响劳动者与职业岗位相互结合的一个重要因素。第二次世界大战之后，面对日益严峻的就业形势，各国政府纷纷出台相关政策，促进就业成为各国政府施政纲领的重要内容，科学的就业统计体系和信息化的职业指导服务体系成为现代化就业管理的重要手段。法制化是政府调节劳动力市场的主要依据。通过劳动立法，确立政府对劳动力市场管理的角色与合法地位，规范劳动力市场上政府、企业、求职者三方的行为，维护劳动力市场的公平，保护劳动力市场上的困难群体，是世界各国劳动力市场建设和就业政策的突出特点。在我国，随着社会政治经济形势的变化，就业政策也有相应的变化。例如，20 世纪 70 年代末 80 年代初，我国曾实行“顶替招工”政策，规定工人退休后，允许其一名符合条件的子女顶替其指标成为企业的正式职工。1986 年 7 月《国营企业招用工人暂行规定》取消了“顶替招工”政策。另外，对不同的求职者，如大学生、中专生、技校生等，就业政策也不尽相同。目前，随着灵活就业比重不断上升，就业模式日趋多样化，出现了短期就业、派遣就业、自营就业、兼职就业、季节性就业等多种就业形式。多样的就业形式要求求职者更加全面地掌握就业政策，给职业指导工作提出了新挑战[90]。

（五）指导就业途径

通过怎样的途径来帮助劳动者实现就业目的，这是职业指导的一般内容。仅仅依靠了解职业知识和信息是不够的，只有踏上正确的就业路径，才能顺利找到理想的职业。对于不同的职业，往往需要不同的途径。比如，专业工作者、白领职业、普通蓝领职业等，往往有不同的就业途径。在美国，就业途径主要有三种。一是职业补充。这是由职业内部组织所控制的招收人才的方式，主要涉及专门职业或发展良好的职业，如教授、医生、管理职位等。职业补充有严格的规定和标准，职业的补充几乎全由该类职业的内部组织控制。二是求职。大多数劳动者不可能在具有自我补充的职业系统中找到工作，他们主要依靠无组织的自行求职活动。这是目标较低的白领和大多数蓝领普遍遵循的路径。三是职业介绍所。通过官方的或私人经营的职业介绍所介绍就业，职业介绍所的服务对象首先是不熟练的工人，其次是文书和推销工作人员，再次是服务人员，最后是半熟练工人。在我国，青少年获得职业的途径主要有：(1)中学—大学—就业（主要从事专业技术工作与行政管理工作）；(2)中学—中等专业技术学校—就业（主要从事一般行政工作与技术工作）；(3)中学—技工学校或职业学校—就业（主要从事熟练体力工作）；(4)中学—就业（主要从事半熟练与不熟练体力工作）；(5)中学—自谋职业（主要从事个体商业与服务业工作）。

（六）开展职业咨询

在了解了自身的职业素质，掌握了大量的职业信息之后，不少求职者在职业抉择的最后关头仍会遇到不少问题，诸如决策能力问题、在多种职业之间难以抉择的问题、职业兴趣与职业能力发生矛盾的问题等。为此，需要向有关专家请教。职业咨询就是根据具体求职者的特殊情况，帮助他们做出正确的职业选择[91]。美国职业发展协会将职业咨询视为一种帮助人们在正式工作或志愿者活动中寻找职业意义的方法[92]。开展职业咨询工作应使咨询者产生信任，同时，应具有良好的咨询硬件条件和咨询软件条件。一是使咨询者产生信任。这是影响咨询效果的主要方面，主要依靠咨询人员的专业水平和良好的服务态度。要对咨询者尊重、真诚和同情，使他们"感到受重视和被理解，并愿意信任咨询人员"。二是具有良好的咨询硬件条件。在职业咨询的硬件条件方面，应有专门、洁净的场所，咨询人员应挂牌服务，以显示咨询机构的正规性，并做到规范服务、规范管理。三是具有良好的咨询软件条件。这主要是指咨询人员要懂得职业理论、咨询程序与技术；懂得咨询者的心理，善于提问题，能够有效地与咨询者进行沟通，并具有透过现象看本质和在众多问题及背景不明朗的条件下抓住主要矛盾、有效解答和解决问题的能力[93]。

四、职业指导的过程和条件

职业指导者需要将求职者的个人素质特点与特定的职业要求相结合，帮助求职者找到合适的工作。为此，职业指导者不仅需要对求职者的生理与心理素质进行测验，还要充分了解劳动力市场中的各种职业信息，为劳动者提供职业咨询并及时将其安置到适当的岗位上。同时，职业指导工作的有效开展还依赖于政府有关部门为其提供良好的政策环境和实践条件。

（一）职业指导的过程

综合国内外职业指导工作的实践，职业指导的过程可以概括为测验与鉴定、信息服务、职业咨询和职业安置四个阶段。

1. 测验与鉴定

职业指导者需综合利用心理学、管理学等学科的理论、方法和技术，对求职者的心理能力、个人兴趣、能力倾向与个性特征进行测验，然后给出鉴定。职业指导的测验与鉴定可以准确客观地对求职者做出职业素质评价，测评出求职者是否符合工作要求。在该阶段，职业指导者将以量化的方式对求职者的能力水平、个性特征、个人兴趣等进行分析，并在此基础上对求职者的综合素质进行评价和鉴定。职业测验与鉴定不仅要了解求职者当前的素质状况，为与劳动力市场的匹配提供信息，还要考虑到求职者未来发展的可能性，了解其未来发展的潜能，为求职者的职业发展规划和未来的职业培训提供依据[94]。

职业心理测试是进行职业指导常用的一种技术方法，它帮助人们了解自己的职业能力、职业个性、职业意愿等方面的状况，并对上述方面做出技术上的判断，作为正确选择职业、实现人职匹配的依据。从测试材料的角度，职业心理测试可以分为文字测试和非文字测试。文字测试是一种相对简单易行的测试方法，主要采取测试表的形式，被测者用文字、语言或数字回答。非文字测试使用的测试材料是实物、工具、图片、模型、器械等。非文字测试在实施上往往受到测试材料，尤其是专门工具和器械的限制。从测试对象的角度，职业心理测试可以分为个别测试、团体测试和自我测试。个别测试较为精细，由一个主持人对一个被测者进行测试，所花费的时间较多、成本较高。它适用于心理咨询、选聘人员、对个别人的职业指导和心理治疗等。团体测试是一个主持人对一批被测者进行测试，优点是测试的范围可以很大，其用途是大面积的职业指导、人员筛选以及人文科学研究。自我测试是个人使用现成的测试方法，对自己进行一定的心理测试，即自测。自测的优点是简便易行，测试者的目的明确，态度认真；缺点是测试者的心理学知识通常不足，加上各种自测表鱼龙混杂，测试者难以选择，且只能根据测试材料提供的结果做出简单的判断，而难以对测试结果进行准确的分析和深入的把握[95]。

2. 信息服务

信息服务是指在职业指导的过程中，向求职者、劳动者提供职业信息，与劳动力市场中各方主体交换信息，帮助人们制定决策等。这决定了职业指导人员需要对各种职业信息进行采集与处理。在一定程度上，这是一种间接服务，职业指导人员为求职者有针对性地提供信息并对其进行解释。信息服务提供的信息主要包括以下四个方面：

(1)职业的性质、工资待遇、工作条件以及提升的可能性等。

(2)岗位的最低条件限制，如学历、专门训练、健康状况、年龄与个性特征等。

(3)为准备就业而设置的教育培训计划，以及提供这种训练的教育机构、学习期限、学习资格与费用。

(4)就业机会，包括本地区的、邻近地区的、全国范围内的、永久性的和临时性的工作机会[96]。

3. 职业咨询

职业咨询是职业指导的核心环节，求职者可以到职业指导机构进行咨询，了解有关情况，并得到建议。对于求职者来说，一般要了解各种职业的劳动性质、工作条件、工资待遇、年龄、学历、健康条件、有关职业教育的课程以及就业机会等，职业指导机构就此提供答案。进行职业咨询者，有尚未就业的青年，也有就业以后需要调换职业的人。对于尚未就业者，主要给他们以引导、启发，使他们了解适合自己特点的职业类别方向，从而恰当地从事职业学习和选择职业；对于已就业者，在他们职业生活经历中遇到挫折（如不能胜任工作）或者自己对职业的较高期望不能满足时，帮助他们根据自己的能力以及客观条件调节职业目标[97]。职业咨询既可以个别进行，也可以组织集体性的辅导。个别咨询是一个咨询人员针对一个咨询对象的答疑，既可以用于解答具体问题、给予具体帮助，也可以用于对一个人的职业生涯提供一般性指导。该方法可以使咨询对象的问题得到具体的、比较充分的，甚至圆满的回答。咨询人员还可以在这一过程中发现问题，主动为咨询对象分析问题、解决问题。团体咨询则是咨询人员同时对若干人进行咨询，一般是针对一批人的具体问题而进行的。团体咨询可以有少数说理式的内容，但主要应当是对大家共性的具体问题进行答疑，拿出解决问题的意见和方法。团体咨询的人数不宜过多，一般控制在 20 人以内。在问题相对简单、组织较好的情况下，也可以组织较大规模的团体咨询，例如，对于在校学生一个班 30～50 人的团体咨询、对于几十人或数百人的下岗职工的团体咨询[98]。

4. 职业安置

职业指导需要将个人的素质特点与特定的职业要求结合起来，按照每个人的特点，将其安置在适宜的工作岗位上。职业安置就是帮助求职者找到适当的职业。职业指导通过心理测试、个人面谈、集体座谈、通信等多种方式与求职者个体联系，了解他们的知识、能力、素质现状和求职要求，同时，与用人单位联系，了解用人单位的所有制性质、工作环境、特点、用工岗位及招聘标准[99]。职业指导机构和职业指导人员要与劳动部门和用人单位保持密切的联系，以便及时把合格的求职者推荐、安置到适当的岗位中去。同时，也应积极地联络、扶持、协助劳动者自愿组织起来集体就业，或指导他们自谋职业，即从事个体经营。

（二）职业指导的条件

以上四个阶段构成了职业指导的完整过程。为了做好每一阶段的工作，应该积极创设职业指导的基本条件。一是制定有关法规条例，实现职业指导的制度化。政府有关部门应将职业指导工作当作一项社会发展战略，为此制定一系列法规条例，使职业指导工作的开展成为一种制度。二是建立职业指导网络，实现职业指导的组织化。应从我国的实际需要出发，从中央到地方，从各级劳动人事部门到各级各类劳动服务公司、学校和民间团体，建立起各级职业指导机构，形成一个全国性的网络，以便各有侧重、分工协作，为求职者提供系统的职业指导服务。三是设计职业指导内容，实现职业指导的系统化，针对不同类型的求职者和不同的人生阶段，设计出不同的指导内容。应当更多地开展职业科学和心理测验学的研究，同时创办职业指导报刊，编写职业指导工具书。四是组建职业指导队伍，实现职业指导的专业化。例如在学校中，教师在对学生的职业指导中发挥着重要作用，学校应注重对教师的培训，为教师提供良好的资源，从而使其更好地对学生进行指导[100]。此外，中学也应设置职业指导课程，并配备专职的职业指导教师。美国的多数中学还设有职业安置员，其任务是配合职业指导教师做好学生的职业选择工作。在我国，要建立专职和兼职相结合的职业指导队伍。如聘用学校教师、劳动人事部门工作人员、公司经理、工程师等承担一部分职业指导工作，同时，加强对职业指导的理论研究和学科建设，积极培养职业指导的专门人才[101]。

第 4 节　中国的职业选择与指导

我国的职业选择与职业指导所依据的理论多从国外引入，霍兰德的人格-职业匹配理论、金斯伯格和萨帕的职业发展理论等，都对我国的职业选择和职业指导的实践提供了理论支撑。近年来，我国职业的变化与国外具有高度一致性，但起步较晚，相对落后[102]。新中国成立之后，随着计划经济体制向社会主义市场经济体制的转型，我国的职业选择与职业指导也在不同时期呈现出不同的发展轨迹。

一、中国的职业选择

职业选择是个人对于自己的就业方向和工作岗位类别的比较、挑选和确定，也是个体成为社会活动的主体、实现其人生价值的开始[103]。国外理论认为，职业选择既是劳动者选择职业的过程，也是职业选择劳动者的过程[104]。我国的职业选择也经历了由计划经济时期“统包统配”向改革开放之后“人业互择”的转变。

（一）计划经济时期的职业选择

新中国成立以后，由于历史原因，从 20 世纪 50 年代起初步形成劳动力“统包统配”的局面[105]，个体就业时自由选择职业的空间很小，国际上流行的职业生涯发展观和职业选择理论并未在国内得到体现。我国统一就业的制度主要体现为三方面。一是培养干部，统一分配。新中国成立初期，政府在各大城市创办人民革命大学，吸收失业工人、工程技术人员和知识分子，进行短期的政治教育和职业训练，再由政府统一分配，安置到政府行政部门和文化事业单位工作。二是统一介绍就业和统一调配劳动力。1952 年 8 月，政务院批准的《关于处理失业工人办法》指出，“为配合国家建设计划，逐步解决失业、半失业和剩余劳动力问题并争取逐步实现合理使用劳动力起见，应从统一介绍就业开始，并逐步达到统一调配劳动力”。三是统一安排复员转业军人和毕业生就业。政府对城镇复员转业军人、大中专毕业生、技工学校毕业生、城镇中学和高小毕业生统一安排就业[106]。随着时间的推移，20 世纪六七十年代，劳动力“统包统配”的范围不断扩大，使得个人的职业选择逐步减少，加之劳动者在就业后工作调动较为困难，就形成一种“就业岗位凭机会、就业以后不变化”的僵化凝固的个人难以择业的局面[107]。一方面国营企事业单位继续实行严格的劳动力控制计划，另一方面，许多集体所有制企业与全民所有制企业同样归口管理、按计划招收劳动力，个体经济趋于灭亡。由此，城镇就业方式基本上只剩下“统包统配”一条路径[108]。

在计划经济体制下，我国的就业制度是由国家统一安置的“统包统配”，个人没有择业的自由，没有决定自己职业命运的权利，一个人一经分配基本上决定终生，个人在职业上更多地依赖于组织[109]。人们习惯用 20 世纪五六十年代大学生“我是一块砖，东西南北任党搬”“一颗红心、两种准备”，以及 20 世纪七八十年代大学生“到农村去、到边疆去、到祖国最需要的地方去”等充满社会责任感和理想主义激情的话语，来描述计划经济时期的职业价值观念[110]。政治和文化因素是影响个人职业选择的重要因素，在我国，特别是计划经济时期，只强调各行各业有社会分工的不同，而不谈职业的地位高低[111]。另外，新中国成立以来的理想主义、共产主义教育，也渗透到计划经济时期劳动者的血液中，服从和奉献是职业价值观的主旋律[112]。该时期，我国还未形成真正意义上的职业生涯发展[113]，职业选择的缺失也成为那个时代的必然现象。

（二）改革开放之后的职业选择

党的十一届三中全会之后，我国的经济发展与国际接轨，职业选择理念也开始与国外同步。职业选择是劳动者与职业岗位互相适应的过程，因此，劳动者选择职业的过程也是职业选择劳动者的过程[114]。改革开放之后，我国的职业选择由计划经济时期的“统包统配”转向劳动者与职业的双向选择。1980 年 8 月，我国劳动就业会议议定的文件《进一步做好城镇劳动就业工作》指出，要实行“三结合”的就业方针，即“在国家统筹规划和指导下，实行劳动部门介绍就业、自愿组织起来就业和自谋职业相结合”的方针。在这一方针的指导下，劳动部门、人事部门、教育部门进行了以开展双向选择、职业介绍、人才流动、劳动合同制等为主要内容的劳动用工制度改革，使得个人的职业选择大大增加[115]，兴趣、性格和能力等因素在职业选择中的作用开始显现。正如萨帕所强调的：每一种职业对人们的能力、兴趣和人格特性都有着特定的要求，且人们的职业偏好、工作资历和生活方式都会随着时间的变化而变化，职业的选择是一个不断匹配和调适的过程[116]。改革开放后，我国一系列制度改革使得包括兴趣、性格等在内的个体因素在劳动者与职业匹配中的作用得以发挥。例如，废除了“推荐上大学”的办法而恢复高考制度，建立人才流动制度，社会劳动用工实行合同制、选聘等。劳动者开始更多地结合自身要求选择合适的职业，并根据自己的职业经历及其他条件改变现有职业[117]。

除兴趣、性格、能力等个体因素，改革开放之后，我国社会结构发生的巨大变化也对劳动者的职业选择产生了重要影响。英国社会学家托尼·华森（Tony Watson）认为，个人的职业选择受到社会因素，尤其是社会结构的影响。一个人从事某种工作，虽然受到技能、知识、身体状况等客观因素和个人兴趣、职业期望等主观因素的影响，但这些因素又都受到社会结构性因素的影响，如社会阶层因素、职业流动因素等[118]。在市场经济体制下，我国社会阶层开始分化，社会流动得以增强，对劳动者的职业选择产生了重要影响。改革开放以后，原本计划经济时期简单的工人阶级、农民阶级的二元结构发生了巨大改变，很多新兴职业群体也借着改革的东风开始发展。后来，这些群体发展壮大，特别是在一些东部沿海省市，家族企业、民营企业蓬勃发展，私营企业主成为中国社会的一个代表性阶层，在经济社会生活中起到举足轻重的作用。除了私营企业主，还有一些社会阶层，如外资企业白领，以及金融领域、房地产行业的从业人员等，他们不仅获得了很高的经济收入，还获得了很高的职业声望，同时社会也初步形成了一支能够支配社会资源的力量[119]。这样，原有的社会分层结构逐步分化为十个阶层组成的社会分层结构，即国家与社会管理者阶层、私营企业主阶层、经理人员阶层、专业技术人员阶层、办事人员阶层、个体工商户阶层、商业服务从业人员阶层、产业工人阶层、农业劳动者阶层、无业失业半失业人员阶层[120]。伴随着社会阶层的分化，人们的职业选择和职业价值观也发生了变化。计划经济时期，人们所处的职业发展环境相对稳定且就业时选择职业的机会较少，个人的职业发展呈现出向上运动的特点，衡量职业是否成功的标准主要是职位提升的速度和薪资达到的水平等客观标准。如今人们职业选择的范围变得更大，评价职业是否成功的标准也更加多元。经济回报、晋升前景、职业安全、工作与自我发展的平衡等均成为人们进行职业选择时考虑的重要因素[121]。另外，社会流动性的增强也为人们的职业选择提供了更多机会。随着改革开放的持续推进，我国城乡、地区、行业之间，甚至国家与国家之间的流动越来越多。首先，农村土地改革之后，一方面由于解决了农民的温饱问题，农村富余劳动力越来越多；另一方面，由于城乡之间存在着巨大的收入差距，大批农村劳动力向城市转移，形成浩浩荡荡的民工潮。其次，地区之间的流动日益频繁。人口主要从中西部向东部流动，形成“孔雀东南飞”现象。最后，行业之间的流动也日益频繁。计划经济时期，在单位制职业结构控制下，行业之间的流动受到严格的档案制度和户籍制度的限制。改革开放之后，一方面随着“下海潮”和私营企业的发展，另一方面随着外国资本和跨国企业的进入，单位制职业结构逐步被打破，行业之间的职业流动越来越多[122]。职业流动性的增强使得劳动者，特别是农村劳动者的就业机会得到了增加。

（三）当代中国的职业选择

在当代中国社会，科学技术的发展更是为职业选择提供了良好的条件。移动互联网、大数据、云计算、人工智能等新技术的不断创新和突破，使得当代职业发生了巨大变化。人们选择职业的机会越来越多，职业对人的要求也越来越高。当下，第一、二产业的社会职业正在经历着消亡、变动和重组，第三产业迅速发展，如交通运输业、商业、服务业、金融保险业、信息产业、卫生、体育、教育培训等，尤其是信息产业，潜力巨大，新的职业类型大多数出现在第三产业。职业种类的增加使得人们可以将自身条件更好地与职业进行匹配。

同时，新职业的技术含量、知识含量越来越高，对劳动者提出了更高要求。个人的职业选择和职业发展，越来越多地依赖于知识、技能、态度、观念等纯粹的自身条件，而不是家庭出身、社会背景等外在因素。在知识经济条件下，越来越多的工作涉及对知识的加工而不是对物质的处理。较之制造业，信息产业和服务业更有可能需要跨职能的团队活动，其工作任务更有可能交由外部顾问或独立的专家完成。传统的固定职业中有相当一部分正在被临时性工作、项目分包、外部专家、多领域的合作团队或者自由职业者代替。信息产业、服务业的新职业如计算机系统分析师、金融分析师、心理咨询师、税务代理师等，都对从业者的教育背景和知识技能有着较高要求[123]。在当代社会，随着职业要求的不断提高，人们的自我意识和自我责任感越来越强烈，对自我的认知越来越深刻，比如自己喜欢什么、擅长什么、看重什么，沙因将其称为职业锚[124]。随着一个人工作经验的增加，其对自身兴趣、能力、价值观等的认知会越来越成熟，职业定位也越来越清晰，并成为其面对职业选择时无论如何都不会放弃的东西，即个人的职业锚。相对于职场的复杂与变化，一个人的职业锚相对稳定。在当代社会，想要在某一个领域取得更大的职业成就，需要不断地自我反省和探索，最大限度地使自身的职业特性与职业岗位相匹配[125]。

二、中国的职业指导

我国的职业指导有着长期的历史，20 世纪 30 年代，旧中国的政府教育部曾经在中小学实行过职业指导制度。新中国成立后，计划经济时期的就业有国家保障，职业指导的实践并未充分开展。改革开放后，社会重新重视作为个体的人，注重人才的合理使用与科学培养，职业指导在停滞多年以后再次恢复并迅速发展起来[126]。

（一）我国早期的职业指导活动

在美国职业指导活动的影响下，我国职业指导活动于 20 世纪初期开始了。1916 年，清华学校校长周诒春曾邀请实业界和教育界专家、名人到校做职业选择与职业生涯发展演讲，以指导学生升学与择业[127]。1917 年 2 月，周诒春为毕业生演讲时提出“择业不当贪货利、骛虚名，亦不可拘于时世之盲论及父兄亲友之成见”。[128]同年 5 月，我国著名教育家黄炎培先生联合社会知名人士蔡元培、梁启超等于上海成立中华职业教育社，并以倡导、研究和推行职业教育，改革脱离生产劳动和社会生活的传统教育为宗旨，成为近代中国职业指导运动的先行者[129]。1920 年，中华职业教育社设立了职业指导部，开展职业指导活动，以帮助“无业者有业，有业者乐业”。其后，中华职业教育社建立了专门的职业指导所，负责调查上海主要商行和工厂雇用店员或其他雇员的情况，使职业学校的学生能确立自己所对应职业的明确目标，对中国的职业指导和社会事业发展起到推动作用。

从我国的历史来看，虽然职业指导萌芽较早，但未能得到正常的发展[130]。新中国成立后，我国实行高度集中的计划经济体制，相应的教育与劳动人事制度实行“统包统配”，高校的招生就业体制采用的也是按计划招生、统招统分制度。计划经济体制下的大学生就业有高度的保障，政府通过下达指令性计划指标（劳动力指标、工资指标和新增干部指标“三位一体”）“包”下来了他们的工作分配。大学生（以及中专生）一入学就获得了国家干部身份，一毕业就实现了就业。大学毕业生是“国家的人”，政府承担了安排工作的责任，不存在缺乏岗位的就业问题[131]。该时期，一个人一生的职业发展基本上是被规定好的，从国家把你安排到一个单位、分配给你一份工作开始，你就开始捧上了职业的“铁饭碗”，与众人一起分享着与你的能力、特点、贡献并不相干的“大锅饭”[132]。在计划经济时期，我国学校教育几乎没有开设职业指导课程，科学意义上的职业指导体系还没有形成，职业指导的实践活动整体上处于停滞状态。

（二）改革开放之后职业指导的发展

改革开放之后，劳动力市场中劳动者与职业的双向选择取代了计划经济时期的“统包统配”，我国的职业指导政策也发生了较大变化。同时，如何解决大学生、农民工和残疾人等重点人群的就业问题成为职业指导的重要内容。

1. 改革开放之后职业指导政策的变迁

在停滞多年之后，我国的职业指导于 20 世纪 80 年代再次发展起来。在这个时期，社会发生了剧变，市场经济越来越居于重要地位，随之出现的是职业的多变性、复杂性和个人的自主性，职业指导被人们重新重视和接受[133]。1986 年国家劳动人事部培训就业局编写了就业培训教材《就业指导》，供各地开展职业培训使用，成为我国恢复职业指导工作的一个重要标志。

随着劳动制度的改革和相关法律的出台，市场就业取代了“统包统配”，公共就业服务体系开始建立，职业指导也有了实践的基础并开始启动。1994 年劳动部颁发了《职业指导办法》，对职业指导的原则、工作内容、职业指导人员应具备的条件与职责范围等做了限定，为全面开展职业指导工作提供了政策先导。20 世纪 90 年代，我国面临下岗人员的失业问题，同时，农村富余劳动力转移速度加快，高校毕业生大批涌入就业市场，我国面临巨大的就业压力。在此情况下，我国制定和实施了积极的就业政策，在公共就业服务机构、院校就业指导中心、残联就业服务场所建立起大量职业指导室和就业指导窗口。1999 年《职业指导人员国家职业标准》出台后，公共就业服务机构及相关系统组织开展专门的培训，培养了大批职业指导人员，他们成为职业指导工作的骨干力量，带动了职业指导工作的开展[134]。2003 年，劳动和社会保障部发布《关于在技校就业训练中心和职业培训机构开展职业指导工作的通知》，要求将职业指导课程列为技校学生和培训机构劳动预备制培训学员的必修课程。党的十六大以后，我国开始致力于建立城乡平等的就业制度。2006 年颁布的《关于贯彻落实〈国务院关于解决农民工问题的若干意见〉的实施意见》决定，选取部分试点城市，改革城乡分割的就业管理体制，建立面向城乡劳动者的公共就业服务体系，完善城乡劳动者职业技能培训制度。这意味着城乡平等就业制度开始进入实施阶段[135]。

2008 年开始，受全球金融危机的影响，职业指导的意义再次凸显。2008 年开始实施的《就业促进法》明确规定，“国家依法发展职业教育，鼓励开展职业培训，促进劳动者提高职业技能，增强就业能力和创业能力”。2010 年，国务院发布《关于加强职业培训促进就业的意见》，强调了职业培训对于促进就业的作用。同时，国家加强了对重点就业群体的指导工作，如人力资源社会保障部于 2010 年发布的《关于进一步实施特别职业培训计划的通知》旨在解决高校毕业生和农民工就业难的问题。2017 年，党的十九大报告指出，“中国特色社会主义进入新时代，我国社会主要矛盾已经转化为人民日益增长的美好生活需要和不平衡不充分的发展之间的矛盾”。在新时代，我国职业指导向着更高质量发展。2022 年，党的二十大报告强调实施就业优先战略，健全终身职业技能培训制度，消除影响平等就业的不合理限制和就业歧视，推动解决结构性就业矛盾。总的来说，职业指导旨在帮助人们实现就业并发展职业生涯，是人本服务的重要体现，是对公共就业服务更高层次更高水平的要求[136]。

2. 重点群体的职业指导

改革开放之后，随着就业政策的变化和劳动力流动性的增强，如何对大学生、农民工、残疾人等群体进行有效的职业指导，对保障重点群体就业、促进社会经济稳定发展具有重要意义。

(1)大学生的职业指导。改革开放之后，我国高校毕业生就业制度经历了从计划经济体制下由国家“统包统配”向社会主义市场经济体制下“国家政策指导，毕业生自主择业”的转变，形成了“市场导向、政府调控、学校推荐、学生和用人单位双向选择”的就业制度。大学毕业生失业带有明显的“青年失业”和“知识失业”以及流动性强的特点，更容易导致社会不稳定。因此，在促进大学生就业方面，政府的责任重大[137]。1985 年 5 月，《中共中央关于教育体制改革的决定》颁布，成为高校毕业生政策改革的重要标志。它明确指出，对于国家招生计划内的学生，实行毕业分配，实行在国家计划指导下，由本人选报志愿、学校推荐、用人单位择优录用的制度。1997 年 3 月，国家教育委员会颁布《普通高等学校毕业生就业工作暂行规定》，指出“毕业生就业工作要贯彻统筹安排、合理使用、加强重点、兼顾一般和面向基层，充实生产、科研、教学第一线的方针”。这是当时最系统、最全面的毕业生就业法规性文件[138]。2003 年是高校扩招后本科生毕业的第一年，加上受到“非典”疫情的影响，高校毕业生就业形势变得十分严峻。国务院办公厅转发教育部《关于做好 2003 年普通高等学校毕业生就业工作的通知》，对大学生就业工作进行了部署，为高校毕业生提供就业岗位信息服务，免费提供职业指导、职业介绍等服务。2008 年，受到金融危机影响，大学生就业难问题再次凸显。教育部先后推出了六大举措，促进大学生就业，包括鼓励到基层就业、强化高校就业指导工作、鼓励入伍服义务兵役等。党的十九大报告提出，要提高就业质量和人民收入水平，大规模开展职业技能培训，促进高校毕业生等青年群体多渠道就业创业。2022年，党的二十大报告强调了职业技能培训和职业教育的重要意义，提出完善重点群体就业支持体系，统筹职业教育、高等教育、继续教育协同创新，健全学校家庭社会育人机制。在当代中国，职业指导正在高质量发展。

在国家宏观政策的指导下，高校的职业指导在大学生就业中发挥着重要作用。高校的职业指导工作网络由学校领导、中层教学管理人员、职业指导教师、班主任、学生代表等组成[139]。目前，全国高校的就业指导机构形成了学生处下属模式、就业指导中心独立模式和招生-就业合一模式三种运作模式。在教育部部属高校中，多数高校就业指导机构按第三种模式运作[140]。在具体实践中，对在校学生开展职业指导服务主要包括如下内容：

1)就业观念指导。大学生毕业多数属于初次就业，他们对劳动力市场状况没有充分的了解，对职业的了解也较为模糊。要引导大学生树立正确的职业理想，明确职业目标，树立正确的人生观和就业观，帮助大学生理性对待就业。

2)就业政策法规指导。职业指导使大学生了解国家和有关部门及省市制定的行业性和区域性就业创业政策，可以避免其择业和创业时的随意性和盲目性，引导大学生根据国家需要，结合自身实际，有针对性地选择职业。

3)就业心理指导。就业过程是职业理想向社会现实转变的过程，随着社会竞争的日趋激烈，大学生的择业心理问题逐渐凸显，如患得患失、急躁焦虑等。因此，职业指导应加强对心理承受力和心理健康的指导，使大学生能够尽快适应职业，完成角色转换。

4)就业信息指导。就业信息是求职择业的基础，职业匹配的核心在于向求职者提供就业信息，使他们进行有效的职业决策。应通过多种渠道了解和掌握用人单位对人才素质的要求，并及时将信息传递给学生。

5)就业技巧指导。指导学生掌握求职的方法和技巧，减少其初次求职时遇到的挫折，帮助学生建立自信，顺利求职。就业技巧指导主要包括个人形象设计、求职简历撰写、自荐技巧、面试技巧、求职计划撰写等内容。

6)社会适应指导。如何帮助大学生适应环境、进入新的角色状态是职业指导需要解决的问题。职业指导可以帮助学生及时调整心态，尽快适应环境、适应社会，树立信心和责任感，完成从学生到社会人的角色转变[141]。

(2)农民工的职业指导。改革开放之后，随着农村土地制度改革和工业化进程的加快，大批农村剩余劳动力开始走出农村，进入城市打工，形成规模庞大的社会群体[142]。2006年1月，国务院经过深入调研和反复研讨，颁布《国务院关于解决农民工问题的若干意见》，并将农民工定义为“户籍仍在农村，主要从事非农产业，有的在农闲季节外出务工、亦工亦农，流动性强，有的长期在城市就业”。2010年2月，我国发布《中共中央 国务院关于加大统筹城乡发展力度 进一步夯实农业农村发展基础的若干意见》，首次使用了“新生代农民工”的说法。新生代农民工与老一代农民工相比，平均受教育年限更长、平均收入水平更高、在非公有制单位工作的比率也更高[143]。在不同发展时期，针对农民工的就业和生活问题，党和政府出台了一系列政策，推进农民工的就业工作，保障了进城农民工的生活[144]。一方面，我国开始建立并完善农民工就业服务体系，促进农民工的就业；另一方面，通过一系列政策引导农民工的有序流动，保障其稳定就业。

改革开放以来，我国实施了一系列就业服务措施，保障农民工的就业稳定。在乡镇和社区设立公共就业综合性服务场所或服务窗口，配备专职或兼职工作人员；各地加强了信息收集、发布工作，努力满足求职者和用人单位的要求。2002年，农业部印发《关于做好农村富余劳动力转移就业服务工作的意见》，指出要努力做好农村富余劳动力转移就业的信息服务和职业技能培训工作。2006年《国务院关于解决农民工问题的若干意见》出台，随后，我国开始建立免费公共就业服务制度，各地公共就业服务机构免费开放，为进城农民工免费提供就业信息、就业指导、政策咨询和就业服务[145]。

职业培训是农民工职业指导的重要内容。2003年，国务院发布《关于促进农民增加收入若干政策的意见》，指出“要调动社会各方面参与农民职业技能培训的积极性，鼓励各类教育培训机构、用人单位开展对农民的职业技能培训”。2014年9月，国务院发布《关于进一步做好为农民工服务工作的意见》，并作出“对具备中级以上职业技能的农民工开展高技能人才培训，将农民工纳入终身职业培训体系”的要求。2018年国务院发布《关于推行终身职业技能培训制度的意见》，进一步提出“实施新型职业农民培育工程和农村实用人才培训计划，全面建立职业农民制度”。改革开放以来，中央财政用于农民工的培训经费不断增加，人力资源社会保障部、教育部、科学技术部、住房城乡建设部、农业农村部等部门实施了“特别职业培训计划”“农村劳动力转移培训计划”“星火计划”，工青妇组织也开展了各类农民工职业技能培训，初步建立了多层次的农民工职业技能培训体系[146]。

(3)残疾人的职业指导。我国的残疾人就业服务是各级残疾人就业服务机构提供的公益性就业服务，残疾人就业服务内涵较为丰富，包括职业康复、职业能力评估、职业介绍、职业培训、创业指导等诸多服务种类。残疾人就业服务与一般就业服务的不同之处在于，通过对残疾人进行职业评定、职业训练、职业咨询和职业指导等，帮助残疾人从依赖他人生活、缺乏自信走向独立生活，树立生活信心，身心得到调整和康复。残疾人就业服务是连续统一的全面康复过程中的一部分，是为残疾人就业、就业稳定、参与或重新参与社会生活而进行帮助的过程。

在政策支持方面，我国政府对残疾人群体的就业支持和职业指导政策是伴随着中国市场经济的发展与社会主义建设的推进而完善的，从以对残疾人的扶持为主到对其自主创造能力的强调，残疾人就业政策趋于全面和深化。为了确保残疾人就业，我国制定了一系列的法律、法规和政策，形成了以《宪法》为核心，《劳动法》和《就业促进法》等为基础，《残疾人保障法》与《残疾人就业条例》为主体，国务院、人力资源社会保障部以及中国残疾人联合会相关条例和规章为补充的残疾人就业政策体系。职业指导是我国残疾人就业服务体系的重要部分，具体而言，对残疾人进行职业指导的主要做法有以下几种：

1)摸底调查。根据残疾人的就业条件进行调查和摸底，建立指导档案，合理分类，逐一分析，挖掘残疾人自身特点和可利用的就业资源，结合就业政策，制订指导计划，提出具有针对性的援助措施和办法。

2)引导就业。对残疾人的残疾类型和残疾程度做细致分析，结合就业岗位的职业要求，推荐合适的就业岗位；结合不同的社区岗位，总结上岗后面临的问题，开展有针对性的指导，帮助残疾人克服职业心理障碍；通过安排专门的职业指导员、建立专门的服务窗口、召开专场招聘会、树立先进典型等多种形式，将就业政策、人力资源市场信息、求职计划、职业指导和训练提供给残疾人就业群体。

3)企业宣传。积极与用人单位联系，介绍就业优惠政策，推荐残疾人就业。重点有三方面内容：一是鼓励企业承担相应的社会责任，树立良好社会形象。二是强调吸纳残疾人就业的好处，比如吸纳一定比率的残疾人就业可以不缴或少缴残疾人就业保障金，可以享受社会保险补贴、税费减免等优惠政策。三是残疾人在某些岗位上可能具有一定的优势。某些残疾人具有一定的特长，比如，通常盲人的听力较好，聋哑人的视力较好。

4)跟踪指导。对已就业的残疾人提供跟踪服务，考察企业工作环境，包括工资待遇、食宿情况、是否加班、企业有无障碍设施等，通过与残疾职工面对面座谈交流和考察，了解残疾职工的就业状况（工作情况、工资待遇等）和工作适应能力（心理状况、人际关系等），及时帮助残疾职工解决各种问题，促进个人就业的稳定和职业生涯的发展[147]。

概括来说，随着经济体制从计划经济向社会主义市场经济转型，如何解决广大劳动者的就业问题、维护社会发展的稳定成为我国政策的重要目标。职业指导在引导人们恰当地确定职业方向、合理选择劳动岗位或转移到新的职业领域发挥着重要作用[148]。随着就业制度和社会结构的改变，大学生、农民工、残疾人等成为改革开放过程中的重点就业群体。大学生由于其初次就业的心理准备不足、职业意识淡薄等问题，成为职业指导关注的重点对象。农民工是我国改革开放以来形成的数量庞大的职业流动群体，有着吃苦耐劳、朴实憨厚等优秀品质，但也存在着职业素质偏低、职业技能不足等问题，这些问题成为影响他们转移就业的重要因素。因此，对农民工的职业指导也对我国的就业稳定意义重大。残疾人群体由于其心理或生理上的缺陷，全部或部分丧失了进行职业活动的能力，对残疾人的职业指导是其身心康复过程中的一部分，对帮助残疾人树立生活信心、重新融入社会起到重要作用[149]。随着当代劳动力市场的变化，对以高校毕业生为主的青年群体和农民工、残疾人等就业困难人员进行就业和创业指导将成为我国职业指导服务的重中之重[150]。

本章小结

本章共四小节内容，对职业的概念、特点、功能，职业选择的相关理论，职业指导的概念、目标与作用、内容、过程和条件，中国的职业选择与指导等内容进行了介绍。

第 1 节从职业的概念出发，分析了职业的产生背景与发展过程，对职业的特点与功能进行了介绍。第 2 节介绍了职业选择，分析了马克思的职业观、金斯伯格的职业发展理论、萨帕的职业发展理论、霍兰德的人格-职业匹配理论、沙因的职业锚理论、格兰诺维特的弱关系理论等西方经典职业选择理论。第 3 节介绍了职业指导，分析了职业指导的概念、目标与作用，对职业指导的内容、过程和条件进行了阐述。第 4 节介绍了中国的职业选择与指导，对计划经济时期的职业选择、改革开放之后的职业选择以及当代中国的职业选择进行了分析，同时，阐述了我国职业指导的产生与发展历程，对不同人群的职业指导进行了介绍。

关键词

职业　职业选择　职业指导　金斯伯格的职业发展理论　萨帕的职业发展理论
霍兰德的人格-职业匹配理论　沙因的职业锚理论　格兰诺维特的弱关系理论
马克思的职业观

思考题

1. 何谓职业？
2. 请讨论职业对社会的功能。
3. 查找职业选择的最新理论成果。
4. 职业指导的主要内容有哪些？
5. 查找职业指导的具体案例并尝试从不同角度进行分析。
6. 思考未来我国职业指导面临的机遇与挑战。

推荐阅读

波士顿职业局及其第一批员工

1908 年 1 月，著名社会学家、职业指导先驱弗兰克·帕森斯建立波士顿职业局，标志着职业指导的正式诞生。这也是美国首次将职业咨询工作制度化。19 世纪末 20 世纪初，美国迎来职业指导运动的兴起。该时期，美国从农业经济转向工业经济，大量新移民涌入以制造业和工业为主的大城市寻找工作，这使得人们对职业指导的需求迅速增加，传统上由慈善工作者从事的职业指导工作被训练有素的专业人员替代。

在公民服务之家负责人布卢姆菲尔德（Bloomfield）的游说之下，帕森斯起草了一项向年轻人提供职业指导的咨询计划，于 1908 年创立波士顿职业局，作为公民服务之家的一个新部门开始运行。波士顿职业局的使命是帮助社会弱势群体和移民形成良好的择业意识，从而更好地改善他们的生活，帮助他们摆脱贫困的恶性循环。作为波士顿职业局的局长和创始人，帕森斯将职业指导定义为“通过专家咨询和指导，帮助年轻人选择职业、为职业做准备以及实现从学校到工作的过渡”。他认为，很多 14～16 岁的学生在对工作环境缺乏认知的情况下就离开了学校去工作，因此，需要帮助这些年轻人做出正确的职业选择，使他们过上更好的生活。帕森斯提出了选择职业的三个步骤，为波士顿职业局的职业指导工作提供了参考：

第一，对求职者进行评估，了解求职者的态度、能力、兴趣、志向、缺点等特征。

第二，分析各种职业的要求，如晋升条件、工资待遇、发展前景等。

第三，在了解个人特征和职业要求的基础上，对二者进行匹配。

除了帕森斯，还有三位咨询顾问在波士顿职业局的工作中发挥了重要作用。布里迪克（Briddick）在其所写的传记中将他们描述为教育家、梦想家和移民者。

教育家：卢辛达·怀曼·普林斯

卢辛达·怀曼·普林斯（Lucinda Wyman Prince）1862年出生在马萨诸塞州，是进行职业指导的第一位女性顾问，也是波士顿职业局最初的三位咨询顾问之一。她曾在弗雷明翰州立师范学校接受教师培训，并进入韦尔斯利学院继续深造。普林斯参与了波士顿职业局的建立，十分关注学校中的辍学群体，主张通过职业培训的方式为无法继续读书的年轻人提供更好的就业机会。普林斯推动波士顿职业局与社区组织和公立学校建立联系，1912年，她成功地将销售技能培训纳入高中教学，为那些由于学业不达标或经济困难而无法继续读书的学生提供职业培训。波士顿职业局成立之后，普林斯在推动职业指导和教育方面做出了突出贡献，她热衷于对青年人进行职业指导，倡导对学生进行有效的职业培训，使他们为职业成功做好充分准备，《新英格兰的名人录》将普林斯描述为一名出色的教育家。

梦想家：拉尔夫·艾伯森

拉尔夫·艾伯森（Ralph Albertson）的信仰体系带有明显的人道主义色彩，他有着超凡的人格魅力和领导能力，对生活在困境之中和被边缘化的社会群体十分关心。在波士顿，艾伯森是一位后起之秀，受邀加入和领导过许多公民组织，如公民服务之家、男孩俱乐部和波士顿城市俱乐部等，为社区发展和人们生活的改善贡献着力量。同时，出色的领导能力和号召力也使得艾伯森在波士顿职业局的人员招募和机构建设中发挥了重要作用。艾伯森很看重兄弟之情，这使得他与帕森斯保持着良好的关系。艾伯森对帕森斯严谨的思维和出众的才智十分敬仰，经常邀请帕森斯到家中做客。两人的关系非常好，帕森斯对艾伯森也十分信任，并指定艾伯森为他的遗嘱执行人。帕森斯去世后，艾伯森出版了帕森斯的著作《选择职业》，使得整个职业指导运动的奠基文献得以出版，这也是艾伯森对职业指导的一项重大贡献。在此之后，艾伯森继承了帕森斯的主要思想，在基督教青年会的课程中继续担任职业培训讲师的角色，为求职者提供职业指导。

移民者：菲利普·戴维斯

菲利普·戴维斯（Philip Davis）是来自俄罗斯的移民，原名为费维尔·切梅林斯基（Feivel Chemerinsky），他自幼生活于贫困之中，13岁时跟随哥哥移民美国，并改名菲利普·戴维斯。在美国，戴维斯有幸进入哈佛大学学习，并立志用自己所受的教育回报社会。1901年，他进入公民服务之家，受雇于该机构负责人、哈佛大学校友布卢姆菲尔德，在这里，戴维斯结识了艾伯森和帕森斯。与艾伯森一样，戴维斯被帕森斯睿智的思维和渊博的知识吸引，其许多工作理念都受到帕森斯的深刻影响，甚至连自己的女儿都起名为弗朗西斯·帕森斯·戴维斯（Frances Parsons Davis）。1908年，波士顿职业局成立，除了在公民服务之家设有行政办公室之外，波士顿职业局还在基督教青年会、威斯康星州大学和经济俱乐部同步设立了办公地点，戴维斯则担任公民服务之家职业指导工作的助理顾问。1909年，布卢姆菲尔德辞去公民服务之家的职务之后，戴维斯担任该机构的负责人，并继续从事职业指导工作。除了职业指导，戴维斯在整个社会工作领域都有着重要影响，1915年，他出版的《社会服务领域》是社会工作领域的重要参考书籍，被视为社会工作培训的教科书。戴维斯扮演了教育者、职业指导者、社会工作者等多重角色，他特殊的移民背景也激励着自己为那些挣扎在苦难中的人群提供指导和帮助，并将帮助他人找到适合自己的发展之路作为个人使命。

波士顿职业局的成立对美国及全世界的职业指导运动具有里程碑意义，波士顿职业局局长帕森斯及三位咨询顾问都对职业指导运动产生了重大影响，他们的职业指导活动充满社会正义，为弱势群体和移民提供了良好的社会服务。1917 年，波士顿职业局并入哈佛大学教育研究生院，更名为哈佛大学教育研究生院职业指导局。自此之后，职业指导在美国大学得到了快速发展。

注释

第 4 章

职业地位与声望

【重点问题】

- 什么是职业地位与职业声望？
- 影响职业地位与职业声望的因素有哪些？
- 测量职业地位与职业声望的方法与量表有哪些？
- 中国职业地位与职业声望研究的发展历程是什么？
- 中国职业地位与职业声望的研究有何特征？

【开篇引例】

短视频平台与“网红”

移动互联网不仅改变了公众的媒体使用行为，还触发了社会生活各个领域的深刻变革。在中国，由于移动互联网的快速覆盖、智能手机的广泛应用，从直播平台到以抖音、快手为代表的短视频平台催生了大量“网红”。随着社交媒体成为人们展演职业身份、专业知识和职业技能的重要平台，相关职业的声望与地位也经由大众媒体的形塑产生了相应的变化。越来越多的职业群体借助短视频平台展演自身的职业生活，抖音、快手上自称“卡友”的数量庞大的卡车司机群体和众多民间手艺人的走红正是短视频平台生产和创造“网红”的体现。

过往研究显示，大众媒体对不同社会群体形象的呈现和塑造不仅狭窄，而且常常使人们对媒体报道中的农民工、工人等职业类别形成刻板印象；而医生、教师的职业类别也由于社会转型在大众媒体中形成更复杂的职业形象。复旦大学新闻学院教授陆晔参照《中华人民共和国国家职业分类大典》和中国社会科学院社会学研究所的职业声望排序和得分，以及国内多位社会学者有关中国社会职业声望的权威研究，同时比照国外学者有关社会声望的经典定义和相关研究，选取了四个高职业声望职业、三个中等职业声望职业和三个低职业声望职业共十个职业，研究短视频平台与职业声望和地位之间的关系。研究表明，相比于高职业声望的职业群体，低职业声望的职业群体利用移动互联网和社交平台让过去不可见的职业身份变得可见，从而激发了社会的情感共鸣，并由此增加了浏览者对于中、低职业声望职业的认同，对于那些以职业身份为主要发表内容的短视频平台博主而言，他们的职业地位与声望也借助短视频平台得以提升。以研究中的两个中、低职业声望群体为例，名为“卡车女司机皮皮慧”的账户截至2019年12月31日在抖音平台上有18.4万粉丝，54个视频总获赞数为105.1万。她的短视频基本都是关于卡车司机的工作，少量日常生活视频也都是关于货运途中的短暂休憩，这些短视频为她赢得了众多粉丝，以及“能干”“肯吃苦”“女强人”的赞誉。名为“阿古夫妻”的账户截至2024年3月12日有179.0万粉丝，短视频展现了他们勤劳乐观的生活态度，也让他们成为炙手可热的“网红”，获得众多打赏和赞誉。

由此可见，随着互联网技术，尤其是短视频APP的普及，网络媒体不仅影响了职业群体的职业声望与地位，也促进了人们对职业的认同。“网红”、主播、新媒体运营等职业因可观的收入和较高的社会声望逐渐成为高声望职业。由于以移动互联网和社交媒体作为个人主要信息获取渠道这一趋势是世界性的，因此社交媒体颠覆过往基于传统大众媒体塑造的职业形象的现象也在世界范围内普遍存在。与抖音这样的短视频平台创造“网红”的过程类似，国外YouTube、Instagram和其他社交媒体创造的“网红”也影响了年轻一代的职业选择。根据日本学研教育综合研究所对全国12 000名小学生调查得出的《小学生白皮书》，日本小学男生最想从事的职业是视频等方面的网红博主，第二名到第五名分别是足球运动员、棒球运动员、汽车驾驶员和警察。与1989年的调查结果相比，小学生最想从事的职业总排名的前三名完全不同。

从上述对世界范围内短视频平台普及与“网红”的关系的论述可以看到，不同职业的声望存在差异，人们对于职业的偏好和选择也在很大程度上受到职业声望的影响，大众媒体影响着人们对职业声望的理解。

资料来源：陆晔，赖楚谣．短视频平台上的职业可见性：以抖音为个案．国际新闻界，2020，42（6）：23-39；日本小学男生最想从事的职业：足球运动员排名第二．（2019-12-31）．https：//www.sohu.com/a/364009222_169655.

思考：

你认为短视频平台对哪些职业的地位与声望影响更大？

第1节　职业地位与声望概述

在现代社会中，职业体现社会地位（位置）。从这一点来看，职业具有两个基本属性，即横向的分化和纵向的分层。职业的横向分化意味着职业是由各种各样的工作聚集形成的名义类别，即不同的职业在工作性质上存在差异；纵向分层则意味着可以对职业进行等级排列，即不同的职业之间在等级次序上存在差异，职业地位与职业声望是这种等级次序差异的重要体现。从某种程度上来说，职业结构中的不平等从客观上反映了社会地位的不平等，而职业声望的高低序列从主观上反映了社会地位的等级差异，并且从特定的方面反映了某一时期人们的观念和价值取向。因此，职业地位和职业声望研究作为社会分层研究的重要方面，是衡量社会经济发展水平的重要尺度，也是理解劳动者社会行为和职业流动的重要参考。

一、职业地位与声望的概念

所谓职业地位，就是指不同的职业依据其本身的社会结构功能所占据的不同的社会位置。换句话说，职业地位就是指具体职业因其所含有的权力、财富、声望的差别而表现出来的社会地位的差别。社会结构理论认为，劳动分工造成了与各种职业角色相关的权力的内在差异，因此，职业也被认为“是用以组成一个社会的一种地位范畴”[1]。任何一种职业都具有一定的社会结构功能，并拥有相应的社会地位资源，这些资源包括财富、权力、机会等，都面向特定的职业群体开放。客观上的职业地位差异来源于技能差异和职业群体间的社会封闭因素[2]，代表了一个职业给其任职者带来的生活标准和他从事该职业给社会带来的价值[3]。正如彼得·布劳（Peter M. Blau）和奥蒂斯·杜德里·邓肯（Otis Dudley Duncan）在《美国职业结构》一书中提及的那样，“职业结构在现代工业社会中不仅构成社会分层各主要维度的重要基础，而且构成了不同社会生活制度和领域之间的联系纽带，声望分层等级和经济阶级等级都根植于职业结构”[4]。不同职业的人在社会上拥有不同的社会地位，职业地位因而成为社会地位和社会分层的诸多标准之一。总而言之，虽然职业地位不能揭示阶级、地位群体和权力的全部内涵，却构成了这三者共同的潜在基础。

所谓职业声望，就是指人们对不同职业的价值评价，是对各种职业地位的主观态度的综合，也是社会成员对职业地位的一种集体的、主观的共识[5]。职业声望是职业地位的反映，是一种主观的价值判断。从狭义角度看，主观上的职业声望差异来源于劳动分工造成的权力差异[6]，而这种权力差异体现在职业所能够获得和控制的资源的多少[7]。从广义角度看，职业声望所代表的是各项职业在社会上“一般性的地位或荣誉”，“一般性的地位或荣誉”可涵盖许多向度，因此人们在对职业进行价值评价时，往往会借助多种职业价值标准，如工资、津贴、福利等职业报酬标准，物质和精神财富创造等职业贡献标准，文化知识技能和劳动组织制度标准等[8]。在职业等级体系中具有更高声望的人也会获得更多支持和更易被社会承认。

二、职业地位与声望的意义

在特定的历史时期，职业作为个人社会身份的重要维度，代表了个人在社会结构中所处的位置，也影响着人们的职业选择及与之相关的社会流动行为。总体而言，研究职业地位与声望有如下意义：

（一）职业地位与声望是社会分层研究的重要方面

社会结构是指一个社会的人口在多维空间中的社会等级秩序上的分布。所谓等级秩序，指的是一套等级关系，它根据人们占据的社会位置或家庭背景、民族、国籍等属性，规定了社会中的优越、平等或低贱的等级分布[9]。社会分层，则是指依据一定具有社会意义的属性，基于不同社会成员在对相对稀缺的社会价值物的占有量、获取机会和满足需求程度上存在的差异，将其区分成高低有序的不同等级、层次的现象[10]。社会学家通常认为，每个社会都可能具有不同的社会文化和社会背景，但职业声望或职业地位作为社会分层的指标，对于确定个人在社会结构中的位置具有一定的普遍意义。在涂尔干看来，职业是社会分工的结果，也是社会团结协作的基础。因此，在没有世袭种姓和封建领地的现代工业社会中，阶级差异主要依赖于职业地位、阶级优势以及与之有关的权力[11]。

现代工业社会具有集中、分化和理性化三个主要趋势。集中指的是社会群体的规模，尤其是大规模工作组织的增加，其结果是正式群体替代了非正式群体，受规章制度、法律等约束的合作机制代替了人类活动中的自愿合作。工作场所与家庭的分离造成了人际关系的高度匿名性和非人格化，社会互动也变得更为分散，在社会交往的过程中，个人只是把个性中的一部分而不是全部生活经历投入进去，这使得人们趋向于把与其他人的关系限制在职务关系的范围之内。分化是指由工业化以及相应出现的大规模的职业专业化带来的劳动过程的分解。随着职业专业化的发展，每种职业的特征都变得更抽象，不同职业之间的差异也更加明显。同时，职业分化的过程也是工作组织内等级森严的权威制度产生的过程，组织中的等级独立于个人而存在，职务头衔因而成为区分个人在科层制中地位的标识。理性化指的是对于个人行为的控制手段发生了变化，即正式的控制手段代替了原来非正式的、私人的和自发的控制手段。把人们分配到各种职位上去，是以个人的能力、特长为基础的，而不再以人际关系或先赋属性为依据。这就意味着这样一个假定，即职业标签是个人智力、才能、性格和个人所得等可以接受的公平的指标，因而人们自然就认为职业地位与其他所有属性具有很强的相关关系[12]。

基于上述分析可以得知，伴随着现代工业化的发展、劳动过程的分解和职业专业化程度的提高，社会分工与职业的分化使得工作组织内部出现了严格的等级制度，等级开始独立于个人而存在。职业由此成为一种主要的社会地位的评价指标，逐渐涵盖了各种与权力、财富等社会资源相关的要素[13]，通过与职业相关的经济收入、家庭财富、权力地位和社会声望来评价个人在社会结构中所处的位置也逐渐被大众接受。从这个意义上来说，职业作为一种中介，是研究个体的社会流动和整体的社会结构及其变迁的着眼点，而职业地位与声望作为职业的客观属性，是区分社会成员地位分层的一个关键特征，也是一个事实上可以用来划分社会阶层的综合性指标[14]。

（二）职业地位与声望是衡量社会经济发展水平的重要尺度

经济水平的发展与生产力的提高是社会分层结构形成机制发生变革的重要原因，也是职业地位与声望在职业评价体系中发生变化的重要动力。人们对职业地位的评价反映了一定时期的社会价值倾向，而这种价值倾向与一定社会发展阶段密切相关，所以透过职业地位和职业声望可以判定社会的经济发展水平。

在传统封建社会，我国小农经济的发展和以儒家思想为主的传统文化共同造就了相应的职业地位与声望，出现了“士农工商”四大典型职业。“学而优则仕”与“万般皆下品，唯有读书高”的观念，均体现出士人阶层在封建社会结构中有较高地位。在鸦片战争以来的近代社会，受到西方经济文化影响，我国出现了与职业身份相关的新阶级成分，买办和工人等职业群体成为社会分层中的新兴力量。新中国成立后至改革开放前，社会主义经济的发展为职业结构的变革奠定了基础，形成了以干部、知识分子、工人和农民为主的四大阶层[15]。改革开放以后，中国社会开始向现代工业社会转型，随着劳动分工体系的细化和职业结构的复杂化，新旧职业的交替使得很多职业原有的地位与声望发生了根本性变化，市场经济的转型催生了众多“体制外”的职业群体，亦使人们更加关注职业带来的经济效益与权力地位，导致私营企业和外资企业中的管理技术人员、自由职业者、新媒体从业人员等职业群体的职业地位与声望在职业结构中处于较高位置。

（三）职业地位与声望是理解劳动者社会行为和职业流动的重要参考

职业不仅是一项社会分工的设置，也是社会成员流动的重要途径。从广义上来说，职业流动指的是人们职业身份的转变，其中，方向维度和距离维度是衡量职业流动的最主要维度。在方向维度上，职业流动可以分为水平流动、垂直流动两种类型，后者又可以分为向上流动和向下流动。水平流动指的是一个人在同一职业结构等级中的横向变化，比如行政干部的同级调动；向上流动指的是个人职业等级的上升，例如企业基层员工升职为经理；向下流动指的是个人职业等级的下降，例如官员免职、商人破产等。在距离维度上，职业流动可以分为短距离与长距离两种类型。短距离流动指的是个人在垂直方向上流动到邻近的职业层级。与之相反，长距离流动指的是个人跨越多个职业地位层级的流动。举例来说，可以将从农民到工人的职业地位变动称为短距离流动，而将从农民到高级管理者的职业地位变动称为长距离流动。需要注意的是，方向维度和距离维度的职业流动并不是分立的，而是常常相互交织在一起的[16]。个人在转变职业身份时，往往同时经历着方向维度和距离维度的职业流动。

受不同时代价值观的影响，个人的职业选择与职业期望存在差异，但个体希望实现职业地位跃迁的观念始终存在，在特定的社会环境中，地位、声望高的职业往往会吸引更多的人从事，从业者也往往选择声望较低的行业当做进入更高声望的行业的跳板。由此，劳动者的职业选择和职业流动与职业地位与声望的高低密切相关，所谓“人往高处走，水往低处流”正是这一观念的表现。也正是出于这些原因，一些地区出现了选择性失业的问题，失业者宁愿待业也不愿意从事职业地位与声望较低的职业。因此，通过分析职业地位和职业声望，研究者可以更好地理解劳动者的社会行为。

第 2 节　职业地位与声望的影响因素

职业声望是职业地位的表现，两者呈现出正相关的关系，决定职业地位高低的影响因素往往也相应决定着职业声望的高低。功能主义理论认为，对职业地位与声望的评价来自职业的功能及一个社会共同体中人们共享的价值观念体系，所以在考察职业地位与声望时，需要考虑三种因素，分别是职业的客观属性、职业的主观评价以及职业的环境变迁。从整体的、长期的视角看，在同一个社会发展阶段，职业地位与声望呈现相对稳定的状态，在国与国之间也呈现出较高的相似性；但在不同社会发展阶段、不同文化背景与不同社会共同体中，职业地位与声望必然存在差异。因此，看待职业地位和职业声望的影响因素，也应具有综合的视野，基于特定社会历史条件和特定人群的意识来进行分析。

一、职业的客观属性

职业地位与声望的高低受到职业的社会功能、职业的社会报酬、职业的进入要求、职业的工作环境以及职业的组群类别等客观因素的影响，这些因素并非独立发生作用，而是相互作用、相互联系的。这里着重讨论前三个因素。

（一）职业的社会功能

职业的社会功能指的是某一职业对于社会的作用，这种作用包括它在日常生活中对国家和人民的共同福利所担负的责任和对国家和社会经济发展的意义。塔尔科特·帕森斯在 1940 年发表的《社会阶层理论的分析研究》一文中提出，在分析社会系统及其行动时，存在两个重要参考点：一是阶层在社会系统中扮演着功能性需求角色；二是阶层在社会系统处于支配或控制地位[17]。因此，人们用以评价个人在社会上等级高低的共同的价值观念体系是由这个人能做到的与社会上占统治地位的价值观相一致的程度决定的，也就是在维系社会或共同体合理运作时个人所发挥的功能。在任何一个社会、联合体或社会组织中，不同成员所发挥的功能存在差异，而占据社会重要部门重要职位的人应具有更多才能，其对社会系统的运作发挥的功能和作用应比其他人更大，也应享有更高的社会声望。这种共同的价值观念体系在制度功能上确保了最重要的角色由最有能力的人来扮演，并获得最高的报酬。由此，职业的声望与职业的社会功能产生了紧密联系，社会成员依据共有的价值观对职业所具有的社会功能进行评定，并以此为依据确定个人所处的社会地位的高低。一个职业对社会的贡献越大，从事该职业的人享有的职业地位与声望就越高。

（二）职业的社会报酬

职业的社会报酬是社会学意义上的报酬，也就是职业在政治、经济、文化等方面能赋予任职者的各项权利，既包括货币薪酬、技术装备、安全系数、卫生条件等外部经济性报酬，又包括认可与赏识、工作与生活平衡、职业发展、人际关系、职业权威等社会情感性报酬，是一个综合指标。不同劳动者具有不同的工作能力，生产率和收入水平便有不同的分布[18]。因此，有能力、有技术、有知识的人群获得的收入就要高一些，而缺乏人力资本的人群的职业收入则偏低。一般来说，收入较高、工作环境较好的职业往往具有较高的声望和地位，但需要注意的是，职业的社会报酬与职业声望之间仍然具有差异性，并非所有收入高的职业都有良好的社会地位和社会声望，比如一些通过非法手段谋取暴利的商人，他们的职业收入虽然高，但在职业地位和声望上并不尽然。

（三）职业的进入要求

进入特定职业的制度化障碍是不同职业相互区别的客观要素，也是影响职业声望的重要因素。职业的进入要求是指个人能够满足某一职业岗位的基本条件，包括所要求的受教育程度、所需训练或必要经验，以及完成工作所需要的证书或执照等。由于每一种职业的工作性质、环境、条件和方式不同，其对从业者的能力、知识、人格和兴趣等提出了不同的要求。埃里克·欧林·赖特认为，具有劳动力市场所需要的技术的雇员，能够在资本主义制度中拥有特殊形式的权力。倘若个人的专业技能供应短缺，他们就可以获得较高的工资，雇主也需要通过提供更高的报酬确保工人们的忠诚与合作[19]。一般而言，职业对人的要求越高，也就意味着职业的技术复杂程度越高、劳动强度越小，而职业的进入严格程度和职业声望高低是成正比的，即职业的进入要求越高，该职业的职业地位和职业声望就相应越高。信息技术专家在新兴的知识经济中处于有利位置的事实正是职业的进入要求影响职业声望的具体体现。

二、职业的主观评价

虽然人们普遍认为职业可以在某个单一的“地位”或者“声望”维度上进行明确而一致的排序，且这个维度能够代表职业的大部分客观属性，但事实上，比起其他任何社会角色，职业是更多面的。职业所承担的任务，所处的环境，所暗示的权力关系，所要求的承诺类型、报酬方式以及其他许多方面各不相同，其中只有一部分反映在它们所享有的职业声望和职业地位上。这意味着，虽然职业地位与声望在很大程度上是由职业的客观属性衍生出来的，但职业的客观属性只能对职业地位与声望产生有限影响。不同社会结构中的社会成员在进行职业地位与声望排序时所产生的差异，除了来源于职业的自身属性，还来源于评价性因素。

在社会认同理论中，社会认同是个人对自身属于某个社会类别或群体的认识[20]。自我归类和社会比较是个人社会认同形成的两个重要过程。社会团体由一组具有共同社会身份或将自己视为同一社会类别成员的个人组成。通过社会比较的过程，个人和与自我相似的人被贴上团体标签，而与自我不同的人则被归类为外部群体。不同社会团体的人秉持着不同的社会认知，并影响着人们对于内部群体和外部群体的评价[21]。在工业化社会中，职业作为个人的社会身份的一种展演，是个人自我认知的角色基础，能够对个人的期望和情绪产生影响。由此产生的个人职业认同将个人的自我或人格与社会结构——具体来说，就是一个社会的职业结构和分层系统联系起来[22]，并经由个体的社会情感影响到人们对职业声望与地位的评价。正如唐纳德·莱曼（Donald Lehmann）所说，职业的声望分数是对职业等级的整体概念及其引起社会分层的微观互动、情感动态的不充分衡量，职业声望是人们对社会现实的一种特殊的集体感知[23]，因此个人对于职业的主观评价也会影响到职业的地位与声望。

（一）评价者的自身条件

评价者的自身条件主要影响到其对职业身份的自我归类。职业的客观属性存在不同的维度，而个人的自身条件会影响个人对职业声望与地位进行排序时选择的维度。评价者自身的条件，如性别、年龄、职业、受教育程度、政治立场可能会使他们对职业的地位与声望做出不同的评价。有些人认为职业所带来的收入是职业声望的关键评定标准，有些人认为职业的社会功能更为重要，这种不同维度上排序的非一致性使得评价者对于不同职业的相对声望与地位的评价存在差异。已有研究表明，人们会倾向于对自己所属职业群体的成员做出更积极的职业评价[24]。比如在评定企业高管和高校教授的职业地位与声望时，商人更倾向于认为前者的职业地位与声望更高，而学生会认为后者的职业地位与声望更高。

（二）评价者所处的情境

评价者所处的情境主要影响到其对职业进行社会比较的过程。大部分人对社会的看法源自其所处特定的环境及环境所决定的地位视角，他们根据在日常生活中小环境的差异而产生对宏观社会的不同认知[25]。职业的地位排序是个人在一定情境条件下与其他参照主体相比较做出的，在不同的情境下，人们对职业声望和地位的排序遵循着不同的准则。因此，评价者对职业地位与声望的评价也会受到文化传统、价值观念或者突发事件的影响。比如，有宗教信仰的国家对神职人员的评价相对较高；在出现洪水、地震等自然灾害的时候或者爆发了地区冲突的战争时期，军人的社会地位会显著提高；在出现危及人们健康的公共传染疾病时期，医生和护士的职业地位与声望会有明显提高。这些对于职业的看法反过来会影响人们对职业地位与声望的评价。

三、职业的环境变迁

职业地位与声望的存在是一个长期的历史现象，但并不是说职业地位与声望的形式和内容始终稳定、保持不变。实际上，随着经济社会的发展，工业化的发展、社会制度的变革、技术的革新以及全球化的深入会使得职业地位与声望发生变化。因此，职业地位与声望不仅是现实的，还是历史的、发展的。

（一）工业化的发展

工业化导致了产业结构的变化，引发了行业数量、分布、大小的变化，这奠定了职业结构的物质基础，决定了职业结构和就业总规模，进而引起了职业地位与声望的变化[26]。在唐纳德·特莱曼（Donard J. Treiman）看来，工业化程度意味着职业分化的水平，机械化带来的劳动生产率提高使人们从商品生产转向服务生产，这就使得从事农业生产的劳动力比重下降，非体力劳动者的比例增加[27]，职业的分化程度与就业模式进一步影响到职业结构与相关职业的地位与声望。已有研究表明，在发达社会中，作为人们评价职业地位与声望标准的共同价值体系越来越和职业的客观条件（如社会报酬）相脱离，而越来越取决于人们的文化价值观。1973 年，美国社会学家丹尼尔·贝尔（Daniel Bell）在出版的《后工业社会的来临——对社会预测的一项探索》一书中，就对美国从工业社会向后工业社会的转型过程中职业地位与声望的变革进行了系统性阐述。他认为，在后工业社会中，理论知识将取代物质财产成为最重要的资源和创新的源泉，因此，知识分子、专业技术人员将取代以商人为主体的资本家，成为在社会中占据统治地位的阶层，大学、研究机构将取代工厂企业，成为后工业社会的中轴结构[28]。需要注意的是，本章列出的有关职业声望和地位的测量方法及量表主要反映的是工业化社会的、普遍主义的、一元取向的价值评价，难以涵盖当前社会存在的所有冲突性的、多元化的价值评价。

（二）社会制度的变革

社会制度的变革也会导致职业地位与声望发生根本性的变化。例如，社会主义制度取代资本主义制度后，社会主义社会取消了资本主义社会中的生产资料私有制和市场体制，建立了社会主义的公有制和计划经济体制，社会主义社会中就会形成与资本主义社会大相径庭的社会分层体系。在这样的社会中，以私人身份占有财产的资产阶级不复存在，其所从事职业的地位与声望也发生了逆转。20 世纪 80 年代以来，在我国由计划经济体制向社会主义市场经济体制转型的过程中，职业地位与声望也发生了明显的变化，职业所占有的社会资源逐渐成为评价职业地位与声望的标准。

（三）技术的革新

技术的革新往往会从根本上改变特定工作的性质，并产生全新的职业和与之配套的劳动者[29]。纺织机器和蒸汽机的发明催生了新型的产业工人，随着第四次产业技术革命的到来，特别是信息技术、互联网的发展，催生了一批“符号分析者”，包括知识管理者、律师、国际企业顾问等。科技发展引起的产业结构变革，降低了职业对于中间技能的要求，更多的职业需求集中于高技能和低技能。这种工作技能的两极分化使得职业的进入要求发生了变化，如果说在前信息社会，职业地位与声望分化的基础主要是物质财富的话，那么在信息社会中，知识、技能已经成为越来越重要的资源基础，也成为社会成员评价职业地位与声望的主要标准。技术的发展带了职业的分化，也由此形成了不同技术人员和职业间的等级秩序差异。

（四）全球化的深入

全球化涉及跨国家的文化、经济、政治、社会和科技互动，从而在全球、超国家或某一区域内形成跨国结构，并使得该区域内的社会实现一体化[30]，从而影响到不同国家职业地位与声望的评价方式。从工业化经济发展到全球化经济，伴随着面向大众的稳定的劳动就业时代的结束，世界进入弹性劳动与经济不稳定和工作不稳定时代，职业的流动性不断提高，工作方式也更加灵活和多元，这导致职业的客观属性对于职业地位与声望的影响有所减少。此外，政治全球化和文化全球化也会在一定程度上影响职业的评价。职业评价的西方模式不仅是西方价值体系在世界范围内传播的结果，也是西方劳动分工和劳动组织在全球传播的结果[31]。受到全球化与西方工业体系扩散的影响，全球的职业结构与职业分层出现了一定程度的趋同，这也在一定程度上影响到职业的地位与声望。

第 3 节　职业地位与声望的测量

如前所述，影响职业地位与声望的因素具有客观性和主观性，因此，测定职业地位与声望的方法也分为客观法和主观法两大类。客观法也称指标法，即采用涉及职业客观属性的结构性社会经济因素和指标来衡量职业地位的高低，与人们对职业的认识无关。主观法也称态度法，即通过对职业地位与声望的测量来对职业进行排序，是人们认识到的职业地位与声望的层级和对职业群体所处位置的认同程度[32]。在主观法和客观法的基础之上，职业地位与声望的测量发展出两种相反的操作路径。一种是阶级划分路径，即根据阶级划分标准对职业分类提供的经验谱系数据进行划分；另一种是职业划分路径，即根据多元职业分类标准对职业地位及获得模型进行测量[33]。在两种操作路径的框架下，社会学家又发展出来许多测量量表，目前国际通行的职业地位与声望测量量表主要有三种：职业声望量表、社会经济地位量表和以职业为基础的名义阶级类别量表[34]。前两种量表遵循职业划分路径对职业的地位与声望进行测量，而名义阶级类别量表遵循阶级划分路径对职业的地位与声望进行测量。

一、测量职业地位与声望的方法

测量职业地位与职业声望的方法主要分为主观法（态度法）和客观法（指标法）两种，前者主要是测量某一社会共同体中的社会成员对于职业声望的主观判断，后者主要是采用一系列客观指标计算职业的地位。

（一）主观法

主观法是测量社会成员对于职业的态度的一种方法。社会学中常用的李克特量表就是一种常见的测量个人主观态度的量表，把态度指标换成职业等级指标就可以测量出社会公众对某些职业地位等级的认同。主观法包括对声望的测量，也是目前在职业地位与声望研究中使用最多、最重要的方法，其假设是被调查者普遍了解与个别职业相关的声望“价值”，此外，采用这一方法的研究还假设，不同社会对职业的声望判断存在共识[35]。在该方法的具体操作上，一般先由研究者选择若干职业，将所列出的职业制成表格，对每种职业都划分出由好至差的 5～10 个等级，然后抽取一定社会成员进行调查，主要是根据他们自己对每个职业的看法，对职业的等级进行标记或打分，研究者将所有调查资料汇总后，根据研究尺度计算每一种职业的平均得分，以此代表该职业的相对声望。一般来说，研究者所列出的职业应符合以下要求：第一，具有尽量宽的涵盖面和尽可能大的代表性；第二，所列出的职业应尽量采用大众普遍接受的称谓，而且这些职业是普通调查者都能理解和比较熟悉的。每种职业的声望的计算可以参照以下公式[36]：

$$S=\frac{\sum_{i=1}^{T}\frac{F_i}{N}\cdot W_i\times 100}{T}$$

式中，S 为职业声望分数；N 为调查的总体样本数；F_i 为被调查者选择登记的频数；W_i 为 i 等级的加权数；T 为等级的个数。

主观法中除了声望的测量还有排序法，即研究者给定很多种职业，由调查者对给定的职业依据自己的评价给出它们在职业社会地位等级中的位置，然后研究者综合公众对多种职业所做的排序和评价进行汇总统计，得出每种职业的相对地位。

（二）客观法

客观法也叫指标法，研究者通过选取涉及职业准入条件的一些因素和指标来衡量职业地位的高低，包括：受教育程度，即进入某一职业需要具有什么样的教育水平；收入，即家庭年所得；职业级别，如是否为熟练工人或者管理人员等。通过对这些指标的操作化来对职业地位做出客观的评判。

二、职业地位与职业声望量表

在主观与客观两种职业地位与声望的评判方法的基础上，为了对职业地位与声望进行测量，社会学家提出了很多量表。根据这些量表，研究人员可以赋予具体的职业一个确定的等级分数。目前国际通行的职业地位与声望量表主要有三种：职业声望量表、社会经济地位量表和以职业为基础的名义阶级类别量表。

职业声望量表和社会经济地位量表都假定社会等级由一系列连续有序的职业组成，且职业之间的地位差异通常是递增的。这两种量表由社会分层的功能主义阐发而来，认为社会的正常运转需要依靠相应的社会职位，为了确保有足够的候选人愿意接受所需的长期教育，这些职位会为候选者提供相应的奖励，比如货币收入或者社会声望。而名义阶级类别量表反映的是占据不同位置的阶级之间的关系，这些位置和关系与职业直接相关，并由此确定了职业等级次序。

（一）职业声望量表

职业声望量表通常依赖于社会成员对职业地位的普遍评价，这一系列量表反映了经典的社会学假设，即职业地位是社会互动中最重要的一个维度。职业声望量表中有代表性的有：康兹职业声望量表、诺斯-哈特职业声望量表、霍尔-琼斯职业地位量表、塞特职业地位量表、特莱曼标准国际职业声望量表等。

1. 康兹职业声望量表

康兹（Counts）于 1925 年对美国的 45 种职业进行了一次声望调查，他依据自己设计的职业声望表，调查了来自多所学校的高校教师、大学新生、高中生等 324 名被访者，要求他们按照对 45 种职业的尊敬程度进行排序，最终得到当时美国的职业声望量表。康兹的调查也是最早用排序法对职业声望进行的调查之一，调查结果如表 4 - 1 所示。

表 4-1　康兹职业声望量表

职业	等级	职业	等级	职业	等级
银行家	1	农场主	16	排字工	31
大学教授	2	机械师	17	管工	32
医生	3	旅行推销员	18	裁缝	33
教士	4	乡村教师	19	电车司机	34
律师	5	杂货商	20	汽车司机	35
汽车厂长	6	记账员	21	理发师	36
校长	7	电工	22	工人	37
土木工程师	8	火车司机	23	铁匠	38
陆军上尉	9	保险经纪人	24	煤矿工人	39
中学教师	10	警察	25	门卫	40
外国传教士	11	邮电员	26	侍应生	41
工厂经理	12	列车员	27	畜驭者	42
小学教师	13	木匠	28	砖瓦搬运工	43
纺织品商人	14	推销员	29	马路清洁工	44
社会闲散人员	15	士兵	30	挖沟人	45

资料来源：Counts G S. The Social Status of Occupations: A Problem in Vocational Guidance. *The School Review*, 1925, 33: 16-27.

作为早期具有代表性的职业声望调查量表，康兹职业声望量表的调查范围虽然小，但是可以反映出职业声望的客观性——不同职业之间存在连续性的声望差异。职业声望是一种无形的职业报酬，是社会成员对不同形式职业认可的衡量标准。如果一个职业具有较高的社会声望，那么它将吸引更多的人参与其中，而这为职业指导和职业选择提供了参考。

2. 诺斯-哈特职业声望量表

1947 年的诺斯-哈特职业声望量表由塞西尔·诺斯（Cecil North）与保罗·哈特（Paul Hatt）二人设计，由全国民意研究中心（NORC）主持调查并制成。这一量表涉及 90 种职业，在美国全国范围内做了 2 920 份问卷调查，问卷要求被访者从优秀、良好、平均、低于平均以及糟糕五个选项中对提及的每一个职业，选择一个能够最好描述该职业的一般地位的选项。根据被访者对各职业评价的平均得分，排列出了 90 个职业的声望等级。结果显示，最高法院法官、医生和州长排在职业声望等级的前三名，而垃圾收集工、马路清洁工和擦鞋者排在职业声望等级的倒数三位。诺斯-哈特职业声望量表在之后几十年中不断被用作同类调查的参照，其中的一次精确复制是 1963 年霍奇（Hodge）等人制作的量表，两次调查的结果如表 4-2 所示。

表4-2 1947年、1963年美国各职业声望得分表

职业	1947年得分	1963年得分	职业	1947年得分	1963年得分	职业	1947年得分	1963年得分
最高法院法官	96	94	长篇小说作者	80	78	汽车修理厂技工	62	62
医生	93	93	正规军上尉	80	82	地方工会官员	62	67
州长	93	91	建筑承包商	79	80	午餐铺个体营业者	62	63
政府内阁成员	92	90	经济学家	79	78	正规军下士	60	63
外交官	92	89	公立学校指导员	79	82	工厂机械操作工	60	62
大城市市长	90	97	公立中小学教师	78	81	理发师	59	63
大学教授	89	90	地方农产品代理商	77	76	售货员	58	63
科学家	89	92	火车司机	77	76	自己有船的渔民	58	56
国会议员	89	90	农场主兼经营者	76	74	电车司机	58	58
银行家	88	85	国际工会官员	75	77	送奶人	54	56
政府科学家	88	91	播音员	75	70	餐馆厨师	54	56
地方法官	87	88	报纸专栏作家	74	73	卡车司机	54	55
州政府部长	87	86	图片社老板	74	75	伐木工人	53	59
牧师	87	87	电学家	73	76	加油站工人	52	55
建筑设计师	86	88	教练机机械师	73	75	夜总会歌手	52	51
化学家	86	89	市政府福利员工	73	74	农场工人	50	54
牙医	86	88	企业家	69	67	煤矿工人	49	50
律师	86	89	日报记者	68	70	出租车司机	49	49
大公司董事	86	87	小杂货店经理	69	67	铁路工人	48	50
核物理学家	86	92	记账员	68	70	餐馆服务员	48	49
教士	86	86	保险代理人	68	69	码头工人	47	50
心理学家	85	87	农场主	68	69	看门人	47	50
土木工程师	84	86	批发公司推销员	68	66	洗衣房工人	46	45
飞行员	83	86	游艺场指导	67	63	冷饮售货员	45	44
画家	83	78	警察	67	72	酒吧招待员	44	48
百人企业厂主	82	80	列车员	67	66	看门人	44	48
社会学家	82	83	邮电员	66	66	雇农	40	42
大企业会计师	81	81	木匠	65	68	垃圾收集工	35	39
生物学家	81	85	汽车修理工	63	64	马路清洁工	34	36
交响乐团音乐家	81	78	管工	63	65	擦鞋者	33	34

资料来源：Hodge R W. Siegel P M，Rossi P H. Occupational Prestige in the United States 1925－63，*American Journal of Sociology*，1964，70（3）：286－302.

两次研究得出的职业声望量表表明：需要高度专门化训练和对于公共福利具有特别重大责任的职业往往具有较高声望。相隔 16 年的两次调查结果对比显示，美国职业声望的等级位次总体上随时间变动不明显，仅仅是蓝领职业的评分在 1963 年较 1947 年有所提升，边缘的专门职业人员（如酒吧招待员）评分则有所降低。

3. 霍尔-琼斯职业地位量表

霍尔（Hall）与琼斯（Jones）于 1950 年对英国的职业进行了声望调查。在已有研究的基础上，霍尔与琼斯将职业按照其所需的职业技能及其资源占有量划分成了专业和高级行政人员、管理和执行人员、检查监督和其他非手工的高级别的人员、检查监督人员和其他非手工的低级别的人员、熟练的手工和非手工的常规工人、半熟练手工工人、非熟练手工工人 7 个社会声望等级，并对 30 种职业进行了职业地位划分（见表 4-3）。

表 4-3　霍尔-琼斯职业地位量表

职业	职业地位	职业	职业地位
医生	1	报摊和烟酒商贩	4
公司董事	1	警察	5
律师	1	文员	5
会计师	1	装配工	5
公务员	2	木工	5
商业经理	2	商店店员	5
工程经理	2	砌砖工	5
牧师	2	拖拉车司机	6
农场主	1	烧煤工	5
小学教师	3	铁路搬运工	7
建筑师	3	农业工人	6
新闻记者	3	马夫	6
商业旅行者	3	酒保	7
厨师	4	码头工人	7
保险代理人	4	道路清洁工	7

资料来源：Hall J，Jones D C. Social Grading of Occupations. *The British Journal of Sociology*，1950，1（1）：31-55.

除了对职业进行职业声望排序，霍尔和琼斯还对不同性别、年龄组的人群进行了职业声望的排序调查，研究结果表明，虽然来自不同社会阶层的男女老少在对某些职业的判断上可能存在微小的差异，但平均而言，这些差异并不显著，人们对职业声望的排序存在一致性。

4. 塞特职业地位量表

塞特（Centers）于1953年对1 270个研究对象进行了职业声望调查，通过访谈确定研究对象的阶级归属后，他要求研究对象对24个命名的职业群体的社会声望等级进行划分。根据收集的数据信息，塞特将下层阶级、工人阶级、中产阶级和上层阶级分别赋值1、2、3、4，加权计算出每一种职业的平均社会等级。表4-4展示了这24种不同职业的地位量表。

表4-4 塞特职业地位量表

职业类别	赋分（百分比）					平均社会等级
	上层阶级	中产阶级	工人阶级	下层阶级	不清楚	
大企业所有者和高管	82	11	3	—	4	3.809
医生和律师	57	33	7	—	3	3.576
银行家	49	38	9	—	4	3.399
大学教授	38	48	9	1	4	3.279
百货公司和工厂经理	17	59	20	1	3	2.962
教师	13	53	31	1	2	2.791
保险和房地产销售员	6	59	29	2	4	2.738
农场主	9	53	34	1	3	2.713
小企业主和经理	4	65	26	3	2	2.711
看门人	3	41	51	2	3	2.456
办公人员	2	40	54	2	2	2.431
理发师	2	27	4	4	3	2.367
销售员	1	29	63	5	2	2.263
木匠	2	20	74	2	2	2.231
租赁农场主	1	19	62	14	4	2.071
半熟练的工厂工人	1	15	69	12	3	2.039
卡车司机	1	9	79	9	2	2.009
服务员	1	6	76	15	2	1.922
煤矿工人	1	8	73	16	2	1.919
农场工人	1	6	68	23	2	1.850
佃农	—	11	47	37	5	1.735
校工	—	5	59	34	2	1.712
仆人	—	5	55	38	2	1.662
非熟练工人	1	3	49	45	2	1.592

注：职业的平均社会等级加权计算不包括回答“不清楚”的人，“—”代表选择这一阶级的人的比重不足0.5%。

资料来源：Centers R. Social Class，Occupation，and Imputed Belief. *American Journal of Sociology*，1953，58（6）：543-555.

塞特认为，职业声望本身并不足以成为将一个人归入某一阶级的理由，其所接受的教育、财富占有情况以及道德标准才是划分职业群体地位的关键因素，因此对于某些看似“卑贱”的职业，贫穷和无知（还有不道德）的人才会被视为下层阶级。

5. 特莱曼标准国际职业声望量表

尽管各个国家都在以类似的量表测量该国的职业地位与声望，但直到特莱曼（Treiman）1975 年基于国际劳工组织制定的《国际标准职业分类》提出“标准国际职业声望量表”（standard international occupational prestige scale，SIOPS），职业声望的跨国比较才得以实现。该量表是通过收集受访者对职业的声望评级信息，并计算国家内部和不同国家之间受访者职业声望评分的平均值而得出声望得分的，根据平均声望得分的分布，特莱曼标准国际职业声望量表提供了从最不受欢迎到最受尊敬的职业的等级排名。受篇幅所限，本章无法完整呈现该量表，表 4－5 包含了特莱曼标准国际职业声望量表的部分职业排序。

表 4－5　特莱曼标准国际职业声望量表　（节选）

标准职业头衔	标准等级分数	标准职业头衔	标准等级分数	标准职业头衔	标准等级分数
物理学家	77.9	建筑承包商	53.3	木匠	37.2
大学教授	77.6	演员	51.5	泥瓦工	34.1
律师及审判律师	70.6	簿记员	49.0	管子工	33.9
大商行负责人	70.6	推销员	46.9	售货员	33.6
工程师及市政工程师	70.3	农场主	46.8	邮差	32.8
银行家	67.0	电工	44.5	卡车司机	32.6
飞行员	66.5	保险代理人	44.5	公共汽车、电车司机	32.4
中学教师	62.4	办公室志愿	43.3	矿工	31.5
药剂师	64.1	汽车机械工	42.9	理发师	30.4
武装部队官员	63.2	汽车机械修理工	42.8	鞋匠	28.1
教士	59.7	店主	42.4	侍应生	23.1
艺术家	57.2	印刷工	42.3	农场雇工	22.9
小学教师	57.0	打字员/速记员	41.6	街头小贩	21.9
记者	54.9	警察	39.8	看门人	21.0
会计	54.6	裁缝	39.5	仆人	17.2
低级公务员	53.6	工头	39.3	街道清洁工	13.4
护士	53.6	士兵	38.7		

资料来源：Treiman D J. *Occupational Prestige in Comparative Perspective*. New York：Academic Press，1977：235.

该量表均衡了不同国家的一些职业类型和职业评判，将各国根据不同计算方法得到的职业声望分数进行标准化，因此可以用于跨国比较。此外，特莱曼在综合 60 个国家的 85 套职业声望数据后，发现国家之间的职业声望等级存在相似性，在不同历史时期，不同社会群体的职业评价也存在相似性，由此提出了特莱曼标准国际职业声望分数的计算公式，公式如下[37]：

$$X'_{ij}=\frac{S_{uj}}{S_{ju}}\ (X_{ij}-\overline{X}_{ju})\ +\overline{X}_{uj}$$

式中，X'_{ij} 为职业 i 在国家 j 中的转换后声望分数。X'_{ij} 是基于原始声望分数 X_{ij} 进行调整得到的，以反映不同国家间评分标准的差异。S_{uj} 为在美国和国家 j 都进行了职业声望评分的职业中，美国职业声望评分的标准差。S_{ju} 为在国家 j 和美国都进行了评分的职业中，国家 j 职业声望评分的标准差。同样，它用于量化国家 j 评分相对于这些共同评分职业的变异性。X_{ij} 为职业 i 在国家 j 中的原始声望分数。这是直接测量或评估得到的，未经任何国家间标准差异调整的分数。$\overline{X}_{ju}$ 为国家 j 和美国都进行了评分的职业中，国家 j 评分的平均值。$\overline{X}_{uj}$ 为在美国和国家 j 都进行了评分的职业中，美国评分的平均值。同样，它提供了美国在这些共同评分职业上的平均声望水平的度量。

该公式的工作原理是，首先通过 $X_{ij}-\overline{X}_{ju}$ 计算职业 i 在国家 j 中的原始声望分数与该国平均声望分数的差异。然后，这个差异通过 $\frac{S_{uj}}{S_{ju}}$ 进行调整，以考虑美国和国家 j 之间评分变异性的差异。最后，调整后的差异被加回到美国的平均声望分数 $\overline{X}_{ju}$ 上，以得到转换后的声望分 X'_{ij}。

特莱曼的研究证实，各个国家之间职业声望的平均相关系数达到了 0.81，验证了工业化背景下各个国家职业声望的一致性。这一方法成为目前国际社会通用的跨地域职业声望比较方法，并得到了后续的修改和完善。但也有学者对此进行了批评，安东尼·考克森（Anthony P. M. Coxon）和查尔斯·琼斯（Charles L. Jones）认为，个人对职业进行排名时涉及个人认知，因此在要求受访者对职业进行排序之前，需要明确其对职业进行排序的标准[38]。此外，受到身份认同的影响，受访者对自己的职业和与自己相似的职业可能会给予更有利的评价，这种职业声望排序在个人和群体之间存在差异在已有研究中并不受重视，因此可能导致国际职业声望排序的准确度下降[39]。

从上述列举的职业声望量表可以看到，构建职业声望量表的方法是让被调查者对一组职业的一般地位或声望进行排序，但这种方法的一个重要缺点就是，问卷只能涉及少量的职业，而无法穷尽所有的职业并一一排序。因此，在职业声望量表的基础上，研究者开始采用客观性的指标对职业的地位与声望进行排序，即社会经济地位量表。

（二）社会经济地位量表

与基于调查对象主观态度的职业声望量表相比，社会经济地位量表计算的是反映个人社会经济地位的几个指标变量的加权平均数。常见的反映社会经济地位的指标变量主要包括经济收入、教育程度和职业构成，以此为基础可以对个体的职业进行社会等级的划分。与职业声望量表相比，社会经济地位量表得到了更广泛地应用，因为它们在一定程度上更客观地反映了职业分层过程的基本参数[40]。社会经济地位量表中有代表性的有：爱德华社会经济地位量表、沃纳职业地位量表和布劳-邓肯社会经济地位量表等。

1. 爱德华社会经济地位量表

1933 年，爱德华（Edwards）依据美国人口普查局的资料，制定出了包括 6 大类 12 个等级的社会经济地位量表。该量表首先将职业分成“脑力劳动”和“体力劳动”两种，然后根据职业技能程度对体力劳动者进行排序，根据职业所需的培训程度对脑力劳动者进行排序，这基本上反映了某一职业所需的技术、知识以及从事此类职业所得的物质报酬情况。该量表如表 4－6 所示。

表 4－6　爱德华社会经济地位量表

职业类别	细分职业
1. 专业人员	
2. 业主经理和官员	2—a. 农民（自有土地者、租户）
	2—b. 批发和零售经销商
	2—c. 其他业主、经理和官员
3. 文员和劳动者	
4. 熟练工人和工头	
5. 半熟练工人	5—a. 制造业的半熟练工人
	5—b. 其他行业的半熟练工人
6. 非技术工人	6—a. 农场劳动者
	6—b. 工厂和建筑工人
	6—c. 其他劳动者
	6—d. 佣工

资料来源：Edwards A M. A Social-Economic Grouping of the Gainful Workers of the United States. *Journal of the American Statistical Association*，1933，28（184）：377－87.

爱德华的社会经济地位分类不仅仅按工作性质对职业进行了划分，还体现了各个职业群体在生活水平、知识水平、社会地位方面的差异，由此产生了各职业群体对社会问题的不同反应，因此这一分类可看作对不同社会经济群体的分类。该量表除了可以确定各个职业群体的社会地位，还为分析职业流动提供了测量工具。

2. 沃纳职业地位量表

美国社会学家沃纳（Warner）于 1940 年选取教育、收入和职业三项指标制成了职业地位量表，对美国当时的五种职业进行了地位排序，结果如表 4－7 所示。

表 4－7　沃纳职业地位量表

职业地位要素	项目	得分
教育	大学毕业以上	5
	大学肄业或专业学校毕业	4
	高中毕业	3
	初中毕业	2
	小学或小学以下	1

续表

职业地位要素	项目	得分
收入（家庭一年所得）	1 000 000 美元以上	5
	500 000～999 999 美元	4
	80 000～499 999 美元	3
	50 000～79 999 美元	2
	49 999 美元以下	1
职业	大公司企业管理人员或专业人员	5
	小公司企业管理人员或半专业人员	4
	普通职员或店员	3
	技工	2
	务农人员或临时工	1

资料来源：Warner W L. *Social Class in America*. Chicago：Science research Associates Inc.，1949：5-8.

依据这一量表，沃纳对职业地位做出如下评级：得分 15 分及以上为上上层；得分 12～14 分为下上层，即新贵阶层；得分 9～11 分为上中层，主要包括专业人士和企业管理人员；得分 6～8 分为下中层，主要包括熟练技术工人、小企业家；得分 3～5 分为上下层，主要包括文职人员和半熟练生产人员；得分 3 分以下为下下层，主要包括没有技术的工人和社会闲散人员。沃纳认为，不同职业地位层级的人拥有不同的生活方式。在这一职业地位量表的基础上，沃纳设计出了以职业、收入来源、房屋类型及社区为指标的地位特征指数（index of status characteristics，ISC）。

3. 布劳-邓肯社会经济地位量表

1967 年，布劳（Blau）和邓肯（Duncan）根据 1950 年美国人口普查使用的主要职业类别，以收入的中位数和受教育年限的中位数为标准将美国 14 岁及以上男性就业人员按照社会经济地位划分成 17 个职业等级。随着职业等级的提高，收入或受教育年限也会有所增加，各个职业等级间的收入和受教育年限的差异如表 4-8 所示。

表 4-8　布劳-邓肯社会经济地位量表

职业	收入		受教育年限	
	中位数（美元）	百分比差值	中位数	百分比差值
专业人员				
自雇型	12 048			
		76.1	16.4	
领薪型	6 842			
		−5.5		28.1
管理人员	7 238		12.8	
		20.5		−1.5
其他类销售人员	6 008		13.0	
		8.3		7.4
企业主	5 548		12.1	
		7.2		−3.2

续表

职业	收入		受教育年限	
	中位数（美元）	百分比差值	中位数	百分比差值
文书人员	5 173		12.5	
		69.9		1.6
零售销售人员	3 044		12.3	
		−44.5		9.8
手艺人				
制造业	5 482		11.2	
其他行业				
		4.1		9.8
建筑业	5 265		10.2	
		13.6		2.0
操作工				
制造业	4 636		10.0	
		10.2		−3.8
其他行业	4 206		10.4	
		30.2		1.0
服务业人员	3 233		10.3	
		47.7		15.7
体力工人				
制造业 　其他行业	2 189		8.9	
		9.9		1.1
农场主	1 992		8.8	
		308.2		6.0
农场工人	488		8.3	

资料来源：布劳，邓肯．美国的职业结构．北京：商务印书馆，2019：43.

在职业划分的基础上，布劳与邓肯使用收入和受教育年限对所有的职业地位进行标准化预测，并提出了社会经济地位指数（socioeconomic index of occupational status，SEI）。该指数最初是作为一种概括所有职业的声望分数的指数开发的，通过计算每个职业在职者的社会经济特征的加权分数进而对不同的职业进行地位排序，这些特征通常包括受教育年限和收入，也可能包括父亲的社会经济特征和财富等其他特征（受教育年限和收入的比重通常最大，其他特征的权重一般较小）。得出受教育年限和收入的回归系数之后，把它们作为权重代入一个由所有职业的平均受教育年限和收入构成的方程中，从而为在人口普查分类中的所有职业产生一个职业声望分数[41]。该职业声望计算方程如下所示：

职业声望分数＝0.59×受教育年限＋0.55×收入－6.00

这一方程对美国当时职业声望的解释力达到了83%，这种根据职业层面的客观属性，将一小部分职业基于调查的声望评级推广到更大范围的职业的方法，为社会经济地位的测量提供了一种可行的思路，并得到后续研究的不断完善与修订。例如邓肯后来使用 1960 年的人口普查职业更新了 SEI 分数，并使用这些分数来分析代际之间的职业流动[42]。罗伯特·豪泽（Robert Hauser）和大卫·费瑟曼（David Featherman）1977 年采用布劳和邓肯的 SEI 计算方法，基于 1962 年和 1973 年美国的职业和人口数据，分析了美国的职业结构[43]。此后，吉利安·史蒂文斯（Gillian Stevens）和费瑟曼针对 1970 年的人口普查职业调整了职业声望、受教育年限和收入的测量方式，并将女性劳动力数据纳入分析，得到了新的 SEI 估算数值[44]。豪泽和约翰·沃伦（John Warren）利用 1989 年 NORC 一般社会调查（GSS）中的职业声望评级和 1990 年人口普查中的受教育年限和收入数据进一步重新估算了 SEI[45]等。

相比于职业声望量表，社会经济地位量表是基于职业层面的客观指标的综合，通常只需要一两个参数就可以在统计建模方法（如标准回归模型）中推断出职业声望的具体得分，而不需要个人对职业进行主观评价，这说明统计分析相对简洁，能够评价的职业更多，改进了过去复杂的分类量表模式。不过，布劳和邓肯的 SEI 分数在设计、使用和结果解释中存在的问题受到了学界的批评和质疑。正如邓肯在提出职业声望计算方程时所说，该方程建立于 1947 年 NORC 的职业声望分数之上，其所探讨的两个客观特征（即收入和受教育年限）并不是职业声望与职业地位的唯一决定因素。除了受访者对在职者的收入和受教育年限的了解，他们对某些职业的不了解也会影响个人对职业声望的判断。豪泽和沃伦的研究表明，受教育年限和收入的分数只能代表职业地位的两个相关方面，这两者并不总是一致的，因此需要分别进行讨论，而不能像邓肯的 SEI 分数那样一概而论[46]。罗伯特·霍奇（Robert Hodge）也认为邓肯 SEI 的概念缺乏坚实的社会学理论基础，特别是 SEI 与职业声望的关系有待进一步讨论，更重要的是代际职业结构随时间变化后，SEI 分数会变得不可比，从而导致其应用价值降低[47]。

（三）以职业为基础的名义阶级类别量表

职业声望量表和社会经济地位量表被提出后，得到了大量的讨论和广泛的应用，但对它们的批评也一直如影随形。因此，继职业声望量表和社会经济地位量表之后，相关学者又提出了以职业为基础的名义阶级类别量表，将职业信息与个人的就业状况相结合，通过主客观标准相结合的方式来测量职业的地位与声望，其中最具有代表性的是戈德索普（Goldthorpe）的职业名义阶级类别量表。

职业名义阶级类别量表的创始人戈德索普早期以“职业从业者拥有相似的市场状况和工作状况”作为阶级框架（EGP 图式）的理论基础。市场状况的含义是成员所得，包括收入的来源与多少、工作保障程度和向上晋升的机会。工作状况的含义是威权状况和个体的工作自主性状况，威权状况是指成员因在劳动分工中所处的位置而在工作中形成的一系列威权关系中的位置和状况，个体的工作自主性状况指在考察“他们在威权和控制管制系统（该系统统治了他们所参与其中的生存过程）中的定位，以及他们在执行工作任务时的自主性程度”。所以，如果一个社会阶层中的个人被认为拥有相似的市场状况（如收入水平、经济安全和经济发展的机会）和工作状况，那么他们的生活方式也具有高度的相似性。

在戈德索普看来，职业和雇佣规则分别构成了市场状况和工作状况的代理指标。因此，在对阶级框架进行操作化时，戈德索普将职业和雇佣规则作为界定成员阶级位置的指标，二者交叉形成一个二维的交叉表，行和列分别是个体的职业（包括大雇主、小雇主、自雇佣者、管理者、监督者、普通雇员等类别）与雇佣规则，个体因职业的不同而处于不同的阶级位置。把对雇员监管的难易程度和雇员资产的专属性分别作为平面坐标的横轴和纵轴，可以形成四个象限，戈德索普将其归纳为三种雇佣关系类型：监督难、资产专属性高时形成的服务关系；监督易、资产专属性低时形成的劳动合同关系；监督难、资产专属性低和监督易、资产专属性高两种情形下的中间形式。表 4-9 即戈德索普提出的 EGP 图式。

表 4-9 EGP 图示

职业名义阶级		七个阶级类别		五个阶级类别		三个阶级类别	
Ⅰ.	高级专业人员、行政人员、大公司经理和大资产所有者	Ⅰ+Ⅱ	专业人员、管理者、经理；高级技术人员、非体力雇员监工	Ⅰ—Ⅲ	蓝领工作者	Ⅰ—Ⅲ+Ⅳa+b	非体力劳动者
Ⅱ.	低级专业人员、行政人员、高级技术人员、小公司经理、非体力雇员监工						
Ⅲa.	常规非体力雇员（高级）	Ⅲ	常规非体力雇员：行政商业非体力雇员；销售人员；其他服务人员				
Ⅲb.	常规非体力雇员（低级）						
Ⅳa.	小雇主	Ⅳa+b	小资产阶级：有无雇员的小资产所有者、工匠	Ⅳa+b	小资产阶级		
Ⅳb.	自雇佣者						
Ⅳc.	农场主	Ⅳc	农民：农民和其他从事初级生产的自雇职业者	Ⅳc+Ⅶb	农业劳动者	Ⅳc+Ⅶb	农业劳动者
Ⅴ.	低级技工、体力雇员监工	Ⅴ+Ⅵ	熟练工人：低级技工、体力雇员监工、熟练技术体力工人	Ⅴ+Ⅵ	熟练工人	Ⅴ+Ⅵ+Ⅶa	体力劳动者
Ⅵ.	熟练技术体力工人						
Ⅶa.	半技术和无技术的体力工人	Ⅶa	非熟练工人：半技术和无技术体力工人（非农业劳动者）	Ⅶa	非熟练工人		
Ⅶb.	农业劳动者	Ⅶb	农业劳动者：农业和其他从事初级生产的劳动者				

资料来源：Erikson R，Goldthorpe J. *The Constant Flux*：*A Study of Class Mobility in Industrial Countries*. New York：Oxford University Press，1992：38-39.

从表 4-9 可以看到，EGP 图式一共确定了 11 个职业名义阶级，也可以在七个阶级类别、五个阶级类别和三个阶级类别版本之间进行转换，以平衡职业名义阶级解释的全面性和简洁性。其反映了与工业经济相吻合的职业地位与声望结构：从事体力工作的工人阶级，由工会组织、从事非体力工作的中产阶级，由专业协会组织的高级经理/行政人员的上层阶级。这些测量方法主要从位置而非关系的角度看待职业，职业不再是更广泛的社会关系和群体身份的来源，而是被视为个人属性的来源，并影响个人在分层连续体上的位置。EGP 图示及其后续研究在社会分层研究中得到了广泛应用。然而，这一量表受到了学者的广泛批评，相关研究对其提出的职业社会阶级类别中的阶级内同质性程度提出了质疑，认为被置于同一职业阶级的个人在社会等级制度中的地位实际上有很大的差异[48]。此外，由于 EGP 图式中的测量指标类别较多，可能不适合纳入多元统计分析（如回归模型），进而限制了研究的精确性[49]。

（四）量表的不足

尽管存在理论基础和方法上的差异，但不论是职业声望量表、社会经济地位量表还是以职业为基础的名义阶级类别量表，均采用了国际标准职业分类的职业结构作为建构分层构架的基础，并在具体指标的设计上使用了收入、权力、教育等反映社会经济地位的变量，这使得各个量表具有强相关性与相似的预测效力，能够测量出较为一致的职业地位与声望。

当然，这些量表也存在大体一致的结构性缺陷。具体表现在：第一，职业分类的总体是全职工作者，忽略了占人口多数的非全职工作者，如失业者、无固定职业者、退休或退职者、家务劳动者以及未进入劳动市场者。第二，社会地位以个人职业地位为前提与作为集体社会现象的阶级概念的原意矛盾。也就是说，上述量表并没有充分考虑工作的外部情境（市场、技术或劳动人口）、组织环境（组织重构、雇佣关系）、工作内容和结构（蓝领、服务、管理、军队与专业技术工作）及其相互关系的变化。第三，在测量方法上，不论是使用主观法还是客观法，这些量表均存在将多维度划归为单维度的假定，如将教育成就、工作地位、威权等多维分层划归为声望，这种简化虽然便于变量的测量和计算，但同时弱化了分层的区隔性和社会地位的差异性特征。第四，上述量表基本上是依据职业名称和全职就业建构的静态体系和方法，难以适应全球化时代职业的流动性和灵活性特征。因此，尽管这些量表的创始人更新了关于职业分层测量的技术细节，但是近年来发达国家的职业地位与声望研究仍缺乏新的理论、方法。伴随着全球社会、经济、政治、文化、制度的转型，现有的职业测量方法已经无法完全概括和解释目前的多元职业类型与评价观念。

第 4 节　中国的职业地位与声望

职业地位与声望的排序，在很大程度上代表了整个社会的社会形态和社会结构。在以往的研究中，西方研究者往往把发达国家的社会形态描述为上下小、中间大的橄榄形或者纺锤形，大部分研究者则会把中国社会的整体形态描述为上小下大的金字塔形或者土字形，这种对社会形态和社会结构的判断会直接影响学者对职业地位与声望划分标准的设定。因此，相较于西方，我国职业地位与声望评价有自身特有的一些特点，比如，人们在进行职业地位与声望评价时往往首先考虑知识、技术、教育等方面的因素，因此教授、医生、科学家、工程师等的职业地位与声望很高。与国外研究相比，收入并不是我国社会评价职业地位与声望最重要的因素，人们更加注重该职业对社会的贡献[50]。

此外，在我国经济体制改革的不同时期，人们对职业地位与声望的评判价值标准也发生了相应的变化：20 世纪 80 年代，人们更认同职业所关联的所有制性质以及所能依附的行政权力的大小。20 世纪 90 年代以后，所有制的影响已经很微弱，人们往往将职业所具有的技能水平高低和收入放在更重要的位置，职业对资源的控制能力成为影响职业地位与声望的主要因素。进入 21 世纪后，伴随着社会结构的转型，人们对市场从业人员的评价有了很大提升，经济的高速发展也使人们对经济管理人员的评价有所改变。

一、中国职业地位与声望研究的三个阶段

改革开放以后，受西方学术界对于职业地位和职业声望研究的影响，中国学者开始关注不同职业的地位和声望，并开展了相关调查。从 20 世纪 80 年代起，一些社会学家开始根据抽样调查数据对中国的职业地位与声望等级进行测量，国内对于职业地位与声望的研究主要可以分为以下三个阶段：

第一阶段（20 世纪 80 年代）：研究主要应用国外已有职业声望量表对国内城市或乡村或特定的社会群体进行职业地位与声望的测量和排序。例如，1983 年林南和谢文在北京市的调查，1987 年中国经济体制改革研究所“中国社会分层研究”课题组在北京和沈阳的调查，1990 年蒋来文等对北京、广州两个城市职业地位与声望的研究。

第二阶段（20 世纪 90 年代）：研究从简单的统计描述和排序转向对职业地位与声望相关因素和群体的分析，以及对不同社会群体评价的比较分析。比如，1993 年“中国居民家庭生活调查”课题组在全国 10 个县市的调查，1995 年折晓叶和陈婴婴对东中西部 10 个县市农村居民 100 种职业的地位与声望调查，1999 年许欣欣在全国 63 个城市的抽样调查等。

第三阶段（2000 年以后）：对职业地位与声望的现象研究提升到对职业地位与声望内部因素的理论研究、对评价群体的价值标准的比较研究、对职业地位与声望的评价因素分析等。比如，2000 年李强对职业地位与声望冲突性价值评价的研究，2000 年许欣欣根据职业评价与择业取向分析中国社会结构变迁的研究，2001 年中国社会科学院社会学研究所“当代中国社会结构变迁研究”课题组在全国 12 个省及直辖市 73 个区县的调查等。

前期的国内职业地位与声望研究的重点主要在于分析中国特有职业（比如党务职业）的社会评价及相关因素。国际研究则主要集中在以中国本土的实证资料验证西方的“工业化社会”假设，并且由此推断出中国现代化进程中的职业结构和职业流动符合现代化的规律。因此，分别完成于不同时期、不同地区的职业地位与声望调查的得分往往有很高的的相关度。比如 1999 年许欣欣对全国 63 个城市 2 599 名城市居民的调查与 1983 年林南和谢文在北京市调查的职业地位与声望相关系数为 0.87，与中国经济体制改革研究所“中国社会分层研究”课题组于 1987 年调查的相关系数为 0.90，与 1993 年“中国居民家庭生活调查”课题组调查的相关系数为 0.92 等。

可以看到，这些调查的样本范围不甚相同，有的仅限于城市居民，有的则把城市和农村居民都作为调查对象；构建的职业声望量表中的职业数量也各不相同，少的只有 50 个，最多的有 100 个；测定的方法也存在差异，有些是根据主观声望尺度对职业进行排序，有些则是利用反映职业地位的客观指标来衡量职业地位与声望的高低，但它们得出的关于我国职业地位与声望的结论与西方职业声望量表的结论大体一致，即熟练劳动者高于非熟练劳动者，白领劳动者高于蓝领劳动者，脑力劳动者高于体力劳动者，企业所

有者与管理者高于一般职员与直接生产者。

二、中国职业地位与声望的相关研究

如上所述，基于职业声望量表的设计，国内学者有两种选择取向：一种是以职业声望调查为基础的职业声望研究，这种研究通常采用国际通行的职业声望量表的职业抽样框，以便进行职业声望的国际比较研究。另一种是以职业地位等级为基础的职业地位研究，这种研究会根据职业所处的社会阶层对职业进行归类。接下来，将根据不同的研究路径对中国的职业地位与职业声望研究进行回顾和梳理。

（一）以职业声望调查为基础的职业声望研究

职业声望的排序结构基本上反映了各个职业在社会结构中的相对位置关系。受到特定时代意识形态、社会文化观念乃至社会成见等职业以外的因素和条件的影响，各个群体对于职业声望拥有大体一致的集体意识和社会心理定式，因此，不论是在城市范围内还是在农村范围内进行的调查研究，中国早期职业声望调查研究的结果都存在很高的同一性。

1. 城市职业声望调查研究

1983 年社会学教授林南和中国社会科学院社会学研究所在北京重点城区抽样，对1 774名居民进行了 50 种职业的声望调查，该调查研究是以社区为基础测量中国职业声望的首次尝试，职业声望量表如表 4-10 所示。

表 4-10 中国城市职业声望量表（北京，1983 年）

职业	声望得分	职业	声望得分	职业	声望得分
医生	86.2	运动员	62.8	售票员	43.8
电气工程师	84.9	机器修理工	61.4	警察	43.8
大学教师	83.8	手工艺品工人	60.1	厨师	43.5
自然科学家	83.8	小学教师	59.8	管工	43.4
社会科学家	82.7	演员	57.7	油漆工人	42.2
作家	82.7	产品检验员	57.4	售货员	42.1
记者	81.1	钳工	56.9	化学工人	40.5
建筑工程师	79.4	打字员	56.2	建筑工人	39.4
中学教师	72.9	护士	55.3	服务员	39.0
司局级干部	69.1	业务办事员	53.5	铸工	35.1
图书管理员	67.4	电气设备安装工	51.3	理发员	32.4
处级干部	67.1	印刷工人	50.0	矿工	31.6
电工	66.7	纺织工人	49.9	装卸工	26.0
会计	66.4	采购员	48.2	清洁工	25.9
秘书	66.4	邮递员	46.3	人力车工人	22.2
汽车司机	63.2	缝纫工人	46.0	保姆	18.9
科级干部	63.0	食品工人	44.6		

资料来源：林南，黄育馥．中国城市职业声望．国外社会科学，1988（6）：46-51.

由该量表可见，专业性职业（如医生、电气工程师、大学教师、科学家、作家和记者）是声望得分最高的职业类别。其次是建筑工程师、中学教师、机关工作人员、专业人员（会计）、运动员等拥有较高技能的职业类别，比它们声望略低的群体包括技术和半技术性专业人员、工人和操作人员以及做推销工作的人。声望最低的职业包括重体力劳动和服务工作者。

许欣欣于 1999 年在全国 63 个城市对 2 599 名 16 岁以上的城市居民进行了职业声望调查，该调查共涉及 69 种职业，将每一种职业的价值分为五个等级，依次为：最佳职业（100 分）、较好职业（80 分）、一般职业（60 分）、较差职业（40 分）、最差职业（20 分）。为反映时代特征与变化，该量表还加入了当时新兴的职业，如“电脑网络工程师”“计算机软件设计师”等等。该职业声望量表如表 4－11 所示。

表 4－11　中国城市居民职业声望量表（63 个城市，1999 年）

排序	职业	声望得分	标准差	排序	职业	声望得分	标准差
1	市长	92.9	13.71	23	播音员	79.5	15.83
2	政府部长	91.4	13.85	24	银行职员	79.1	14.85
3	大学教授	90.1	13.39	25	私/民营企业家	78.6	16.24
4	电脑网络工程师	88.6	14.08	26	影视剧演员	78.2	19.53
5	法官	88.3	13.94	27	空中小姐	78.0	15.87
6	检察官	87.6	13.90	28	工商管理人员	77.3	15.41
7	律师	86.6	13.39	29	电脑网络系统管理员	77.2	15.73
8	高科技企业工程师	85.8	13.50	30	中小学教师	77.1	14.38
9	党政机关领导干部	85.7	16.60	31	广告设计师	76.7	14.02
10	自然科学家	85.3	15.12	32	警察	76.2	18.00
11	翻译	84.9	14.62	33	机械工程师	76.0	14.29
12	税务管理人员	84.9	16.15	34	国有小企业厂长	75.9	16.11
13	社会科学家	83.9	16.26	35	运动员	74.7	17.09
14	医生	83.7	14.38	36	大企业会计	73.4	14.54
15	计算机软件设计师	83.6	15.77	37	党政机关一般干部	73.3	15.24
16	作家	82.5	16.22	38	私营高科技企业雇员	73.3	15.57
17	记者	81.6	15.67	39	证券公司职员	72.4	14.75
18	房地产经营开发商	81.5	15.72	40	导游	71.7	14.1
19	国有大中型企业厂长、经理	81.3	16.43	41	私立学校教师	71.5	14.92
20	投资公司经理	81.1	15.79	42	党政机关小车司机	70.1	17.7
21	歌唱演员	80.1	19.51	43	文化个体户	68.2	15.91
22	编辑	79.7	14.33	44	保险公司职员	67.5	15.83

续表

排序	职业	声望得分	标准差	排序	职业	声望得分	标准差
45	企事业单位政工干部	66.8	15.7	58	公共汽车售票员	48.7	15.52
46	工商个体户	65.7	16.64	59	国有大中型企业工人	47.4	18.17
47	三资企业职员	65.4	15.05	60	环卫工人	45.5	18.54
48	护士	64.1	14.46	61	农民	44.7	20.74
49	饭店厨师	60.6	16.73	62	乡镇企业工人	44.3	18.04
50	出租汽车司机	59.5	15.43	63	饭店招待	43.5	16.67
51	邮递员	59.1	15.55	64	国有小企业工人	43.5	17.61
52	公共汽车司机	58.5	14.94	65	私/民营企业工人	43.2	18.31
53	社区服务人员	56.6	16.27	66	集体企业工人	42.7	18.11
54	股份制企业工人	53.2	15.76	67	个体户雇工	37.7	18.83
55	殡仪馆工人	53.0	22.32	68	保姆	36.9	17.48
56	宾馆服务员	52.6	16.8	69	建筑业民工	34.9	17.86
57	商店售货员	50.8	15.84				

资料来源：许欣欣．从职业评价与择业取向看中国社会结构变迁．社会学研究，2000（3）：67－85.

除了对职业声望进行重新调查，许欣欣还比较了不同时期的四份中国职业声望量表（包括本章列举的表4－10和表4－12），以进一步了解从20世纪80年代到20世纪末中国社会结构的变迁。研究结果表明，虽然这些量表完成于不同时期，涉及不同地区，但职业声望得分的相关度依然很高，表4－12与表4－10的相关系数为0.87，与表4－11的相关系数为0.92。尽管有较强的相关性，但也有一些职业的评价在不同时期呈现出明显的差异，相对于其他职业而言，“党政机关领导干部”、“税务管理人员”和“警察”职业的声望显著提高，说明人们在评价职业声望时对职业所拥有的权力特征以及市场机制下职业的稳定性更加重视。此外，“私/民营企业家”、“歌唱演员”、“影视剧演员”、“文化个体户”和“工商个体户”等职业因市场因素的渗透和收入的增长，职业声望也有了显著的提高。相比之下，随着国有企业改革的深化和产业结构调整步伐的加快，国有企业下岗工人日渐增多，国有企业工人的职业声望在明显降低。

2. 农村职业声望调查研究

从社会分工的复杂程度来说，城市是一个典型的职业社会。传统的农村则与此相反，单一的农业使农村的职业结构趋向简单，然而，伴随着农村经济体制改革和乡村工业化的推进，农民的职业结构也发生了变化，农民向非农业工作的转移迅速而广泛，农户家庭中从事非农业工作的人口比重逐渐加大。1995年，折晓叶等人选取东中西部10个县市的农村居民为对象，首次对中国农村100种职业的声望进行了测量。与以往城市职业声望研究不同的是，此次研究特别重视根据所有制类型来对职业的单位身份进行划分，形成了五个单位身份群体，并将户籍身份纳入考察范围，形成的职业身份群体声望排序表如表4－12所示。

表 4-12　职业身份群体声望排序表（10 县市，1995 年）（节选）

序号	教师	行政人员	单位身份群体			户籍身份群体	
			厂长	文秘	司机	工人	农民
1	教授	—	—	—	—	—	—
2	—	部长	—	—	—	—	—
3	—	市长	—	—	—	—	—
7	—	—	国营厂长	—	—	—	—
8	—	—	—	机关文秘	—	—	—
10	大学教师	—	—	—	—	—	—
11	—	局长	—	—	—	—	—
16	—	处长	—	—	—	—	—
20	—	政工干部	—	—	—	—	—
21			合资厂长		—	—	—
24	—	—	—	—	—	—	—
30	中学教师	—	集体厂长	—	—	—	—
36	—	—	—	—	机关司机	—	—
37	—	科长	—	—	—	—	—
38	—	—	乡镇厂长	—	—	—	—
40	—	—	私营厂长	—	—	—	—
45	小学教师	—	—	—	—	—	—
51	—	—	—	合资文秘	—	—	—
52	—	—	—	—	个体司机	—	—
54	—	—	—	—	—	国营工人	—
57	—	—	—	—	—	合资工人	—
59	—	—	—	—	公汽司机	—	—
60	—	—	—	—	出租司机	—	—
68	—	—	—	—	—	—	乡村卫生员
73	—	—	—	—	—	乡企工人	乡企工
86	—	—	—	—	—	集体工人	—
94	—	—	—	—	—	—	种田农民
97	—	—	—	—	—	农民工	（农民工）
99	—	—	—	—	—	—	雇工
100	—	—	—	—	—	—	保姆

资料来源：折晓叶，陈婴婴．中国农村“职业—身分”声望研究．中国社会科学，1995（6）：83－95.

作者通过对农村居民的职业声望调查发现，在高度一致的框架下对比城乡的职业声望调查可以发现，城乡之间对于职业的评价也存在部分差异。相对于城市中的声望评价，在农村的声望排序中医生、律师的评价相对较低，对于文化类职业的评价普遍较低，对军人职业的评价较高，对经济类职业评价较高。此外，从声望体系形成的就业身份序列中也可以清楚地看到，声望体系与我国当时特有的社会分化客观机制——单位制、行政制和身份制之间的强烈认同与一致性。

（二）以职业地位等级为基础的职业地位研究

由于已有的职业声望调查涉及的职业数量较少，不能对中国整体的职业声望结构进行分析。因此，在已有职业声望测量的基础上，学者们开始以职业地位等级为基础对职业分层进行研究，以更好描绘中国的职业结构形态。

1. 职业等级研究

李春玲利用中国社会科学院社会学研究所“当代中国社会结构变迁研究”课题组于2001年在全国12个省及直辖市的73个区县调查的数据，以75种职业的声望得分作为因变量，在月收入与受教育年限两个自变量的基础上添加了权力因素、部门因素以及社会歧视因素等自变量，推算出中国职业的声望分数计算公式如下：

职业声望分数＝11.808＋3.349×平均受教育年限＋0.573×月平均收入（百元）＋16.705×最高管理者＋11.262×中层管理者＋3.738×基层管理者＋8.942×党政机关＋6.841×事业单位－5.694×企业单位－26.655×受歧视企业

该公式对中国职业声望的评价达到了80%的解释力度。李春玲以此为指标，分出职业声望上层、中上层、中层、中下层和下层五个等级，对当代中国城乡职业声望分层的基本形态进行了总体描绘（见表4-13）。

表4-13　不同职业的等级分布（%）

	党政领导干部	经理人员	私营企业主	专业技术人员	办事人员	个体工商户	商业服务业员工	产业工人	农业劳动者	无业失业半失业者	合计
上层	39.3	21.3	6.6	27.9	4.9	0.0	0.0	0.0	0.0	0.0	100.0
中上层	2.2	6.8	7.3	23.9	30.9	13.2	12.4	3.2	0.1	0.0	100.0
中层	0.0	0.1	0.2	0.0	2.3	11.8	10.3	13.2	54.9	7.1	100.0
中下层	0.0	0.0	0.0	0.0	0.0	0.0	73.2	0.0	26.8	0.0	100.0
下层	0.0	0.0	0.0	0.0	0.0	0.0	100.0	0.0	0.0	0.0	100.0

资料来源：李春玲．当代中国社会的声望分层：职业声望与社会经济地位指数测量．社会学研究，2005（2）：74-132.

从表4-13列出的各类职业人群在五个声望等级中的分布比例可以看到，声望分层的上层成员主要由党政领导干部、经理人员和专业技术人员三部分组成。在中上层中，办事人员所占比例最高，其次是专业技术人员，再次是个体工商户和商业服务业员工。声望分层的中层中，农业劳动者所占比例最高，超过半数的中层成员是农业劳动者，其次是产业工人、个体工商户、商业服务业员工。中下层基本上由商业服务业员工和农业劳动者组成。下层成员主要是商业服务业员工。

2. 转型期职业等级研究

伴随着社会的持续转型，中国职业呈现出多元化的态势，职业地位的变迁更加剧烈，为了构建一个符合中国特色的职业地位等级量表，田丰采用中国社会科学院社会学研究所 2006 年到 2015 年 10 年 5 轮的调查数据，在使用职业收入、家庭消费、受教育程度、社会经济地位等主客观指标的基础上，将职业划分为五个不同的职业族群、七个职业地位等级，该职业地位等级量表如表 4－14 所示。

表 4－14　职业地位等级量表

职业地位等级	职业族群	代表性职业
顶层	职业族群 1	高级公务员、国企管理层、私营企业主
上层	职业族群 1 和职业族群 2	农村社会管理者、私营企业主、军警、高级专业技术人员
中上层	职业族群 2	中低级专业技术人员、城镇户籍白领、普通公务员
中层	职业族群 3－1	农村户籍白领、城镇户籍公有制单位工人、国有农场工人
中下层	职业族群 3－2	城镇户籍非公有制单位商业和服务业工人、公有制单位农民工、非公有制单位商业农民工
下层	职业族群 4	非公有制单位城镇制造业农民工、非公有制单位服务业和制造业农民工和农民
底层	职业族群 5	失地农民和企业分流人员

资料来源：田丰．中国社会转型与职业分层．北京：社会科学文献出版社，2020：247.

从表 4－14 可以看到，在该职业地位等级量表中，顶层和上层职业族群的构成主要是高级公务员、国企管理层、私营企业主、军警等；底层职业族群的构成主要是失地农民和企业分流人员等。历年数据也表明，中上层职业族群的职业构成相对稳定，而中层和中下层职业族群的边界相对模糊，职业构成的变动也较大。

总体来看，我国职业地位较高的职业通常是经济收入高或掌握管理权力的职业。在社会转型的背景下，当代社会的资源配置是由政府和市场来运作的，即掌握政治和经济权力的职业可以组织、调动、获取更多的社会资源。社会资本理论也认为掌握社会资源的优势阶层能够利用和获取更多的有效信息，为自己谋取更多的利益。在这里，政治权力是拥有的行政级别和组织力量，经济权力是对经济资本和人力资本的掌控，而人力资本又可以分为掌握知识者和纯体力劳动者。在当今社会，掌握较为高级的专业知识和专业技能的人明显会比纯体力劳动者获得更多的认可。因此，从上述研究结果来看，处于较高位置的多是掌握政治权力和经济权力的国家机关和企业中高层管理人员，此外还包括掌握专业知识和技能的科技工作者等。在经济资本和人力资本中不占优势的工人、体力劳动者和农民则处于职业地位等级中比较低的位置。

三、中国职业地位与声望的发展特征

工业现代化是中国社会转型的主要发展方向和内在推动力，由此导致社会分工系统即职业分类系统的规模扩张，这导致我国的职业地位与声望具有国际职业分层结构的共性，总体上的声望等级排序仍体现出工业化社会的普遍价值取向。

我国的职业分层结构还受到特定历史时期环境条件的影响，加之历史、政治、文化制度的约束，我国的职业地位与声望也存在特殊性。20 世纪以来，剧烈的政治经济变动使我国传统职业价值评价体系不断地颠覆，而价值评价体系的重建又有相互冲突及多元选择倾向。传统中国社会的尊卑位序是“士、农、工、商”，即文人官员有最高的社会地位，有钱的商人只能得到最低的社会评价。20 世纪三四十年代，资本主义在我国获得初步发展，在一些经济较为发达的大城市（如上海等），买办和民族资本家试图倡导资本主义的价值评价体系，以提高他们的社会地位。1949 年以后，传统价值评价体系和新萌生的资本主义价值评价体系被彻底颠覆，原来备受社会推崇的文人、名士、官僚、乡绅被贬低至社会底层，同时，“工、农、兵”获得了最高的社会价值评价。1978 年改革开放以来，传统的价值评价体系略有复兴，但市场经济也带来了拜金主义、实用主义和能力主义等，这导致了相互冲突的、多元化的价值评价取向[51]。

在社会转型初期，职业分层造成传统工人、农民职业地位下降。20 世纪 90 年代后期职业地位与声望的排序则受到非公有制经济发展以及新中产阶级崛起等因素的影响。随着私有化、全球化以及专业职业化进程的推进，原先高度集中于政治权力的资源配置格局和形态，转向从新兴产业和市场机制中崛起的中产阶层群体，这使得我国的社会结构接近西方工业社会的“橄榄型”结构形态。由于职业地位与声望的排序从制度决定的政治分化转向由市场决定的经济分化以及由教育决定的文化分化，这使得人们对职业地位与声望的评价体系标准不再一致，因而出现了不同的职业地位与声望研究结论。

此外，社会转型中的社会分化趋势和特点还导致了职业分层结构变化中的区域不平衡、结构不平衡以及发展不平等特殊现象。比较中西方的职业地位与声望研究可以发现，中国农村专业技术人员的声望地位远远低于城镇专业技术人员；不同所有制和不同类型单位的管理人员和普通员工的声望地位有差异；部分特权部门的工作人员的声望地位高于其他部门的同样职业的工作人员。很明显，当前中国社会存在的一些结构因素导致了一系列的社会性分割，如城乡分割、所有制或行业部门的分割；处于被分割的不同领域中的人们，其社会经济地位有差异，因而，相同职业的人可能因处于不同的领域而获得不同的声望地位评价。

本章小结

本章对职业地位与声望的概念、职业地位与声望的影响因素、职业地位与声望的测量、常见的职业地位与声望量表以及中国的职业地位与声望研究做了介绍，主要包括四小节内容。

第 1 节介绍了职业地位与职业声望的概念与意义，职业地位与声望研究作为社会分层研究的重要方面，是衡量社会经济发展水平的重要尺度，也是理解劳动者社会行为和职业流动的重要参考。第 2 节介绍了影响职业地位与声望的各种因素，具体包括职业的客观属性、职业的主观评价以及职业的环境变迁。第 3 节介绍了测量职业地位与职业声望的方法及常见量表，在主观法与客观法两种方法的基础上，目前国际通行的职业地位与声望测量量表主要有三种：职业声望量表、社会经济地位量表和以职业为基础的名义阶级类别量表。第 4 节回顾了中国职业地位与声望研究的三个阶段、相关研究与发展特征。从 20 世纪 80 年代起，中国职业地位与声望的研究主要可以分为三个阶段，国内的学者根据国际通用的测量方法发展出了两种研究取向，分别是以职业声望调查为基础的职业声望研究和以职业地位等级为基础的职业地位研究，这些研究揭示了中国职业地位与声望结构的工业化特性，也展现出了中国社会独有的职业评价观念。

关键词

职业分层　职业地位　职业声望　职业流动　职业声望量表　社会经济地位量表　以职业为基础的名义阶级类别量表　中国职业地位与职业声望

思考题

1. 什么是职业地位与职业声望？
2. 除了本章列举的因素，还有哪些因素会影响到职业地位与职业声望？
3. 国际通行的职业地位与职业声望量表有几类？每一类有代表性的量表是什么？
4. 查找有关职业地位和职业声望的最新研究，并总结主要的理论观点。
5. 查找中国职业地位与声望的相关研究，总结 21 世纪以来中国职业地位与声望的发展情况。

推荐阅读

我国 78.9%的受访者认为自己职业的社会声望不高

当下，市场经济的发展和创业浪潮的兴起让一些高收入职业备受瞩目，一些曾被热捧的职业出现降温，互联网和第三产业的发展又不断催生出各种新职业……在人们心中，什么样的职业才是好职业？一些常见职业的社会声望如何？

2015 年，中国青年报社会调查中心通过民意中国网和益派咨询，对 2 003 人进行的一项调查显示，在受访者心中，当下社会声望排名前三的职业是：科研人员、大学教授、工程师。医生、律师、教师、高级技术工人、设计师、警察、运动员、文艺工作者、记者、民营企业主、金融从业人员的排名也比较靠前，选择比例均超过 10%。排名较后的几个职业是：家政服务人员、按摩师、服务员、司机、导游。

调查中，52.9%的受访者认为自己职业的社会声望一般，26.0%的受访者认为自己职业的社会声望低，仅 21.1%的受访者认为自己职业的社会声望高。分职业来看，士兵、警察中对自己职业的社会声望评价为“高”和“一般”的人各占一半。农民、家政服务人员、服务员对自己职业的社会声望评价最低。值得注意的是，在受访者评出的社会声望较高的职业中，医生、律师、高级技术工人、护士对自身职业声望的评价仅处于中下水平。

此外，仅 23.5%的受访者愿意子女从事自己现在的职业，41.3%的受访者表示不愿意，35.2%的受访者回答不好说。被受访者认为社会声望较高的职业中，高级技术工人、大学教授、律师、医生不愿子女从事自己职业的比例均超过一半。警察和科研人员则更愿意子女从事自己的职业。

整体来看，受访者希望从事的职业有四大特点：收入水平高（70.2%）、稳定性强（58.7%）、可持续性强（47.1%）、工作环境好（46.7%）。其他特点依次是：社会贡献大（37.4%）、时间自由（33.3%）、权力大（23.3%）、国家政策扶持（19.5%）、人脉资源广（19.5%）、工作清闲（17.2%）等。

清华大学社会科学院原院长李强认为，职业社会声望评价实际上是一种特殊形式的社会舆论，它对金钱和权力起着平衡和纠偏的作用。他提出，首先要从制度体系上加以保障，不断完善用工制度，形成长期、稳定的雇佣关系，让人们能够通过专业水平的不断提升实现职业地位上升，从而得到相应的尊重。同时应借鉴发达国家的经验，多发挥行业协会的作用，加强对技术工人的职业培训、考核和认证等。

资料来源：78.9%受访者对自己职业社会声望评价不高.（2015-05-25）.http：//zqb.cyol.com/html/2015-05/25/nw.D110000zgqnb_20150525_2-07.htm.

注释

第5章

职业分层与流动

【重点问题】

- 职业分层的概念是什么？
- 职业分层的研究意义有哪些？
- 职业分层的理论流派与影响因素有哪些？
- 职业流动的概念是什么？
- 职业流动的影响因素与测量方法有哪些？
- 如何理解中国的职业分层与职业流动？

【开篇引例】

从农民工流动看社会进步

国家统计局发布的《2018年农民工监测调查报告》显示：从总量看，我国农民工总量已达到2.88亿人，但2018年农民工增速仅为0.6%，出现历史新低；从农民工分布重点地区看，流入珠三角地区的农民工比上年减少了186万人，降幅为3.9%；从2018年进城农民工数量看，比上年减少了204万人。

改革开放后，随着对人员流动限制的放宽，越来越多的农民选择外出打工。特别是经济落后地区的农民工大量向经济发达地区流动，从每年的春运大军数量中可见一斑。改革开放40多年来，春运大军从最初的1亿人次增长到2015年的37亿人次，相当于让非洲、欧洲、美洲、大洋洲的总人口搬一次家。而近几年，随着各地经济的飞速发展，越来越多的农民工就业趋向于本地化，选择跨省务工的农民工数量明显减少。过去制造业是农民工就业的重要领域，但随着中国经济的转型，就业人口从第二产业流向第三产业。随着我国大力倡导产业结构转型，着重发展高技术、高附加值的产业和产品，外出农民工向中西部地区转移的趋势越来越明显。

《2018年农民工监测调查报告》显示，在农民工总量中，在乡内就地就近就业的本地农民工有11 570万人，比上年增加103万人，增长0.9%；在外出农民工中，到省外就业的农民工有7 594万人，比上年减少81万人，下降1.1%。一增一减，说明农民工就业本地化已是必然趋势。

农民工就业本地化释放出积极信号，既说明贫困地区经济在发展，中西部地区之间的差距在缩小，也说明我国的产业结构转型已取得了一定的成效，更说明流动人口的结构发生了根本性的改变，单纯的打工人员少了，外出经商、从事高端工作的人员多了。同时，假如我们的城市可以促进更多的人找到适合自己的工作岗位，可能使人口流动整体趋于稳定化、家庭化。

资料来源：胡建兵．从农民工迁徙看社会进步．人民日报，2019-05-15.

思考：

如何理解农民工流动与社会发展的关系？

第1节　职业分层

职业分层是社会分层研究最主要的内容之一，也是劳动社会学必须回应的重要议题。对职业分层的掌握，既要理解其基本概念与研究意义，也要理顺职业分层的理论流派与影响因素，从而在学理层面对其追本溯源，多维度掌握职业分层的内涵与外延。

一、职业分层的概念

所谓职业分层，就是按照一定的标准，将劳动者所从事的职业区分为职业地位和声望不同的等级序列[1]。换言之，职业分层就是按照收入水平、职业地位和职业声望，将劳动者所从事的职业区分为高低不同的等级序列，以反映劳动者所从事职业的不平等状态。

职业分层的前提是职业分类。根据国际劳动组织的规定，职业分类作为一种工具，主要用于根据劳动者工作中的任务和职责，将一个企业、行业或国家中所有工作职位归集成一套明确定义的组别，通常包括两个部分：一是分类系统本身，提供了如何将工作职位分类到最详细组别的指南，同时指导这些详细组别如何进一步整合到更广泛的组别中。它包括职业标题和代码，并代表职业变量的值集，该变量描述了工作职位的不同任务和职责。二是描述性组件，通常包括每个定义组别中职位的任务和职责描述以及其他相关方面，如生产的产品和服务、技能水平和专业化、包括和排除的职业、进入限制等，这些描述可以视为一部职业词典。

（一）职业分化

职业分层与职业分化紧密相关。职业分化是社会分工的产物，主要表现在以下四个方面：第一，社会分工是职业产生的基础。人类社会初期的劳动分工是自然建立在性别、年龄基础之上的，但由于这一阶段没有固定从事某项专门工作的人群，因此尚未出现职业。随着社会分工的发展，尤其是第一次社会大分工后，职业开始出现。第二次和第三次社会大分工后，手工业与商业先后独立成为一个行业。在这一进程中，职业种类增加，并且随着经济发展和社会分工的细化，出现了越来越精细的职业分类。第二，社会分工是职业划分的依据。在社会分工体系的各个环节中，劳动对象、劳动工具以及劳动支出形式都具有特殊性，从而决定了一种职业和另一种职业的区别，并成为职业划分的依据。例如，科学家借助科学仪器，以科学事实为研究对象从事脑力劳动，而产业工人是以产业机械为基础进行体力劳动。第三，社会分工的发展决定和制约着职业的发展。职业发展受到科技进步、生产工具改进和生产社会化程度等因素的制约。随着社会分工的发展，专业化程度越来越高，职业种类也越来越多。当今社会已经进入信息时代，与信息相关的职业开始大量出现，比如淘宝店主、计算机程序员等，此外还出现了传统行业与现代技术相结合的职业，例如与“互联网＋”相关的网约车司机，他们的职业虽然属于传统行业，但实际上具备现代技术的一些特征。第四，社会分工的变化决定和制约着职业的变化。随着科学技术与生产力的发展，社会劳动分工模式和职业结构也在发生变化，比如行业的扩大或缩小、职业的新老更迭等，实际上很多职业随着社会分工和经济社会的发展已经消失。

（二）职业分类

随着社会分工的发展，职业分类在世界上被视为评价国家劳动力管理水平的重要标志，也是国家社会管理的一项系统工程。职业分类最初作为人口统计的基础工作为西方国家所重视。在不同国家，依据特定的经济、社会特点，有不同的职业分类。根据西方国家的一些学者提出的理论，有三种职业分类方法：第一种，按脑力劳动和体力劳动的性质、层次进行分类。这种分类方法把工作人员划分为白领工作人员和蓝领工作人员两大类。白领工作人员包括：专业性和技术性工人，农场以外的经理和行政管理人员、销售人员、办公室人员；蓝领工作人员包括：手工艺及类似的工人、非运输性的技工、运输装置机工人、农场以外的工人、服务性行业工人。这种分类方法明显地表现出职业的等级性。第二种，按心理的个别差异进行分类。这种分类方法是根据美国著名的职业指导专家霍兰德创立的人格-职业匹配理论，把人格类型划分为六种，即实际型、调研型、艺术型、社会型、企业型和常规型，与其相对应的是六种职业类型。第三种，依据各个职业的主要职责或工作进行分类。这种分类方法较为普遍，其中最典型的就是国际标准职业分类。

对职业最早进行分类的是美英等发达国家。早在 1820 年，职业统计的项目已经列入了美国的人口普查工作。1850 年，美国进行专门的职业普查，将全国的职业分为 15 大行业：商业、手工业、制造业、机械和采矿业、农业、林牧业、军界、河海航行、法律、医务、神学、教育、政府文职、家庭佣仆、其他行业，并进一步细分出 323 种职业；1860 年职业种类增至 584 种；1965 年美国第三版《职业名称词典》认定的职业有 21 741 种；1980 年出版的《美国百科全书》指出，美国当时有 25 000 种职业；2010 年，美国劳动部和劳动统计局确立了标准职业分类体系（standard occupational classification system，SOC），将职业划分为四个层级。根据职业定义，2018 版 SOC 将所有劳动者分成 867 个详细职业。为了便于分类，又将具有类似工作职责的详细职业，以及在某些情况下具有相同技能、教育和培训要求的详细职业归类在一起。2018 版 SOC 的分类结构共有四层：23 个主要职业群、97 个小组、461 个广泛职业以及 867 个详细职业。具体而言，23 个主要职业群包括管理，商业和金融，计算机和数学分析，建筑和工程，生命、物理和社会科学，社区和社会服务，法律，教育、培训和图书馆，艺术、设计、娱乐、体育和传媒，医疗保健执业医师和技师，医疗保健辅助人员，安全保卫，食品加工和餐饮服务，建筑、地点清洁和维护，个人护理和服务，销售，办公和行政支持，农业、林业和渔业，施工和采矿，安装、维护和维修，生产，交通运输与物流以及军事。

英国在 1841 年划分出 431 种职业，1986 年重新对职业进行了划分，共确认 6 982 种职业，同样分为四层。2000 年，英国正式建立标准职业分类体系（SOC）以来，分别于 2010 年和 2020 年对 SOC 进行了调整，主要根据技能水平和技能内容对职业进行分类：第一技能级别等同于与通识教育相关的能力，通识教育通常在一个人接受义务教育的过程中获得，并通过一组令人满意的离校考试成绩来表示。归类于此级别的工作的胜任表现涉及具有适当的健康和安全法规知识，并且可能需要短期的与工作有关的培训。SOC（2020）中以此技能级别定义的职业示例包括邮政工人、酒店搬运工、清洁工和餐饮助理。第二技能级别涵盖了一大批职业，它们除了需要通过良好的通识教育获得的知识，还需要具有较长时间的与工作相关的培训或工作经验。此级别的职业包括机器操作、驾驶、护理工作、零售以及文书和秘书职业。第三技能级别通常适用于那些需要一定后义务教育阶段知识体系但通常不要求达到学士学位水平的职业，包括技术职业、贸易职业以及小企业主等。虽然从事这些职业可能不要求学士学位或职业培训资格，但通常需要一定的工作经验。第四技能级别与在企业、国家或地方政府中所谓的专业技能水平和高级管理职位有关。通常，此级别的职业需要一定的学位或同等水平的相关工作经验。SOC（2010）有 9 个主要小组、25 个子主要小组、90 个次要小组和 369 个单位小组。SOC（2020）有 9 个主要小组、26 个子主要小组、91 个次要小组和 412 个单位小组。在 SOC（2020）中，9 个主要小组具体包括经理、董事和高级官员，专业职业，准专业职业，行政和秘书职业，技工职业，照顾、休闲和其他服务职业，销售和客户服务职业，工艺、设备和机器操作员以及非技术工人。

法国在 20 世纪 80 年代中期确定的职业共有 8 600 种。法国社会职业分类由法国国家统计与经济研究所在 1954 年制定，于 1982 年进行了修订。法国在 1982 年的人口普查期间将社会职业分类的名称改为职业和社会职业类别，主要基于具体职业、等级和社会地位对职业进行分类。根据不同工作内容划分出不同职业，根据一项工作的薪水判断该职业的等级，根据受雇于人或独立运作两种不同的形势判断该职业的社会地位，行业和社会职业类别具体可以划分为三个层次。第一个层次是社会职业群体，以最凝练的方式将所有职业合并重组为 8 个社会职业群体，即农业经营者，手工业者、商人、商业领袖，管理人员和需要高等知识的职业，中级职业，雇员，工人，退休人员和其他没有职业活动的人。第二个层次是社会职业类别，将 8 个社会职业群体依次细分为 42 个岗位（也可相对笼统地划分为 24 个岗位），具体而言：农业经营者分为大、中、小农业经营者；手工业者、商人、商业领袖分为手工业者、商人和类似商人的从业者、拥有 10 人及以上员工的企业老板；管理人员和需要高等知识的职业分为部分自由职业者，公职管理人员，教授和科研人员，信息、文学和表演类职业，企业行政和商务管理人员，工程师和企业技术管理人员；中级职业分为大学老师，中小学教师及相关编外人员，医疗健康和社会工作职业，神职人员，公职行政人员，企业行政和商务人员，技术人员，工头和车间组长；雇员分为民事雇员和公职情报人员，警察和军人，企业行政雇员，商业雇员，私人服务雇员；工人分为工业、手工业、搬运、储存、交通方面的专业工人和工业、手工业的非专业工人，以及农业工人、司机；退休人员分为曾经的农业经营者，手工业者，商人，商业领袖，管理人员，中级职业人员，雇员和工人；其他没有职业活动的人则包含失业者，入伍新兵，学生以及除退休外所有没有工作的人。第三个层次是职业，以最细致的方式列举所有的职业，共计 486 种，用于企业中时则为 516 种。由于社会发展进程不断加快，尽管职业和社会职业类别曾在 2003 年进行了修订，但如今仍有个别内容无法反映法国当下的职业状况。因此，法国不同组织机构也推出了不同的职业分类以完善这一标准，如职业和工作管理索引（ROME）、职业家庭等，欧盟也在《欧盟社会分类法》中讨论了欧盟不同国家职业分类标准的中肯性。

加拿大 1981 年出版了《加拿大职业分类词典》，它把分属于国民经济中主要行业的职业划分为 23 个主类，主类下分 81 个子类、489 个细类、7 200 多个职业。此种分类对每种职业都有定义，逐一说明了各个职业的内容及对从业人员在教育程度、职业培训、能力倾向、兴趣、性格以及体质等方面的要求，有较高的参考价值。

日本对职业的划分比较细致，共有 12 大类、52 中类、279 小类，按三个层级的体系进行划分。德国、澳大利亚、新西兰、新加坡、韩国等国家，对于职业的划分是按五个层级来进行的。《中华人民共和国职业分类大典（2022 年版）》把我国职业分成了 8 个大类、79 个中类、450 个小类、1 639 个职业。第一大类包括党的机关、国家机关、群众团体和社会组织、企业事业单位负责人；第二大类是专业技术人员；第三大类是办事人员和有关人员；第四大类是社会生产服务和生活服务人员；第五大类是农、林、牧、渔业生产及辅助人员；第六大类是生产制造及有关人员；第七大类是军队人员；第八大类是不便分类的其他从业人员。

二、职业分层的研究意义

职业分层是一种客观事实。在当代中国，职业分层已经成为社会分层的一个重要指标[2]。不同的职业影响着人们的经济收入、社会声望、生活方式、文化取向及发展前景[3]。职业分层与职业分类研究的应用领域非常广泛，比如劳动力市场分析、人力资源管理、职业健康与安全分析、工资分析、教育规划等，是国家实现宏观管理的一个必要基础[4]。大体而言，职业分层的研究主要有以下三个方面的重要意义。

（一）职业分层是社会分层的重要方面

职业分层是社会分层的重要方面。人们对职业有一定社会评价。职业分层是社会分层的重要方面，社会学研究表明，在绝大多数社会里，社会成员通常由于权利、财产、教育、家庭、种族、性别、年龄、职业等特征的不同，而被正式或非正式地区分为不同的阶层，即存在给不同的社会成员以不同的地位和荣誉的制度。同时，职业分层一直以来都被认为是界定中产阶层的最重要的指标[5]。

社会分层研究主要有两大传统理论：马克思的阶级理论和韦伯的多元分层理论。马克思的阶级理论将社会不平等归因于社会结构因素，韦伯则是最早提出社会分层标准的社会学家，他认为划分社会层次结构必须依据三重标准，即财富——经济标准、权力——政治标准、声望——社会标准。经济标准是收入的高低，政治标准是权力的大小，社会标准是职业声望的高低。根据所从事的职业，基本上可以判定一个人收入水平的高低、拥有社会资源的多少、在人们心目当中职业声望的高低。按照韦伯的经典解释，三者是一体的：经济标准是基础，政治标准是关键，而社会标准一旦确定之后，就成为比较恒定的因素。但是，有时候会出现三重标准分离的情况，也就是说经济标准、政治标准和社会标准并不总是完全对应。例如，老师是比较受尊重的一个职业，社会声望比较高，但是老师的收入水平往往不高，尤其是在一些特殊时期，教师在社会分层中处于较低的位置。在第二次世界大战后的数十年里，韦伯的社会分层标准在美国社会学界处于主导地位，研究者从收入、教育、种族和性别等多个维度发现社会各层面存在的不平等现象[6]。在我国，从西方的多元社会分层理论框架中抽取职业标准来研究中国的职业分层，是社会分层研究中的一种主流倾向，其中，最有影响的当属陆学艺等人的研究。他们按照职业差异，把中国社会划分为五大经济社会等级、十大阶层[7]。

（二）职业分层是职业地位与职业声望的综合评价

职业地位指的是不同职业依据本身的社会结构功能所占据的不同的客观社会位置；职业声望指的是人们对不同职业的价值评价，它是社会成员对各种职业地位的主观态度的综合[8]。职业分层的研究有利于结合职业地位和职业声望，既可以通过职业分层看到个体所从事职业的地位，也可以由此推断其职业声望。

职业声望作为工业化社会核心价值的一种反映，一直被社会学家广泛使用，以从社会层面测量社会结构分化的方向和程度。职业声望反映了职业分层乃至社会分层的主观维度，是衡量社会经济发展水平的重要尺度[9]。特莱曼在国际比较研究的基础上提出“标准国际职业声望表”（SIOPS）之后，职业声望的历史继承性和国别间的相似性得到广泛承认，被认为是测量社会地位的最主要指标。在大多数社会分层研究者的眼里，社会分层是一个多维度的指标，职业地位只是其中的指标之一，而职业声望是测量社会地位的标准之一。特莱曼认为，判断一个人的社会地位有一个指标就够了，那就是职业声望。利用特莱曼的职业声望测量指标，在某种程度上，不仅能够根据社会成员的职业来定位社会成员，还能够依据职业信誉评级来判定社会成员的生活态度、生活经验和生活方式。

（三）职业分层是职业流动的前提条件

正是因为职业存在高低有序的区分，才有了职业流动。所谓流动，最简单的就是水的流动，在自然界里，水的流动规律是“水往低处流”。在人类社会里，个体的流动准则是“人往高处走”。这既是自然的道路，也是社会的训诫。职业流动正是如此，因为有了高和低的落差，所以就有了职业的流动。关于职业地位和职业声望的研究表明，劳动者的择业行为和流动趋向，与职业地位和职业声望的高低有着很大关系。劳动者在力所能及的范围内，总是喜欢选择职业地位高或职业声望高的职业。

三、职业分层的理论流派

如前文所述，职业分层是社会分层的重要体现，已有社会学理论对于阶级分化及其动力提出了诸多经典论断。在这里，主要介绍马克思的阶级理论、古典社会学理论观点、现代社会学理论观点等。

（一）马克思的阶级理论

从理论渊源来看，马克思的阶级理论为职业地位和职业声望的研究奠定了理论基础。马克思的阶级理论建立在历史唯物主义基础之上，认为阶级是一个历史范畴，出现于一定历史过程的社会结构之中，因而必须把阶级放在特定时空架构中研究。在马克思看来，随着生产方式和物质条件的改变，生产方式和生产的社会关系之间的矛盾出现，当这种不平衡变得极其严重时，就会导致生产关系的变革，以及随后产生的阶级结构的变动、阶级或财产关系的变化、新阶级的出现和旧阶级的消亡，或与之相关的社会变迁[10]。在一系列社会变迁之中，马克思认为，阶级结构是最基本的社会结构，阶级关系则是最基本的社会关系。特定阶级的形成与所处社会的生产关系是相联系的。如此，阶级包含两个方面的内容：一个是处于生产发展历史中的特定阶段，另一个是在这个特定阶段中某个具有共同特征的集团在社会经济结构中所处的位置。例如，在奴隶社会中，主要的阶级是奴隶主和奴隶，奴隶和其他生产资料一样被奴隶主占有；在封建社会里，根据与土地的关系不同，主要的阶级是大量占有土地的地主阶级和占有少量土地的自耕农（或者说分为贵族和农奴两个阶级）；而在资本主义社会中，因生产资料的占有关系不同，主要的阶级是占有生产资料的资产阶级和除了体力以外一无所有的无产阶级。在马克思的阶级理论中，人的本质不是单个人所固有的抽象物，而是一切社会关系的总和。因此，马克思认为，在阶级划分中起决定作用的不是财产的多寡、收入的多少或职业的不同，而是经济活动的方式和由它所决定的社会成员的地位，个人社会地位的高低是由其在生产关系中的位置决定的。

马克思认为，资本主义社会存在三个主要的社会阶级：(1)土地所有者和收地租的地主；(2)使用他人劳动力获取利润的资本家；(3)出卖劳动力以换取工资的工人。他们各自的收入来源是地租、利润和工资。这些阶级又根据其成员在社会生产过程中所处的地位而分为形形色色的下属阶级：地主可能是以地租为生的地主，也可能是独立经营的农场主；资本家也可分为金融家或银行家、大工业家、大商人、船主、商贩等。[11]除了以上三个阶级，尚有中间和过渡阶级。具体来说，包括农民阶级、小市民阶级（或称小资产阶级）、大资产阶级（包括金融资产阶级和工业资产阶级）等。从经济基础与上层建筑的关系角度，马克思构建了整个阶级理论体系，以社会生产关系中生产资料的所有权作为阶级分层的基础，强调了不同阶级之间的冲突关系。可以看到，这种将生产资料的占有情况作为唯一标准对社会阶级进行划分的方法，对于后续社会分层领域的研究，尤其是职业地位与声望的研究产生了重要影响。

（二）古典社会学理论观点

在古典社会学发展阶段，韦伯的社会阶层理论、涂尔干的社会分工理论也奠定了职业分层研究的理论基础。

1. 韦伯的社会阶层理论

作为西方现代社会学奠基人之一的马克斯·韦伯，开辟了另一条与马克思不同的阶级分析之路。韦伯所提出的社会阶层理论，建立在他的“共同体化与社会化”的社会结构观之上。在韦伯看来，一个共同体内部的权力分配，既受到经济制度的影响，也受到社会制度的影响。社会制度决定了共同体的参加者如何分配权力所带来的社会“荣誉”。在权力分配的领域里，有三种机制起到最显著的作用：阶级、等级和政党[12]。其中，阶级的权力来自市场交换领域。以阶级权力为基础的社会群体可以称为经济的阶级，主要是指因在商品和劳动力市场中获取的经济利益（占有财物与获得收入）不同而享有不同生活机会的群体。他明确指出，“在市场上的这种机会是表现个人命运的共同条件的机制，阶级状况归根结底取决于市场状况”[13]。

与阶级、等级和政党相对应的是韦伯用以划分社会阶层的三种标准——经济标准、社会标准和政治标准。韦伯认为，声望（荣誉）的高低决定了政治权力，即处于社会关系之中的行动者，即便在遇到反对的情况下也能实现自己意志的可能性，政治权力不仅取决于个人或群体对生产资料的所有关系，也取决于个人或群体在科层制度中的地位，政治权力形成了社会秩序的基础。财富占有的多少决定了经济权力，进而形成了经济秩序的基础。在一个共同体中，财富占有的多少，尤其是金钱的多少，往往决定了个人的声望和荣誉，而一个人的声望和荣誉在一个共同体中的影响最为基础，往往有可能决定个人的政治权力和经济权力[14]。韦伯认为，这三重标准决定了一个人在社会结构当中的位置。看待一个人在社会结构当中所处的位置，即谁拥有的权力多、拥有的财富多、拥有的社会声誉高，谁就处在社会的上层，反之则位于社会的下层。

在这三重标准之下，韦伯用有产阶级来划分在财产权上确定地位的阶级，用职业阶级来划分在货物或劳动权益上确定地位的阶级。强势的有产阶级就是那些靠自己拥有的土地、矿山等收税的人，他们的特权体现为在消费品、投资机会、教育机会上的垄断地位，其社会关系趋向封闭。强势的职业阶级包括为市场提供商品和资本服务的企业家和金融家，他们的特权来自职业体系中的领导力和影响力，其社会关系趋向开放。基于社会封闭（social closure）的机制，社会群体将报酬和机会限定为一小部分精英群体拥有并谋求报酬最大化。在经济或市场领域中，强势的有产阶级和职业阶级利用经济机会的垄断排斥来自地位较低阶级的成员，维持乃至增强自身的优势。韦伯在这两个阶级划分的基础上，提出资本主义社会结构由以下几种阶级组成：工人、小资产阶级、知识分子与专业人员、有产者与特权阶级。19 世纪末 20 世纪初，社会结构具有严格的限制，由三重标准所形成的社会阶层具有刚性，职业群体之间也存在壁垒，从而形成职业排斥和社会排斥。

总体来说，韦伯的社会阶层理论与马克思的阶级理论最显著的不同在于，韦伯认为对生产资料的占有——经济权力并不是社会共同体分层的唯一基础，以特定的生活方式作为基础的地位才是群体实现认同和共同体分层的关键因素。在此基础之上，韦伯继续对阶级和地位群体进行了讨论，他认为阶级分层的依据在于生产和获取物品的能力，而地位群体的分层取决于由他们的生活方式所决定的消费。某个地位群体的状况指的是他人对其社会地位所作的评估，从而给予某种形式的社会声望或评价。阶级与地位群体之间的差别可以总结为："阶级"根据人们与商品的生产和获取的关系而分层；而"地位群体"则根据人们对商品的消费的行为准则（呈现为特定的生活方式）而分层[15]。因此，韦伯特别强调，职业群体是一个地位群体，而不是阶级群体，因为同样的职业并不意味着这些社会成员有着获得同样的商品和服务的能力，职业群体中有人可能有从其他地方获取收入的能力，但职业群体的社会声望和荣誉是高度一致的。可以说，后来美国 NORC 进行的职业声望研究，以及后续有关社会声望的研究，都是沿着韦伯的理论脉络进行的[16]。

2. 涂尔干的社会分工理论

作为与马克思和韦伯的齐头并肩者，埃米尔·涂尔干同样被誉为社会学的三大奠基人之一，也被视为社会学结构主义和功能主义的创始人。与马克思将研究重点放在社会内部的矛盾和冲突上不同，涂尔干更多地关注和设想在城市工业社会中稳步发展着的有机的相互依赖和团结。涂尔干将社会分工看作人们实现不同社会功能的体现，他认为，社会分工促进了社会中人与人之间的协作。因为要相互协作，所以必须形成基于有机团结的社会形态。对于有机团结（organic solidarity）和机械团结（mechanical solidarity）的差别，涂尔干特别强调，机械团结的基础是人与人之间的相似性，如家族团体或氏族部落，这种形式的团结是一种文化共同体，同一团体的成员彼此相似，恪守共同的信仰，怀有共同的情感，而社会成员间共享的"集体意识或共同意识"——他们"所具有的信仰和情感总和，构成了他们自身明确的生活体系"[17]。有机团结的基础是人与人之间的差异性，人与人之间功能的不同就是劳动分工的结果。在对劳动分工与协作进行强调的基础上，涂尔干提出了职业群体（professional group）概念。在他看来，基于社会功能的不同要求和劳动分工形成的职业群体是维护社会秩序和有机团结的关键，分工不仅是社会团结的主要源泉，也是道德秩序的基础[18]。有机团结使社会各部分都相互依赖，形成了功能性结合，促使人们建立一种"团结感"——"既然他们所从事的固定工作具有无数的职业道德责任，那么他们每时每刻都应该感受到共同团结感情的存在"[19]。涂尔干认为，在任何一个经济社会中都存在着对立的职业，比如雇主和白领工人、工厂老板与工厂工人，而随着人类社会由机械团结向有机团结的组织形式转变，社会分工越精细，人与人之间就越容易通过公平的契约实现平等。现代社会分工的功能就在于创造并维持了有机团结，其结果在于把压制性的社会阶层转化成了相对平等的契约团体。

涂尔干认为，社会中的不平等可以分为两种不同的类型：外部不平等和内部不平等。所谓外部不平等是因为社会环境、出生背景不同而导致的与生俱来的不平等，也就是"先赋地位"的不平等。外部不平等在工业社会之前的、基于机械团结的所有社会类型中起决定性作用；而在工业社会中，内部不平等是主流。所谓内部不平等是指建立在个人才干和能力基础上的不平等，也就是"自致地位"的不平等。工业社会中的劳动分工，要求把最合适的人安排在最合适的位置上。因此，在工业社会中需要内部不平等，把最具才干和能力的人安排在最高的位置上，即涂尔干所预想的"能人统治"。因而，内部不平等是合理且可取的[20]。

涂尔干对职业分化、外部不平等和内部不平等思想的表述，对后续职业地位和职业声望研究的影响非常深刻。美国社会学家戴维·格伦斯基（David B. Grušy）等人认为，在后工业社会中，过去的阶级理论属于一种大阶级（big class）理论，当代社会日益多元化，这种大阶级理论已经不能揭示当代社会阶级结构变化的现实。他们秉承了涂尔干关于职业共同体的思想，结合现代社会的变化，进一步阐释了职业不仅是技术分工的结果，还是有社会学意义的群体结合共同体。从这点来看，建立于职业之上的职业群体在现代社会中更为真实具体[21]。

（三）现代社会学理论观点

与古典社会学理论中的社会分层思想相比，现代社会学理论中的社会分层理论表现出很强的继承性和发展性，即在古典社会学的基础上，与现代社会的社会现实相结合并对其加以修正和扩展，主要的代表人物包括帕森斯、戴维斯和莫尔以及杜敏。

1. 功能主义社会分层理论

20 世纪中期之后，世界学术研究的重心，特别是社会学的研究重心，逐步从欧洲转移到美国。美国哈佛大学的塔尔科特·帕森斯继承发展了韦伯的理论观点，创造并阐发了功能主义社会分层理论。作为主观分层的倡导者，帕森斯特别强调社会规范和主观意识对社会分层的影响，认为社会对人的评价以及人与人之间的主观评价才是构成社会分层的核心要素。因而，他在强调社会分层对工业及复杂社会具有功能性和必要性的同时，以财富和权力为基础，认为声望是社会分层的最重要指标。帕森斯认为，人们感知到的自己的社会等级“是依据作为共同体成员的道德标准做出的评价”[22]，即依据人们在社会中与主流价值契合的程度来做出评价并划分等级，从而形成联合体中的等级排列和社会分层。因此，阶级就是指在有着相互关联的联合体中享有共同价值评价的一群人，这种评价等同于身份声望或地位的主观测量，如果评价在人们日常中无意识地自然发生，就意味着社会不可避免地存在分层。

帕森斯在 1940 年发表的《社会阶层理论的分析研究》一文中提出，分析社会系统及其行动时存在两个重要参考点：一是阶层在社会系统中扮演着功能性需求角色，二是阶层在社会系统的支配或控制中的地位。因此，人们用以评价个人在社会上等级高低的共同的价值观念体系，是由这个人能做到的与社会上占统治地位的价值观相一致的程度决定的，也就是在维系社会或共同体合理运作时个人所发挥的功能。在任何一个社会、联合体或社会组织中，人与人之间在发挥的功能方面是存在差异的。在社会重要部门、重要职位上的人，对社会系统的运作发挥的功能和作用比其他人大，因此声望更高。因此，这种共同的价值观念体系在制度功能上确保了最重要的角色由最有能力的人来扮演，并获得最高的报酬。由此，按照功能主义社会分层理论的观点，把职业声望与社会位置联系了起来，认为职业声望的高低是由整个社会的成员共同确定的，社会位置的高低是社会成员依据共同价值观评定出来的。例如，大部分社会成员认为企业家、大学教授、科学家应该在社会中处于较高的位置，而普通劳动者处于较低的位置。

2. 戴维斯和莫尔的功能分层

金斯利·戴维斯和威尔伯特·莫尔作为帕森斯的学生，继承和扩展了他的功能主义思想。他们认为，社会不平等和社会分层具有合理性。首先，必须承认不同的社会位置承担着不同的社会功能。戴维斯使用了“位置系统”的概念来说明职业分层产生的原因，“不同阶层在声望上的等级差异是由各种阶层的位置的声望决定的，而特定位置的声望取决于与之相关的活动所体现的功能，以及体现该功能的手段的稀缺性[23]”。因此，个人社会位置的高低说明了社会分工的不同，社会作为一个正在运转的体系，需要一些动机和诱因，以吸引人们自愿各就其位，在不同的社会位置上发挥自己的才能。换句话说，一个社会为了确保存在，就必须完成包罗万象的不同性质的劳动任务，职业由此生成。戴维斯和莫尔认为，不同社会位置的功能重要性是不同的，一些位置比起另一些位置来说对社会更重要，要承担更多的责任，比起其他位置或角色来说需要具备特定的技能、才干和能力，而确定谁承担重要社会功能或者占据重要社会位置的关键是个人的能力或技术，它们或来自遗传天赋，或来自训练。某些位置所要求的天赋，在人群中本来就是相当稀缺的，只有极少的人具有这种天赋。某些位置可能要求其占据者经过长期、花费高昂和异常复杂的训练，这造成只有很少的人才能完成这些训练。这两种情况都会使某些位置的人才供给有相当大的稀缺性[24]。因此，社会需要一种差别报酬制度，根据每个位置的不同功能来给予不同的报酬作为诱因，以确保那些最重要的位置能够由最具资格的人占据，而这种差别报酬制度导致了职业分层。戴维斯和莫尔认为，职业地位的等级安排是合理的、必需的。一方面，正是由于不同地位的职业所给予的不同报酬构成了激励人们的工作动力，人们努力学习、接受教育，为的是占据一个有较高社会地位和声望的职位；另一方面，社会也可以声望和物质为酬赏，来吸引适当的人才从事适当的职业，如此，社会才能形成推动人们努力学习和工作的动力，维持社会的正常运转。

在戴维斯和莫尔看来，社会角色的功能性差异以及合格优秀人才的稀缺性，正是造就分层制度的两大必要的社会客观因素。不同社会分层体系之间存在的差异，则是由于同一个位置在不同社会中的重要性有显著的区别，而且特定技能和天赋在社会发展的不同阶段或者特定外部条件下的稀缺程度也有很大不同。因此，每一个特定分层体系都可以被看作位置重要性和人才稀缺性所导致的差异化奖励的结果。可以发现，相比于帕森斯的抽象阐释，戴维斯和莫尔针对工业社会的不平等，更偏向于“供给-需求的劳动力市场模型”解释。

3. 杜敏对功能论的批判

冲突论的代表人物梅尔文·杜敏（Melvin M. Tumin，也译为图闵）于 1953 年在《美国社会学评论》上发表的《分层的一些原则：批评性分析》一文，对戴维斯、莫尔的功能分层观点提出了五点批评：第一，社会位置的功能重要性不同的概念定义非常不明确，且具有极其强烈的价值判断色彩，不同位置功能重要性的差异只不过是对现状的一种无用赘述。第二，有才能的人并非稀少，只是结构性因素对结果发挥着更大的作用。在现实中，分层体系会人为地限制人们可能拥有的潜在天赋和才能的发展，而且在分层更为严苛的社会中，很少有机会去发现社会成员的天赋。第三，虽然有才能的人在受训练期间会付出代价或作出牺牲，但从训练中也会获得精神或其他方面的报酬，因此戴维斯和莫尔所谈及的人们需要作出牺牲来接受一定的训练实际上是为特权者辩护，接受高水平教育的人并非更具有天赋，只是其家庭能够支付较高的学费，为接受训练而作出牺牲无法为这些人之后所得到的高收入、财富和声望辩护。第四，吸引人才的最佳报酬并不是物质，不同社会有不同的报酬形态，分层模式并非只有一种，但功能分层理论只强调现状的合理性。第五，社会分层不仅具有正功能，高低不等的社会位置的存在也有负功能，包括社会分层体系限制发现社会成员天赋的可能性，妨碍社会生产力资源的扩展，产生对现状进行辩护的意识形态，造成社会不同群体之间的对立、猜疑和不信任，影响社会整合，等等[25]。

总的来说，以杜敏为代表的冲突论认为：首先，功能分层理论以无法证明的价值因素来衡量不同职业功能的重要性，这本身就是无法衡量的，正如不能使人们确信科学家、工程师就比普通工人重要。其次，功能分层理论难以证明职业地位的差异性一定是必需的、不可避免的，从而有可能限制人才发展。各种职业都集中在某一地方，虽然各司其职、各有功能，但是一定程度上可能限制了其发展。要想促进人才流动，促进人的潜力开发，挣脱传统职业的束缚是必须的。职业地位是职业垄断和社会冲突的结果，所谓现代社会形成的看似得到整个社会认可的职业地位——公务员也好、企业家也好，都是职业垄断和社会冲突的结果，而要打破这种垄断，功能分层理论所说的职业地位或者职业声望可能就不复存在了。

在杜敏看来，很多社会成员都愿意付出更多的努力，承担更多的责任，获得更多的报酬，但是最重要的问题在于：社会成员在竞争能力、晋升途径和训练方面存在着先天性的不平等。社会分层结构塑造了处于不平等地位的社会群体或社会集团，因而实际上在制造社会矛盾，破坏社会秩序和社会整合。因此，社会分层结构是社会中那些占统治地位的社会集团基于自己的利益建构起来的。在冲突论看来，功能分层理论声称社会分层结构满足了社会维系的需求，实际上是借所谓的共享价值观赋予社会不平等体系合法性而已。

综合来看，功能分层理论和冲突论虽然是针锋相对、相互对立的两种理论，但它们实际上是看到了社会分层结构，乃至社会不平等结构的不同侧面。在人类社会走过的历史时期，乃至未来的很长时期内，由于满足需求的资源的稀缺性和社会权力结构的特性，在一定范围和一定程度上，社会分层必然存在。因此，职业地位与声望的分化也必将持续存在。

四、职业分层的类型划分

在社会学研究中，职业分层的概念化和操作化往往是比较容易的，但它们同样也是最复杂、最富有争议的研究领域。目前，国际上用来测量职业分层的方法及研究框架有很多，但并没有形成一套公认的统一方案，几乎每一种职业分层类型划分都有比较大的争议[26]。对既有的职业分层研究框架进行总结和梳理，了解不同职业分层类型划分的理论背景和研究假设，区分不同职业分层类型划分的关键特点，以及进一步探究不同职业分层类型划分在中国当前社会应用的有效性和可靠性，都是非常必要的。因此，本节主要介绍一些通用的且具有代表性的职业分层分析视角，主要包括：国际职业标准分类、戈德索普的社会阶级研究、赖特的阶级研究以及格伦斯基的职业群体研究。

（一）国际职业标准分类

前文已述，很多国家都建立了自己的职业标准分类。国际职业标准分类（international standard classification of occupations，ISCO）是国际劳工组织（ILO）制定的一个包括全部文职人员所从事的职业的系统分类结构。1949 年国际劳工组织在第七届国际劳工统计专家会议上通过了职业分类草案（共分为 9 大类），并于 1958 年正式发布《国际职业标准分类》第一版。此后，分别于 1968 年、1988 年、2008 年进行了三次较大规模的修订。目前，国际上通行的版本是 2008 年修订的《国际职业标准分类（2008）》（简称 ISCO－08）。

《国际职业标准分类》不是一套简单的职业分类体系，而是一套可以用来划分职业的标准和指标。在国际职业标准分类体系下，一个职业首先是通过与职业相关联的工作内容和工作职责来界定的；其次针对一份特殊职业，可以使用该职业所达到理论和实际中的要求所必备的相关技能来衡量职业的等级。ISCO－08 把技能水平分为四个等级，并且强调技能水平不仅包括在正式和非正式教育中所获得的技能，还包括具备一定工作经验或接受过在职培训，可见在国际职业标准分类体系中职业技能是重要的分类标准。作为一个拥有四个等级的层次结构分类，ISCO－08 涵盖了世界上的所有工作，得到了国际社会的充分认可，成为国际公认的国际劳工职业统计标准。根据工作所需技能水平和技能专长的相似性，ISCO－08 将职业划分为 10 个职业大类，包括立法者、高级官员和管理者（编码 1），专业人员（编码 2），辅助专业人员及技术人员（编码 3），职员（编码 4），商业、服务业人员（编码 5）、农业和水产业生产人员（编码 6），手艺（工艺）人及相关行业人员（编码 7），工厂机器操作员及装配工人（编码 8），非技术人员（编码 9），军人（编码 10）。10 个职业大类又被细化为 28 个中类（2 位数字代码）、116 个小类（3 位数字代码）以及 390 个细类（4 位数字代码）。

《国际职业标准分类》作为目前使用最广泛的职业分类标准，处于不断完善的过程中，各个国家和地区也在根据最新版本的《国际职业标准分类》修订和完善各自的职业标准分类。国际劳工组织始终强调，不要把各个国家和地区的职业标准分类与《国际职业标准分类》割裂对立起来，而是要在对职业分类数据分析的基础上，协调不同制度、不同社会背景的职业分类体系，确保与《国际职业标准分类》之间的一致性，以便能在国际上对职业数据进行对比分析[27]。

（二）戈德索普的社会阶级研究

约翰·哈里·戈德索普（John Harry Goldthorpe）的社会阶级研究，在 20 世纪 70 年代到 20 世纪 90 年代，无论是在经验研究领域，还是在理论研究领域，无疑都占据了主导地位，时至今日仍然存在深远影响。依据戈德索普的社会阶级研究提出的工业化国家社会流动比较分析框架（comparative analysis of social mobility in industrial nations，CASMIN），仍然在很多发达国家被广泛使用。

戈德索普深受马克思主义的影响，他把是否出卖劳动力作为区分职业群体的最重要指标。他认为，相较于前工业化社会，工业化社会是高度分层的，因为劳动力分化出了更多种类的职业，职业分化又导致人们在培训和教育方面需求的净增长，技术和专业性技能的稀缺性也在成倍增加，而拥有受教育经历、技术和专业性技能的中产阶层崭露头角的时代已经到来。鉴于工业化社会本身的复杂性，再加上组织管理和行政管理层级的不断增加，这些因素都使得产生多样化的职业成为可能，而这些职业又能够按照彼此之间的关系进行分类。戈德索普试图对多元化的职业进行梳理、分类和分层，并将这种职业分层框架在很大程度上解释为工业化社会合理运行的逻辑。戈德索普认为，以市场或市场能力进行阶级划分依然不够清晰，由于社会的变化发展，职业的分类及差异在人们的社会性分割中愈显重要。在他看来，人们的阶级位置是由三方面因素决定的，即市场状态、工作状态和身份状态。市场状态是通过人们在劳动力市场中获得的收入、就业保障和附加利益体现的；工作状态指的是人们工作的自主性、受到监管的程度、是否与老板有直接关系以及日常工作中所需要的技术；身份状态是指社会的评价。市场状态关系到人们的经济状况，工作状态显示出人的自由程度，身份状态是其地位象征。戈德索普由此提出将职业分类和市场状态结合起来作为阶级划分的标准，尤其认为职业可以反映出一个人工作状态的层次，从而决定其社会阶级地位。这样，他以职业为标准勾画了当代资本主义社会的阶级结构。戈德索普把全部社会成员分成七大阶级类别，在此基础上作出了三种不同的阶级划分图式。第一种将全部社会成员分为七个阶级类别：服务阶层、常规非体力雇员、小资产阶级、农民、熟练工人、非熟练工人、农业劳动者；第二种将全部社会成员分为五个阶级类别：蓝领工作者、小资产阶级、农业劳动者、熟练工人、非熟练工人；第三种将全部社会成员分为三个阶级类别：非体力劳动者、农业劳动者、体力劳动者[28]。

戈德索普受马克思主义影响最直接的体现，就是他在阶级划分模式中，把雇佣关系或者说是否出卖劳动力作为划分社会阶级的最根本的标准，当然戈德索普的解释是雇佣关系背后的权威。按照在雇佣关系中的不同位置，戈德索普把社会阶级首先划分为雇主、自雇佣者和雇员三个群体。所谓雇主就是从雇员那里购买劳动力，并能够施加权威的人群。所谓自雇佣者就是既没有雇佣雇员，也没有出卖劳动力的人群。所谓雇员就是把自己的劳动力出卖给雇主，并在雇主的权威下工作的人。依据雇佣关系确定人群的最根本属性之后，戈德索普的分析框架中还考虑了很多与职业相关的因素，包括：第一，财产是否转化为资本和企业资产；第二，个人在科层制中的位置，是劳动者还是作为科层制中的管理者；第三，个人是否有权威，或者有专门的知识和技能；第四，由于各种制度性原因形成的职业分割；第五，职业的工作报酬和入职的要求；第六，雇主与雇员之间的合同性质和工作条件等因素。

戈德索普职业分层框架的核心是认为阶级位置从根本上看取决于雇佣关系，雇主、自雇佣者和雇员之间存在着最根本的区别，因而现代社会的阶级划分主要参考劳动合同所体现出来的雇佣规则和劳动关系。对雇佣规则和劳动关系这个核心议题进行细致分析，阶级位置才能被有效地划分。戈德索普认为，雇主从雇员那里购买劳动力之后就承担着市场风险，在雇用雇员时需要考虑如何避免出现雇员能力不足和工作惰性现象，这需要解决两个关键性的问题，即人力资产的专有性和有效的工作监管。人力资产的专有性和工作监管的强度是辨别雇佣关系的最主要指标。因此，他按照这两个维度来进行职业分层。

（三）赖特的阶级研究

埃里克·欧林·赖特在马克思主义的基础上，基于阶级结构，提出了新的职业分层分析框架。赖特认为，在资本主义现代社会里，资产并不是只有生产资料这一种形式，还包括各种形式的劳动技能和组织资产，这使得工薪劳动者在社会结构中占据不同的位置。依据组织资产占有的程度和劳动技能的不同，赖特将资本所有者和工薪劳动者细分，把资本所有者（或者说生产资料所有者）划分成不同的类别，主要反映了其所属关系的范围、程度，比如说根据各自拥有的雇员数量，可以分为资产阶级、小企业主和小资产阶级。对于工薪劳动者，则是根据低级、中级、高级工作技能和组织资产指标（组织中的等级）这两条主线将工薪劳动者进行细分，形成了一个包含 12 个职业阶层的阶级结构图[29]。首先，依据资本所属关系和资本的多少，划分出三个资产阶层：资产阶级、小企业主以及小资产阶级。其次，依据工作技能和与组织权力的关系，细分出九个工薪劳动者阶层。具体而言，资产阶级可以分为专业经理人、不负责管理的准经理人以及没有资格认证的经理人；小企业主可以分为专业管理人员、准资格专业管理人员以及没有资格认证的管理人员；小资产阶级可以分为非管理的专业人员、准资格专业工人以及无产阶级。

（四）格伦斯基的职业群体研究

以戴维·格伦斯基为代表的社会分层学者认为，在涂尔干的理论体系中，职业群体（occupation association）是介于现代国家和个人之间的重要的中间层次。因此，他们提倡以职业群体为代表的微观阶级分析（micro-class analysis）框架取代传统的阶级分析框架。他们认为，减少阶级分析框架的分析层次，能够更好地理解现代社会中的阶级认同、社会封闭、集体行动，以及生活方式和社会态度。格伦斯基还专门解释了职业群体为什么可以作为具有共同利益的微观阶级[30]。他特别强调金·威登（Kim A. Weeden）提出的职业中存在的社会封闭的影响。现代社会中存在着很多社会封闭的现象，在劳动力市场中，社会封闭带来的收入不平等是最明显的，且职业群体的社会封闭是普遍存在的现象，尤其是在高收入职业群体中，比如律师、医生都是带有强烈社会封闭色彩的职业。劳动力市场中社会封闭的存在，使得职业群体最有可能转换为具有共同利益的微观阶级，原因有四个[31]：首先，职业选择的过程是一个个人主观选择的过程，在个人选择职业的过程中，往往是社会价值观较为类似的人选择相同的职业。其次，社会封闭使得进入一个职业群体或者获得一项职业资格需要经历特殊的学习和训练，比如学徒等，学习和训练的过程是他们获得技能的过程，也是他们被社会化的过程，同样的社会化过程使得他们具有很强的同质性。再次，由于社会封闭的存在，进入一个职业群体之后，个人互动最多的就是具有相同职业的人群，而相同职业人群之间的持续互动必然会强化他们本来就很相似的价值观，形成共享价值理念。最后，在具有很强同质性的基础上，职业群体受到共同的行业协会、从业者联盟和资格认证体系的约束，一旦违反了相应的规定，他们就会失去从业资格。因此，职业群体内部的人具有同等义务来维系职业群体的共同利益，同时，排斥那些没有加入行业协会或者没有取得从业资格的人。从而，职业群体就会产生三种不同的阶级行动：一是针对比自己职业地位低的群体的行动，他们会设置障碍来限制对方获取同等利益；二是针对与自己职业地位类似的群体的横向行动，他们会与之展开竞争，争取更多的利益；三是针对比自己职业地位高的群体的行动，他们会寻求国家和政府的保护，以维护同行业者的共同利益。

基于职业群体的微观阶级分析框架与现代社会的结合显然更加紧密，也更容易被公众观察到。同时，在研究中也有更多的便利，更容易从经验研究中获得支持。相对而言，使用后涂尔干主义思想和微观阶级来描述社会结构的好处是能够更加清晰和准确地表述不同人群的社会位置。

五、职业分层的影响因素

人们对于职业分层的影响因素并没有形成一个定论。有人认为，职业层级的高低是职业的社会功能、职业的社会报酬、职业的自然条件以及职业的要求四项因素综合作用的结果，任何单一因素都不足以决定职业的层级。有的职业经济收入很高，但职业地位并不高，比如个体工商业者[32]。袁方等人将影响职业分层的因素分为两大类：一类是与职业本身有关的，即职业性因素，包括职业的社会功能、职业的社会报酬、职业的自然条件、职业的自然属性、职业的要求以及职业的组织类别，职业对组织家庭、社会交往的作用以及单位的性质；另一类是评价性因素，即与评价者有关的因素影响着人们对职业地位与声望的看法，这种看法的固定化或模式化反过来会影响人们对职业地位与声望的评价。与评价者有关的因素包括性别、年龄、职业、教育、政治与文化背景、家庭、民族、地区或国家区别等[33]。在讨论职业分层的过程中，研究者常常将其与职业声望联系起来。职业声望的测量一般采用如下方式：列出一些职业，让被调查者进行评价或进行等级排列，研究人员再对这些评价或等级排列赋予相应的分值，然后计算出每个职业的声望得分，再根据得分的高低排列各类职业的声望等级，由此观察声望分层的基本规则[34]。不过，职业声望得分更多地强调职业之间的位置顺序，而职业分层更多地强调职业的类型化，尽管二者联系很多，但侧重点并不相同。职业分层大体受到了政治因素、经济因素以及文化因素的影响。

（一）政治因素

职业分层受到政治因素的广泛影响，有些职业是与一定的社会政治制度密切相关的。政治社会学家证明，政治制度与社会分层是相对称的，甚至一个社会的分层状态应成为识别其政治制度的标尺，或干脆成为构建政治制度的原则[35]。在我国先秦时期，儒家所倡导的“士农工商”是一种典型的职业分层，表征了一种以等级为特征的政治秩序模式，具有浓重的政治伦理意蕴[36]。新中国成立后，二元户籍制度的独特性以及附于其上的社会福利政策，使得职业分层的研究不得不考虑这种政治特性[37]。此外，在资本主义社会，许多职业和资本主义政治制度密切相关，但在社会主义条件下，这些职业可能由于政治制度相关的一些因素而不允许存在。例如，赌博业在许多资本主义国家受法律保护，在我国则被视为非法行业。因此，从根本上来说，职业分层模式取决于社会政治制度的安排。

改革开放以后，我国经历了社会结构的重大变化，市场机制的引入改变了原来的社会结构，使得计划经济体制下的政治因素在社会分层中的主导作用逐步消解。不过，国家在社会分层中的作用不会因为市场力量的崛起而消失得无影无踪，经济因素对社会分层的影响在很大程度上仍要受到政治因素的制约[38]。

（二）经济因素

职业分层也受到经济因素的广泛影响。在我国，计划经济向社会主义市场经济转变的过程中，职业类别和职业分层随之发生翻天覆地的变化。例如，在计划经济条件下，私营企业不被允许；但在社会主义市场经济条件下，私营企业成了市场经济蓬勃发展的动力之一。当今世界逐渐变成一个地球村，全球化已经成了 20 世纪末期到 21 世纪以来的主要趋势。全球化包括贸易的全球化、资本的全球化以及人员流动的全球化。经济全球化给整个世界带来了活力，也给中国带来了巨大变化。改革开放以来，我国逐步由原来的计划经济向社会主义市场经济转变，在这一过程中政治身份对于社会流动的作用逐渐淡化，自致因素在社会流动中的作用则逐渐强化，经济收入代替政治因素在社会分层中发挥着越来越重要的作用[39]。经济体制改革促进了社会分工和职业分层的深化，城市中单一的工人、干部阶层格局日益多元化，同一阶层内部出现了处于不同经济地位、具有不同利益特点的社会阶层[40]。

（三）文化因素

一个国家的职业体系与其特定的发展历史、传统文化也有关系。传统文化是民族精神与社会心理的反映，为了满足这种社会心理需要，相应的职业便应运而生。比如，我国传统文化所推崇的中医。中医是中国社会分工最早定型的职业，在维护国民健康方面发挥了不可替代的作用。近年来，中医疗法在西方的影响力逐渐加强，在法国和美国已经有医生获得了中医疗法的职业许可[41]。又比如，印度等国家推崇的瑜伽，也衍生出了相应的职业类型。

第 2 节　职业流动

职业流动与社会流动密切相关。美国社会学家皮蒂里姆·索罗金（Pitirim A. Sorokim）开启了系统性的社会流动与职业流动研究。在职业分层研究基础之上，索罗金于 1927 年发表的《社会流动》一文中对“社会流动”进行了界定，他认为，所谓社会流动就是指“个人或社会对象或价值——被人类活动创造的或修改的任何变化——从一个社会位置到另一个位置的任何转变”[42]。这种位置上的转变涉及职业、收入、贫困、福利与教育。流动的方向包括两种：垂直流动和水平流动。根据社会分层的特点，索罗金将社会流动的方式分为经济的、政治的、职业的向上和向下流动。

职业流动作为社会流动的主要表现形式之一，是个体改变自身社会地位、实现向上升迁的重要途径。在现代社会，职业流动对社会流动来说非常重要[43]，职业流动对于调整社会结构具有重要作用[44]，也是评价一个社会的机会结构开放程度的重要指标[45]。社会流动与社会结构变迁有着密切关系，是社会结构、社会制度变动的量化体现，而社会结构和社会制度的变迁表现为社会流动过程。作为社会流动重要内容的职业流动，其形式、内容及规律性在一定程度上可反映出社会的发展与变迁情况。

一、职业流动的概念与类型

对于职业流动的理解，首先需要厘清其基本概念，并在此基础上掌握其类型划分。

（一）职业流动的概念

职业流动有着极为丰富的内涵，指的是劳动者在职业分层体系中层级间和类属间的变动，与此相关的是劳动者的工作地点、工作内容、工作性质及职业地位和职业声望等方面的变更[46]。例如，传统社会中的“士农工商”就属于层级间的划分，类属间的变动则是在各阶层内不同职业部门间的流动。层级间和类属间的变动有时并不完全统一，某一种职业流动可能仅属于类属间流动，也可能同时伴有层级间的流动。

对职业流动的理解，需要将其与区域流动、职务变动进行区分。职业流动与区域流动不同。前者强调职业角色的变换过程，结果是劳动者的职业结构发生变化；后者是劳动者在不同地区（或单位）之间的流动，结果是不同地区（或单位）劳动者的人数比例发生变化。职业流动往往伴随着劳动者在区域间的流动，区域流动也往往伴随着职业流动。但是，职业流动并不一定引起区域流动，区域流动也不一定与职业流动相关[47]。职业流动与职务变动的含义不一样。职务变动主要是指行政级别的升降，职务变动可能带来职业流动，主要是看其工作性质或工作内容是否发生了质的变化。如果没有发生变化，那么职务变动就不能视为职业流动；反之，职务变动可以被视为职业流动。

（二）职业流动的类型

根据不同的分类标准，可以将职业流动划分为不同的类型。

1. 按社会结构维度划分

不同的社会结构对应着不同的职业流动模式。社会结构（包括阶层结构）变动有封闭性和开放性两种。封闭性的社会结构中的阶级划分比较固定，社会流动性较差，个人地位是从出生就定好的，难以有较大改变；开放性的社会结构具有较大的弹性，社会流动性较好，人们可以依靠自身努力和社会条件使自己的职业地位发生较大变化。两种社会结构的主要区别在于其所包含的地位类型：凡是通过直接努力（通常是竞争）能够获得的地位是自致地位；根据超出个人控制范围的标准（出身、年龄、性别等）确定的地位是先赋地位。现代社会中的大部分职业地位是自致地位，可以通过教育、才能获得。实际上纯粹封闭或开放的社会结构并不多见，一般是介于二者之间的混合式结构。在不同的社会结构下，根据封闭或开放程度，职业流动的社会结构模式大体可以分为卡斯特社会职业流动模式、开放社会职业流动模式和混合型社会职业流动模式。

(1)卡斯特社会职业流动模式。卡斯特（caste）社会是一种完全封闭、世袭的社会结构。在英文中，种姓对应的单词就是caste。种姓制度是一种社会阶层制度，其特点是通过内婚制、继承的方式传承某一特定阶层的生活方式（通常包括职业、阶级、沟通交流习惯、禁忌等）[48]。许多宗教中都有种姓制度，最典型的例子是印度——种姓将印度社会的人们严格地划分成不同的组别，这一习俗从古时一直流传至今[49]。

古代印度分为婆罗门、刹帝利、吠舍、首陀罗和贱民五大等级，每个种姓代表一种社会身份，并由此决定职业：婆罗门是僧侣和学者；刹帝利是武士和贵族；吠舍是手工业者和商人；首陀罗是农民和仆役；贱民则被称为“不可接近者”而被排除在职业社会之外，靠乞讨等维持生活。在古代印度种姓制度中，只有婆罗门和刹帝利拥有统治的权力。在这种社会中，阶层与阶层之间严禁通婚，也禁止任何往来。个人的社会地位由所属种姓和家庭决定且终身不变，既无世代流动，也无垂直流动。个人只能从事其所属种姓规定的职业，个人完全没有力量改变这一切，职业间的流动极少，即使有少量的流动，大多也是水平流动[50]。

（2）开放社会职业流动模式。开放社会职业流动模式假设所有人都在一个开放的社会里，职业完全自由流动，劳动者可以自由地在各个职业层级间选择职业，职业流动的决定因素主要是个人的技术、知识、教育等，个人的职业流动很少受到制约。这是一种理想化的模式，纯粹开放的职业流动模式并不存在，更多的社会结构具有混合型的特征。在一个完全开放的社会结构中，阶层与阶层之间的流动毫无限制，即使有限制，其影响力也很小；同时，不同阶层之间的流动极为频繁。换言之，在完全开放的社会中，不仅有水平的职业流动，而且有垂直的职业流动。

（3）混合型社会职业流动模式。混合型社会职业流动模式是指在一个社会中既有卡斯特职业流动的情况，也有开放的职业流动；既包含职业的水平流动，也包含职业的垂直流动。例如，在中国传统的封建社会中，一方面王侯将相的身份地位是世袭的；另一方面，平民百姓可以通过科举等途径进入士大夫阶层，实现垂直的职业流动。混合型社会职业流动模式更多具备现代社会的特征。实际上，城乡二元分割的劳动力市场在我国并没有完全消失，劳动者在流动过程中不可能完全按照开放社会职业流动模式进行流动。例如，农民工问题之所以引起社会的广泛关注，是因为这一群体在职业流动过程中面临着户籍身份限制、地域准入限制、就业歧视等许多障碍。

2. 按流动属性维度划分

按照职业流动的方向、时间、规模等属性特征，职业流动既可以分为水平流动与垂直流动，也可以分为代内流动与代际流动。

（1）水平流动与垂直流动。根据方向，职业流动可以分为水平流动与垂直流动。水平流动指劳动者从一种职业岗位向处于同一水平上的另一种职业岗位的横向流动，是类属间的流动。“水平”是指两个职业岗位在工资收入、职业评价、社会声望、工作条件等方面相同或相似，因此变动前后劳动者的职业地位没有发生变化。垂直流动指劳动者在一种职业范围内向上或向下或朝向一种较高级或较低级职业的流动，是层级间的流动，劳动者的社会地位在流动前后发生明显变化。首次对水平流动与垂直流动作出区分的是美国社会学家皮蒂里姆·索罗金。在索罗金看来，水平流动指的是宗教、领土、政治或其他水平位置的变化，而垂直位置没有变化，即当一个人改变职业但总体社会地位保持不变时，就属于这种情况。比如，如果医生从执业医生流动到医学院任教，尽管职业发生了变化，但他们的声望和社会地位很可能保持不变，这就属于一种水平流动。垂直流动指的是一个人的职业、政治或宗教地位发生变化，从而导致其社会地位发生变化，从一个社会阶层转移到另一个社会阶层。垂直流动可以上升或下降。上升涉及个体从较低阶层的一个群体转移到较高阶层或创建具有较高社会地位的类似群体，而不是与其现有群体并列。相反，如果商人在业务中蒙受损失并被迫宣布破产，从而导致向较低的社会阶层迁移，就会出现向下流动。在职业的垂直流动中，向上流动一般是劳动者所期望的，向下流动则往往是迫不得已的。在存在事实不平等的社会环境中，职业的向上流动是有条件的。索罗金认为，一个人实现垂直流动的重要因素是追求成功的价值，垂直流动的主要通道包括：军队、教会、教育、政治、经济、专业组织、家庭与其他社会流动机制。

劳动社会学研究职业的垂直流动，正是为了了解具有更多向上流动条件的劳动者具备怎样的特质、什么样的社会结构能提供更多向上流动的机会、向上流动的规模和速度对社会结构的影响等。职业的水平流动和垂直流动是两种理想的流动类型，判断的关键是区分职业流动有没有导致层级发生变化，而职业分层的标志是职业权力、财富和声望等方面的差异。

(2)代内流动与代际流动。根据时间和生命周期，职业流动可以分为代内流动与代际流动。代内流动指劳动者一生中在具备劳动能力后所经历的各种职业变换，是一个人在个体生命周期里所进行的流动，如劳动者工作地点，所从事工作的性质、内容及职业地位发生变化等。代际流动指劳动者两代或多代之间所发生的职业类别和职业层级的变动，即子代相较于父辈或母辈的职业流动。代际流动也分为代际垂直流动和代际水平流动两种。代际流动中，向上流动的比率可以反映社会内部机会均等和开放的程度，向下流动的比率可反映特权群体将特权维持并传递给后代的难易程度。代际流动的比率也反映出一个社会的现代化、工业化程度，这是由于传统农业社会职业间同质性较高，流动机会较少，因此随着工业化带来职业异质性程度提升、流动机会增多，工业化程度较高的社会职业代际流动频率也提高了。

(3)结构性流动与个体性流动。根据规模，职业流动可以分为结构性流动与个体性流动。结构性流动是社会因素导致的群体性流动，往往是由社会生产力发展或社会方面的巨大变革引起的大规模职业流动。个体性流动也称非结构性流动，是劳动者个人生活和发展需要、文化知识水平和结构变化、兴趣爱好转移等引起的职业流动，是一种相对零散、对社会影响不突出、难以引起社会职业结构迅速变化的流动。值得注意的是，个体性流动并非不重要，恰恰相反，个体性流动的积累可能引起结构性流动，对社会发展有着不可估量的作用，也是一个社会劳动者的活力所在。例如，农民工的职业流动最初是一种个体性流动，是农村社会和城市社会存在着巨大的收入差距和巨大的文化鸿沟导致的。我国实行家庭联产承包责任制之后，农村有了更多的富余劳动力且不再受户籍制度的制约，所以一些地区开始出现农民大规模从农村流动到城市的现象。这种现象大规模出现后，农民工的流动不再是完全自发的，而是有组织的，地方政府在农民流动之前对其进行基本的职业培训使其满足工作要求，实现流出地和流入地的职业对接，从而由个体性流动转向结构性流动。

3. 按流动场域维度划分

根据流动场域，职业流动既可以分为业内流动与业外流动，也可以分为就地流动和跨地流动，还可以分为正式流动和非正式流动。

(1)业内流动与业外流动。根据行业划分，职业流动可以分为业内流动与业外流动。业内流动主要指的是个人在同一行业内的职务变更和在工作中取得的成就，这种流动的特点是流动前后职业保持不变但职务发生变化。业外流动是指劳动者职业内容、工作条件、工作地位及个人职务、职称方面的变化，流动前后职业、所属行业均发生了变化。例如，从一所学校的老师变为另外一所学校的老师，或在一所高校内从讲师变为副教授、教授，这是在教师这一个行业内的流动，称为业内流动；而如果跳出原有行业，从老师变为公务员或企业经营者，就是一种业外流动。

(2)就地流动和跨地流动。根据地域，职业流动可以分为就地流动和跨地流动。就地流动是劳动者在同一地区内不同行业、职业间的流动，跨地流动主要指劳动者的职业流动涉及工作地点的变化，即从一个地方去到另一个地方工作。就地流动和跨地流动主要反映工作地点的变化。在传统社会，由于交通不便、信息流通不畅、安土重迁的观念束缚等，职业流动多为就地流动；随着现代社会的发展，交通的便捷、信息交换渠道的通畅，跨地域的职业需求增长，个人流动到不同地区的愿望更加迫切，这些因素使得地区间的职业交流越来越频繁，社会活力被大大激发。

(3)正式流动和非正式流动。根据流动途径的规范化程度，职业流动主要包括两大类。其一，正式流动，主要包括通过招聘广告、职业介绍机构、人才市场等途径实现的职业流动。采用这些途径进行流动的时候，劳动者和企业之间一般都没有先在的社会关系，流动与否全在于雇佣双方的谈判，因此劳动者的人力资本相当重要。这种流动的前提是信息的公开和透明，劳动力市场中的每一个成员都有机会获得劳动力的供需信息。其二，非正式流动，主要指依靠各种社会关系获得就业机会、实现职业流动的情况。在非正式流动情况下，劳动力供需信息是不完全开放的，劳动者与企业之间的社会关系以及社会关系所蕴含的社会资源显得更为重要。此外，在我国市场的转型过程中，还存在着另一种途径，即体制安排。这是我国原有计划经济体制中的劳动力匹配方式，20 世纪 90 年代国有企业改革，下岗失业人员增加，出于社会安置的需要，有部分劳动者通过政府安排的形式实现了职业流动[51]。

二、职业流动的影响因素

作为一种极其复杂的社会经济现象，职业流动的所有表现形态，如垂直流动和水平流动、代际流动和代内流动，都会受到一个国家社会、经济、政治、文化等方面因素的影响。影响职业流动的因素有很多，每一种职业流动都是各种因素综合作用的结果。一般而言，影响职业流动的因素可以分为两类：个人家庭因素和社会结构因素[52]。个人家庭因素反映了在同样社会经济背景下影响不同群体职业流动的相关因素；社会结构因素则反映了一定国家或地区劳动者职业流动的社会经济机制。随着全球化速度的加快，各国之间的经济往来日趋频繁，国际环境成为劳动者职业流动的另一重要影响因素。

（一）个人家庭因素

个人家庭因素是职业流动的主要影响因素，包括年龄、性别、健康状况、文化程度、家庭背景等。

1. 年龄

人口学研究表明，不同年龄的劳动者有着不同的职业流动模式。年轻劳动者往往富于进取，希望找到更加适合自己的岗位，因而职业流动意愿较为强烈；当劳动者年老时，更加倾向于生活的稳定，职业流动意愿减弱。一般而言，个体在十几岁到二十几岁时面临多重选择，到 30、40 岁之后相对稳定，到了 40、50 岁之后已经基本固化，缺乏进行再选择或再流动的动力，或者因为超龄而不能满足就业岗位的需求。有研究指出，城镇居民的职业流动率是一条向下的曲线，即随着年龄增长，职业流动率逐渐下降[53]。青年职业流动速度是适龄劳动人口中最高的，年龄 30 岁以下人群的职业流动频率最高，频繁的职业流动主要发生在 25 岁之前[54]。

2. 性别

理想状况下，在完全平等开放的社会中，男女间职业流动模式应是基本相同的。但现实中由于性别歧视的存在，女性在就业市场上不占优势，性别因素对第一产业和第二产业影响较大。受文化传统和传统生产方式影响的重男轻女观念，不但体现在劳动力市场上，而且在整个社会生活中都普遍存在。女性进入某些职业的门槛比男性高，在工作中获得晋升、提拔等的机会却比男性少。此外，在传统社会角色分工中，女性承担着生养子女和家务劳动的责任，这也会影响女性在职业生涯中的向上流动。不过，随着社会的发展，在一些白领阶层从事的职业领域当中，性别因素发挥的作用会越来越小。

3. 健康状况

个人身体条件和健康状况也会影响到职业流动。一方面，有些工作本身对从业者的身体状况有一定要求，需要达到一定的身体标准；另一方面，随着劳动者年龄的增长，当身体出现疾病时，身体条件会发生相应变化因而不再适应工作要求。这些因素都会影响劳动者的职业流动，最常见的如运动员到一定年龄后，往往因为无法再适应高强度训练和比赛而结束运动生涯。此外，也有因为身体因素对职业流动的不利影响引起公共舆论关注的情况，比如有些岗位拒绝乙肝携带者或其他群体。一般来说，从个人职业选择和职业流动的角度来讲，健康的身体是从事社会生活的基础。

4. 文化程度

文化程度也是劳动者职业流动的一个非常重要的影响因素。一般来讲，文化程度越高，职业流动的机会越多。随着文化水平的不断提高，个人会在职业选择方面有新的需求，产生与原有职业及技能不相适应的状况，因而产生变更职业的意愿。这些都是导致职业流动的重要因素。

从社会学理论的视角看，法国社会学家皮埃尔·布迪厄（Pierre Bourdieu）提出了文化资本的概念。资本是某人对自己和他人的未来施加控制的能力，是一种权力的形式，个人通过能够积累的资本界定其社会轨迹并产生阶级区分。文化资本则是通过制度化形式被制度化的资本，具体有三种存在形式：第一，具体化状态，即以精神和身体的持久“性情”形式存在；第二，客观化状态，以文化商品（图片、书籍、工具、机器）的形式表现；第三，体制化状态，是在体制上预先承认的文化资本形态，如学术资格和证明文化能力的证书能够赋予其拥有者一种文化的、约定俗成的、经久不变的、有合法保障的价值。布迪厄认为，文化资本与社会资本、经济资本之间有着密切关系且可以相互转化，个人文化资本的差异是导致职业流动的重要原因。

5. 家庭背景

在任何一个国家，家庭背景对于个人事业成功和地位升迁都有不可估量的作用，家庭背景对个人职业流动也有举足轻重的作用。首先，父母的社会地位和经济能力不同，父辈给子女带来的职业流动机会也不同。换言之，社会经济地位高的家庭，往往可以给子女提供更多向上流动的条件和机会，即便子女离开原生家庭，也可以从经济上富有、社会交往广泛而又声名卓著的父母那里受益。其次，家庭背景对个人职业流动的作用还表现在对子女职业期望的影响方面。父母往往能够通过深思熟虑和潜移默化的社会化模式，对子女的职业期望产生影响，这种社会化模式铸就了子女的抱负和为成功努力奋斗的动力[55]。1967 年，彼得·布劳和奥蒂斯·杜德里·邓肯两位社会学家在《美国的职业结构》一书中提出了父子代际职业流动模型，系统地追踪父亲的职业和教育水平对儿子的教育和第一份工作的影响，第一次对现代工业社会里职业结构分层体系中个人受到的祖荫和个人努力的影响做出测量[56]。

家庭背景在职业搜寻和职业选择中也发挥着重要作用。家庭背景对职业流动产生的硬性机制与社会资本有关，社会关系网络深刻地影响着职业进入和晋升[57]。研究认为，个人的社会资本拥有状况，决定了职业流动的机会与路径。社会资本是个人通过社会联系获取稀缺资源（权力、地位、财富、机会、信息等）并由此获益的能力。个人能够获取稀缺资源的社会联系有两种：第一种是作为社会团体或组织成员与这些团体或组织所建立的稳定联系，例如通过单位得到住房；第二种是人际关系网络，人际关系网络是由人们之间接触、交流、交往、交换等互动过程而产生和发展的。个人职业流动与家庭代际资本传递高度正相关[58]。在已有研究中，最典型的当属马克·格兰诺维特的“弱关系”假设以及边燕杰的“强关系”假设。格兰诺维特的“弱关系”理论首次从个体的角度将社会网络视为达成个人工具性目的的途径，认为网络中的“弱关系”能够起到信息桥梁作用，从而为行动者提供非重复信息，使求职者得到更好的工作与收入[59]。边燕杰的“强关系”理论则将社会网络与中国的社会结构结合起来，认为中国的再分配体制以及关系主义文化特征，使得“强关系”也能成为网络桥梁，传递实质上的人情与帮助，从而为行动者带来更多的经济回报[60]。

（二）社会结构因素

社会结构因素也会对职业流动产生重要影响，主要包括阶级阶层、产业结构、人口结构和教育制度。

1. 阶级阶层

阶级阶层因素反映的是社会结构状况，社会结构为社会成员获得某一职位提供了机会或产生了限制。社会的正常运转需要有各种制度和法规，相应地也需要制定各项人口和就业政策，这些都可以成为影响职业流动的社会结构因素。一般而言，在一个开放的社会结构中，劳动者可以相对自由地选择自己喜欢的职业，个人职业流动的限制较少，且职业流动更多取决于个人的知识、技能、素质等因素；在一个相对封闭的社会结构中，职业流动受到诸多限制，职业流动机会少，且水平流动多于垂直流动。

按照马克思主义的观点，阶级结构是一个社会中社会成员获取经济资源的基本结构，阶级结构的限制很难突破。在中国漫长的农业社会、封建社会进程中，社会结构相对简单封闭，虽然也有一些职业流动（特别是向上流动）的通道（比如“朝为田舍郎，暮登天子堂”描述的就是古人通过科举来实现个体职业和社会地位的跃迁），但是整体上职业流动受到非常严格的限制。在现代社会，随着社会开放程度的提高，阶级因素对于个体社会流动、职业流动所发挥的作用相对减弱。一般而言，发达国家职业流动呈现出典型的趋高性特征，即职业不断从传统的低级职业类别向高级职业类别过渡。随着工业社会、信息社会的到来，社会成员越来越多地从事白领职业，中产阶级成为一个非常庞大的社会类属。在中国，阶级结构和阶层结构也开始出现变化，传统农业社会和工业社会中的基本构成——农民阶级和工人阶级，开始从二元化逐步向多元化分化，职业流动的趋中性、趋高性趋势也越来越明显。

2. 产业结构

产业结构的变化会影响到相应的社会结构，从而对社会成员的分配和安置产生影响，使劳动者具备职业流动的可能性。产业结构变化是多方面因素综合作用的结果，例如科技进步、生产率提高、消费结构变化等，相应地，产业结构变化会促使新职业出现，旧的落后于产业结构发展的职业被淘汰，从而促进劳动者的职业流动。

长期以来，以传统农业为主的产业结构是我国的典型特征，传统社会中的生产生活方式被描述为“三十亩地一头牛，老婆孩子热炕头”，人们遵循着“日出而作，日落而息”的生产生活规律。现在，传统农业生产方式正在被多元化、工业化、信息化的产业结构和社会生产生活方式取代。随之而来的是一些新兴产业的崛起，例如，房地产业、证券业、金融业及其衍生行业等，相应的职业变动和职业流动也变得越来越快。

随着经济发展和生产力水平的提高，传统制造业、手工业开始衰落，新兴产业尤其是第三产业获得快速发展，第三产业在整个国民经济中所占的比重越来越高。在很多发达国家，第三产业在产业结构中的占比达到50%甚至60%。大力发展第三产业，大力发展服务业，是我国未来产业结构升级和产业结构调整的重要方向。随着产业结构的调整，相应的新兴职业会出现，一些吸引人的职业或者就业岗位也会越来越多。

3. 人口结构

从社会整体来看，职业岗位总是处于不断的“新陈代谢”中，即不断有劳动者因为退休、疾病、死亡等原因离开岗位，又有新的劳动者取而代之，这一过程本身就是一种基于代际更替的职业流动。从不同的职业类别来看，每一种职业都需要合理的人员结构，如年龄、性别、文化、技能等，宾馆、航空、海运、文艺、体育等行业，一般对劳动者的性别和年龄要求较多。为了保证合理的劳动力结构，需要把不能胜任本职业和本部门工作的人员流动出去，同时再流进一些满足职业岗位需要的人。一般来说，一个社会为了正常而有秩序地运转，对某些职业的劳动者在数量上的要求是一定的[61]。

人口结构对职业流动的影响更加复杂，既涉及人口量的问题，又涉及人口年龄结构、性别结构、素质结构等方面。从变动趋势来讲，如果人口结构趋老，有一些职业会相对稳定；如果出现严重的性别失衡，可能会对劳动力市场和职业结构产生较大影响；如果人口的出生率降低或者死亡率升高，则向上的职业流动机会增加，反之向上的职业流动机会会减少。

4. 教育制度

现代社会的职业流动越来越取决于自致地位而非先赋地位，即个人通过自身努力可以获得更多的向上流动机会，而影响自致地位的一个最重要的因素就是教育。个体受教育程度越高，职业流动强度就越大，越容易改变社会地位[62]。

教育制度对于职业流动会产生非常大的影响。随着社会工业化和现代化程度的提高，职业的专门化程度也在不断提高，专业知识或专门技能已成为胜任某一职业必不可少的前提。所以，职业层级越来越倾向于依据受教育程度来设定。在有些情况下，教育甚至成为考察个人能力的一种必备条件，如雇主在进行招聘时，往往通过受教育水平这一标准进行衡量和筛选。

教育在影响个人职业流动机会和方向的同时，也可能会影响到个人职业流动的期望即职业选择。研究发现，具有较高受教育水平的人，往往有更丰富的精神世界，在职业选择中更倾向于追求个人工作、生活、个性等的自我实现，同时由于知识面广、能力强，在职业流动中受到的阻力也小，因此这些人往往具有更强的流动意愿。此外，一定时期所倡导的教育政策、教育方针、教育内容也可能对个体的职业选择以及整个社会人力资本培养和均衡产生非常重要的导向作用。

（三）国际环境因素

除了个人家庭因素、社会结构因素，国际环境因素日益成为职业流动的另一重要影响因素，具体包括经济全球化、国际政治关系。

1. 经济全球化

经济全球化主要包括贸易的全球化、资本的全球化以及人员的全球化。经济全球化给世界带来了活力，也给中国带来翻天覆地的变化。全球化与信息化创造出来的新的职业结构和机会结构导致社会流动大规模出现，并且职业结构的趋高级化使得向上流动大规模出现[63]。比如，我国改革开放之初，随着外企和外资的进入，很多人开始到外企工作，外企白领成为非常荣耀的职业，因为他们工资高且工作环境好，这就是经济全球化对职业流动影响的典型表现。此外，在经济全球化的趋同作用下，一些服务于职业流动的专业机构开始涌现。比如，随着人才竞争和职业流动在全球范围内的发展，猎头公司作为推进中高端人才与用人企业进行匹配的重要中介机构，在国际国内职业人才市场上的经营实践活动越来越多[64]。研究表明，贸易开放提高了我国代际职业流动性，有利于促进社会的机会公平[65]。此外，经济全球化还会加深地缘关系对职业流动的影响，比如各国之间的边贸往来等，会促进劳动者的职业流动。

2. 国际政治关系

国际政治关系也可能会影响职业流动。除了在一个经济系统内进行的职业流动，纯粹的政治因素也会带来职业流动。如果一个社会的政治经济发展变动过于剧烈，但又缺少相应的制度规范和价值观念等方面的配套支持，就可能面临大规模的“失范”，这时的社会流动就会加速社会的瓦解，引发动荡[66]。职业流动本身就是高速全球化和政治经济变革的重要组成部分，因此国际政治局势的变化势必会影响劳动力在全球范围内的职业流动。

三、职业流动的测量方法

测量职业流动性是一个关键问题，也是与社会分层、社会流动性和社会变革进程最密切相关的问题[67]。一个社会的职业流动会随着社会的发展而发生变化，社会学家试图将这种变化通过一定的社会统计方法测量出来。

（一）代际职业流动的测量方法

现有文献对社会流动的测量多以职业流动为切入点，用父辈的职业作为流动的起点，用子辈的当前职业作为终点，对父辈的职业和子辈的职业进行交互分类。具体做法是把父辈的职业或被调查者（子辈）的第一份工作作为职业流动的起点，把当前的职业作为其职业流动分析的止点，以此考察代际或代内职业流动。这种方法不仅实现了父辈职业地位与子辈职业获得之间的对话，而且考虑了代际关系和家庭禀赋的作用[68]。布劳、邓肯在《美国职业结构》一书中提出了分析父子代际职业流动的模型，系统追踪父亲的职业和教育水平对儿子的教育和第一份工作的影响，第一次对现代工业社会里职业结构分层体系中个人受到的祖荫和个人努力的影响做出测量，其中父子两代受教育水平之间的关系以及父辈受教育水平与子辈职业间的关系得到了量化检验[69]。一般而言，代际流动表提供了受访者职业与其父母职业的交叉分类[70]。

1. 总流动率

总流动率，也称粗流动率、一般流动率、事实流动率，是实际观察到的全部代际职业流动。总流动率是两种力量共同作用的结果：一是社会结构自身的变迁作用，二是社会系统的开放性作用。前者由结构流动率表示，后者由循环流动率表示。总流动率是反映代际流动量最简单的指标，反映的是不同职业类别的人与他们父辈职业的差异。该指标主要包括流入率和流出率两个指标。流入率指的是相对于子辈现在的职业，父辈的职业属于其他职业的比率，即在某一职业类中，父辈不属于这个职业类，但子辈属于这个职业类的比率；流出率指的是相对于父辈的职业，子辈现在的职业属于其他职业的比率，即在某一职业类中，父辈属于这个职业类，但子辈不属于这个职业类的比率[71]。

2. 结构流动率

结构流动率是指由社会职业结构变动（一定职业的发展或相对衰落）引起的代际流动的量（或比率），又叫被迫流动率。被迫流动率又分为被迫流出率和被迫流入率[72]。结构性流动等同于代际流动表中行与列的差异。

3. 净流动率

关于劳动者职业流动的一个重要问题是，职业流动主要是因为不同部门和职业对劳动力需求的变化，还是个人职业选择？为了评估前一种流动性来源的重要性，学者们提出了净流动率的测量指标，也称为纯流动率、循环流动率，是指粗流动率中不是由社会职业结构变动引起的，而是完全由社会结构开发引起的流动率，又称为自由流动率[73]。在一年的时间范围内测量时间 t 的净职业流动的公式为：

$$net_t = \frac{1}{2}\sum m \mid s_{m,t} - s_{m,t-1} \mid$$

其中，$s_{m,t}$ 是职业 m 在时间 t 的工人比例。该时间序列衡量了连续两年之间为适应不同职业的就业重新分配所需的重组，忽略了总体抵消的变动[74]。

（二）代内职业流动的测量方法

代内职业流动的测量主要强调从劳动者个体出发，在生命历程与职业生涯的视角下检视职业流动的方向、行业、地域等特征。

在不同研究下，学者们提出了差异化的职业流动测量方法。有学者定义了职业流动人数、职业流动率以及职业流动强度三个指标来测量职业流动。其中：

职业流动人数＝期末某职业人口—期初该职业人口×（同期在业人口增长率＋1）

职业流动率＝职业流动人数/测量时期该职业平均人口数

职业流动强度 ＝ $\sum$ | 各职业的职业流动率×各职业平均人口占全部在业人口的比重 |

在上述定义中，同期在业人口增长率的计算可以考虑全部在业人口，也可以考虑某一类别的在业人口，具体视不同的指标而定。根据上述定义，某职业的职业流动率为正数，表示该职业中其他行业转入的人数超过该职业转入其他行业的人数；某职业的职业流动率为负数，表示该职业中其他行业转入的人数少于该职业转入其他行业的人数。职业流动率的绝对值越大，表示该职业的流动强度越高。流动强度是各职业的职业流动率的一个加权和，表示某一时期整体职业流动的程度。流动强度的绝对值越大，表示整体职业流动的程度越高[75]。也有学者主要通过"是否换过工作"的简化指标来测量职业流动率[76]。还有学者强调职业流动可以通过换工次数和在当前企业的工作年限来测量。其中，用换工次数测量职业流动频繁程度；用在当前企业的工作年限测量当前职业的工作的稳定程度，即从另一个侧面反映未来流动的可能性[77]。另外，有学者强调职业流动意愿指标，广义上的职业流动意愿包括在组织之间、职业之间以及行业之间的流动意愿（包括范围、方向和频率等），是职业流动的微观主体反映，常常可以通过测量社会组织从业人员的流动意愿来间接反映其实际流动状况[78]。还有学者用初次职业流动发生的转换率或风险率来测量职业流动的频繁性，即从接手第一份工作算起历经多长时间离开（称为“初职间隔”）[79]。整体而言，目前多数研究将职业流动频率或职业流动周期作为测量职业流动的主要指标，即对职业流动次数和从业时间综合考虑[80]。

第 3 节　中国的职业分层与流动

改革开放以来，我国社会经济结构发生了显著变化。计划经济体制逐步为社会主义市场经济体制所代替，第二、三产业的总产值和就业人口比重迅速上升，非农业结构高度化带来了职业结构的向上移动，多元化的所有制结构开始形成，城市化水平随着社会经济的发展不断提高[81]。因此，本节主要讨论改革开放前后中国的职业分层状况、职业流动状况以及职业流动的障碍与对策。

一、中国的职业分层状况

中国的职业分层状况，深受中国社会阶层结构影响。整体而言，中国的职业分层主要可以分为改革开放以前与改革开放以后两大阶段。

（一）改革开放以前的职业分层

计划经济时期，我国刚性的职业分层结构是靠一整套“政治-身份”设置维护的，体现在户籍制、行政制、单位制、档案制等诸多方面，人们的职业获得方式为国家统一分配，大大限制了人们自主择业的自由[82]。当时，中国社会阶层结构基本上是两个阶级、一大群体：两个阶级是工人阶级和农民阶级，一大群体指知识分子群体。新中国成立以后阶级压迫被消灭，没有了无产阶级和资产阶级的二元对立，但典型的城乡二元结构，即工人、农民这两大阶级类属仍然存在。相应地，社会成员有三大身份结构：工人、农民、干部。反观改革开放之前的中国社会阶层结构，整个社会结构呈现出刚性特征——所谓刚性就是非常硬化而且缺乏流动性，典型的如城乡二元结构，严格的户籍制度限制了农村和城市之间的自由流动，户籍制度把个体束缚在所居住的地域范围内。

改革开放前的社会结构还有一个非常重要的特征，就是以政治标签来决定个体社会位置和职业流动。阶级成分限制了个体选择某种职业的机会，很多职业首先以家庭的阶级成分作为进入门槛，职业流动也受到阶级成分的限制，例如上学、参军这两个在计划经济时期个体实现向上流动的主要途径，都受到阶级成分的限制。家庭阶级成分不好的话，子女就没有机会上大学、没有机会参军。从社会分层的标准来说，整个计划经济时期基本上是政治标准为主的时期。在影响社会分层的诸多资源中，除了行政资源较为典型，经济资源、文化资源等其他资源也都被国家高度控制。高度政治化是当时整个社会结构的突出特点，职业安排也服从国家意志，按计划分配。在城市，“单位是一种特殊的社会组织形式”[83]，在单位体制之下，个人在某一单位工作，也往往意味着其具有了相应的社会位置。例如，单位是国营单位还是集体单位，个人是否为干部身份，是几级干部等。在农村，最基础的是“三级所有、队为基础”的组织形式，即人民公社、生产大队、生产小队，农民统称为“社员”。无论是城市还是农村，个体基本都被固定在一个相对稳定的职业位置上，个体流动受到很多限制，如户籍和档案关系等。

（二）改革开放以后的职业分层

改革开放以后，我国刚性的社会结构发生了很大变化。经济体制转轨和现代化进程的持续推进，促使中国社会阶层结构发生结构性的变化。原来的“两个阶级、一大群体”（工人阶级、农民阶级和知识分子群体）的社会结构发生了显著变化，一些新的社会阶层逐渐形成，各阶层之间的社会、经济、生活方式及利益认同的差异日益明晰化，以职业为基础的新的社会阶层分化机制逐渐取代过去的以政治身份、户口身份和行政身份为依据的分化机制。社会经济变迁导致一种新的社会阶层结构出现，并且这种社会阶层结构逐步趋于稳定。与 1978 年以前的阶层结构相比，新的社会阶层结构在基本构成成分、结构形态、等级秩序、关系类型和分化机制等方面都发生了深刻的变化[84]。

其中，一个最突出的变化是自由流动资源和自由流动空间开始出现。所谓自由流动资源是指独立于政治系统的一些经济资源开始出现。随着经济全球化的深入，很多外来资本涌入中国，计划经济体制下高度整合的社会结构开始出现分化，经济系统和政治系统逐步出现分离的状态，开始出现一些自由流动空间，例如城乡之间流动空间的扩大催生了农民工群体。随着改革开放的不断推进，社会流动性增强，出现了社会阶层的新划分，由计划经济体制下的“干部、工人、农民”职业分层模式演变为以利益为核心的层级划分体系。[85]

随着社会结构的分化，职业分化和职业分层越来越多元化。按照陆学艺的划分，中国的社会阶层一共分为十类，分别是国家与社会管理者阶层，经理人员阶层，私营业主阶层，专业技术人员阶层，办事人员阶层，个体工商户阶层，商业服务业员工阶层，产业工人阶层，农业劳动者阶层，城乡无业、失业、半失业者阶层[86]。此外，有学者以阶层享有的再分配权力、寻租能力和市场能力的差异，构建了一个由高到低的分层框架：第一，有技术的权力精英，包括党政机构、企事业单位拥有专业技术职称并担任领导或管理职务的干部；第二，无技术的权力精英，包括党政机构、事业单位的领导干部，以及国有企业单位专司党务的党务工作者；第三，国有企业经理和管理人员；第四，私营企业主和经理；第五，高级专业技术人员；第六，低级专业技术人员；第七，职员、办事人员；第八，自雇佣者；第九，技术工人；第十，非技术工人[87]。也有学者以权力和工作自主性为核心，将职业阶层划分为管理人员、技术人员、办事人员、体力劳动者、自雇佣者以及无业者等类型[88]。

二、中国的职业流动状况

以劳动力市场为基础的职业流动是市场经济的重要体现。一般认为，从计划经济向市场经济的过渡，就是市场机制代替计划分配机制的过程[89]。根据不同的分类，职业流动的特点存在明显的异质性。有学者研究发现，中国城市农民工的职业流动大体可以分为初次职业流动和再次职业流动。农民工的初次职业流动实现了职业地位的较大上升，而农民工的再次职业流动基本上是水平流动，并没有实现职业地位上升。农民工再次职业流动中职业地位未能上升的主要原因，在于他们缺少地位积累、地位继承和社会资源[90]。有学者的研究揭示了转型期中国城市地区不同劳动力市场的劳动者获得经济地位的二元路径模式。研究结果表明，高学历劳动者与低学历劳动者群体处于两个分割的劳动力市场，他们的经济地位获得路径完全不同。低学历劳动者的职业流动是提升他们收入水平的最重要因素，而人力资本因素（受教育年限和工作经验）对他们的收入没有影响；高学历劳动者的情况刚好相反，职业流动对收入获得没有任何作用，影响他们收入水平的最重要因素是人力资本[91]。也有研究揭示了中国独特的户籍制度下城乡居民代际职业流动的差异性，发现由于户籍制度及其选择性过程，虽然一小部分农村人有能力获得高地位的职业，但是许多人并不能利用他们父亲的职业成就所带来的优势。[92]还有研究从代际职业流动和代内职业流动角度出发，分析先赋因素（如家庭背景、户籍制度、所有制等）对职业流动的影响以折射出职业流动中的不平等。研究发现，尽管改革开放以来市场因素对就业分配的配置作用越来越大，但是对职业合理流动的制度性限制以及结构性限制依然存在，从而产生社会不平等问题[93]。本节主要基于改革开放前后的关键节点，讨论中国职业流动变迁过程中的主要特点。

（一）改革开放以前的职业流动

改革开放以前，中国的职业流动主要呈现出以下四个方面的特点。

1. 计划经济下的全面控制

改革开放之前的职业流动处于高度计划和严格控制的状态之下，国家对经济资源实行一元化占有与分配，行政权力对社会方方面面实行直接全面的控制，具有显著的身份性、行政性特征。在城市，劳动者缺乏自由选择职业和工作单位的权利，职业流动大多需遵循政府发出的行政指令，按照国家计划进行调动。在农村，行政命令通过人民公社体制层层下达，农民的活动范围受到严格控制。除非国家需要，职业流动总体非常困难。比如，依据国家的需要，劳动者可能从北京被调往大西北工作。个体不能随便流动，受到非常严格的管制。

2. 户籍制度下的城乡二元分割

随着户籍制度的建立，城乡居民被划分为市民和农民两大身份群体，并形成了以户籍制度为核心的城乡分割的十几种制度：户籍制度、粮食供给制度、副食品与燃料供给制度、住房制度、生产资料供给制度、教育制度、就业制度、医疗制度、养老保险制度、劳动保护制度、人事制度、兵役制度、婚姻与生育制度。以粮食供给制度为例，通过粮油票据计划供应的方式来解决资源短缺的问题。上述城乡分割的制度中，以户籍制度为“闸门”，城乡劳动者的职业身份被固化，城市内部的职业流动非常困难，城乡之间的流动更是受到限制。再比如人事制度，档案关系是计划经济时期职业流动的必备材料，与之相关的还有组织关系，没有档案和组织证明，就无法办理入职报到手续。

3. 单位体制下的职业流动受阻

在计划经济时期，一切微观社会组织都是单位。控制和调节整个社会运转的中枢系统，由与党的组织系统密切结合的行政组织构成。单位组织具有多功能、非契约关系和资源不流动等基本特性，并逐渐成为与生产社会化性质相悖的封闭结构[94]。国家通过单位这种特殊的组织形式来配置有限的资源，并把整个城市社会整合在一起[95]。以单位身份为基础的单位体制，客观上成为阻碍职业流动的组织壁垒。同时，全国城镇无一例外地实行统一的劳动力招收和调配制度。企业招工必须向劳动部门备案并获得许可，企业之间的劳动力余缺调剂由主管产业部门和地方劳动部门协调，跨行业、跨地区的劳动力调配由国家劳动部门统一安排。企业既缺乏用人权，也不能辞退剩余劳动力。由于不存在劳动力市场，职工自谋职业基本上是不可能的。除了解决夫妻两地分居问题和因工作需要的调动，职工在不同组织之间的职业流动极为困难[96]。

4. 行政命令下的社会动员

计划经济时期职业流动的特点还表现为行政命令下的社会动员。20 世纪 50—70 年代的社会动员，呈现出行政命令和组织化的特征，被动员者和动员者之间存在着一种隶属性的组织纽带，动员主体不需要征求动员对象的意见，社会动员象征着义务和服从[97]。在计划经济时期，国家权力直接渗透到经济社会生活的各个领域，社会动员的主要手段是政治权力和行政命令，主要表现形式是自上而下的指令性和引导性群众运动，这种社会动员模式改变了旧中国“一盘散沙”的社会状况，有效维护了国家安全，使国家能够集中力量进行经济社会建设。在当时个体职业流动非常困难的情况下，通过社会动员，出现了一个非常著名的运动——知识青年“上山下乡”，即动员城市青年到农村去工作，接受贫下中农再教育。这是一个大规模的职业流动，在一定程度上也是在解决城市青年的待业或者失业问题。

（二）改革开放以来的职业流动

改革开放以来，职业流动经历了由计划分配制度向市场配置制度的转型，人们的职业选择更加自由多样，职业流动渠道越来越畅通，主要呈现出以下四方面的特点。

1. 市场经济下的多元发展

改革开放以后，商品经济开始蓬勃发展。随着市场经济体制的逐步确立，市场竞争机制和多种所有制形式的发展，经济发展呈现多元化状态，外资企业、私营企业蓬勃发展。与此同时，很多闻所未闻的职业随之出现。在这一背景下，劳动者的职业流动开始呈现新的特点。总体来看，随着市场经济的深入发展，户籍对人口自由流动的限制已经在很大程度上弱化了，谋取更多的就业机会和更高的收入是影响职业流动的主要因素。在劳动力市场中，自主性的职业选择、全员劳动合同制、多渠道就业等，正在从抽象的理论表述变为具体的现实。有研究发现，天津被调查的 466 名就业者的最后一次职业流动，再分配时代占 13.7%，双轨制时代占 23.6%，转型时代占 62.7%。这说明转型时代的职业流动比率上升，劳动力市场趋于活跃[98]。

2. 速度加快且渠道拓宽

在市场经济发展的过程中，职业流动的速度加快、渠道拓宽，政治和经济相对分离。一方面是城乡之间的职业流动，导致“民工潮”开始出现；另一方面是地区之间的职业流动，主要从中西部向东南沿海流动，“孔雀东南飞”现象非常突出，职业流动的速度和方式都发生了非常大的变化。此外，国家间的职业流动加快，国际人才流动日益频繁，出国交流学习变得越来越容易，围绕国际交流、外语学习、商业贸易往来等方面的一些职业也都涌现出来。

3. 流动资源和流动空间不断增加

改革开放以后，自由流动资源和自由流动空间不断增加，社会活力被不断释放出来。其中，一个非常重要的变化就是个体流动和职业选择更加自由。在城市，这种变化主要表现为三个方面：第一，职业机会供给主体发生变化。非公有制经济单位开始成为职业机会供给的主要角色。第二，职业机会供给主体的行为发生变化。非公有制经济单位的雇佣行为基本是市场化的，国有企业用工行为也在朝着非公有制经济单位的方向改革。第三，职业地位获得机制变化。改革开放前的户籍身份、单位等级、行政地位等因素的重要性逐步减弱，社会成员更多依靠经济资源、社会关系、教育资质、职业经验、生活经历、个人抱负等来获得新的职业机会。20 世纪 80 年代以后，我国开始废除计划经济体制下的单位体制，取而代之的是劳动合同制，劳动行为开始从单位化走向社会化，为职业流动提供了更加广阔的空间。

4. 职业结构日趋高级化

改革开放以来，我国的社会宏观制度发生了十分深刻的变革，这种变革从根本上影响到工作的组织和配置机制等微观层面，也影响到职业结构的变迁，同时意味着阶层流动的流向和机会的重大调整[99]。职业结构作为就业结构的一个层面，呈现高级化的趋向。这一趋向就岗位性质而言，表明了技术分工的细化，劳动复杂性的提高，知识含量的增加；就劳动者的特点而言，表明了人力资源丰富性的提升，知识职业、技术职业的数量和比重增加[100]。职业结构的日趋高级化可以从三个角度来考察：第一，职业总量的变化。各个职业都出现了总量的绝对增长，职业总量的绝对增长不仅意味着更多的就业机会，也为职业间的流动拓展了空间。第二，职业种类的增加。改革开放以来职业岗位的增加，还表现为新职业种类的产生。新的具体职业的出现可以用“雨后春笋”来形容，比如计算机操作员、网络管理员、软件设计人员、注册会计师、同声传译翻译等。第三，职业结构出现了趋向高级化的形态，即在职业结构中处于较高层级的职业类型在全部职业中所占比重逐步上升，而在职业结构中处于较低层级的职业类型在全部职业中所占的比重逐步降低[101]。

（三）中国职业流动的障碍与对策

尽管改革开放以来中国的职业分层渐趋完备、职业流动更加顺畅，但是目前中国职业流动依旧存在着诸多障碍，因此需要有针对性地开展各项改革，以优化畅通我国的职业流动。

1. 职业流动中的主要障碍

目前而言，职业流动中的主要障碍包括户籍制度的限制、劳动力市场的二元区分、隐性失业问题凸显、传统就业观念束缚等。

第一，户籍制度的限制。由于户籍制度导致的城乡分割，仍然是我国职业流动的最大限制。1958 年通过的《中华人民共和国户口登记条例》，对公民由农村向城市的迁移实行严格控制。城乡二元的劳动力市场分割，严重阻碍了规模庞大的农村转移劳动力在城市中获得平等的就业机会和公共服务，形成并固化了他们在某些行业从事低质量工作的路径依赖。户籍限制衍生出的教育制度、住房制度、社会保障制度等一系列制度设计，也造成了城市对于农村人口的社会排斥。此外，一些用人单位目前仍然存在着对户籍制度的依赖，这种依赖主要体现在两个方面：一方面是城乡户籍制度的延续。一些用人单位在雇用劳动者时仍然会区分农业户籍和非农业户籍，特别是涉及与编制相关的问题时，城乡的区分就更为明显。另一方面是地域性户籍的新限制。在北京、上海等需要调控人口数量的超大城市，一些用人单位在引进人员时需要考虑劳动者的户籍所在地[102]。正如陆学艺指出的那样，不利于中国现代社会阶层结构成长发育的另一个重要原因是，社会制度创新明显滞后，一些过时的制度安排迄今为止尚未得到根本的改革，还在继续阻碍阶层之间相对自由的流动。[103]

第二，劳动力市场的二元区分。除了户籍制度的影响，劳动力市场的二元区分也进一步阻碍了职业流动，影响着劳动者从次级劳动力市场向初级劳动力市场的正常流动。劳动力市场分割理论（也称为二元劳动力市场理论）强调，劳动力市场被分割成初级劳动力市场和次级劳动力市场。初级劳动力市场具有工资高、工作地位高、工作有保障、工作条件干净安全、有晋升可能等特征；相反，次级劳动力市场工资低、地位低、条件差、保障少以及晋升机会少[104]。在经济体制、产业政策、户籍制度及就业政策影响下，中国的劳动力市场被分割为城镇劳动力市场（初级劳动力市场）和农村劳动力市场（次级劳动力市场）两个部分，劳动者在两个市场间的自由流动受到很大限制[105]。

第三，隐性失业问题凸显。我国劳动力资源丰富，整体上劳动力供大于求、剩余问题严重，相较而言就业岗位呈现稀缺态势。改革开放以来，个体获得了更多自由流动空间，在城镇不再受到单位体制的束缚，在农村不再被捆绑在土地上。但是，随着大批企业职工下岗，隐性失业显性化，结构性失业大幅度增加[106]。城镇登记失业率是反映整个劳动力市场就业状况的最重要的指标，我国城镇登记失业率长期维持在 4%左右。由于登记失业率并不等于调查失业率，虽然从统计口径的角度来看处于就业状态，但很多劳动者实际上是没有工作的。这种就业压力一方面迫使劳动者在激烈竞争中改变自己的求职意向，另一方面使职业流动变得相对困难。

第四，传统就业观念束缚。传统就业观念等是影响结构性社会流动的非经济因素[107]。传统就业观念的束缚体现在两个方面：第一，社会方面。我国传统上将职业流动视为不稳定的因素，对职业流动采取限制的态度。第二，个人方面。中国人长期受到传统历史文化积淀的影响，形成了求稳怕变的观念，在诸如“学而优则仕”等思想的影响下，考公务员成为热门职业选择。此外，与西方国家城市移民以家庭为主的方式不同，我国农村劳动力向城市的流动以个体为主，亲属、财产、土地仍留在农村，农村劳动力在心理上缺乏对城市的归属感和融入感，难以真正实现职业身份的转变。

2. 我国职业流动的对策建议

针对我国职业流动中存在的障碍，需要采取针对性措施以疏通职业流动，包括消除制度性障碍、健全劳动力市场、畅通流动机制、实现公共资源的公平配置。

首先，消除制度性障碍。只有不断消除影响职业流动的户籍、档案、人事等方面的制度性障碍，才能使社会流动的渠道更加顺畅，使社会各类成员各得其所，使各种人才更加顺利地脱颖而出。户籍制度、就业制度等先赋因素的作用，对很多社会成员的正常流动起着阻碍作用，应该加快改革速度[108]。要在户籍制度现有改革的基础上，彻底打破城乡分割的二元结构，加快城市化进程，建立统一的劳动力市场，为劳动者的职业流动创造自由开放的政策条件，从而使该扩大的阶层能够变大，该缩小的阶层能够缩小，促进社会中间层成长壮大[109]。此外，国家应该促进公共资源在各阶层的公平分配，改变户籍制度导致的教育与职业不平等，维持代际职业向上流动的渠道畅通，促进代际职业流动，从而改善阶层固化，减弱不平等程度[110]。

其次，健全劳动力市场。劳动力市场不健全主要是指劳动力市场服务体系不完善、劳动力流动机制或法规不健全，以及缺乏相应配套措施。在实践中，职业登记、职业培训、职业指导、失业保护的相应制度设计都有待健全，在劳动者职业流动过程中相应的社会保障制度也有待完善。保障制度只有同社会现实相适应，只有与目标群体的基本诉求相吻合，才能实现预期的社会功能[111]。因此，只有不断健全劳动力市场，畅通劳动力市场信息流通，营造公平的就业制度环境，才能实现劳动者的合理流动和人力资源的优化组合。

再次，畅通流动机制。通过调整和创新社会政策，建立更加公正合理的开放性流动机制，注重自致因素在职业流动中的作用，培育社会中间阶层。在建立开放性流动机制过程中，重点关注三方面社会政策的创新：第一，劳动用工政策创新；第二，税收等再分配政策创新；第三，减少就业的政策限制，降低人们创业的门槛，鼓励人们自主就业[112]。同时，建立公平的竞争机制和强有力的监督机制。现代社会竞争的最重要条件应当是能力或业绩，只要人们在竞争中遵守法律法规，每个人都应有向上流动的机会，能者上、不能者下应成为社会普遍认同的规则。

最后，实现公共资源的公平配置。公共资源是否公平配置，在一定程度上影响着职业流动的方向、次数、场域等。公共资源配置机制是否公平，很大程度上决定着人们能否公平享受公共资源配置，决定着人们能否最大限度地享有公平竞争的机会。国家在配置各种公共资源方面，要全面合理统筹兼顾，做到使各个地方、各个阶层的人都能分享公共资源合理配置的利益，尤其要帮助那些在各种先赋条件方面处于弱势（如家庭经济条件较差、地区经济发展水平较低）的群体和阶层增强竞争能力，使他们能够在竞争中享有相对公平的机会[113]。

本章小结

本章介绍了劳动社会学中职业分层与职业流动两个重要议题，共有三节。第 1 节以职业分层为核心，主要梳理了职业分层的概念、研究意义、理论流派、类型划分以及影响因素。第 2 节以职业流动为核心，重点梳理了职业流动的概念、类型、影响因素及测量方法。第 3 节聚焦中国的职业分层与职业流动状况，在理顺二者历史发展脉络的基础上，重点剖析了当前我国职业流动面临的主要障碍，并提出了有针对性的对策建议。

关键词

职业分层　职业流动　社会流动　社会分层　户籍制度　劳动力市场

思考题

1. 查找世界各国的职业分类，以某一国家为主举例说明。
2. 根据职业分层标准，试对中国职业分类进行层级划分。
3. 分析中国职业分层和职业流动的历程及特点。
4. 讨论农民工职业流动的特点。
5. 讨论“职业世袭化”的利弊。
6. 思考职业分层与职业地位、职业声望的关系。

推荐阅读

我国农民工总量首次下降，平均年龄升至 41.4 岁

国家统计局 2021 年 4 月 30 日发布的《2020 年农民工监测调查报告》显示，2020 年，全国农民工总量为 2.856 亿人，比上年减少 517 万人，下降 1.8%，为 2008 年有统计以来首次下降。

数量下降的同时，农民工也在逐渐“老去”。报告显示，2020 年，我国农民工平均年龄为 41.4 岁，比上年提高 0.6 岁。从年龄结构看，40 岁及以下农民工所占比重为 49.4%，比上年下降 1.2 个百分点；50 岁以上农民工所占比重为 26.4%，比上年提高 1.8 个百分点，创历史新高。

报告显示，去年外出农民工 16 959 万人，比上年减少 466 万人，下降 2.7%。在外出农民工中，跨省流动农民工 7 052 万人，比上年减少 456 万人，下降 6.1%。

从输出地看，东部地区输出农民工 10 124 万人，比上年减少 292 万人，占农民工总量的 35.4%；中部地区输出农民工 9 447 万人，比上年减少 172 万人，占农民工总量的 33.1%；西部地区输出农民工 8 034 万人，比上年减少 17 万人，占农民工总量的 28.1%；东北地区输出农民工 955 万人，比上年减少 36 万人，占农民工总量的 3.3%。

从输入地看，在东部地区就业的农民工 15 132 万人，比上年减少 568 万人，占农民工总量的 53%。其中，在京津冀地区就业的农民工 2 076 万人，比上年减少 132 万人；在苏浙沪地区就业的农民工 5 179 万人，比上年减少 212 万人；在珠三角地区就业的农民工 4 223 万人，比上年减少 195 万人。

另外，2020 年，农民工月均收入 4 072 元，比上年增加 110 元，增长 2.8%。其中，外出农民工月均收入 4 549 元，比上年增加 122 元，增长 2.7%；本地农民工月均收入 3 606 元，比上年增加 106 元，增长 3.0%，增速快于外出农民工。

分地区看，在东部地区就业的农民工月均收入最高，为 4 351 元，比上年增加 129 元，增长 3.1%；在东北地区就业的农民工月均收入最低，为 3 574 元，比上年增加 105 元，增长 3.0%。

分行业看，从事交通运输仓储和邮政业的农民工月均收入最高，为 4 814 元，比上年增加 147 元，增长 3.1%；从事制造业的农民工月均收入增长最快，比上年增加 138 元至 4 096 元，增长 3.5%；从事住宿餐饮业的农民工月均收入最低，为 3 358 元，比上

年增加 69 元，增长 2.1%。

资料来源：界面新闻：去年我国农民工总量首次下降，平均年龄升至 41.4 岁 .（2021-7-30）.https：//www.jiemian.com/article/6042854.html.

注释

第 6 章

劳动组织

【重点问题】

- 劳动组织的概念是什么，其分类有哪些？
- 劳动组织的构成要素及功能有哪些？
- 什么是劳动组织的正式结构与非正式结构？
- 20 世纪 60—70 年代有哪些劳动组织理论？
- 计划经济时期中国劳动组织的主要类型有哪些？
- 市场经济时期中国劳动组织的主要类型有哪些？

【开篇引例】

中国的跨国公司

改革开放以来，我国的社会主义现代化建设经历了 40 多年的发展，一方面创造了比较雄厚的物质财富，另一方面形成了比较完善的社会主义市场经济制度。自 2013 年党的十八届三中全会提出“构建开放型经济新体制”以来，我国对外开放的总体格局进入了以构建开放型经济体制为特征的新阶段。自 2003 年我国相关部门发布年度数据起，我国连续多年位列全球对外直接投资流量前三，从引进外资为主发展为“走出去”和“引进来”相结合。

中国跨国公司的产生和发展正是建立在中国企业海外直接投资的基础上。截至 2019 年底，中国 2.75 万家境内投资者在国（境）外共设立对外直接投资企业（即境外企业）4.4 万家，分布在全球 188 个国家（地区），年末境外企业资产总额 7.2 万亿美元，以联合国贸易和发展会议（UNCTAD）发布的《2020 年世界投资报告》的数据为基数进行计算，2019 年，中国对外直接投资分别占全球当年流量、存量的 10.4% 和 6.4%。2012—2019 年，中国对外投资的年均增长速度高达 26%，2013—2019 年累计流量为 10 110.3亿。2019 年，中国对外并购稳步发展，企业实施对外投资并购项目 467 起（较上年增加 36 起），涉及 68 个国家和地区。这些投资涵盖了国民经济的 18 个行业大类，其中，流向传统租赁和商务服务业、制造业、金融业、批发和零售业超过百亿美元，租赁和商务服务业始终保持第一位。从投资领域来看，我国对欧洲投资快速增长，对南美洲、北美洲、非洲投资降幅较大，对亚洲投资占 2000 年对外投资流量的 80.9%。由中国企业联合会、中国企业家协会发布的《2020 中国 100 大跨国公司分析报告》显示，

2020 年中国 100 大跨国公司海外资产总额为 104 526 亿元、海外营业收入为 73 307 亿元，海外员工总数为 1 310 300 人，2020 中国 100 大跨国公司入围门槛为海外资产 120.22 亿元，比上年提高 21.64 亿元。

2019 年末，中国境内投资者在“一带一路”沿线的 63 个国家设立境外企业近 1.1 万家，涉及国民经济 18 个行业大类，当年直接投资 186.9 亿美元，占同期中国对外投资流量的 13.7%。从国别构成上看，投资主要流向新加坡、印度尼西亚、越南、泰国、阿拉伯联合酋长国、老挝、马来西亚等国家。2013—2019 年，中国对沿线国家累计直接投资1 173.1亿美元。

经过多年的发展，中国企业逐渐壮大，2020 年世界 500 强企业排行榜中，中国大陆公司（含香港）的数量达到 124 家，历史上第一次超过美国（121 家）。中国企业的资产总额及技术水平都跃上了新的台阶。

资料来源：2019 年度中国对外直接投资统计公报；2020 年世界投资报告.

思考：

新中国成立以来，中国的劳动组织发生了什么样的变化？

第 1 节　组织与劳动组织

现代社会，组织时刻在影响人们的生活与工作，人们以各种方式被嵌入形式多样、复杂而庞大的组织中。工业社会以来，劳动行为更多地以组织的形式实现，劳动组织在劳动生产中的作用越来越重要。本节主要介绍组织和劳动组织的概念、劳动组织的主要类型等。

一、组织

组织作为人类社会的一种基本现象，几乎与人类自身的历史一样悠久，我们每个人都生活在组织的世界里。养育孩童的家庭，教育儿童的学校，为病人提供医疗康复的医院，满足人们衣食住行的各类生产企业，供人们娱乐休闲的各种服务场所……这些都是组织。

按照《现代汉语词典》的解释，“组织”一词主要有两种解释：一是作为动词，即组织是使人或事物具有一定的系统性或整体性的动态活动过程，如组织活动；二是作为名词，即组织是指人或事物按照一定方式结合而成的静态结构状态，如社会组织、经济组织等[1]。在学术界，不同学者对组织的概念界定各不相同。戴维·波普诺（David Popenoe）认为，组织可以定义为有意识地组织起来以达到特殊目标的社会群体，俱乐部、学校、教会、医院、监狱、公司和政府机构都是组织的范例[2]。安东尼·吉登斯（Anthony Giddens）指出，组织是人们为了追求那些单独的个人所不能完成的目标而采取的一致行动，是有明确的成员身份、为了达到共同目标而共同行动的小组。在现代社会，组织对人们的重要性比自给自足的前现代社会更重要，因为对大部分人来说，他们比以往任何时期都要更加相互依赖[3]。

也有学者认为，从理性视角出发，组织是意在达成特定目标且具有高度正式化社会结构的集体；从自然系统的视角出发，组织是这样一种集体，其参与者追求多重利益，既有共同的也有不同的，但他们共同认识到组织是一种重要的资源以及有保持其永续长存的价值；从开放系统的视角出发，组织是相互依赖的活动与人员、资源和信息流的汇聚，这种汇聚将不断变迁的参与者同盟联系在一起，而这些同盟则根植于更广泛的物质资源与制度环境[4]。

功能主义的代表人物塔尔科特·帕森斯将组织定义为一个具有专门目标的系统，在“组织”这个专门系统中，存在着可以观察到的结构，具有实现目标和发挥特定功能所需要的资源，而且其自身也具有制度化的程序来运用这些资源[5]，他甚至将组织的这种系统性运用于说明社会及其系统的性质。

组织在社会学研究中属于中观层面的概念，从功能主义视角出发，一个组织有四个基本要素：组织目标、组织规则、物质设施、人员。一是组织目标。任何组织都要有一个明确的目标，目标可以是长期的，也可以是短期的。组织目标是组织发展的方向和原动力，就像航行中的灯塔一样，指引着组织的发展，而一个组织也只有朝着灯塔的方向前行，才不会偏离航道，失去组织存在的意义。二是组织规则。“无规矩不成方圆”，任何一个组织都有其相应的规则。譬如大学有大学的规则，行政部门有行政部门的规则，经济组织有经济组织的规则，劳动组织有劳动组织的规则，虽然各种组织的规则不尽相同，但是都起着规范组织、保证组织正常运行的重要作用。三是物质设施。物质设施是组织运作的基本物质条件，是组织运作的保证。比如，大学必须有教室、图书馆，工厂要有机器和产品。四是人员，即组织成员。从组织的领导者、决策者到组织活动的执行者、完成者，都是组织必不可少的人力资源。

二、劳动组织的概念

劳动组织是为社会生产产品、提供服务，按照一定的劳动法规章程建立起来的经济组织，是承担生产、经营和管理职能的劳动者的有机体[6]。

从功能主义视角来说，劳动组织是社会系统中不可或缺的一部分，不同的劳动组织在社会系统中占据着不同的位置、发挥着不同的功能。一个完整独立的劳动组织本身也是一个系统，这个系统由组织结构、人际关系网络、组织文化等要素组成。劳动组织之间的互动又构成社会系统、经济系统的主要内容。作为社会系统的一部分，劳动组织的变化和发展不仅受到内在运行规律的制约，也受到外部生存环境的影响。

三、劳动组织的分类

劳动组织形式多样，按照不同的划分标准，可以将劳动组织划分为不同的类型。

（一）按照产业特征划分

按产业特征，劳动组织可以分为工业组织、商业组织和服务业组织三种基本类型。

工业组织是从事原材料加工和物质资源开采等第二产业的劳动组织。工业组织的主要功能是为社会提供工业产品。工业组织产生于工业革命之后，以纺织机和蒸汽机的出现为标志，家庭式手工作坊被工场代替，工场内部的劳动分工带来了生产效率的极大提高。为进一步提高生产效率，工场劳动组织之间的分工也出现了，专门生产工业产品的工业组织应运而生。

商业组织是指从事商品交换活动的劳动组织。商业组织的主要功能是实现商品从生产领域到消费领域的过渡，并通过组织商品流通为生产者和消费者提供中介服务。商业组织在人类社会出现商业活动之后就已经存在。

服务业组织是经营劳务产品等第三产业的劳动组织。服务业组织大体分为为生产提供服务的组织和为生活提供服务的组织两大类。服务业组织的特点是生产、经营与消费三者合一，劳动者的服务过程也是消费者的消费过程。在现代产业体系中，服务业占据越来越大的比重。随着信息时代的到来，出现了许多不同于传统服务业的新型服务业，如信息服务业、咨询业等。

（二）按照产权性质划分

按照产权性质，劳动组织可以分为个体私营企业、中外合资企业、中外合作经营企业、外商独资企业，以及国有企业、集体企业等不同的类型，下面简要介绍其中几种。

个体私营企业是生产资料与产品归个体劳动者所有的劳动组织形式。个体劳动者根据自有资金与市场情况自行安排生产经营。劳动者所得除按照规定交纳一定的税金外，全部由个体劳动者自行支配，主要涉及城镇家庭手工业和个体工商业。个体私营企业对一国经济和社会具有十分重要的意义：一方面，个体私营企业生产的产品满足了市场对产品和服务的需求；另一方面，个体私营企业解决了大批劳动力就业问题。因此，个体私营企业对促进经济发展、维持社会稳定发挥着不可替代的作用。

中外合资企业是由中国企业与外国企业合股投资、共同经营、共负盈亏的一种劳动组织形式。中外合资企业大多是外国企业以机器设备、工艺技术或者外汇入股，中国企业以厂房、土地使用权和现金入股，企业的盈利按照投资比例分成。

中外合作经营企业是由中国企业和外国企业在一定期限内按照合同契约进行合作经营的一种劳动组织形式。合作经营一般由外商提供资金、设备、技术，中国则提供土地和劳动力。中外合作经营的项目主要有近海石油开发、旅游宾馆、住宅建设、种植养殖、汽车出租服务和文教卫生服务等。中外合作经营企业依据《中外合作经营企业法》运行，但其组织管理形式与中外合资企业有许多不同之处：中外合作经营企业的盈利不是按资本分成，而是按合同规定的比例分成；经营风险主要由外商承担，中方责任以出资额为限；投资回收不依靠利润，而是通过提取折旧费完成。中外合作经营企业比中外合资企业更加灵活，因此更易被中外双方接受。

外商独资企业是外国投资者在中国境内登记注册、独立经营、自负盈亏的劳动组织。外商独资企业的全部资本都由外商投入，企业的管理职位既可以由外籍人员担任，也可以聘请中国人担任。

（三）按照组织规模划分

按照组织规模，劳动组织可以分为大型企业、中型企业、小型企业和微型企业。我国 2011 年发布的《关于印发中小企业划型标准规定的通知》规定，农、林、牧、渔业中，营业收入 20 000 万元以下的为中小微型企业。其中，营业收入 500 万元及以上的为中型企业，营业收入 50 万元及以上的为小型企业，营业收入 50 万元以下的为微型企业。工业行业中，从业人员 1 000 人以下或营业收入 40 000 万元以下的为中小微型企业。其中，从业人员 300 人及以上，且营业收入 2 000 万元及以上的为中型企业；从业人员 20 人及以上，且营业收入 300 万元及以上的为小型企业；从业人员 20 人以下或营业收入 300 万元以下的为微型企业[7]。

（四）按照法律责任划分

在劳动组织领域，我国已颁布《公司法》、《合伙企业法》、《独资企业法》和《外资企业法》等多部法律。按照资产构成及法律规定，劳动组织可以分为个人独资企业、合伙企业、公司制企业三种类型。[8]这种划分方式也遵循法理上对劳动组织类型的认定，法律对其基本内涵，如资本构成、责任形式和法律地位作了明确说明。

1. 个人独资企业

个人独资企业是指依法在中国境内设立，由一个自然人投资，财产为投资人个人所有，投资人以其个人财产对企业债务承担无限责任的经营实体 ，又称独资企业。这种企业在法律上不具有法人资格，是最简单的企业形式。

2. 合伙企业

合伙企业是指由自然人、法人和其他组织设立的普通合伙企业和有限合伙企业。普通合伙企业由普通合伙人组成，合伙人对合伙企业的债务承担无限连带责任。有限合伙企业由普通合伙人和有限合伙人组成，普通合伙人对合伙企业债务承担无限连带责任，有限合伙人以其认缴的出资额为限对合伙企业债务承担责任。

3. 公司制企业

公司制企业又称公司，是指按照法律规定，由法定人数以上的投资者（或股东）出资建立的企业。公司具有法人资格，这是公司制和个人独资企业、合伙企业的重要区别。我国目前的公司制企业主要有有限责任公司和股份有限公司两种形式。

有限责任公司是指由一个以上五十个以下股东共同出资，每个股东以其出资额对公司承担有限责任，公司是以其全部资产对其债务人承担责任的法人。股份有限公司是指注册资本分为等额股份，并通过发行股票或股权凭证筹集资金，股东以其所认购股份对公司承担有限责任，公司以其全部资产对公司债务承担责任。

第 2 节　劳动组织的结构与功能

组织是人们为了追求某些特定目标而组成的团体。为了高效地实现其目标，组织力图通过完成任务并运用技术实现资源转化，并以此获得新的资源。在这一过程中，使组织中的人员和任务相互联系和依赖的相对稳定的网络结构就是组织结构，组织结构是组织中相对稳定的、可以观察到的责任分配和划分。

一、劳动组织的构成要素

劳动组织的构成要素主要包括组织目标、组织规范、组织权威、组织角色。

（一）组织目标

组织目标是组织在未来一定时期内所希望获得的某种结果或者希望达到的某种状态。目标包含时限、定额、目的、对象和指标。目标对于劳动组织的存在具有根本意义。首先，目标是组织存在的前提，组织就是为目标而存在的，没有目标，组织就没有存在的必要。其次，目标是组织的旗帜，有被组织内部成员和外部社会环境了解的组织目标，是组织存在的首要标志。最后，目标也是组织的灵魂，组织部门的设置、领导结构、人员结构等安排都依赖于目标的性质，目标不同，组织内部的职能部门、领导方式和技术设备等的设置也不相同。目标决定了组织的运行方向及发展变化，因此也决定着组织的未来。

（二）组织规范

组织规范是组织中每个成员自觉遵守的行为标准和准则。组织规范大体上由两个部分组成：第一，组织制度和组织纪律。组织制度是指在一定的历史条件下所形成的经济关系，包括组织经济运行和发展中的一些重要规定、规程和行动准则。组织纪律是指组织成员在服从组织调配、听从指挥、保守秘密、接受监督方面的规则。第二，组织风气。组织由群体构成，因此，群体行为对组织的成败至关重要。在影响群体行为的诸多因素中，组织风气具有举足轻重的作用。所谓组织风气，是指企业及其员工在生产经营活动中逐步形成的一种带有普遍性的、重复出现且相对稳定的行为心理状态，是影响整个组织成长的重要因素。组织风气是企业文化的直观表现，企业文化是组织风气的本质内涵。

（三）组织权威

在马克斯・韦伯看来，权威就是对权力的一种自愿的服从和支持，是一种正当的权力，也是极具公众影响力的威望。人们对权力安排的服从可能有被迫的成分，但是对权威的服从则属于认同。反对者可能不得不服从于权力，但服从不等于认同。劳动组织中的权威由具体的职位来代表。对于由不同来源、追求个人利益的人组成的劳动组织来说，权威的必要性不言而喻。权威领导体系是指由职位等级确立的权力和领导体系，它确立了不同级层成员间的权利义务关系，从而保证组织内部秩序和共同行动的可能性。韦伯认为，权威就其形成而言可以分为法理型权威、传统型权威和魅力型权威。法理型权威是通过人们认为合法的程序而形成的、具有合理性的权威；传统型权威是由于世袭等原因而形成的权威，下级对上级的臣属和忠诚是其权力特征；魅力型权威是由于领导者个人具有过人的才能而形成的权威。在现代社会，法理型权威占主导地位。

（四）组织角色

组织角色是指与人们在组织中所占据的位置相一致的一整套权利、义务的规范与行为模式，它是人们对具有特定身份的人的行为期望。组织内的每一个人都有不同的组织角色。例如上层经理人、中层管理者和基层员工，其组织角色各不相同；又如不同职能部门的劳动者，也会由于自身不同的部门归属而表现为不同的组织角色。由于所扮演的组织角色不同，组织成员会产生不同的态度、观点和利害关系，并进一步影响组织功能的发挥。

二、劳动组织的功能

劳动组织的一般功能是组织社会劳动，此外还有创造经济价值、满足个体需要、增进社会团结等功能。劳动组织既有社会层面的功能，又有个体层面的功能。劳动组织在社会层面的功能，按照埃米尔·迪尔凯姆（Émile Durkheim）社会分工论的观点，是增进社会有机团结的一个载体；对于经济发展来讲，亦是不可或缺的社会细胞。劳动组织在个体层面的功能，是为个体提供基本的职业归属，是个体获取物质报酬的场所。具体来讲，劳动组织的功能表现在以下方面。

第一，组织社会劳动的功能。劳动组织将分散的单个劳动者组织起来，在劳动者之间进行分工协作安排，节省了劳动时间，增加了劳动产出，提高了劳动效率，促进了社会生产的发展。

第二，创造经济价值的功能。劳动组织通过提供产品和服务，把原本人类无法使用的原材料加工制造成人类生产生活需要的产品，为生产、分配、交换和消费四个经济运行环节提供了重要载体，为社会系统的运行创造了重要的经济价值。

第三，满足个体需要的功能。劳动组织存在的一般目标是为社会提供产品和服务，这些产品和服务最终要被社会成员消费，消费行为本身就是为了满足社会成员的各种物质和精神需求。劳动组织生产的产品不仅被劳动组织外的人需要，也直接或者间接地满足了组织内部成员的需要。

第四，增进社会团结的功能。劳动组织将分散独立的劳动者按照特定的形式组织在一起，组织成员围绕组织目标形成共识，按照组织目标分工参加劳动，把利益分散的个人聚合在了有共同利益的团体中，使分散的社会个体处在特定的社会秩序之下，增进了社会团结，维系了社会稳定。

三、劳动组织的正式结构和非正式结构

不同的组织活动分类和组合方式，会形成不同的组织结构类型，即劳动组织的正式结构。与此同时，在完成组织目标的过程中，由于工作性质、性格爱好等因素的影响，组织成员会在交往过程中自发形成某种个人关系和社会关系网络，即劳动组织的非正式结构。

（一）劳动组织的正式结构

现代工厂制度建立后的很长一段时期内，人们对劳动组织的认识都停留在正式组织的范畴，组织理论诞生之初的科学管理理论关注的亦是组织的正式结构。随着资本主义经济的发展和技术的进步，劳动组织的正式结构类型越来越丰富，人们对劳动组织正式结构的认识也越来越深入，并在此基础上发展出形形色色的组织理论。

1. 概念

劳动组织的正式结构是指劳动组织内部各个职位、各个部门之间正式确定的、比较稳定的相互关系模式和工作安排，是组织内各部分排列顺序、聚集状态、隶属关系和联系方式的表现形式，是组织的基本框架。在劳动组织内部，每个劳动者都占据一个劳动职位，每个劳动职位对应着不同的角色，发挥着不同的功能，不同的劳动职位具有不同的权力、报酬和声望。

一般来说，通常用三种特性来描述组织结构，分别是：

第一，复杂性。复杂性指的是组织各要素间的差异，这种差异表现为横向差异和纵向差异。部门数量越多，职位设置越多，分工越细，横向差异越明显，组织的复杂性也越高；组织管理层次越多，纵向差异越明显，组织的复杂性也会越高。

第二，规范性。规范性表现为组织内部行为规范化和标准化的程度。简单而言，组织规范包含了组织内部行为准则、规章制度、工作程序和工作标准化流程等方面，在这些方面越完善，规范程度就越高。规范性是组织内部的一种控制机制，有利于形成对个体行为的规范和约束。

第三，分权性。组织中集权和分权所关注的“权”主要指决策权，分权性指的是组织内部决策权的分布情况，决策权集中在组织的什么层级。当决策权集中在组织的高层，底层员工的意见几乎不被考虑时，属于权力集中程度比较高、分权性比较低的情况。而分权性比较高时，基层员工有更多的机会参与组织决策[9]。

2. 类型

随着管理实践的不断发展，人们创造出了各种类型的组织结构。从组织结构的发展历程来看，在早期企业规模较小、产品单一、管理简单的情况下，直线型或职能型结构比较适用。19 世纪末 20 世纪初，与大批量、低成本、标准化的生产导向相适应，开始盛行垂直一体化的直线职能型组织。第一次世界大战后，在产品导向的影响下，出现了一种比垂直一体化组织更适应市场的组织结构——事业部制结构。直到 20 世纪六七十年代，管理系统纵横交错，形成了矩阵型结构。20 世纪末，市场环境发生了翻天覆地的变化，社会分工日趋细化，产品更新速度加快，与此相对应，出现了一种新的组织形式——网络型结构[10]。

(1)直线型结构。所谓直线指的是垂直领导方式，下属部门直接接受一个上级领导的指挥，各管理层对所管辖工作全权负责，职权从组织最高层向最低层流动，形成金字塔型结构（见图 6－1）。直线型结构是一种部门化程度低、管理跨度大、权力主要集中于某一人、正规化程度极低的组织设计。大多数公司在初创时期采用这种结构形式，但随着员工数量的增加，大多数组织不会保持这种简单结构。

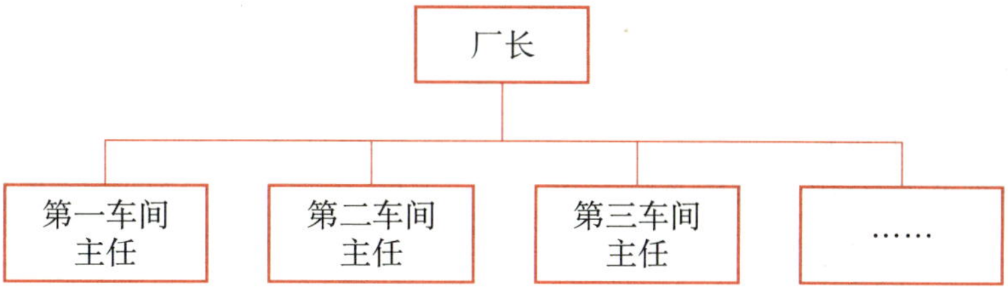

图 6-1　直线型结构

（2）职能型结构。职能型结构是 20 世纪初亨利・法约尔（Henri Fayol）在管理煤矿公司时创建的组织结构，故也称为“法约尔模型”。职能型结构就是按照职能划分部门，从企业高层到基层，按照承担相同职能的人员结合在一起的原则形成部门，从而形成各职能部门林立的职能型组织（见图 6-2）。职能型结构实现了高度的专业化分工，但其缺点也十分明显。项目实施过程中协调困难，容易出现不同项目争夺资源而无法协调的情况。因此，这种组织结构主要适用于中小型、产品结构单一、技术简单的企业，纯粹的职能型结构在现代企业中并不常见。

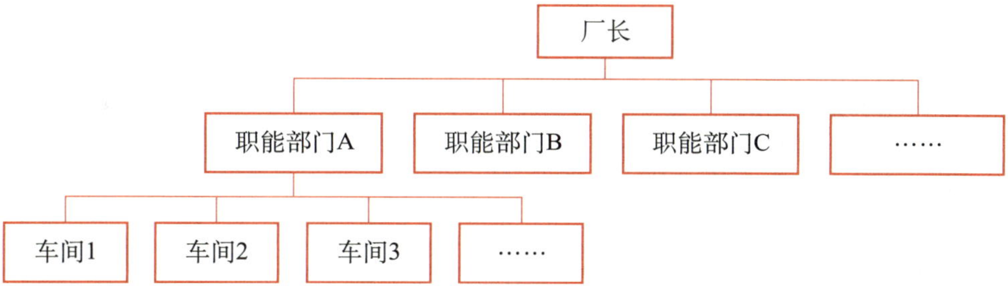

图 6-2　职能型结构

（3）直线职能型结构。直线职能型结构是一种将直线型结构和职能型结构结合在一起的组织结构，即在直线管理人员的基础上配备一些职能管理人员来协助管理。这种组织结构是目前我国企业应用较广的组织结构之一，特别是在中小型企业和政府部门适用性很强。具体而言，直线职能型组织是在各级直线管理者之下，设置相应的职能结构，从事各项事务的管理（见图 6-3）。其中，直线管理人员由上至下逐级行使指挥权和决策权，而各职能管理人员并不拥有指挥权，仅仅对同级直线管理人员起到参谋作用，行使参谋权。在保证直线管理人员统一指挥的前提下，直线职能型结构充分发挥了职能管理人员的参谋作用，有效地适应了越来越复杂的业务活动。

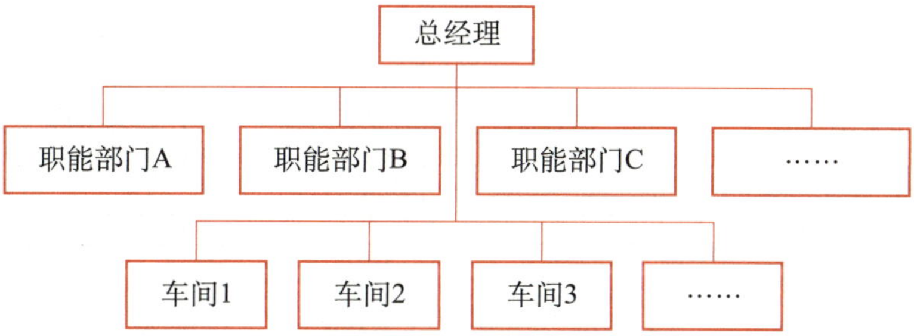

图 6-3　直线职能型结构

(4)事业部制结构。事业部制结构也称产品部制结构，是一种由相对独立的事业部或业务单元组成的组织结构（见图 6－4）。在这种结构中，每一个事业部都拥有有限的自主权，由事业部管理者对该事业部进行管理并对其绩效负责。事业部结构起源于美国，最早应用于杜邦公司，由皮埃尔·杜邦（Pierre Dupont）于 1920 年杜邦公司改组时提出，并在 1921—1922 年由通用汽车公司的总裁艾尔弗雷德·斯隆（Alfred Sloan, Jr.）大力推行。事业部制结构的盛行，是由于企业规模的扩大形成跨区域经营和多样化经营状态，原有的组织结构对企业的发展形成束缚，对组织结构的设计提出了新的挑战。事业部制结构改变了依赖职能进行划分的组织设计，第二层级的划分依赖的是企业的产品、地区或顾客等。事业部内部拥有自己的组织结构，拥有自己独立的产品和市场，在总体战略的基本方向下，自行制定发展战略，自主经营、自负盈亏。

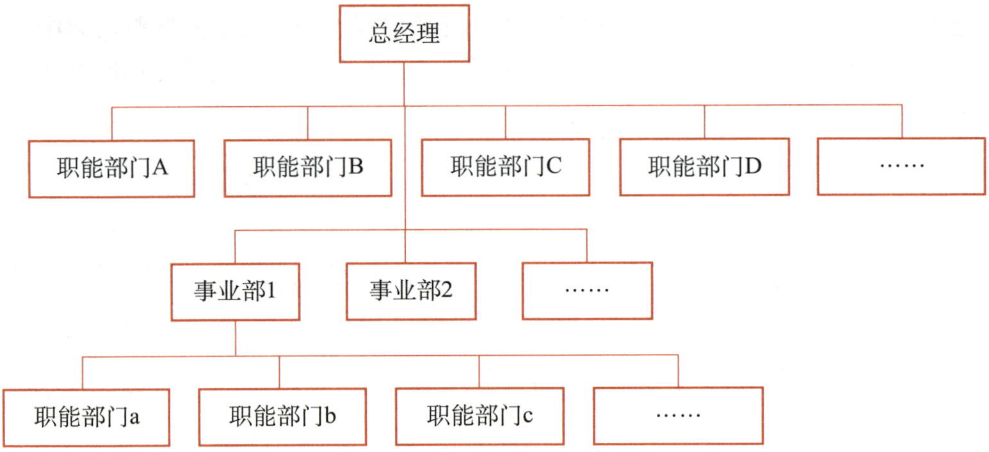

图 6－4　事业部制结构

(5)矩阵型结构。矩阵型结构指的是纵横管理系统交错而成的组织结构，包括纵向垂直领导系统和横向职能领导系统（见图 6－5）。日益复杂的环境对产品线的快速反应能力提出了更高的标准，同时也对知识技能有了更专业化的要求，为同时满足两者，打破统一指挥原则的新型组织结构应运而生，即矩阵型结构。在矩阵型结构中，一种常见的方式是将以产品分类的项目团队叠加到职能部门上，员工受双重指挥，一方面是专业分工产生的职能部门经理，另一方面是为整个项目负责的项目经理。矩阵型结构比较适合组织内的临时性项目，在项目结束后，人员依然回归原有的部门。

图 6－5　矩阵型结构

(6)网络型结构。网络型结构是随 20 世纪 90 年代的一种组织趋势出现的，即一些公司只保留自身最擅长的经营活动，将其余环节交由外部专业组织完成，由此诞生了一种只保留自身核心优势的精干中心结构。依托于其他组织，以契约关系为基础，从事各项经营活动，这种结构类型即为网络型结构（见图6-6）。这种结构形式中较为成功的是虚拟公司，即组织拥有经营活动所需的一系列功能，如设计、生产、营销、财务等，但在组织内部并没有实现这些功能的部门，组织仅保留最关键也是最具竞争力的功能，借助“外部资源整合”实现其他功能。这种结构既保持了核心竞争力又精简了机构，有助于降低组织成本和风险，具有更强的市场应变能力和适应能力[11]。

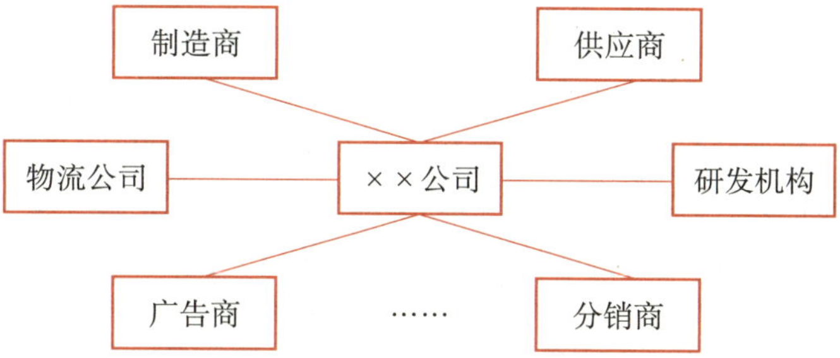

图6-6　网络型结构

（二）劳动组织的非正式结构

随着经济的发展和技术的进步，劳动组织的正式结构类型越来越丰富，人们对劳动组织非正式结构的认识也越来越深入，并在此基础上发展出形形色色的理论观点。

1. 劳动组织非正式结构的概念

首次提出非正式组织（informal organization）理论的学者是切斯特·巴纳德（Chester I. Barnard）。他在《经理人员的职能》一书中指出，非正式组织是在正式组织中，由于个人之间的相互接触、交互影响而形成的自由结合体，它是自然形成的，具有偶发性，不具有特定的目的。继巴纳德之后，弗里茨·罗特利斯伯格（Fritz J. Roethlisberger）和威廉·迪克森（William J. Dickson）等研究者提出了自己的观点，他们认为，非正式组织就是存在于正式组织成员之间的一种无形的关系，这种关系建立在个人相互交往的基础上，是正式组织难以表示或不能恰当表示的。此外，美国学者拉尔夫·戴维斯（Ralph C. Davis）认为，非正式组织就是基于人与社会的关系而建立的交往系统，这种系统的建立不取决于正式组织的权威，而是人们之间的自发结合[12]。

与上述学者不同的是，本书认为，所谓非正式组织，是指劳动组织中的非正式结构。劳动组织的非正式结构，即劳动组织中的非正式群体，是正式组织内若干成员由于生活接触、情感交流、兴趣相近或利益一致而自然形成的、没有固定形式和特定目的的人际关系组合[13]。参与组织的人都是完整意义上的人，他们有完成工作之外的其他需要，而这些需要是通过建立和其他成员的关系得到满足的。所以，可以认为形成非正式群体的倾向总是存在的，劳动组织非正式结构的出现源于“正式”因素和人的需要的特殊结合。从形成的过程来看，非正式结构的最大特点是自发性，即非正式结构是劳动者在劳动过程中自发形成的，在形成过程中没有正式或者指定的组织者。非正式结构也没有明确的界限，成员不固定，非正式结构产生的最主要因素是成员相互之间的认同感，一旦这种认同感消失，非正式结构也就随之消失[14]。

2. 劳动组织非正式结构的类型

按照不同的划分标准，劳动组织的非正式结构可以划分为不同的类型。

按照对正式组织目标达成的影响来分，非正式结构可以分为积极型、中间型、消极型、破坏型四种类型。积极型非正式结构对正式组织的目标达成具有积极作用，例如业余的读书小组、业余的技术革新小组等。中间型非正式结构对正式组织的目标达成没有明显的影响。消极型非正式结构，比如赌博团伙、酗酒者群体等，会对正式组织的目标达成产生削弱或者负面的作用。破坏型非正式结构存在的目的，就是对正式组织目标的达成进行阻碍和破坏，如果正式组织的目标没有达成，它的目标反而就实现了。

按照形成基础来分，非正式结构可以分为地缘型、感情型、兴趣型、利益型等不同类型。所谓地缘型非正式结构，是指来自同一个地方，以地缘为基础的老乡群体；感情型非正式结构则是由于个人之间感情比较亲密所形成的一种非正式群体；兴趣型非正式结构是基于共同的兴趣爱好，如网络游戏、篮球、音乐等文娱活动，所组成的非正式群体；而利益型非正式结构是纯粹以经济利益作为链条所形成的一种非正式群体。

3. 劳动组织非正式结构的功能

劳动组织非正式结构的存在对正式组织的运行有影响，可以把这种影响划分为正功能和负功能两个方面。

非正式结构的正功能主要表现为凝聚功能、减压功能、协调功能和监督功能。具体来讲，凝聚功能指能够在生产劳动之外，起到情感凝结的作用；减压功能指通过非正式结构，能够释放压力；协调功能指协助正式组织做好沟通协调工作；监督功能指非正式结构对正式组织的监督作用。因此有适当、合理的非正式结构存在，对劳动组织来讲并非坏事。如果只有正式组织而没有非正式结构，就存在诱发其他问题的风险[15]。

非正式结构的负功能主要表现为制造冲突、阻挠变革、削弱士气和徇私舞弊。非正式结构如果过分扩张，就有可能对正式组织的权威提出挑战，对组织结构的决策造成冲击，即制造冲突；正式组织的渠道不够畅通，正式组织制定的规则不能得到较好地贯彻，则表现为非正式结构阻挠变革的负功能；正式组织所倡导的组织目标有可能和非正式结构所倡导的某些理念冲突，因此会对正式组织的组织目标产生影响，即削弱士气；正式组织中如果存在较多且不同的非正式结构，那么在正式组织之外会出现非正式群体为了各自的利益而徇私舞弊的行为[16]。

第 3 节　劳动组织理论

从科学管理思想产生至今，组织理论已经有 100 多年的历史。在这 100 多年的发展历程中，随着经济社会形态的变化和技术的发展变革，不同时期的组织理论面临的客观环境及应对的客观挑战有所不同，这种差异使组织理论随经济社会的发展呈现出鲜明的阶段性，不同阶段的理论在研究内容、研究方法，甚至基本的研究假设方面都呈现出很大的差异。

一、19世纪末20世纪初的古典组织理论

19世纪末20世纪初，西方国家进入由自由资本主义向垄断资本主义过渡的阶段，在这一时期，财富生产的组织形式——工厂内部发生深刻变化，新技术的发展使生产效率迅速提高，生产规模不断扩大，大规模的垄断企业逐渐占据主导地位。为了适应时代变化，组织的经营权与所有权逐渐分离，产生了职业化的管理阶层，现代化的企业制度逐渐完善。在这一阶段的初期，组织面临的最大问题是采用何种管理方式才能消除生产过程中存在的工人消极怠工、浪费严重、效率低下等问题，从而最大限度地提高生产效率。针对这一问题，科学管理理论应运而生，其主要代表人物有美国的泰勒、法国的法约尔和德国的韦伯。古典组织理论侧重于组织结构与劳动管理的研究，希望通过科学管理的方法实现生产效率的提高。

（一）泰勒的科学管理理论

泰勒被誉为“科学管理之父”，他著述颇丰，其中极为著名的是1895年发表的《计件工资制》、1903年发表的《工厂管理》和1911年出版的《科学管理原理》。《科学管理原理》一书的问世标志着管理由漫长的经验管理阶段进入科学管理阶段[17]，为科学管理理论奠定了基础。

泰勒的科学管理的根本目的是谋求最高的工作效率。他的理论主要是从技术分析的视角研究工人的工作方式、工作过程和工作协作，以期通过最合理、最有效的组织配合来提高组织效率。其中，最重要的是用科学化、标准化的管理模式代替传统的经验管理模式。为此，泰勒提出了科学管理的四项原则：第一，为工人挑选科学的操作方法，以代替过去依靠工人的经验得来的知识与方法；第二，科学地挑选工人，并对他们进行培训、教育，而在过去是由工人自己挑选工作，并尽可能进行自我培训；第三，与工人衷心地合作，保证一切工作都能按照已经形成的科学原则去做，因为若不能使工人同科学的方法结合起来，以前所付出的一切劳动都会白费；第四，管理当局与工人在工作和职责的划分上几乎是对等的，管理当局把自己比工人更胜任的各种工作都承揽过去，而非过去由工人来负责几乎所有的工作。

泰勒的组织管理原理主要包括以下几个方面：(1)工作定额原理，即确定一个工人在最佳的工作条件下能完成的最大工作量；(2)标准化原理，即统一劳动工具的型号，使其标准化；(3)职能专业化原理，即各项管理工作，如工时管理、质量检验、劳动纪律监察等，都由专人负责；(4)例外原理，即企业的高级管理人员把一般的日常事务授权给下级管理人员去处理，自己只保留例外事项（即重要事项）的决策权与监督权[18]。此外，泰勒提出的“差别计件工资制”也是其科学管理思想的重要组成部分。

泰勒提出的许多思想和方法成为大规模生产技术的基础，其中最著名的例子是被视为工业革命达到鼎盛标志的“福特主义”。但是，工人和管理者中反对泰勒及其方法的声音始终不断，在管理者和工人持续的抵抗下，科学管理所留下来的与其说是一种综合

管理思想，不如说是一些表面的技术性程序[19]。

（二）法约尔的一般管理理论

法约尔是古典组织理论的另一重要代表人物。与泰勒等人提倡自下而上的理性化组织——通过改变各项任务的完成方式来影响工作关系结构——不同，法约尔的一般管理理论关注的是组织管理者的管理能力问题，其理论观点主要体现在《工业管理与一般管理》一书中。

法约尔首先区分了经营和管理这两个概念，他认为这是两个不同的概念，管理包含在经营之中，是经营的第六项职能。企业的全部活动（或职能）分为以下六种：(1)技术活动（生产、加工、制造）；(2)商业活动（购买、销售、交换）；(3)财务活动（筹集和有效利用资金）；(4)安全活动（保护财产和人员）；(5)会计活动（财产清点、资产负债表、成本和统计等）；(6)管理活动（计划、组织、指挥、协调和控制）。法约尔认为，前五种活动都不包括制订企业的总体经营计划，不包括协调各方面的力量与行动，这些都属于管理活动。法约尔把管理活动从经营活动中提炼出来加以集中研究，提出了普遍意义上的管理定义，即“管理是一种普遍的单独活动，有自己的一套知识体系，由各种职能构成，管理是通过完成各种职能来实现目标的一个过程”。法约尔对管理理论独一无二的贡献在于把管理作为一种独立的职能加以分析。

法约尔认为，管理活动“就是实行计划、组织、指挥、协调和控制”[20]，是上述五个要素的统一体，这一思想成为后来管理理论大厦最重要的基石。管理的基础是组织，没有组织管理就不会存在，而离开了管理，组织就无法形成并维持，他基于自己多年的管理经验提出了著名的 14 项基本管理原则：劳动分工、权力和责任、纪律、统一指挥原则、统一领导原则、个人利益服从整体利益原则、人员的报酬、集权与分权要适度、等级制度、秩序、公平、人员的稳定、鼓励首创精神和培养集体精神[21]。

法约尔认为上述原则对于管理来说至关重要，但是，这些原则并不是死板的、绝对的，而是灵活的，“可以适应一切需要，问题在于懂得使用它。这是一门很难掌握的艺术，它要求智慧、经验、判断和注意尺度。由机制和经验合成的掌握尺度的能力是一个管理者的主要才能之一”[22]。随着企业由小到大，管理者职位由低到高，管理能力在管理者各项能力中的相对重要性不断增加。法约尔在《工业管理与一般管理》一书中第一次明确提出了管理的概念，使独立的管理职能和普及的管理教育从此成为可能。最重要的是，法约尔在该书中提出的 14 项基本管理原则和五个管理要素，成为后世管理学教育和管理实践的基本逻辑。

（三）韦伯的科层制理论

韦伯是德国著名的社会学家、政治学家和经济学家，是一位百科全书式的学者，他对组织理论最重要的贡献是科层制理论，又称官僚制组织理论，韦伯也因此被称为“组织理论之父”，其组织理论主要体现在《经济与社会》和《社会组织和经济组织理论》两部著作中。

韦伯对于不同组织类型的研究始于其对合法性权力即权威类型的划分。权威是人们对权力的自愿服从，是各类组织正常运行的基础，不同类型的组织赖以运行的权威是不同的。韦伯指出，“任何统治都企图唤起并维持成员对它的‘合法性’的信仰”，他进一步将这种合法性统治——权威划分为三种类型：传统型、魅力型和法理型[23]。不同的权威类型对应着不同的行政结构。传统型权威主要存在于家长制、封建制等社会形态下；而魅力型权威多产生于动荡时期，由于人们对超常规手段的期待而容易形成英明领袖与其忠实追随者的关系；法理型权威则在现代社会的科层制中得到了充分发展。在韦伯看来，只有传统型或法理型权威关系拥有充分的稳定性，魅力型权威因其极度个人化的色彩而不稳定，最终会逐渐向其他两者转化。在近几个世纪，尤其是西方资本主义社会中，法理型统治正在逐渐取代传统型统治，原因是法理型统治自身具有技术方面的优越性。

科层制又称官僚制，是指借助官僚体制的行政管理班子进行的统治，是法理型统治的最纯粹形式[24]，是现代资本主义经济合理性的高度体现。科层制具有以下特点：

(1)正式规章。组织管理的权力，建立在一整套被所有组织成员共同认可和严格履行的正式规则基础之上。这些规则有明确的规定，所有管理人员的活动都无一例外地受这套规则的制约。这些规则是为完成组织目标和实现组织功能制定的，排除了任何个人情感的因素。

(2)明确分工。组织权力横向方面按职能分工，明确规定每个部门的职责、权限和任务，限定各自的管理范围，各负其责、各司其职、相互配合。

(3)权力分层。组织权力纵向方面按职位层层授权，明确规定每一个管理人员的权力和责任。职位的设立满足管理和效率的需要，不因人设位。处于中间职位的管理人员既接受上级的指挥，又对下级实施管理。组织权力的分层，形成一个金字塔型的等级结构。

(4)公务关系。在组织管理范围内，部门间以及管理人员的关系均为公务关系。在处理组织事务时，应照章办事，不允许将私人关系掺杂在内，更不允许因私人关系而破坏组织的正式规则。

(5)考核任命。组织成员资格应通过正式考核来获得，他们进入组织并占据一定职位依据的是经由教育和训练所获得的专门知识和技能。除最高领导者，所有管理人员都是由上级任命产生的，管理人员晋升有统一的标准，他们是专职的管理人员，领取固定的薪金，其薪金应与其责任和工作能力相匹配[25]。

韦伯认为，官僚制的组织结构和管理体制能够根据组织目标合理地分解组织权力，提供组织内各部门有效合作的基础，在一定程度上排除了组织管理中的不稳定因素，使组织负责人及相关人士能够对组织运行的结果做出相对准确的估计，在目标性、稳定性、纪律性及组织效率等方面要优于其他组织形式[26]。在肯定了官僚制相对于传统组织所具有的优点后，韦伯指出，在现代社会，官僚制组织管理模式已经渗透到社会生活的每一个领域，充分发展的官僚制把整个社会变成一架非人格化的庞大机器，使一切社会行动都建立在功能效率关系上，这是现代社会不可避免的“命运”。

二、20 世纪 30—50 年代的组织理论

20 世纪 30—50 年代，人类历史上爆发了规模空前的全球性经济危机和世界大战，

工人生活水平急剧下降，工人和资本家之间的冲突日益增多，管理者逐渐认识到古典组织理论的局限性，一些管理学家和心理学家开始从心理学、社会学等学科出发，系统思考组织中有关人的问题，人际关系学派和组织协作学派得以在大萧条中诞生。第二次世界大战结束后，西方各国进入了政治调整和经济恢复时期，生产力发展和科学技术进步带来的经济繁荣在为人们的生活提供物质保障的同时，使管理者面临更加复杂的决策环境，而劳动者谋求进一步提高自身地位的行动也使得劳资矛盾尖锐。面对这种挑战，组织理论研究者不断革故鼎新，由此形成一系列新的组织理论学派。新旧学派在历史渊源和理论观点上相互影响。

（一）梅奥的人际关系理论

人际关系理论旨在研究效率与人际关系、效率和人性之间的关系。梅奥是人际关系理论的创建者和重要代表人物，其代表性著作为《工业文明的人类问题》和《工业文明的社会问题》。

1924—1932 年，一批管理学家为提高生产效率，在美国芝加哥附近的西部电气公司的霍桑工厂进行了一系列著名的实验研究，即霍桑实验。霍桑实验采取的是科学管理的思路，其基本假设是作业条件的改善有利于作业效率的提高，实验主要考察作业条件、作息时间和工资等因素与组织效率之间的关系。但是，霍桑实验并没有证实科学管理理论的观点，古典组织理论中改善作业条件有利于提高生产效率的假设并不成立。梅奥在霍桑实验的基础上，提出了一系列创新性观点。

(1)“社会人”观点。在人际关系理论产生以前，经济学和管理学中的流行观点是把工人看成“经济人”，梅奥等人以霍桑实验的成果为依据，提出了与“经济人”观点不同的“社会人”观点，强调金钱并非提高工人工作积极性的唯一动力，工人还有友情、尊重、归属感等其他需求[27]。

(2)企业中的非正式结构具有重要作用。梅奥等人发现，组织中存在着大量非正式结构，这种无形组织有其特殊感情、规范和倾向，并且左右着群体里每一位成员的行为。古典组织理论仅注重正式组织的作用，忽视了非正式结构对职工行为的影响。非正式结构与正式组织是相互依存的，对生产率的提高有很大影响。

(3)新型领导观念的形成。传统的科学管理理论认为，生产效率与作业方法、工作条件之间存在着单纯的因果关系。可是，霍桑实验表明，这两者之间并没有必然的、直接的联系，生产效率的提高，关键在于工人工作的态度，即士气的提高。士气的高低则主要取决于工人的满足度，这种满足度首先体现为人际关系，如工人在企业中的地位是否被上司、同事和社会承认等；其次才是金钱的刺激。工人的满足度越高，士气也越高，生产效率也就越高。因此，领导者所具备的管理能力中，处理人际关系的能力至关重要。

（二）巴纳德的组织协作理论

霍桑实验的结果引发了一系列从组织过程、组织与人的关系等角度入手的研究，其中最有代表性的成果是组织协作理论。

切斯特·巴纳德并不是一位严格意义上的学者，而是新泽西州贝尔电话公司的总经理，曾担任新泽西州救济管理局的局长。他在1938年出版的《经理人员的职能》一书中提出了组织协作理论，强调合作是个人和组织成功的途径。他的《经理人员的职能》和《组织与管理》被誉为管理学的经典之作，其主要观点主要有以下几个方面。

(1)组织的本质。巴纳德认为组织既不是单纯的物，也不是单纯的人，而是“有意识地协调两个以上的人的活动或力量的一个系统”[28]。巴纳德的组织协作理论从个人必须协作这一基本假定出发，认为每一个个体既受其所处环境的制约，又受人的动物性的限制，只有相互协作才能克服个体的这些局限性，组织本质上是一个整合个体参与者贡献的协作系统，组织的存在有利于克服个体的局限性。

(2)组织的要素。巴纳德认为，一个组织的成立需要具有三个条件：1)能够互相进行信息交流的人们；2)这些人们愿意做出贡献；3)一个共同目的。这意味着构成一个组织有三大要素，即协作意愿、共同目的和信息交流[29]。协作意愿即个人为实现组织目标贡献力量的愿望，组织的存在依赖于参与者为其做贡献的意愿，组织可以动用各种诱引即激励因素引导成员为其做贡献，这些激励因素主要有两类，一类是经济因素，包括工资、奖金、物品等物质方面的刺激，另一类是非经济因素，包括晋升、荣誉、威信、理想的实现、团结互助等[30]。

(3)权威接受论。巴纳德力图把两种一定意义上相互对立的思想结合并协调起来：自上而下贯彻的目标和实现这些目标所依赖的自下而上的意愿[31]。与传统观点认为权威是自上而下的相反，巴纳德认为只有被接受的权威才有效，权威的有效性取决于命令接收者对它的反应，决定一项命令是否具有权威的不是“发号施令”的人，而是接收命令的人，自上而下的权威纯粹是一种虚构。巴纳德的权威接受论，从管理实践的主客体关系的角度看，强调了管理客体对管理主体的制约和转化关系，至今仍有较大的启发意义。

（三）西蒙的组织决策理论

赫伯特·西蒙（Herbert A. Simon）是20世纪一位奇特的通才，他的研究领域涉及科学理论、应用数学、统计学、运筹学、信息科学及经济学、政治学、管理学等多个不同的学科，并因其对组织决策理论的开创性研究于1978年获得诺贝尔经济学奖。他的博士论文《管理行为：组织决策过程研究》和发表于1960年的《管理决策新科学》是其最重要的著作，也是组织决策理论的经典之作。

西蒙指出，组织的基本功能就是决策，决策行为是管理的核心，决策贯穿管理的全过程，领悟和把握一个组织的结构和功能的最好方法在于对组织决策进行分析。决策要素是西蒙为了更深刻地理解和认识管理者的决策过程而提出的概念，他把决策要素区分为事实要素和价值要素。事实要素是对环境及环境的作用方式的某种描述（信息），价值要素是管理者对某种事物喜好的判断。通过科学的方法能够检验事实要素正确与否，对于价值要素则不能。在西蒙看来，这种区分相当于手段和目的的区分，决策是一种链式反应的过程，在决策的每一个步骤中以及在多个决策组成的复杂决策中，上一个步骤或者上一个决策所要达到的目的反过来是下一个步骤或下一个决策的手段，这样就形成了一种“手段-目的链”[32]。

西蒙把理想的决策称为“人-机决策系统”，即他所倡导的“管理决策新科学”。西蒙认为，把计算机引入决策系统，既可理解为权威的加强，因为权威用程序化来证明其科学性；又可理解为权威的削弱，因为排除了专家的主观任意性，理想的状况是“组织在自由和限制之间取得平衡”[33]，这种对权威决策和技术的调和也体现在其有限理性理论中。20 世纪 50 年代，随着“社会人”观点的提出，人们逐渐认识到“经济人”观点之上的完全理性决策只是一种理想模式，西蒙的有限理性理论就是在这样的背景下提出的。

西蒙对经济学家的理性选择模型提出了质疑。他认为，决策行为中的理性受到一系列因素的限制，首先是知识的限制，即知识不完备性的限制。完全理性意味着行为主体必须完全了解并预期每项决策产生的结果，这在实际中是不可能达到的。其次是预期问题，即随着对结果偏好的转移，完整地预期某项决策的价值是不可能的。再次是行为的可行性范围的限制，即无论何时，行为主体都只能想出非常有限的几个可能方案作为备选方案。由于未来有很多不确定性，人们不可能对未来无所不知。同时，由于信息的不完全，人们也不可能拟定出全部的方案，这既不现实也不必要。即使使用了最先进的计算机分析手段，也很难对各种可能结果形成一个全面一贯的优先顺序，“单独的、孤立的个人不可能达到很高程度的理性，当需要探索的方案太多、需要评价的信息太广泛时，甚至近似的客观理性也很难达到”[34]。因此，现实生活中，人们的决策并没有最大限度地追求理性，而是只要求有限理性。“组织中的行为，尤其是决策的制定，主要是遵循规则，而不是对结果的计算。”[35]

有限理性下的管理者决策，追求的不再是最优原则，而是满意原则，即寻找一种“令人满意或‘足够好即可’的行动方案”。所谓满意，指决策只需要满足两个条件：一是有相应的最低满意标准，二是策略选择能够超过最低满意标准[36]。

（四）赫茨伯格的双因素理论

弗雷德里克·赫茨伯格（Frederick Herzberg）通过在美国匹兹堡地区的调查研究，提出了双因素理论。1959 年，赫茨伯格与同伴在工业城市匹兹堡选取了 11 个组织进行调查，调查样本有 200 多个，主要调查对象是来自各行各业的工程师和会计师。后来，赫茨伯格又进行了更广泛的补充调查，调查范围扩展到了国际领域，调查对象扩展到形形色色的行业，不再局限于白领，从而验证了其理论的有效性。

赫茨伯格指出，有五种因素强有力地决定着组织成员对工作的满意度——成就、认可、挑战性的工作、责任和发展，其中后三种因素对员工工作态度的持续变化有更大的影响。但是，引起组织成员对工作不满意的因素不是与上述因素相反的因素，而是另外一些因素：公司的政策和管理，监督，工资、地位、安全，人际关系和工作条件[37]。他将决定员工对工作满意的因素称为激励因素（motivation factors），将引起组织成员对工作不满意的因素称为保健因素（hygiene factors）。赫茨伯格认为，组织成员工作中的不满意因素并不与个人所做的工作本身有关联，这些因素只涉及个人与其工作环境之间的关系，即满意度与工作本身有关，而不满意因素与工作环境有关。所以，改善工作环境是为了防止工作中出现不满意因素。

在双因素理论的基础上，赫茨伯格指出，要提高工作效率，不应通过使工作合理化，而应通过丰富工作内容来更有效地利用人力资源，即通过调整激励因素以对组织员工加以激励。工作的丰富化是一个长期的过程，而不是一次性的计划。不是所有的工作都能丰富化，也不是所有的工作都需要丰富化。被丰富化的工作必须具备以下特点：一是在管理方面的投资不会导致成本的大幅度变化；二是职工本来对这方面工作的态度就不好；三是花在改善保健因素方面的成本已越来越高[38]。

在赫茨伯格之后，斯达西·亚当斯（Stacy Adams）和维克多·弗鲁姆（Victor H. Vroom）又进一步发展了其对于工作满足的影响因素的研究。亚当斯于1963年提出了公平理论，他不赞成关于期望与满足差距的讨论，他认为个人对自己工作的期望与实际所得的绝对差距并无实际意义，意义在于差距的人际比较。工作的投入与所得之间如果因人而异就是不公平，不公平是导致工作不满足的主要因素。弗鲁姆于1964年提出了期望理论，他认为工作满足可以归结为期望模型：人对所期望达到的目标以及达到目标的可能性多少有一些期待，且会在期待的驱动下采取行动去努力达到目标，如果能得到一些帮助，他努力的动机会更强。此时，人若能成功地得到他所期待的和所珍惜的，就会十分满足[39]。

三、20世纪60—70年代的系统组织理论

受功能主义的影响，20世纪60—70年代盛行的组织理论主要是系统组织理论。系统组织理论以系统和权变的观点，考察组织内部各要素之间的相互联系及其与外部环境的相互协调，应用系统科学的思想、方法全面分析和研究企业及其他类型组织的管理活动和管理过程，重视对组织结构和模式的分析，并通过建立系统模型进行研究。

生物学家路德维格·冯·贝塔朗菲（Ludwig Von Bertalanffy）提出了一般系统论的概念和分析框架，并将系统分为封闭系统和开放系统[40]，建立起独立的一般系统论。1956年，经济学家肯尼思·鲍尔丁（Kenneth E. Boulding）率先将一般系统论运用于社会科学研究，详细论述了系统的层次和类型，为系统理论运用于组织研究开辟了新的途径[41]。贝塔朗菲在20世纪30年代就提出了一般系统论的概念，而组织研究的系统思想可以追溯到更早，比如巴纳德认为组织是一个协作的社会系统，西蒙将组织看作决策过程的复杂系统等。但是，直到20世纪60年代，丹尼尔·卡茨（Daniel Katz）和罗伯特·卡恩（Robert Kahn）在《组织的社会心理》一书中，把开放系统看作总的概念体系，将一般系统论运用于组织研究，才使开放系统理论在组织研究领域得到广泛的运用和发展。此后，将组织视为一种开放系统的方法的影响不断扩大，运用系统方法对组织和管理问题进行研究的学者也越来越多。

（一）卡斯特和罗森茨韦克的组织权变理论

弗里蒙特·卡斯特（Fremont E. Kast）和詹姆斯·罗森茨韦克（James E. Rosenzweig）是组织权变理论的集大成者。1963年，卡斯特、罗森茨韦克和理查德·约翰逊（Richard A. Johnson）共同出版了《系统理论和管理》一书，该书从系统概念出发，建立了企业管理新模式，成为系统管理学的奠基性著作。1970年，卡斯特与罗森茨韦克又

合著了系统管理学的另一部经典著作——《组织与管理：系统与权变的方法》，该书将组织视为一个开放的系统，还采用权变的方法对系统管理进行了全面的论述，成为系统管理学的代表作。

卡斯特和罗森茨韦克认为，系统方法给人们提供了一种从整个组织及环境的相互作用中看待组织的途径，也为研究组织内部各个部分即各个分系统之间的关系提供了指导。同时，系统观念为组织及其管理的权变观念的发展提供了基本的参照系[42]。他们关于组织的思想主要体现在以下几个方面。

(1)组织是一个开放的系统。卡斯特和罗森茨韦克认为，组织不仅是一个复杂的系统，还是一个开放的系统，总是处于与环境的持续互动中，并在这种互动中达到一种动态平衡，在动态平衡中保持能量的转换。每一个组织都需要接受足够的资源投入，以维持其正常运转。同时，每一个组织必须产出足量的经过转换的资源供给外部环境，以便维持这种循环，保持组织与社会环境的平衡。

(2)组织是一个整体系统。卡斯特和罗森茨韦克提出了组织的系统分析模型，他们认为组织是一个整体的、与外界环境有一定界限的社会技术系统，一般由下列五个子系统组成：第一，目标与价值分系统，即组织的目标与存在的社会价值。第二，技术分系统，即组织为达成目标所需运用的各种技术与知识。技术分系统取决于组织目标，不同性质的组织所需要的技术不尽相同。第三，社会心理分系统。它由相互作用的个人和群体组成，包括个人的行为动机、地位与角色的关系、团体与团体的交互影响等。它不仅受外部环境影响，也受组织内部任务、技术和结构的影响。第四，结构分系统。它与权责分配、信息沟通和工作流程相关，可以通过组织图、工作说明书等表现出来。第五，管理分系统。它联系整个组织，负责协调各分系统，主要作用是通过整合、协调、设计及控制使组织任务顺利完成。

(3)组织具有权变性。卡斯特和罗森茨韦克认为，组织是个系统，它由各分系统组成，由可识别的界限与其环境超系统区别开来。权变观点所要研究的是组织与环境之间的相互关系和各分系统之间的相关关系，以及确定关系模式即各变量的形态。权变观点强调的是组织的多变量性，并力图了解组织在变化着的特殊环境中运营的情况。权变观点的最终目的在于提出最适合具体情况的组织设计和管理行动[43]。卡斯特和罗森茨韦克认为，提出权变理论的最终目的是寻求组织与环境之间及组织内部各分系统之间的一致性，只有通过组织设计和管理达到这种一致性，才能保证组织具有高效率、高效能。

(4)环境超系统。卡斯特和罗森茨韦克认为，每个组织在资源投入与产出方面都依赖它的环境超系统。而环境超系统也限定着从属系统的行为变化。此外，应用权变观点研究组织时也应从环境超系统入手，而非首先着眼于系统内部的分系统。对于环境超系统的研究主要包括两个方面：社会一般环境和工作具体环境。前者影响了一定社会里的所有组织，后者直接影响具体的个别组织。在应对环境超系统时，管理者所起的作用尚存有争议，有消极和积极两种不同的观点。前者将组织视为环境制约所产生的必然结果，管理者在其中所起的作用是有限和消极的，后者则认为管理者是组织变革的核心，在预测和形成环境中起着积极作用[44]。

（二）权变理论

权变理论是 20 世纪 60 年代形成并在 70—80 年代极为盛行的组织理论。权变理论从系统观点出发，认为组织管理不存在一成不变、普适和最佳的理论和方法，组织必须根据环境和内部条件的变化随机应变。权变理论的基本命题是：一个组织与其他组织的关系及其与环境的关系依赖于具体情境。权变理论认为，组织系统是由各个不同的子系统构成的，它研究的是组织与环境之间、各个系统之间以及各子系统内部不同部分之间的相互关系。它强调组织的多变量性，并试图了解组织在变化的条件下和特殊环境中的运行情况。权变理论的最终目的是提出最适合具体情况的组织设计和管理行动。权变理论的代表人物主要有保罗·劳伦斯（Paul Lawrence）、杰伊·洛施（Jay W. Lorsch）、詹姆斯·汤普森（James Thompson）和杰伊·加尔布雷斯（Jay Galbraith）等。

劳伦斯和洛施最先提出“权变理论”这个说法，其主要贡献在于以明确的观点提出了环境对组织的影响，阐明了组织如何对其活动进行分化与整合，并用权变的方式来应对这种影响。他们在《组织与环境》一书中，对组织间的权变进行了详细而深入的探讨。他们研究了不同环境中三个行业的六家公司，发现复杂环境中的公司结构可能具有更高的区分度，并可能将更多的资源用于协调，而相对简单的环境中的公司结构则具有较低的区分度，从而更易于整合。就此，他们指出组织与环境的适应至少发生在两个层面上：一是组织内部不同部门的结构特性，应当与其自身相关的特定环境相适应；二是组织的分化和整合模式，应当与其所处的整体环境相适应。组织要取得成功，就需要既在组织分化，又在组织整合上满足环境的要求。他们还提出，组织研究的理性系统和自然系统方法都有其合理性，都是对现存组织的描述，它们的区别并不在于采用的假设和概念模型不同，而在于它们所研究的组织类型的差异，组织实际上是开放的系统，不同的组织结构反映了它们对不同组织环境的适应[45]。

汤普森在对以往组织研究进行综合的基础上，对组织研究的封闭系统方法和开放系统方法进行了整合。他在《行动中的组织》一书中详细阐述了自己的理论。汤普森指出，开放系统方法认为，人们无法完全了解可能影响组织的所有变量，也无法预见和控制它们的影响。作为一个自然体系，复杂组织是由相互依赖的部分组成的整体，同时整体又依赖于更大的环境。他认为，每个组织都是由不同层次的组织构成的，技术层关注的是组织具体的工作效率问题，管理层的任务在于协调组织内各部分的行动，并为技术层提供必要的资源，制度层则处理组织与它所处社会环境之间的关系问题。在他看来，封闭系统方法的逻辑在于消除不确定性，所以将其运用于技术层有助于提高组织的效率。另一方面，开放系统方法的逻辑在于承认外部因素的影响和不确定性，将其运用于制度层有利于组织对环境不确定性的应对[46]。

加尔布雷斯将权变理论的前提假设简要地概括为：“不存在最佳的组织形式，但是，不同的组织形式有不同的效果。”[47]他更加强调不确定环境中信息的处理，在阐述其“信息加工模型”时指出，组织的复杂性、不确定性和互相依赖性要求组织重视信息的加工，以便获得“协调”，组织结构设计的目的就在于使组织结构满足组织信息处理的要求。对沟通的要求决定了组织的结构，而不确定是沟通的最大障碍。他指出，环境的不确定性通过影响组织的运作而进入组织，这样就将环境的挑战与组织信息系统联系起来了。

（三）种群生态理论

种群生态理论主要来自生物学中以达尔文为代表的自然选择理论。20 世纪 70 年代后期，迈克尔·汉南（Michael T. Hannan）和约翰·弗里曼（John Freeman）以及霍华德·奥尔德里奇（Howard Aldrich）等人将其运用于组织研究，使该理论及实证研究得以迅速发展。

与其他组织研究理论不同，种群生态理论研究的主要是组织群落，而不是个体，这是和其他组织理论最明显的区别。种群生态理论将组织种群比作生物种群，分析了组织群体的产生、发展及衰落。该理论认为组织类型（或形态）对环境的适应性决定了组织的存亡，试图解释为什么一些类型的（或形态的）组织生存下来了，而另一些却消亡了。在方法论上，种群生态理论学家有两点共识：要研究群体内的所有成员，而不是其中的某个子集；要研究随时间发展的过程，而不是某一时点上变量之间的关系，对过程动态属性的考察能够揭示静态研究或截面研究得不到的关系[48]。

自然选择的核心命题是，环境会以组织形态与环境特征之间的适应性为基础，有差别地挑选可以存活的组织，而种群生态理论强调这一过程中的三个阶段：变异的产生、形态的选择、被选形态的保持与扩散。在第一个阶段，变异产生于某种过程——计划的或非计划的；在第二个阶段，某种形态的组织被选择，存活下来；在第三个阶段，被选择的组织形态通过复制或繁衍而得以扩散。在这里，环境的选择是最重要的，因为通过了选择就获得了生存的基本要素[49]。

种群生态理论的研究对象是组织群落（organizational populations），即在某些方面相类似的一群组织。在实证研究方面，学者已经提出了几种界定组织群落的方法。首先，可以利用常识性的自然分类，如医院、大学等，或使用根据理论制定的更加抽象的分类；其次，可以运用辨别相同属性组合的统计技术，进行更贴近实际的分类；最后，从组织边界和形态随时间变化的动态角度去分类。不管哪种分类方式，边界确定都是种群生态理论学家的重要任务[50]。大多数关于组织群落的研究，使用的都是比较常识性的群落界定标准。

种群生态理论学家认为，组织的生存策略有两种——“专门化”与“通才化”，前者只能使组织容忍一定限度的环境变异，后者可使组织在多种环境条件下生存和成长。群体的“生态位宽度”即是对这种性质的衡量，它是群体“能容忍的资源变动范围”。汉南和弗里曼提出，环境生态位的变化有两个维度：时间和“粒度”——经常性的小变化（“小粒度”）或偶尔的大变化（“粗粒度”）。专门化组织通常规模小但精干，更容易在“小粒度”环境里成功，而通才化组织拥有抵御环境波动的能力，能更好地适应“粗粒度”环境[51]。

此外，种群生态理论用密度来指群落里曾经建立和已经倒闭的组织数量，密度是影响群落未来动态特征的重要因素。一方面，曾经建立的组织越多，意味着可用资源越多，对新组织的创建起鼓励作用；另一方面，倒闭率提高则表明资源在耗尽，因此会阻止新的进入者。密度的变化既表示资源的充裕程度，也反映争夺资源的竞争程度，因此，汉南和弗里曼用资源依赖的概念来解释组织群落的发展轨迹。这种轨迹首先是一个增长阶段，并且增长率越来越高，达到某一点（环境的容纳能力）后开始趋于稳定，之后则开始减少[52]。

（四）新制度主义理论

新制度主义理论开始出现并获得广泛关注是在 20 世纪 70 年代中后期以后。新制度主义理论与种群生态理论一样，都主张将关注点从单一组织及其直接环境扩展到更大范围的系统整体——一群类似的组织或同一领域的组织，与种群生态理论强调构建和支撑组织群落的物质资源不同，新制度主义理论认为，提供组织结构模型的文化资源起着同等重要的作用。新制度主义理论的代表人物有约翰·迈耶（John W. Meyer）、保罗·迪玛奇奥（Paul J. DiMaggio）和沃尔特·鲍威尔（Walter W. Powell）等。

新制度主义理论中，制度由文化-认知要素、规范要素和管制要素及其相关的活动与资源构成，为社会生活提供稳定性和意义[53]。制度规则与制度构建的影响可以在各个层面上发挥作用，为各个领域里正式组织的建立与完善提供框架，正如约翰·迈耶和布赖恩·罗恩（Brian Rowan）所言，现代社会中这些制度要素几乎就是“理性化的神话”。之所以称之为“神话”，是因为它们是被广泛接受的信念，它们的影响“就在那里，不是因为人们相信它们，而是人们‘知道’其他人相信它们，因此，对于所有实际目的而言，神话是真的”。所谓理性化，指的是它们以规则的形式出现，规定实现特定目标所必需的程序步骤[54]。组织获得支持和正当性的程度，取决于它们服从当时的准则的程度，由专业人士和科学权威确立的这些准则指出何为“恰当的”组织形式。

迈耶的基本思想是他在研究美国教育制度的过程中形成的。他发现，美国的教育制度有许多有趣的特点：首先，各州教育制度具有相似性。在美国，教育是各个州政府的责任，教育机构是比较独立、分散的，由于各州条件的不同，其教育制度也应该各不相同，但实际上它们非常相近。其次，虽然联邦政府没有管理教育的行政权力，但每年会向各个学区提供大力的财政支持，并借此向各个学区提出各种制度化的要求，这些制度化的要求会产生什么样的结果呢？最后，教育机构制定的很多规章制度与它实际的运作过程毫无关系。由此，迈耶提出了一个与权变理论完全不同的思路。

迈耶指出，任何组织都必须适应环境才能生存。他将组织所面临的环境分为技术环境和制度环境。技术环境指组织对外部资源的依赖程度、与其他组织的关系等；制度环境则指组织所处的法律环境、文化期待、社会规范等被人们“广为接受”的社会事实。他认为，这两种环境对组织的要求是不同的，技术环境要求组织追求效率，而制度环境要求组织追求合法性。这两种环境对组织的要求往往相互矛盾，追求对技术环境的适应可能会使组织忽视制度环境，而追求对制度环境的适应有可能影响组织的效率。为了解决这个矛盾，组织会去寻求各种各样的对策，由此便产生了林林总总的组织现象。迈耶进一步指出，以往组织理论的一个缺陷就是只关注技术环境对组织的影响，而对制度环境没有给予必要的重视。

在迈耶的理论框架中，合法性是一个非常核心的概念。这个概念一方面是指各种法律制度对组织的约束作用，另一方面则是指文化期待、观念形态和社会期待等因素对组织的影响。他认为，当社会的法律环境、文化期待、观念形态等成为人们广为接受的社会事实，就会产生强大的约束力，规范着人们的行为。因此，新制度主义理论所强调的合法性机制，实际上是指那些引导或强制组织采纳具有合法性的组织结构和行为的社会规范。这些社会规范正是通过上述“理性化神话”的方式，以一种神化的力量出现，从而使人们无法抗拒。一般来说，社会关系越密集，人们就越容易把某个领域的问题和逻辑扩展到更大的范围，组织规模越大，资源越集中，就越容易产生神秘感。对此，组织的应对策略主要有三种：一是趋同化，即为了得到制度环境的认可，每个组织都采取类似的结构和做法；二是相互模仿和学习，即组织之间相互观察和学习；三是将形式和内容分开，即当取得合法性资源与取得效率之间发生冲突时，组织很可能会把实际运作方式与组织结构分离开来。

迈耶从很广泛的意义上探讨了合法性机制的重要性，他强调的是一种自上而下的制度化过程。迈耶认为，组织行为、组织形式都是由制度环境决定的，所以他是从强意义上讨论合法性机制的。与迈耶不同，迪玛奇奥和鲍威尔主要从弱意义上探讨合法性机制。弱意义上的合法性是指制度并不是一开始就规定了人们的思维和行动，而是通过影响资源分配或激励的方式来影响组织或个人的行为。也就是说，制度对行为的影响不是决定性的，而是诱导性的，他们主要从这个角度出发研究了组织的趋同化现象[55]。

四、20 世纪 80 年代以来的组织理论

20 世纪 80 年代，对组织文化的关注是组织理论发展的重要特点。当时，作为世界头号经济强国的美国，在石油危机的冲击下，企业竞争力大大降低，而作为第二次世界大战战败国的日本，经济却迅猛腾飞。随着日本企业竞争力的快速增强，许多学者开始对日本企业的管理方式进行研究。他们发现，日本企业的独特文化特征是促使其发展的重要因素。由此，社会学家开始将组织文化视为一种新的组织理论，组织文化越来越受到关注。

组织文化学派亦是对此前组织研究中占统治地位的功能主义理论与方法的挑战。在组织理论的发展史上，组织文化这一术语在 20 世纪 50 年代出版的组织研究著作中就出现了，埃利奥特·雅克（Elliott Jaques）在 1951 年出版的《工厂的变化》一书中，威廉·怀特在 1956 年撰写的《组织工人》一书中，都使用了组织文化这一术语。但是直到 70 年代早期，才有少数研究者注意到组织文化的性质与内容，到 80 年代中期时，组织文化或象征性的符号管理问题成为组织理论的研究焦点。其中，埃德加·沙因为组织文化理论的形成与发展做出了重要贡献。

自 20 世纪 90 年代起，人类进入信息社会和知识经济时代的声音不绝于耳。世界经济一体化的进程明显加快，科技创新和推广的速度大幅提升，新的时代特征和商业环境催生了大量的组织理论，呈现出百花齐放、百家争鸣的繁荣景象。其中，全球经济一体化趋势使跨国企业管理成为一个世界性的话题；知识管理理论在这一时期走进大众视野，野中郁次郎提出了 SECI 模型，准确揭示了知识生产的起点和重点，明确辨识了知识生产模式的常规类别。创新也在这一时期成为组织理论的一个研究热点，流程再造学

派异军突起，为组织理论注入了新的活力。彼得·圣吉（Peter M. Senge）的学习型组织理论，成为这一时期迅速发展的组织理论。

（一）沙因的组织文化模型理论

沙因是麻省理工学院斯隆商学院的教授，其研究领域横跨社会心理学和管理学两个学科，是组织文化研究的奠基人，也被公认为组织文化研究方面的权威，被誉为“组织文化之父”。《组织文化与领导力》一书是其代表作。沙因从组织领导与文化的关系角度来阐述组织文化的重要性。他认为，要理解组织生活和组织发展的原动力，就必须建立组织文化。对组织领导来说，真正重要的是创造和管理组织文化。

1. 组织文化的含义

沙因在《组织文化与领导力》一书中，对组织文化做了动态的界定：一个群体的文化，可以被定义为群体在解决外部适应性和内部整合性问题的过程中所累积的共享习得的产物，其有效性已被充分证明了，因此，被传递于新成员以要求其以正确的方式来认知、思考、感知和行动。这种累积式的习得是一种建立在理所当然的基本假设基础上，并最终以无意识形态存在的信念、价值观和行为规范的模式或系统[56]。组织文化是组织成员所共有的、被组织成员记住的假设、信条，是群体经验的产物，会随组织经验而变化。组织文化可以应用于任何规模的社会单位，而大的社会单位往往存在着多种组织文化[57]，组织文化决定了组织价值观以及在此价值观之下的组织行为。

2. 组织文化的结构

沙因在对前人研究成果进行综合的基础上，将组织文化分为三个层次，即可见或可触及的人工创造物层次，价值层次，以及潜在的、认为理所应当的基本假设层次。这些层次范围广阔，包括从可视、可感层次到深层次、无意识的基本假设等不同内容，其中“层次”是参与者或观察者可以看到的文化现象的程度[58]。人工创造物包括群体的可视可察物，如建筑环境的结构，语言，产品及艺术创作，体现在服装、言谈举止上的风格等。这一层次的组织文化最重要的特点是，它既容易观察，又难以破译。价值层次的组织文化包括群体的理想、目标、价值观等，仍然是可观察的，但可能与人工创造物层次不一致，如果不一致，这种价值观仅反应期望行为而不是现实可观察到的行为。潜在的、认为理所应当的基本假设层次的组织文化，则属于无意识的、被认为是理所当然的信仰和价值观，这个层次的组织文化为其成员提供了基本的认同感，是不可见的、处于潜意识层次的[59]。

沙因将深层的、处于组织根底的文化分为五个维度。一是自然和人的关系维度，它是指组织的中心人物如何看待组织和环境之间的关系，这种关系可以是支配关系、从属关系，或者协调关系等。二是现实和真实的本质维度，即组织中用于确定什么是真实，什么是现实的判断标准，以及如何论证真实和现实，真实是否可以被发现等一系列假定，此外还包括行动上的规律、时间和空间的基本概念等。三是人性的本质维度，主要包括哪些行为属于人性所固有的，哪些行为是非人性的。四是人类活动的本质维度，包括哪些人类活动是正确的，人的活动是主动的还是被动的，人是自由意志所支配的还是被命运支配的，什么是工作，什么是娱乐等一系列问题。五是人际关系的本质维度，主要包含什么是权威的基础，权利的正确分配方式是什么，人与人之间的应然关系等。

3. 组织文化中的复杂人性假设

在回顾了组织理论历史上“经济人”“社会人”“自我实现人”的人性假设之后，沙因指出，每种人性假设都只是部分正确的，只能够在某些时候解释某些人的行为。针对各种人性假设的不足，沙因指出，组织文化的塑造应从现实的人性出发，并由此提出了复杂人性假设。

复杂人性假设包括以下观点：第一，人的需要是可以分为不同类型的，并且会随着人类的发展阶段和总体生活状况的改变而改变。这种需要会因其对每个人的重要性程度而形成某种层次，但这种层次本身也因人、因时、因情境而异。第二，由于需要与动机之间的相互作用，并组合成复杂的动机模式、价值观以及目标，人必须决定在什么水平上理解人的动机。第三，组织成员能够从他们的经历中获得新的动机，这意味着个人在特定阶段的职业生涯中，其总的动机模式是人的原始需要与组织经历复杂连续的交互作用的结果。第四，某个人可能在不同的组织中或同一组织不同的下属机构中表现出不同的需要，如果工作本身包含了多样技能，许多动机可能在不同的时期因不同的任务而起作用。第五，人们能够在不同动机的基础上有效参与到组织中。组织成员依靠自己的动机、能力以及工作任务的性质，能够对许多不同的管理策略做出反应。

（二）圣吉的学习型组织理论

圣吉是美国麻省理工学院斯隆管理学院的资深教授，国际组织学习协会的创始人、主席，被誉为“学习型组织之父”。他致力于系统动力学与组织学习、认知科学、群体深度对话等领域的融合，努力使系统动力学的要领简单化、通俗化和可操作化，从而提出了“学习型组织”的概念。圣吉 1990 年出版的《第五项修炼——学习型组织的艺术与实务》一书详细阐述了学习型组织的思想，这本书后来被誉为 21 世纪的企业管理宝典。

圣吉在《第五项修炼——学习型组织的艺术与实务》一书中提出，“应变的根本之道是学习，这乃是竞争求生存的基本法则”[60]。在其后出版的《变革之舞》中，圣吉又强调，21 世纪企业间的竞争实质上是企业学习能力的竞争，而竞争唯一的优势来自比竞争对手更强的学习能力，从而将“学习型组织”从一个概念扩展为一套理论。学习型组织理论自产生之初就风靡全球，成为组织模式研究的新方向。

圣吉认为，所谓学习型组织，是指通过培养弥漫于整个组织的学习氛围，充分发挥员工的创造性思维能力而建立起来的一种有机的、柔性的、扁平化、符合人性的、能持续发展的组织。学习型组织的内涵包含着“六大文化”，即学习力文化、快乐文化、创新文化、反思文化、共享文化和速度文化。圣吉对学习型组织内涵的界定，包含了学习型组织的两个重要特征：一是使组织不断改进，提高企业组织的竞争力；二是实现个人与工作的真正融合，使人们在工作中活出生命的意义。

圣吉指出，学习型组织的根本特点，是通过自我超越、改善心智模式、建立共同愿景、团队学习、系统思考这五项修炼，全面开发人的才能，并在社会行动过程中不断学习，促进知识的创作、组织的变革和创新，以及社会可持续性发展[61]。其中，自我超越是五项修炼中的第一项，是其他各项的精神起点。自我超越要求发展自身，是个人成长的学习修炼。第二项修炼是改善心智模式，心智模式即一个人的思维方法、思考方式和思想观念，改善心智模式要求发掘这种心智模式，并对其严加审视，有效地表达自己的想法，并以开放的心容纳别人的想法。第三项修炼是建立共同愿景，这项修炼要求整合个人愿景，并将其转化为能够鼓舞组织的共同愿景，此处强调的是组织成员的主动投入，而非被动遵守。第四项修炼是团队学习，此项修炼要求团队具有集体智慧，学习的基本单位是团队而非个人，团队智慧高于个人智慧。第五项修炼是系统思考，这项修炼要求通过整体、系统的思考，经由部分看到整体，是五项修炼的核心技术[62]。

第 4 节　中国的劳动组织

以 1978 年改革开放为界，中国的经济体制大致可以分为计划经济时期和社会主义市场经济时期两个阶段，这两个阶段在经济、社会、文化等方面表现出截然不同的性质，中国劳动组织的主要类型和特征亦呈现出很大的差异。

一、计划经济时期的劳动组织

新中国成立后，为了快速改变贫穷落后的状态以及为国家安全提供保障，在苏联的示范及直接影响下，国家通过公私合营、个体手工业社会主义改造和农业生产合作化，基本完成了对生产资料私有制的改造，基本实现了生产资料的公有制和按劳分配[63]。在工业经济产值上，到 1965 年国营经济占比超过 90%，集体经济为 9.9%，非公有制经济则几乎不存在了[64]。这一经济体制下，我国城市地区实行的是以公有制为基础的单位组织模式；而农村地区经历了土地改革、初级农业合作社和短暂的高级农业合作社后，形成了和城市的单位制相对应的人民公社生产组织形式。

（一）单位及单位制

改革开放前，人们常将自己工作的组织称为“单位”。单位是计划经济时期中国城市居民的主要就业场所，是最具中国特色的劳动组织。

1. 单位及单位制的含义

单位，通常指人们就业于其中的劳动组织。改革开放以后，随着经济社会转型，组织形态日益多样化，单位这一称谓逐渐被公司等其他名称代替。从最基本的含义来看，单位是工作机构或劳动组织。

长期以来，“单位”被视为极富中国特色的基层组织制度中最重要的一环[65]。由此，从 20 世纪 80 年代到 21 世纪初期，逐渐形成了一个将“单位”作为分析中国社会基层组织制度和社会秩序的基本单元的研究热潮，使得“单位”研究成为颇具影响力的研究领域。不过，研究者并没有对“单位”的概念界定及其具体表述达成共识，而是根据各自的研究目的和研究视角采用了不同术语，如“单位”“单位组织”“单位体制”“单位制度”“单位现象”等[66]。

所谓单位，主要是改革开放前在城镇地区基于中国社会主义政治制度和计划经济体制形成的，国家进行社会控制、资源分配和社会整合的社会组织形式。单位承担着政治控制、专业分工、经济生产和生活保障等多种功能，其典型形态是城市社会中的党和政府机构（行政单位）、国有管理及服务机构（事业单位）和国有企业单位[67]。

具体而言，单位具有四个典型特征：(1)单位成员完全依赖于单位组织；(2)单位是政府控制整个社会的组织手段；(3)单位是单位成员进入政治生活的主要领域；(4)单位中的党组织和行政机构不仅是生产过程的管理机构，同时也在政治上和法律上代表着党和政府[68]。这些特征决定了单位具有功能合一性、非契约性、资源的不可流动性等内在性质。

韦伯认为，所有的统治都可以区分为两种最基本的形式——依仗利益状况进行的统治和依靠强制性命令进行的统治。单位作为中国特色的社会组织形式，其实质是将命令权力和财产权力结合起来的国家统治的一种组织化工具或手段。因此，从本质上来讲，单位制是一种统治形式[69]。“单位是我国各种社会组织普遍采取的一种特殊的组织形式，是我国政治、经济和社会体制的基础”[70]，是社会调控体系中以实现社会整合和扩充社会资源总量为目的的制度化组织形式，是国家与个人的联络点[71]。

2. 单位制的运行机制

单位中的利益和权力关系，决定了单位中个人的行为选择和行动策略，从而对单位的结构和行为方式乃至社会的制度体系产生影响。单位中实际存在的社会关系，即单位中的社会网络，更直接地决定了单位中个人的利益和行动策略，决定了单位中的权力结构和资源的分配结果。因此，单位并非特定制度下社会结构的一个“原子”，而是具有丰富特征和复杂关系的网络和行动场所。

当个人在某一单位中工作时，存在着一种资源和依赖之间的交换关系，即人们在单位中工作，换取收入或其他资源。在单位中，这种资源和依赖之间的交换，因其制度背景而具有全面性、强制性和政治性的特点。单位可以提供的资源的全面性，决定了交换关系的全面性，由此决定了依赖关系的全面性，而这也意味着约束关系的全面性和较低的替代性。在资源分配市场化程度不高的情况下，国家和单位所处的资源垄断地位，能够强制性地迫使人们依赖并和它们交换资源。单位人员的这种依赖或服从，同时也是对国家的依赖和服从。

在单位中，个体对资源的获取直接取决于两个基本因素：个体在单位组织中的权力地位和非制度化的资源获取方式。个体在单位中的权力越大，获取和支配更多资源的可能性就越高。同时，与单位的政治统治功能相一致，单位成员的政治面貌、行政级别以及工龄对其在单位中获取资源都具有显著作用，教育的作用则不显著。单位中权力主体的“虚置”状态，导致组织中的资源主要掌握在拥有权力的人手中，谁拥有权力，谁就实际上具有了代表国家进行整个单位资源分配的权力。在缺乏明确约束的情况下，获取资源的制度化方式会逐渐让位于非制度化方式[72]。

3. 单位制的影响

从宏观层面来看，单位制构成了一种独特的社会现象：大多数社会成员被组织到一个个具体的单位组织中，由这种单位组织赋予他们社会行为的权利、身份和合法性，满足他们的各种需求，代表和维护他们的利益，控制他们的行为。单位组织依附于国家（政府），个人依附于单位组织。

单位组织的上述特点或功能，来自单位组织所处的制度性环境或背景。单位组织属于公有制或国有制，单位组织所占有的资源和各种可供自己支配的机会和利益均来自国家，因而必然要受到政府或国家的直接支配。国家通过对人事任免权的完全控制，使单位组织形成一种“完全依赖型结构”。从其本质来说，单位组织是国家分配社会资源和实现社会控制的形式[73]。

正因为如此，中国总体性社会的形成是以单位制为中介实现的。首先，借助严密的单位组织系统，国家可以动员全国的人力物力资源，以达到经济建设和国家发展的目标。其次，单位制的高度组织化，使得过去的“国家—民间精英—民众”三层结构变为“国家—民众”二层结构，国家直接面对民众，因而可以将各种信息直接传达给民众，但民众没有有效的形式实现自下而上的沟通，社会秩序完全依赖国家控制的力度。最后，单位制使得全部社会生活呈政治化、行政化趋向，社会的各个子系统缺乏独立运作的条件[74]。

此外，单位资源的不可流动性和单位资源产权的“虚置”，使得资源的占有和支配日益单位化，在单位组织内部和单位组织之间形成一种越来越强烈的利益单位化倾向。这种倾向所造成的组织分化，最终导致了单位成员因单位的不同而形成社会分层现象。他们的居住条件、收入、单位福利乃至社会福利、各种机会等诸多方面，因单位组织的不同而表现出比过去更大的差异，进而形成社会地位的垄断和分层现象[75]。

（二）农村人民公社

与城市的单位组织相对应，计划经济时期我国农村的重要劳动组织形式是人民公社。

1. 人民公社的含义

“公社”这个名称，与欧洲空想社会主义有某种关联。在空想社会主义者关于人类社会的设想中，“公社”是共产主义社会的基本单位，甚至是共产主义的代名词。18 世纪法国著名空想社会主义者巴贝夫（Babeyf）认为，所有制方面的革命应当从成立以共产主义为原则的“全民公社”开始，在全民公社里，人们共同劳动，共同拥有国内财富[76]。著名空想社会主义者罗伯特·欧文在《致拉纳克郡报告书》中详细描述了公社（共产主义新村）的特点，并将这种设想变为了现实：公社的人数最好在 800～1 200 人，需要的土地为 600～1 800 法定英亩，全体公社成员是一个大家庭，任何人的活动没有高低之分，在供应所能做到的范围内，得到同样的食物、衣服和教育……[77]马克思、恩格斯和列宁的著作中，也经常将共产主义的基层组织称为公社。恩格斯在《共产主义原理》一文中说：“废除私有制的革命进程需要若干步骤，其中之一就是‘在国有土地上建筑大厦，作为公民的公共住宅’，公民将从事工业生产和农业生产，将结合城市和乡村生活方式的优点而避免二者的偏颇和缺点。”[78]

虽然“公社”这个名称在马克思主义先哲和空想社会主义者的著述里经常使用，但是把它称为具有中国特色的“人民公社”，则是新中国建立后的创新。有资料显示，我国第一个人民公社是建立于 1958 年 7 月的河南省嵖岈山卫星人民公社。《农村人民公社工作条例（修正草案）》规定：农村人民公社是政社合一的组织，是我国社会主义社会在农村中的基层单位。农村人民公社是适应生产发展的需要，在高级农业生产合作社的基础上联合组成的。它在一个很长的历史时期内，是社会主义的集体经济组织，实行各尽所能、按劳分配、多劳多得、不劳动者不得食的原则[79]。人民公社起源于农村，后随着人民公社化运动扩展到城市。

2. 农村人民公社的特点

计划经济时期我国农村人民公社的主要特点是“政社合一”“一大二公”“三级所有、队为基础”。此外，生产组织军事化、供给制与工资制相结合、生活集体化也是其基本特征。

第一，就管理体制来说，农村人民公社实行“政社合一”的管理体制。《中共中央关于在农村建立人民公社问题的决议》规定，人民公社“实行政社合一，乡党委就是社党委，乡人民委员会就是社务委员会”，社务委员会一般再下设若干个部，如山东省在人民公社下设工业、农业、水利、林业、牲畜饲养、水产、财政等 15 个部[80]。

第二，就规模和生产资料所有制来说，人民公社的首要特点是“一大二公”。从规模上来看，由于当时片面强调人多力量大、人多好办事，新的公社可能包括 10～20 个自然村，平均总人口约 5 000 人，大约是 1955—1956 年形成的高级农业生产合作社规模的 25 倍[81]。其中，有的社拥有农户 1 万～2 万户，有些县一个县建成一个大公社或成立全县人民公社县联社[82]。从生产资料所有制来说，出于消灭生产资料私有制残余、使小集体经济变成大集体经济的目的，农村人民公社实行的是公有制，即将农业生产合作社和社员的财产无代价收归公社所有，由公社统一经营、统一核算。

“三级所有、队为基础”是对上述生产资料所有制模式的概括。公社化之前，高级社之下设生产队和作业组。人民公社建立后，由全公社统一核算、分级管理。但是，这种核算方式很快更改为“三级所有、队为基础”并固定下来，其中，“三级”是指公社、生产大队和生产队（生产小队）。“三级所有”是指公社范围内的生产资料、财产等分别归三级所有，即有的归公社所有，有的归生产大队所有，有的归生产队所有[83]。这种模式下，公社一级对于自身范围内的劳动力、生产资料和财产等的所有权范围缩小，仅限于少量分割困难、不宜下放的生产资料，使用权也受到限制，它的职责更大意义上属于协调、组织的范畴。在生产大队一级，除了部分大队仍然作为基本核算单位外，一般情况下，生产大队一级对劳动力、生产资料和财产的所有权与使用权范围也非常小，主要包括领导兴办和管理全大队范围的或者几个生产队共同的水利建设和其他农田基本建设、管理和维修生产大队所有的大中型农机具和运输工具、经营大队所有的山林和企业等，生产大队主要负责协调和监督生产队的生产经营活动[84]。“队为基础”中的“队”即原来的高级社，在有些地方是生产队，在有些地方是生产大队，并于 1962 年最终统一确定为生产队，是人民公社的基本核算单位。生产队对生产要素拥有所有权和支配权，土地归生产队集体所有，生产队范围内的劳动力由生产队支配，实行“独立核算，自负盈亏，直接组织生产、组织收益的分配。这种制度定下来，至少 30 年不变”[85]。生产队成为农村的重要生产组织和收益分配单位，解决了集体经济中长期以来存在的生产单位和分配不一致的矛盾。至此，人民公社的体制调整基本完成。

第三，在管理方式上，实行生产组织军事化管理。按照“组织军事化、行动战斗化、生活集体化”的要求[86]，各地人民公社将青壮年社员以生产队为单位组成连，以大队为单位组成营，以公社为单位组成团，进行军事化管理，按时吃饭、集体上工、统一休息。这些连、营、团既是民兵组织，也是生产突击队，劳动力在全社范围内统一调动。

第四，在分配制度上，实行供给制与工资制相结合。人民公社改变了原高级合作社时期按劳动贡献进行分配的方式，改为以人数为基础的按需分配，具体实施中通过供给制与工资制相结合来实现。供给制的通俗说法是“吃饭不要钱”。人民公社推行的供给制主要有三种类型：一种是粮食供给制。这是各地普遍推行的方式，其办法是在公社预定分配给社员个人的消费基金中，口粮部分按国家规定的留粮标准，统一发放给公共食堂，社员无偿到公共食堂吃饭，菜和副食品部分仍由社员个人负担。如果将副食品也包括在供给范围内，就变成了第二种类型，即伙食供给制。第三种类型是基本生活供给制。不同公社包括的内容不同，有的包括衣、食、住等七项内容，简称“七包”，此外还有“八包”、“十包”或“十几包”，除了囊括日常所需，部分人民公社还纳入了社员的医疗费用。由于供给制中最重要的一项供给内容——粮食并不直接分给社员个人，而是交给公共食堂，公共食堂是供给制的重要载体[87]。

第五，在生活方式上，实现社员生活集体化。人民公社的集体化生活，除了体现在公共食堂，还体现在建立幼儿园、幸福院和共产主义新村等公共设施，相当多的地方在生活集体化过程中实行了集体住宿。

3. 农村人民公社的影响

农村人民公社自 1958 年建立到 1984 年全国撤社建乡基本完成，在我国延续了 20 多年的时间，给农业生产、农民生活和农村发展带来巨大而深远的影响。对于人民公社问题的探讨，需要分清三个不同的概念，即人民公社化运动、人民公社体制和人民公社时期。人民公社化运动始于 1958 年人民公社的兴起，止于 1962 年党的八届十中全会通过《农村人民公社工作条例（修正草案）》。伴随着人民公社化运动的兴起，人民公社取代了原来作为农村集体经济组织的农业生产合作社，也取代了原有的农村基层政权组织——乡人民政府，这一体制一直延续到 1984 年全国撤社建乡完成。因此，农村人民公社体制存在的时期就是中国农业和农村发展史上的人民公社时期。

农村人民公社从建立到解体存续了 20 多年，给中国农村发展带来了深远影响。从劳动组织的角度来说，虽然公社解体了，但是农村最重要的土地制度并没有恢复到传统的土地私有制，而是保持了人民公社时期的土地集体所有制。在土地集体所有的基础上，中国农业和农村经济走上了一条富有中国特色的发展道路，成为后人民公社时期农村经济和社会发展的制度基础。此外，人民公社时期创办的社队企业，在人民公社解体后直接转化为乡镇企业，奠定了改革开放后农村工业发展和经济腾飞的基础[88]。

二、社会主义市场经济时期的劳动组织

改革开放以来，中国从计划经济体制全面转变为社会主义市场经济体制，确立了以公有制为主体、多种所有制经济共同发展的经济制度，不同类型的劳动组织的发展轨迹不尽相同：个体私营企业从无到有、从小到大，国有企业从扩大自主经营权到全面建立现代企业制度，外资企业从禁止外企直接投资到大力招商引资，乡镇企业由社队企业开始从壮大到改制，农村经济从人民公社解体到农民自愿成立新的农民合作经济组织，国内企业从一穷二白到跨国经营高质量发展。

目前，按照登记注册的类型来看，中国的劳动组织类型主要有国有企业、集体企业、私营企业、公司制企业、外资企业、联营企业及股份合作企业。2019 年，中国公有制控股企业（国有控股和集体控股企业的加总）占比 2.1%（438 937 个），私人控股企业占比 93.9%（19 811 755 个），外资控股企业占比 0.6%（92 856 个）。从就业人数来看，公有制企业就业人数占比 7.1%（5 769 万人），私营企业就业人数占比 50.1%（40 524万人），外资企业就业人数占比 1.5%（1 203 万人）[89]。可以说，不同类型的劳动组织已成为我国经济运行的重要组成部分，劳动组织类型多样化也是我国社会主义市场经济体制的重要特征。我国社会主义市场经济体制下的劳动组织主要有以下几种类型：

（一）国有企业

国有企业大多形成于新中国成立后的计划经济时期，之前被称为国营企业，即由国家代表全民行使所有权，并且由国家以所有者的身份直接经营管理企业。国营企业实行的完全是“国有国营”体制，由国家直接经营管理[90]。1992 年党的十四大报告首次将“国营企业”称为“国有企业”。此后的宪法修正案将“国营经济”改为“国有经济”，相应地，国营企业也改称国有企业，从而确立了国有企业的法律地位。

国有企业包括由中央政府兴办的企业以及地方政府投资兴办的企业。由于国有企业的出资人是各级政府或各类国有单位，企业实际上由各级政府部门进行管理。其中，由中央政府部门管理的国有企业称为中央国有企业，由地方政府部门管理的国有企业称为地方国有企业。

1. 国有企业改革的过程及成效

国有企业改革是我国经济体制改革的中心环节，是国有企业外部与内部关系的革命性变革过程。改革开放后，国有企业改革成为城市经济改革的重点，这既受当时流行的改革理论——“市场社会主义”的影响，又反映了社会主义国家一个重要的社会群体，即国有经济部门和国有企业领导人强烈要求政府“松绑放权”“扩大企业自主权”的诉求，是这两种力量共同作用的结果[91]。改革开放后，国有企业改革经历了以扩大企业自主权、国有企业承包经营、建立现代企业制度、国有资产管理、国有经济布局与结构调整以及加快发展混合所有制和分类改革为重点的几个不同阶段。

经过几十年的改革，我国国有企业经营机制发生了重大变化，大部分国有企业已经

进行了公司制、股份制改革，建立起现代企业制度，公司治理结构逐步规范。大多数国有企业已经成为自主经营的市场主体，从计划经济时期作为政府附属物的国营企业转变为社会主义市场经济体制下的新国企。

2. 国有企业的功能

国有企业是政府参与和干预经济的工具与手段，是对出现或可能出现的市场失效而代表公众利益所采取的诸多举措的一种。在我国，国有企业有两种基本功能：一是政策性功能，为政府实现公共目标提供资源；二是收益性功能，为政府获取财务回报，充实保障民生和提供公共服务的财政资源[92]。此外，在社会主义市场经济体制下，国有企业通常可以达成以下经济干预目标：首先，国有企业可以作为一段时期内实现国家的经济社会发展战略，或是提高国家的国际市场竞争地位的有效手段。许多国家出于提高本国贸易地位的考虑，除使用关税手段，还会设立专门的国有对外经贸公司。此外，各国政府除了采取市场化的手段，还会采用补贴或国有化的方式，来救济衰退产业或国际竞争力日益降低的产业[93]。其次，国有企业可以用于解决某个时点上的经济结构失衡问题，促进经济结构的合理化和优化。其中既包括地区经济发展的不平衡，也包括不同产业间发展的不平衡。最后，国有企业还可以用作平抑经济周期大起大落的稳定器。在和平时期，国有企业能够发挥“蓄水池”的作用，而在发生战争或重大经济危机等极端情况下，国家可以通过新设国有企业或国有企业大规模并购或接管的方式，挽救陷入经营困境的民营企业，增加社会投资，增加就业机会[94]。

（二）个体私营企业

当前，个体私营企业是我国社会主义市场经济的重要组成部分，在国民经济运行和社会生活中发挥着重要作用。个体私营企业在新中国成立后经历了从不合法到合法、从隐秘到公开、从“资本主义尾巴”到社会主义市场经济的重要组成部分的转变过程，个体私营企业和私营经济发展的每一步，无不伴随着社会意识形态和制度环境的变革。

1. 个体私营企业的发展

改革开放以来，打破原有的就业体制，拓宽就业渠道，发展多种就业形式，成为国家政策调整的必然，个体私营企业在这样的背景下迅速壮大。党的十三大正式确立了“以公有制经济为主体，发展多种所有制经济”的方针，并首次使用了“私营经济”这一概念，私营经济在中国的合法地位被正式确立。随着1988年《中华人民共和国私营企业暂行条例》的实施，国家工商管理部门开始将私营企业从个体经济中分离出来，单独统计其活动数据，私营经济开始快速发展。1987年底，我国在个体经济和集体经济名下的私营企业总数已达到22.5万户，从业人员总数为360万[95]。1988年底，全国城乡个体工商户达到1 455万户，从业人员2 300万人，工业总产值516万，占全国工业总产值的2.8%[96]。1992年邓小平南方谈话发起和推动了中国第二次思想解放[97]，确立了社会主义市场经济体制的改革目标，确立了个体私营经济的重要地位，私营企业的数量和规模不断扩张，其质量和竞争力不断提升。进入21世纪以来，私营经济的组织方式和经营方式越来越完善，在数量上稳步增加，占国民经济的比重逐步提高，在我国多种所有制经济中发挥着越来越重要的作用。这种通过鼓励发展个体私营经济，推动经济改革深入和经济繁荣的发展战略，称为“增量改革、双轨过渡”的新战略，也有人称为“体制外优先的改革战略”或“渐进改革战略”[98]，以区别于苏联和东欧社会主义国家的做法。据国家统计局数据，2022 年，中国有私营企业法人 30 008 786 户，占全部企业法人（32 828 734 户）的 91.4%。2023 年规模以上工业企业利润为 76 858 亿元，其中私营企业利润为 23 438 亿元，占比 30.5%。从绝对数量和实现利润上来看，私营企业已成为中国经济发展中的重要力量。

2. 个体私营企业的功能

我国以个体私营企业为重要组成部分的非公有制经济不断发展壮大，逐步成为促进经济增长的重要力量，对整个国民经济运行发挥的作用越来越突出，主要体现在以下几个方面：第一，个体私营企业是促进生产力发展、促进经济增长的重要力量。第二，个体私营企业为社会创造了大量就业岗位，成为吸纳就业的重要渠道。2019 年全国个体私营企业就业人数为 40 524.4 万人，占当年总就业人数（81 104 万）的 50%[99]。第三，个体私营企业创造了大量社会财富，为国家财政收入做出重要贡献。第四，个体私营企业的发展，对于促进市场经济发展和产业结构调整、提高经济增长的质量和效益发挥了重要作用。

（三）外资企业

1978 年召开的党的十一届三中全会做出改革开放的重大决策，号召在自力更生的基础上，积极发展同世界各国平等互利的经济合作，努力采用世界先进技术和先进设备。这一历史选择标志着中国多年来闭关自守的状态彻底改变，走上了对外开放的道路。1982 年，对外开放政策被写入《宪法》，对外开放作为我国的基本国策最终确定下来，外资企业逐渐发展壮大，成为我国社会主义市场经济的重要组成部分。

1. 外资企业的现状和特点

外资企业开始进入中国时，主要以“三资企业”的形式，通过“三来一补”（来样加工、来料加工、来件装配和补偿贸易）的方式进行投资。此后，中国允许建立外商独资企业，欧美大型跨国公司开始进入中国市场。特别是加入世界贸易组织（WTO）后，我国的开放空间进一步扩大，开放区域由东部沿海向中西部扩展，开放领域开始向电信、金融、保险等技术密集型领域扩展，对外贸易快速发展，经济外向型程度大幅提升，外商直接投资持续增长。改革开放以来，外资企业在中国的投资规模逐渐扩大，企业数量逐渐增多，投资类型从合资为主逐渐发展为独资为主，对我国社会主义市场经济发展做出了重大贡献。截至 2019 年，我国境内共有登记外资企业 627 223 户，使用外资额达到 88 400.3 亿美元[100]。

目前，我国外资企业的发展主要有以下几个特点：第一，就外资企业的来源而言，从以亚洲居多发展为来源地多元化。第二，就外资企业形式来看，独资企业居第一位，合资企业居第二位，且独资企业占外商直接投资的比重进一步上升，合资企业特别是合作企业的比重进一步下降。第三，就外资企业的规模来看，企业平均投资数量增大，大型企业比重上升。截至2019年，世界500强公司中已有490家在华投资，约占总体数量的98%[101]。第四，就外资企业的产业布局来看，从制造业向高端产业聚集。此外，大型跨国公司在华投资呈现出以下特征：一是单项投资规模大；二是一揽子合作或跨行业关联性投资明显增多；三是投资呈系统化、多功能，具有较强的战略意图；四是跨国公司对华投资的主要方式是并购[102]。

2. 外资企业的作用

毋庸置疑，外资企业已经成为我国社会主义市场经济的重要组成部分，对我国经济发展具有重要的推动作用。外资企业的作用主要体现在以下几个方面：第一，促进经济持续快速增长和财政收入增加。改革开放初期，我国的资本和技术等生产要素相对短缺，外商直接投资满足了我国经济建设对资金的大量需求。外商直接投资不仅增加了我国的资本存量，而且间接推动了我国企业扩大投资规模，从而明显增加整个社会的资本量。第二，促进产业结构优化升级。外商直接投资主要集中在第二产业和第三产业，这大体符合我国调整产业结构的客观要求，在我国产业结构优化升级的过程中，外商直接投资发挥了重要作用。第三，推动了对外贸易的迅速发展。外商直接投资促进了我国制造业生产和产品出口，极大地推动了对外贸易的发展。第四，增加了就业总量。外商直接投资创造了大量就业机会，同时，外资企业通过前后向的产业联系间接创造了大量就业机会。第五，推动了现代企业制度的建立和完善。我国吸收和利用外商直接投资，特别是吸收欧、美、日等发达地区大型跨国公司的投资，可以借鉴它们先进的管理方式和制度，推动我国现代企业制度的建立和完善。

（四）乡镇企业

乡镇企业是个体私营企业的独特形式。作为连接工农经济和城乡经济的重要纽带，乡镇企业是农民从我国国情出发走出的一条具有中国特色的发展道路，是中国农民的又一伟大创造[103]。

1. 乡镇企业的含义及发展

乡镇企业的前身是社队企业，即人民公社和大队兴办的企业。1984年以前，社队企业是新中国农村唯一的企业形式。1984年初，国务院批转了农牧渔业部《关于开创社队企业新局面》的报告，把“社队企业”改称为“乡（镇）办企业”，“大队企业”改称为“村办企业”，并把农村中新生的社员联营企业、个体及其他形式企业包括在内，统称为乡镇企业[104]。根据《中华人民共和国乡镇企业法》（1996年通过，现行有效）的规定，乡镇企业是指农村集体经济组织或者农民投资为主，在乡镇（包括所辖村）举办的承担支援农业义务的各类企业[105]。所谓投资为主，是指农村集体经济组织或者农民投资超过50%，或者虽不足50%但能起到控股或者实际支配作用。

改革开放后，针对农村经济结构较为单一的状况，国家采取鼓励多种产业并举的农村政策，明确了社队企业的合法地位，肯定了其对农村经济的贡献，为社队企业的发展创造了适宜的经济社会环境。随着国家相关政策的支持力度越来越大，乡镇企业的准入领域越来越多，乡镇企业逐渐壮大为我国社会主义市场经济的重要组成部分。据统计，

1995年乡镇企业在工业总产值中的比重达42.5%，从业人员则达到了49.7%。此时，乡镇企业在国民经济中的地位出现历史性转折，乡镇企业已不是中国经济腾飞的“秘密武器”，而是名副其实的“王牌武器”。这一历史性转折主要体现在以下几个方面：第一，乡镇企业高速增长。其中乡办企业的增长率居各类企业之首，乡镇企业在工业中的比重接近50%，居各类企业之首。第二，乡镇企业的组织结构逐渐向混合式、高级化发展，各种形式的经济、技术联合越来越普遍，并以资产为纽带向集团化发展。第三，大型企业集团迅速发展。全国销售额或产值超亿元的乡镇企业超过千家，其中1995年形成的大型企业超过前15年的总和。第四，乡镇企业特别是沿海发达地区乡镇企业的技术水平有较大提高，乡镇企业的外向型程度大幅提高[106]。

但是，从1997年开始，乡镇企业面临的市场环境日益严峻。国内市场由卖方市场转变为买方市场，商品供大于求的压力增加，市场竞争加剧，国外市场受到了亚洲金融危机的影响，商品出口严重受阻乃至大幅度下降，加上乡镇企业自身存在的产业产品结构不合理、经营管理粗放、产权不清、负债率高等缺陷，以及政府方面的政企不分、乱摊派、乱收费、乱罚款、随意调用乡镇企业资产等问题，乡镇企业的发展速度明显放缓，乡镇企业改制成为其继续存在和进一步发展的前提[107]。1997年9月党的十五大明确了乡镇企业改制的方向，除了股份合作制和股份制，拍卖和租赁等多种方式的企业改制也大规模地推行。1997年有33.5%的乡镇企业进行了改制，1998年已有80%的乡镇企业进行了改制，2000年改制基本结束。改制结束后，乡镇企业褪去了其特殊性成为一般意义上的私营企业，这种带有中国特色的企业类型退出历史舞台[108]。

2. 乡镇企业的功能

从乡镇企业的发展历程可以看出，乡镇企业为农村经济发展和社会进步做出了巨大贡献。其功能主要体现在以下几个方面：

第一，它是农民收入增加的重要来源。乡镇企业以工资、劳动分红、承包等方式增加了广大农民的收入。2000年，乡镇企业为每个农民平均增收761元，占当年农民平均纯收入的33.8%。就全国来说，在乡镇企业发达的地区，乡镇企业已成为农民收入的主要来源，是农民致富和奔小康的主要方式[109]。

第二，它是农村剩余劳动力的主要吸纳渠道。乡镇企业的异军突起为中国农村的剩余劳动力转移找到了一条切实可行的出路。1999年，乡镇企业的从业人员达12 704万人，占农村劳动力总数的27%，占农村富余劳动力的50%，极大缓解了我国的就业压力[110]。

第三，它增加了有效供给，消除了短缺经济。到20世纪90年代中期，我国商品市场除农产品外已经基本实现了供求平衡，并由卖方市场变为买方市场，乡镇企业在这种转型过程中发挥了重要作用。在1997年的工业品总产值中，食品加工和制造业的乡镇企业占66.6%，纺织业的乡镇企业占60.3%，服装缝纫业的乡镇企业占92.9%，皮革及皮制品制造业的乡镇企业占73.7%。此外，乡镇企业在家用电器、建材、机械加工等行业的占比也超过50%[111]，可以说乡镇企业在消除短缺经济、提供有效社会供给、满足人民群众日益增长的美好生活需要上做出了重要贡献。

第四，它促进了农业现代化，缩小了城乡差距。乡镇企业20多年里用于支农、补农方面的资金超过 1 500 亿元[112]，极大地改善了农业生产条件，为农业现代化提供了物质基础。同时，有的地区以乡镇企业为龙头，大力发展农业产业化，极大地促进了传统农业向现代农业转变。

第五，它是工业化和国民经济发展的重要推动力量。乡镇企业独辟蹊径，与城市企业相互依托，共同推动了我国的工业化建设。乡镇企业的发展大大增强了我国经济的总体实力。1999 年乡镇企业实现增加值 24 883 亿元，占全国生产总值的 30.3%；出口商品 7 744 元，占全国总出口额的 37.8%；实缴税金 1 789 亿元，占全国税收总额的 20%[113]。

（五）农民合作经济组织

计划经济时期，我国农村地区的生产劳动以高度组织化的农业合作社、农村人民公社等形式进行。随着家庭联产承包责任制的实行和市场经济的发展，农村地区分散化为以家庭为单位来组织劳动生产，也出现了新的劳动组织类型。农民合作经济组织就是改革开放后在市场经济条件下发展起来的新的劳动组织形式，学界普遍称之为“农民合作经济组织”。

1. 农民合作经济组织的概念

农民合作经济组织泛指在社会主义市场经济条件下，广大农民为解决生产经营中信息、技术、资金、供销等方面的实际问题，在家庭经营的基础上，按照自愿、民主的原则组建而成的经济组织[114]。农民合作经济组织的最主要部分是农民专业合作社，自 2006 年 10 月 31 日《农民专业合作社法》通过以来，我国农民专业合作社的数量迅速增加，到 2020 年底超过 224 万家，平均每个村 4 家以上，50%以上的农户都加入了各类合作社[115]。

农民合作经济组织的名称比较多样，如农民专业合作社、农产品合作社、农民合作社等，这些概念的内涵和外延不尽一致。其中，农民专业合作社是农民合作经济组织的主体，国家对农民专业合作社专门做出了法律规定。《农民专业合作社法》规定，农民专业合作社是指在农村家庭承包经营基础上，农产品的生产经营者或者农业生产经营服务的提供者、利用者，自愿联合、民主管理的互助性经济组织。农民专业合作社以其成员为主要服务对象，提供农业生产资料的购买、使用，农产品的生产、销售、加工、运输、贮藏及与农业生产经营有关的技术、信息、设施建设运营等服务。

2. 农民合作经济组织的类型

依据产生时起主导作用的主体，农民合作经济组织可以分为政府主导型、企业主导型和自组织型等类型。在不同主体的主导下，农民合作经济组织形成了不同的发展模式，主要有以下几种：

(1)政府主导型的农民合作经济组织。政府主导型的农民合作经济组织是在政府的主导下，结合当地农村地方特色，围绕当地支柱产业，充分利用政府部门的技术人才优势、设备场地、资金筹措能力以及行政管理经验而形成的农业经营组织。这种组织的明显特征是：单个农户与外部服务提供者的分工不同，外部服务提供者包括政府部门和其他外部团体，主要负责向农户提供设备和技术指导等服务，而农户只负责相应的农产品生产，农产品的加工、销售仍由服务提供者负责，农户的参与度严重不足，更没有实际意义上的话语权和决定权。

(2)企业主导型的农民合作经济组织。企业主导型的农民合作经济组织主要有以下几种：

1）“公司＋农户”模式。这种模式下公司独立于农户，它们与农户之间的联结或以合同的形式来实现，或以市场为中介来实现。从合同的角度来讲，农户只是按照合同出售农产品给企业，企业按照合同价收购，双方是买断型的完全买卖关系，交易完成后双方之间就没有经济关系了。

2）“龙头企业＋农民合作经济组织＋农户”模式。在这种模式中，农户处于生产上游，负责生产原材料；龙头企业负责深加工，居于下游，而两者之间的桥梁就是农民合作经济组织，农民合作经济组织发挥着中介作用。

3）“社区＋企业＋农户”模式。这种模式在乡村旅游中运用较多。相对于“公司＋农户”模式而言，这种模式存在较多的问题。一方面，公司在和农户的关系中对资金和资源的掌控占有优势，在资源安排上容易造成农户之间的矛盾；另一方面，在产品开发的成本分担机制上容易出现纠纷。

(3) 自组织型的农民合作经济组织。自组织型的农民合作经济组织主要有以下几种：

1）村级组织主导的农民合作经济组织。村级组织如村委会的参与是这种农民合作经济组织最显著的特点。这种模式下，村干部是合作组织的主要负责人，实行“村支部（村委会）＋协会（合作社）＋农户”的合作模式。

2）农民联合组建的农民合作经济组织。这种组织是当地农民通过劳动、资本联合，依托传统产业，自发组建而成的农民合作经济组织。它把一家一户分散的生产经营依照合作制原则组织起来，形成规模生产经营，既可以开展生产指导，又可以开发、加工和销售，以应对市场风险，增加农户收入。此种组织以民主的方式推选出组织的领导团体，但也离不开政府在各方面的引导。

3）民间力量推动的农民合作经济组织。民间力量不仅仅包括非政府组织，还包括民间志愿者。这种组织主要由基层农技、农机等部门，利用自身优势，将当地优势资源和农民服务需求相结合，组建专业合作社或协会，以推广新技术、新品种，为农村提供技术服务，实现农业增效、农民增收的目的。

3. 农民合作经济组织存在的问题

从世界范围来看，农民合作经济组织是联结小农户与现代农业发展的核心载体。农民合作经济组织能够有效改变小规模农户经营面对市场竞争时的弱势地位。在相当长的时期内，我国仍然以小规模农户经营为主，小农经济实体是农村的经济主体。综合来看，目前我国农民合作经济组织主要存在以下问题：

首先，组织章程虚化。组织章程是农民合作经济组织开展活动的基本准则，它对农民合作经济组织的基本业务及成员的权利义务做出了清晰的规定。但是，目前我国大部分农民合作经济组织的章程被虚置成了“表面文章”，或为了应付组织登记设立时的流程和主管部门的检查，或为了套取项目扶持，并非从社员实际需求出发，在组织运行中也没有真正被贯彻执行。

其次，产权结构异化。现有的农民合作经济组织基本采用了股份制的产权结构，社员和领办主体以不同的比例筹集原始股本，但大部分普通成员基本上只有一两股，与领办主体相比在组织的运行中处于依附性地位，这会进一步导致组织中民主管理原则的异化和利益分配机制的异化。

再次，管理主体混乱。一方面，虽然国家在信贷、税收和财政等方面给予了农民合作经济组织较多的支持和保护，但由于具体可操作性文件的缺失，实际支持政策乏力，组织在金融借贷等方面面临较大困难。另一方面，农业、民政、工商等各个政府部门参与其中，造成了多头管理、各自为政甚至各取所需的局面。

最后，人才培育不足。目前我国的农民合作经济组织的主要成员是从事农业生产的农民，在经营管理理念及管理行为上缺乏现代经营管理思维，有着较强的局限性。农民经济合作组织的辅导人员多由农业局、农经站等部门的工作人员兼任，缺乏系统性的知识指导体系。

三、中国劳动组织的发展趋势

随着云计算、大数据、物联网等技术的发展，作为经济活动载体的劳动组织本身的架构和形态正在发生着深刻变化。以往事业部型、矩阵型结构的劳动组织具有垂直化、等级性的特点，在不确定的外部环境下，因为缺乏灵活性正在逐步丧失主导地位。相应地，劳动组织日益呈现出平台化、中台化和网络化的特征。近年来，中国的劳动组织也在适应外部环境的变化，不断做出调整，例如，海尔将自身进化为一个平台，孵化了200多个开展创新活动的小微组织，并由这些小微组织通过客户交互发现产品“痛点”，而后快速反应、快速试错，最后将迭代后的产品进行推广；阿里巴巴则采用“大中台、小前台”的组织机制，将业务流程模块化，并将这些模块搭建在组织的业务中台和数据中台上，使前台部门能根据需求来调取这些模块化的工具，以消灭组织内部部门间的阻隔；腾讯和字节跳动等互联网公司也采用了这种组织方式。概括来说，劳动组织的未来发展趋势主要包括：

（一）组织形态扁平化

传统的组织结构是在科层制基础上发展起来的，表现为等级明显的组织结构形式，每个职位权责固定，等级分明。在未来社会，网络技术的发展迫使每个组织只有在充分应用互联网的情况下才能生存，云计算、大数据的发展更是提升了信息共享的速度和能力，使各个组织形成一个相互连接的网络，也使组织内部成员更多地在一种平等的基础上进行对话和交流，传统的单一中心组织转变为拥有多个中心的信息沟通形态。此外，组织结构简单化的一个重要标志在于，尽量减少组织结构的中间层次，使指令下达、信息传递速度加快，使组织变得灵活、敏捷，组织效率和效能提高。现在已经有越来越多的人认识到，减少管理层次有助于提高信息传递效率，一些公司纷纷进行组织形态扁平化的变革，这有助于节约管理费用、降低成本，为员工提供最大限度的自由，充分发挥员工的创造力和积极性。

（二）组织权力分权化

未来的环境是变动不居的，为了应对瞬息万变的外部环境，大公司应尽可能地分散成若干小的、相对独立的公司、分公司或部门，将决策权力下放到基层，使基层充满活力，以应对各种突发情况、适应各种变化的条件。扁平化的组织形式使管理人员减少，也使管理幅度增大，因而更多决策要求成员自己而非传统上的上级做出，这种要求由于互联网技术的发展而迅速普及。信息技术的发展使得信息的获得变得更容易且失去了层级的区别（或层级区别更小），一些组织成员因更接近市场往往能更快、更充分地掌握变化的信息，更主要的是有时决策者必须当机立断，不然就错失良机。因而，赋予组织成员更多的权力，使其独立地进行相关决策对组织来说是有益的，组织从集权走向分权也就成为不可避免的趋势。

（三）组织形式虚拟化

当代科学技术的进步，信息网络技术的飞速发展，推动着经济全球化的进程，产品生命周期日趋缩短，革新的步伐在加速，企业不得不在以多变和不确定为特征的市场环境中寻求生存和发展机会。虚拟组织作为一个新概念应运而生，代表了人们对现代社会组织模式和管理方式的重新思考。虚拟组织是两个或以上，在法律意义上独立且具有核心能力的公司、机构和个人（包括供应商、制造商和客户），为迅速向市场或客户提供某种产品和服务，所组成的一种临时性（非永久性）、非固定化的相互信任、合作的组织联盟，即动态联盟。虚拟组织是那些欲结盟的企业在自愿互利的原则下，出于降低交易费用、减少不确定性、实现优势互补等目的，以契约方式结合起来的共同提高企业市场竞争力的合作模式，其实质是突破企业的有形界限，延伸和整合各企业的优势，实现单个企业不能实现的市场功能。不同于一般的跨国公司，虚拟组织的成员可以遍布世界各地，彼此也许并不存在产权上的联系，相互之间的合作关系是动态的，完全突破了以内部组织制度为基础的传统管理方法。从形式上来看，虚拟化主要有人员虚拟化、功能虚拟化和企业虚拟化三种形式。

（四）组织结构弹性化

传统的科层制企业，规模越大，组织行为就越僵硬，对外部变化的反应就越迟钝。在以信息技术为代表的科学技术迅速发展的今天，产品更新速度越来越快，产品寿命不断缩短，组织结构的弹性化成为必然的选择，需要劳动组织根据外部环境的变化，适时对组织结构、人员配置做出调整。而网络信息的普及、开放式交换，既为组织成员参与信息交流提供了技术条件，也使组织在形式上更具多样性，这种由著名管理学家明茨伯格提出的理论模型，将因网络技术、信息技术的发展而更具现实意义。

（五）组织规模小型化

小型化意味着组织的精良化，它去掉了一切不能为组织增加利益的内容，只留下最精干的部分，组织规模的小型化趋势既是科技发展的结果，也是企业面对激烈市场竞争的一种必然反应。一方面，由于信息技术的应用，中层监督和控制部门的重要性大大降低，从而使组织管理的层次和机构明显减少。另一方面，组织成员不再受专门化和专业化的限制，而是一个个具有综合知识和综合能力的人，组织的人员规模也会缩小。

本章小结

本章对劳动组织的概念、分类、构成要素、功能和相关的劳动组织理论，新中国成立以来的劳动组织情况进行了介绍，共有四小节内容。

第 1 节从组织和劳动组织的概念出发，并在此基础上对劳动组织的主要分类方式进行了介绍。第 2 节详细阐述了劳动组织的构成要素、功能和结构类型。第 3 节以发展脉络为主线，介绍了劳动组织的相关理论，主要包括 19 世纪末 20 世纪初的古典组织理论、20 世纪 30—50 年代的系统组织理论、20 世纪 60—70 年代的系统组织理论和 20 世纪 80 年代以来的组织理论。第 4 节介绍了中国的劳动组织，主要分析了新中国成立以来计划经济时期和社会主义市场经济时期不同的劳动组织类型。

关键词

劳动组织　劳动组织的结构　非正式组织　权变理论　新制度主义　单位制　人民公社　乡镇企业

思考题

（1）概述劳动组织的类型。

（2）试述劳动组织的正式结构与非正式结构的关系。

（3）试述 20 世纪 90 年代以来劳动组织理论的新进展。

（4）不同时期中国的劳动组织类型有哪些？

（5）试述劳动组织的未来发展趋势。

推荐阅读

扁平化组织的局限性

GitHub 是一个价值 20 亿美元的软件开发组织，由首席执行官克里斯·万斯特拉斯（Chris Wanstrath）和汤姆·普雷斯顿-沃纳（Tom Preston-Werner）于 2007 年创立。它彻底改变了软件的开发和制作方式。在很短的时间里，GitHub 已经从一家只有几名员工的小型初创公司成长为一家拥有 600 多名员工的大型公司。2016—2017 年，它的规模扩大了一倍。截至 2017 年，GitHub 已经拥有 2 200 多万名用户以及 5 900 多万个托管项目。GitHub 起初是一家扁平化、结构简单的小型组织，这种组织结构在早年是有助于创新的。GitHub 一开始并没有设立中层管理职位，它的员工中甚至没有多少人有职务。员工以团队形式被有机地组织起来，围绕项目而工作，同时所有人都承担了一部分管理责任。GitHub 采用这种结构的一个好处是，人们不会被随意划分，也不被产品、专业或其他分类限制，公司的开源结构反映了其开源产品的本质。

然而，随着组织的成长，不同形式的组织结构的适用性可能会发生变化。这一点在2014年体现得很明显。当时，开发者朱莉·安·霍瓦特（Julie Ann Horvath）声称她一直被GitHub的一名工程师性骚扰，因为她拒绝了这名工程师，这名工程师便拒绝她参与好几个产品的工作。如果不是在一个扁平化或结构简单的组织中，她或许会有更多的渠道通过问责来更早更有效地处理这种问题，而不是让问题持续两年。

乔·弗里曼（Jo Freeman）在《无结构的暴政》一文中强调了扁平化组织的局限性，她写道："不存在无结构的群体……任何群体，无论其中是何种性质的人，为了何种目的，在什么时候聚集到一起，都会不可避免地以某种形式构建群体自身。"这带来的问题是，如果没有正式的控制机制，权威和影响力将是不可见的，因为组织并非通过明确的渠道运作。例如，霍瓦特讲述了她和汤姆·普雷斯顿-沃纳妻子的一次谈话，她受到了非正式的威胁，被要求不能写关于公司的负面评论。对方告诉霍瓦特，她在组织内有"间谍"，可以访问员工的私人聊天记录。另外一个问题是缺乏决策清晰度。朱里奥·阿瓦洛斯（Julio Avalos）是2012年最早被聘用的100名员工之一，现担任首席商务官（CBO）。他指出："如果连最低限度的管理层都没有，那么我们很难通过对话让人们理解对他们的期待，让他们得到为了更好地完成工作所需的支持。"

GitHub领导者吸取了教训，"鼓励每一家初创企业都考虑一下自己的建设方式……现在有如此多的企业认为可以把这件事放到以后再考虑——然后问题就出现了。这是我们最大的教训。"到目前为止，万斯特拉斯和GitHub董事会已经将企业从扁平化、灵活的组织转变为一个拥有中间管理层的组织。这些中间管理人员必须在办公室工作，而非远程上班。

资料来源：斯蒂芬·罗宾斯，蒂莫西·贾奇．组织行为学．北京：中国人民大学出版社，2021：413-414.

注释

第 7 章

劳动制度

【重点问题】

• 劳动制度的含义与构成是什么？

• 劳动就业制度、薪酬制度和劳动保障制度的主要内容是什么？

• 人类历史中劳动就业制度的演变趋势是怎样的？什么是工业社会的基本就业制度？

• 薪酬制度和薪酬水平的影响机制是什么？薪酬制度会对劳动者产生怎样的影响？

• 劳动保障制度的发展历史及制度内容变化有哪些？

• 中国劳动保障制度的历史变革过程是怎样的？

【开篇引例】

哪种劳动制度将主导 21 世纪

劳动制度模式之争建立在两个事实的基础之上：

第一，在过去几十年里，发达资本主义经济体的发展在人均 GDP 增长率、收入不平等程度、就业和失业率、薪酬构成、实际收入变化几个方面存在着显著差异。虽然发达国家的生活水平普遍趋同，但各国间收入水平及变化率有很大差异，所以在研究和政策层面探讨谁做得更好、为什么做得好仍然很有价值。为什么 1979 年以来，英国的人均 GDP 翻了一番，而法国的人均 GDP 只增加了 1/4？为什么西班牙近 20 年来失业率一直在 20%以上，而日本的失业率却如此之低？为什么瑞典的人均 GDP 排名下降如此之快？

第二，发达资本主义经济体有着明显不同的劳动制度。这里的制度是什么意思？从广义上看，制度是一套或隐含或明确的规则、规范或契约安排，以及管理市场交易的组织。这正是实体经济与瓦尔拉斯拍卖模式（Walrasian auction model）的区别所在。一些理论家强调制度作为解决经济问题的有效办法所发挥的作用，另外一些理论家强调用制度对行为进行约束以减少不确定性的作用。工会、工作委员会、雇员参与委员会、政府规章和政府机构、公司和雇主协会，它们在现代经济中大量存在，并影响着有关工作生活的决定。劳动关系专家常称之为“产业关系体制”，包含行为者、规则和意识形态。

虽然尚无研究表明，相比于其他经济规范、经济组织中的制度，发达国家之间的劳动制度差别更大，但劳动力市场的规则是与具体国家政策高度相关的，因此劳动力市场的制度设置至少可以解释一些结果上的差异。然而，将结果与制度联系起来并非易事。研究制度影响结果的方法有三种，但它们都不甚理想。

第一种方法，如果在一个国家内部存在差异，我们可以比较不同劳动制度下工人的状况。这种方法的优点是，可以确定影响整体经济的某些特定因素。在工会和非工会因素并存的国家，经济学家研究工会和非工会因素对工会所产生的影响。这样的比较使我们能够衡量集体谈判结果和个别公司谈判结果之间的差异，但无法确定制度带来的“真正”的结构性影响。

一个问题是，工人可能会有选择地进入工会或非工会部门：工人为解决工作场所的问题成立工会，一旦时机成熟，工会就提出协商薪酬方案，而这会让求职者排队等待录用，雇主从中精挑细选。我们有一个工具包来纠正这些问题，最明显的是，对同一个工人或工作场所在工会和非工会设置下的差异进行纵向分析。

一个更困难的问题是，劳动力市场的工会和非工会部门可能以多种方式相互作用：工会收益有时会溢出到非工会工人身上，有时会损害这些工人的利益。我们对这些溢出的规模和方向没有公认、统一的估计。工会和非工会部门之间的相互作用取决于一系列经济因素，包括资本的流动性、工会所在部门的劳资比高低、价格由国内决定还是由世界市场决定，以及市场的总体制度性特征。

第二种方法，在一个国家的劳动制度发生变革时，观察变革前后的结果。这种办法也并不完美，因为我们缺乏可观察的反事实。如果没有撒切尔夫人的改革，英国的表现会更好或更差实际上无法准确判断。这里隐含着一种未经验证的反事实——我们经常假设如果没有某种特定改革的出现，事物的发展会在水平或速率上保持不变。但这也许并不是正确的假设，如果没有新的劳动立法，英国工会在 20 世纪 80 年代的表现会不会同 20 世纪 70 年代一样好？有可能。但其他国家的工会也逐渐发生了改变。实际上，政策问题通常并不是关于某一制度的变迁如何影响了结果，而是关于其他变迁方式是否会有更好或更差的效果。

第三种方法，我们可以比较同一时期不同国家的制度差异。美国实现了充分就业，但在工资方面存在巨大的不平等；欧洲有严重的失业问题，但有较合理的工资结构，也许这能够给我们启示。美国的实际工资停滞不前，欧洲的实际工资却在上升。也许这才是真正的启示。通常，国家间机构和制度设置差异很大，如果机构设置上的差异导致了关键结果的差异，我们就可以对此进行多方面的解释。要检验工资结构差异和实际工资趋势对就业的影响，需要的不仅仅是这两个方面的对比，因为监管、工会、集中谈判等方面的差异也在发挥作用。从跨国比较中做出推论更难，在研究样本中加入多个国家可以排除一些因素的影响，但加入过多国家会丧失对单个国家的洞察，且随着样本的增加，有可能增加制度差异对结果的影响。

由于制度结构中的其他部分也存在差异，同样的制度在不同国家运作的方式可能不尽相同，这让跨国比较研究变得更加复杂。西班牙颁布了一部关于临时合同的法律，之后新加入的劳动者根据这项法律偏向于被临时雇用；德国也颁布了类似的法律，但德国企业选择继续雇用学徒让其从事长期工作。就制度或政策的设置而言，国家间的适当比较要在整个模式之间进行，而不能局限于某些局部特征。不能单独用严重的不平等、较低的实际工资、有限的工会组织来解释美国的就业现象，而要用所有这些因素相互作用的特定模式来解释。

总而言之，明白制度如何影响结果是一项艰巨的任务，它将在相当长的时间内成为大量艰苦的科学工作的主题。而要为当前状况“开处方”则更为艰难。作为研究者，我们有责任找到应对制度失灵的方法，并设计出更好的制度。但即便是最自负的专家也明白，我们还没有完全掌握诊断和“开处方”所需的科学知识。没有被验证的相关证据，我们就无法得出结论并提供建议，但在缺乏确凿证据的情况下依靠专业知识进行判断是社会科学领域研究的一部分，提出正确的问题和寻找相关证据有助于说明问题。

思考：

1. 如何判断不同劳动制度的优劣？
2. 劳动社会学与劳动经济学对于劳动制度的研究有何不同？

第 1 节　制度与劳动制度

社会现代化至少包括两个层面的内涵。首先是器物层面的现代化。鸦片战争以来，很多“睁眼看世界”的仁人志士开始意识到中国在器物层面的落后，提出“师夷长技以制夷”的口号，通过开展洋务运动、制造坚船利炮、修建铁路推进中国现代化。其次是制度层面的现代化。社会现代化是社会结构转型和现代社会制度完善的过程，只有把与现代社会相适应、能够促进理想目标达成的制度安排构建起来，才能真正有效地推进现代化进程。

劳动制度作为劳动社会学研究的重要内容，是现代社会制度体系的重要组成部分，对社会现代化亦非常重要。

一、制度的含义与分类

制度在经济学、政治学、社会学等多个领域有广泛应用。社会学把制度看作支配和协调人们社会关系的规则系统，它既是对社会成员行为的约束，也是社会秩序的重要保障。

（一）制度的界定

不同学科的学者都对制度有过经典的界定。经济学的制度派代表人物康芒斯（Commons）认为，制度是“集体行动对个体行动的控制”[1]。他用“集体行动”和“个体行动”两个核心概念，以及“控制”这一动词阐释制度。在他看来，制度就是一种制约、一种秩序、一种限制，有了制度，人们就不是没有限制的个体。无论是在市场领域、社会领域，还是在政治领域，都由制度限制个体的无所控制与为所欲为。历史学派的典型代表人物诺斯（North）认为，“制度是一个社会中的游戏规则”，“是用来调节人类相互关系的一些约束条件”，包含正规的明文规则和补充的非成文行为准则[2]。

社会学在讲社会制度和社会控制的时候，往往使用道德、习俗、法律、军队、警察、监狱等和制度密切相关的概念。制度可以表现为软约束，比如，道德可以成为一种制度，习俗也可以变成一种约定俗成的制度。制度也可以表现为硬约束，如果有人违反了制度，就会面临惩戒。比如警察、监狱、军队等组织，会对违反法律的行为和个体进行惩罚。

我国早期的社会学家吴文藻对制度也有相关研究。他认为，制度是“由于人类团体活动而形成的某种社会关系”[3]。人是社会性动物，要在人类群体（或者团体）中生活。群体形成之后就要有群体的规则，需要成员共同遵守。他还指出，制度是有组织的人类关系的形式，或者说是有组织的人类活动的体系。制度和组织往往是密切关联的，制度是一套规则系统，在规则系统之外，还需要通过人员、设施、财政支持等实现组织目标。

康奈尔大学的社会学家维克托·尼（Victor Nee，也译作倪志伟）密切关注中国市场化改革以后的问题。他继承了诺斯区分两种制度类型的观点，提出制度包括形塑行动者选择集的正式约束和非正式约束，将制度界定为“支配社会关系、互为关联的规则与规范”[4]。制度的功能是协调社会关系，劳动关系是一种社会关系，所以劳动制度也是一套非常重要的行为规则和行为规范。

（二）制度的分类

社会中存在形形色色的制度，用以规范不同的社会关系。依据制度所规范社会关系的层次，可以将制度分为三类：总体社会制度、社会系统领域的制度、具体行为模式与办事程序。

1. 总体社会制度

总体社会制度是宏观层面上对社会总体形态的描述。比如，从政治意识形态来看，有资本主义制度和社会主义制度的类型划分。对一个社会而言，总体社会制度通常是很稳定的，很少发生变化，而一旦发生变化，往往就伴随着社会结构的剧变。

2. 社会系统领域的制度

社会是由经济系统、政治系统、文化系统、教育系统等不同的系统构成的。按照帕森斯的功能主义理论，一个社会至少要包含政治、经济、文化、人格四个子系统，每一个子系统都有其结构和功能。在四个子系统当中又有子子系统，每个子系统以及子子系统都有与之对应的制度，为这个系统中的社会关系提供规则和规范。比如，教育系统会建立起相应的教育制度，规范教师、学生、家长、学校、教育主管部门等教育领域诸多参与者的行为以及它们之间的关系。在教育制度中，又包含对应考试子系统的考试制度，考试制度是选拔人才的重要制度安排。

3. 具体行为模式与办事程序

各项制度中规定具体子系统中某些特定事项的制度，表现为具体行为模式与办事程序。这类制度与人们的日常活动密切相关，又经常出现变化和调整。具体行为模式与办事程序，如财务报销制度、婚姻登记制度等的变化会对人们的权益产生直接影响，也会影响到制度功能的发挥。

二、劳动制度的含义与构成

劳动社会学把劳动制度看作从属于经济系统的一个制度体系。同时，在劳动制度中，又包含多个具体的行为模式与办事程序层面上的制度设计。

（一）劳动制度的含义

劳动制度是对人类劳动世界各类社会关系的规范，包含了与劳动就业、劳动薪酬和劳动保障等密切相关的正式和非正式规则，约束着相关组织、群体和个体的行为。

1. 劳动制度的界定

劳动制度是为满足人类劳动世界各类社会关系发展的需要而建立的系统的、组织化的、为社会所公认的劳动行为规范体系。简而言之，劳动制度就是有关劳动行为的规范体系。对于这个概念，可从以下几个方面进行理解：

(1)劳动制度表现为一套行为规范体系。所有社会制度都表现为行为规范体系，这是劳动制度从属于社会制度的体现。劳动制度限定了相关行动者的行为方式，不论是劳动者，还是劳动组织，其行为都被这些规范和规则约束。

(2)劳动制度的目的在于调节人们社会生活中的劳动关系。围绕劳动关系建立和实施，也是劳动制度区别于其他社会制度之处。劳动是人们经济生活的重要组成部分，劳动关系既关系到个体劳动行为的顺利开展，也关系到整个社会劳动分工体系的有效运行。

(3)劳动制度包含正式的成文规则和非正式的不成文规则。有些劳动制度并没有形成明确的、成文的规则和规范。比如在依据法律、法规建立起的正式劳动力市场之外，还存在非正式劳动力市场，如农民工劳务市场。这种劳动力市场虽然没有正式的法律规范，大部分时候依靠文化习俗和社会习惯等非正式规则维系，却将大量劳动者纳入其中。对非正式劳动力市场中劳动制度的研究，也有重要的意义。

2. 劳动制度的内容

劳动制度有广义和狭义之分。广义的劳动制度指国家或权力机关制定的约束人们劳动行为和劳动关系的法律、法令，以及与之相关的程序、规章和规定等。狭义的劳动制度仅指与劳动就业有关的制度。本书所称的劳动制度，采用广义的理解。

从具体内容来看，劳动制度主要包括：(1)劳动就业制度，或称雇佣制度，主要反映劳动者如何进入劳动组织，以及与之保持何种关系，具体有招聘制度、解雇制度、就业服务制度、退休制度等。(2)薪酬制度，或称工资制度，主要反映劳动者从劳动组织处获得多少劳动报酬以及如何获得，具体有工资决定制度、奖金制度、最低工资制度等。(3)劳动保障制度，或称社会保障制度、员工福利制度，主要反映与劳动者劳动过程相关的各类社会风险如何处置，具体有失业保障制度、退休保障制度、健康保障制度、工伤保障制度、职业年金制度等。需要说明的是，在微观层面的组织管理中，劳动制度通常组合在一起，形成与人力资源管理或人力资源服务相关的一系列制度安排。

（二）劳动制度的构成

一般来说，社会制度由概念系统、规则系统、组织系统和设施系统四个要素构成。其中，概念系统指的是由概念组成的理论基础，用以阐明制度的目标和价值；规则系统是规范社会成员相互关系的一套行为规则；组织系统是制度运行并发挥作用的保证；设施系统是制度运行的物质手段和物质条件。劳动制度同样包含这四个构成要素。

1. 概念系统

劳动制度的概念系统是指与劳动相关的理论，是劳动制度建立和实施的合理化依据。每一个具体的劳动制度都由相应的概念系统支撑。纵观人类历史，不同社会对于如何看待劳动、如何对待劳动者、如何分配劳动成果等形成了迥异的观念，这些观念成为构建不同类型劳动制度的基础。在我国古代，“劳心者治人，劳力者治于人”的观念，与封建社会的剥削劳动紧密联系。在当代中国，与中国特色社会主义市场经济体制相适应的劳动制度，其概念系统主要包括三个方面的内容：(1)马克思主义关于社会主义劳动的理论（如按劳分配、劳动权等）；(2)社会学中关于社会制度的理论；(3)在社会劳动实践中积累的丰富的经验资料。目前，我国劳动制度已经基本形成了概念系统，在制度实践和政策讨论中广泛使用。即便如此，缺乏相应的理论基础仍是劳动制度发展的最大困扰。

2. 规则系统

劳动制度的规则系统指约束劳动行为和劳动关系的法律、法令、规章等成文规范与不成文规范。这些规范确定了劳动者的地位、角色、权利与义务等，可能是由基于实践经验的约定成俗的规章、准则演化而来，也可能是由国家政府部门参照本国实际并借鉴各国经验而制定的[5]。不同国家和地区的劳动规则系统可能相同或相近，也可能完全不同。劳动制度的规则系统有一定的稳定性，但又不是一成不变的，要根据实践不断修订和完善。同一国家的劳动制度在不同时期也有差异。比如，新中国成立后，废除了旧中国劳动制度中的许多规则；改革开放以来，为满足社会主义市场经济条件下劳动制度建设需要，又对计划经济时期建立起的劳动规则系统进行了改革。再如，《就业促进法》《残疾人保障法》等上位法的制定和修订，也会带来制度规则的调整。

3. 组织系统

劳动制度的组织系统是劳动制度形成和实施的保证。现实生活中组织无处不在，并将个体与社会联结起来。劳动制度的组织系统包括劳动制度的制定机构、执行机构和执行人员，制定机构负责制定劳动制度的规则和执行程序，执行机构和执行人员则控制着劳动制度的具体运行。在我国，人力资源社会保障部是与劳动制度关系密切的重要组织机构，推动了许多重要劳动制度的建立和变革。此外，劳动领域的研究机构和研究人员也对劳动制度起到了理论支撑和价值引领作用，是组织系统的重要构成。

4. 设施系统

劳动制度的设施系统是指推动、执行和检查劳动制度的物质手段，包括制度实施的场所和相应的物质设施与工作设备。设施系统是确保劳动制度贯彻执行的物质保证，缺少必要的物质设施，往往会导致劳动制度难以落实。比如公共就业信息服务平台就属于设施系统当中的重要内容。此外，组织劳动时普遍需要用到的车间、流水线、劳动工具等，也是现代劳动制度的必要组成部分。

第 2 节　劳动就业制度

劳动生产是与人类历史相伴相生的社会现象。社会不同发展阶段形成了许多不同性质的劳动形式和劳动力配置方式，也形成了与之相适应的特定的劳动制度。如何组织和控制劳动过程？劳动者如何与劳动资料相结合？拥有劳动能力的劳动者与劳动能力的使用者之间是什么关系？在不同的劳动制度下，这些问题有不同的答案。现代工业社会中，在以工厂为主要特征的生产体制下，劳动者进入某个劳动组织的过程通常称为劳动就业。在市场经济体制下，就业依托于劳动力市场，劳动就业制度是基本的劳动制度。

一、劳动就业制度的含义

劳动就业制度反映了特定生产体制下劳动力要素的配置方式，是现代劳动制度的核心制度安排。劳动就业制度有广义和狭义之分。广义的劳动就业制度指直接或者间接约束劳动者就业的制度总和，包括雇佣制度、用工制度、就业培训制度、人力资源管理制度、退休制度等。我国当前劳动就业领域的一些热点问题，比如延迟退休、平台就业的制度安排、农民工就业培训，都属于广义劳动就业制度的研究范畴。狭义的劳动就业制度仅指雇佣制度和用工制度[6]。其中，雇佣制度反映劳动者进入或退出劳动组织的方式，即不同的劳动者如何被安置到成千上万的不同劳动岗位上。用工制度反映劳动者进入劳动组织后与其保持一种什么样的关系，包括劳动者的工作方式、工作时间、薪酬待遇以及终止劳动关系的补偿措施等。

劳动就业制度会受到劳动方式的制约，劳动方式决定了工作的性质和就业的类型。现代社会中，雇佣劳动是主流的劳动方式，雇佣制度能够代表劳动就业制度的基本特征，是最重要和核心的劳动就业制度。然而，在漫长的人类历史中，不同的社会形态有迥异的劳动就业制度。在狩猎和采集社会，劳动并没有从日常生活中剥离出来。在前工业社会，土地是最主要的生产资料，生产体制主要建立在农业生产的基础之上，劳动者与土地的关系决定了劳动形式。工业革命后，工业化大生产兴起，工厂制成为主要的生产组织方式，大量劳动者进入工厂，雇佣劳动成为占据主流地位的劳动就业制度。而在当今时代，工业社会向后工业社会过渡，越来越多的劳动者参与服务生产和供给，非标准就业成为常见的就业形式[7]。

二、前工业社会的劳动力配置制度

前工业社会的劳动生产尚不能被看作就业，也没有建立起规范的劳动就业制度。人类社会进入工业社会以前，大部分劳动力集中在农业生产领域，劳动力配置并非依托劳动力市场来完成。在很长的历史时期内，存在奴隶制和农奴制等强迫劳动的制度，进入封建社会后，缺少土地的农民主要以雇农和佃农的身份从事劳动生产。此外，还有强迫劳动的徭役。

（一）奴隶制和农奴制

奴隶制和农奴制是强迫劳动的制度类型。在人类进入私有制社会的早期阶段，役使奴隶劳动是一种普遍现象。在奴隶制下，奴隶和土地都归奴隶主所有，奴隶没有人身自由，在奴隶主的强迫下劳动。许多早期文明都有强迫奴隶劳动的记录。这种劳动景象在我国古代文学作品中也有所描述，如《诗经・七月》描写了劳动者终年为主人劳动的景象。在古罗马等西方帝国，也有大规模使用奴隶矿工的情况[8]。

据罗贝尔・福西耶（Robert Fossier）的考察，直到中世纪欧洲的奴隶制仍然存在。农奴制大约在 5 世纪和 6 世纪开始出现。一部分奴隶及其家庭搬到耕种的土地上，建造房屋、获得职务，还可以储存一部分食物维持生计。这种劳动制度代替了强迫的、无偿且无限制劳动的奴隶制[9]。

在农奴制下，劳动者的境况稍有改善，但依然被严格控制，且要承担繁重的劳动。恩格斯对此有着形象的描述，“封建主或者是以劳役形式，或者是以实物形式，从他的农奴那里取得他所需要的一切。妇女纺织亚麻和羊毛，缝制衣服；男人耕田；儿童放牧主人的牲口，给主人采集林果、鸟窝和垫圈草；此外，全家还要交纳谷物、水果、蛋类、奶油、干醋、家禽、幼畜以及其他许多东西”[10]。

（二）雇农制与佃农制

在封建社会中，大规模的强迫劳动消失。土地是主要的生产资料，除了少部分自耕农，大部分农业劳动者没有自己的土地。没有土地的农民主要有两种选择：成为经营地主的雇工，或者成为租种地主土地的佃农。前一种劳动方式就是雇农制，后一种是佃农制。在雇农制下，由地主组织安排农业生产，农民的劳动是一种雇佣劳动，由雇主向其支付劳动报酬。在佃农制下，农民承租地主的土地，自己安排生产经营，以固定或分成的形式向地主支付租金。

无论是雇农制还是佃农制，劳动者的劳动收入都离不开土地，都要遭受地主阶级的剥削。不过在表现形式上，雇农是“为地主劳动”，由地主向雇农支付劳动报酬，而佃农是为自己劳动，向地主交纳租金。二者的主要区别在于：(1)雇农的劳动是被安排的，存在监督和考核，佃农则是自我组织生产。(2)雇农与佃农在劳动过程中释放出来的能量不同。雇农的劳动通常是简单和单一的，佃农的劳动则多为复杂和综合的，需要劳动者运用更多的劳动技能。(3)佃农劳动中，即使劳动投入的边际收益递减到极低水平，农民仍可以不计成本地增加劳动，导致过密化或内卷化。而雇农制下若要追加劳动，雇主就不得不增加相应的工资支出[11]。

（三）徭役制

徭役是国家强迫民众负担的无偿劳动，包括兵役、劳役和杂役等形式。虽然都是强迫劳动，相较于奴隶制和农奴制，徭役制存在明显的不同。这些不同主要体现在：(1)徭役制下的劳动者是拥有一定生产资料（尤其是土地）的平民，而不是人身从属于主人的奴隶或农奴。(2)徭役制体现的是民众对国家的义务，可以看作一种特殊形式的赋税，劳动成果的占有者是国家，而非私人。(3)徭役劳动有一定的时间限制，不需要终身无休止地劳作。

徭役制产生于奴隶社会，盛行于封建社会。在古代中国，奴隶社会向封建社会的过渡时期，贵族们自给自足的庄园经济解体，统治者直接占有土地，通过把土地赐予农户耕种，向其征收赋税或使其提供劳役、兵役和杂役[12]，并借此兴建水利、灌溉、道路等重大公共工程，组织国防等重要公共事务。自秦汉以后，徭役制一直是封建国家运转的重要支撑，过重的徭役负担也常常成为引发农民起义的导火索。

三、工业社会的劳动就业制度

现代工业社会中，建立在福特制、泰勒制和官僚制基础上的现代工厂，成为组织劳动生产的主要场所。随着资本主义生产的兴起，劳动力作为商品出现在市场上，雇佣劳动成为主要劳动形式。劳动力市场是劳动力要素配置的主要机制，国家也构建了相应的制度以培育和规范劳动力市场。为适应现代工业社会的生产需要，人力资源管理制度也在劳动组织中广泛使用。

（一）劳动力市场：工业社会劳动就业的基础

现代工业社会中，劳动力市场是实现劳动就业的重要场所，它通过雇佣的契约关系将劳动力的供给与需求联系在一起，把劳动者配置到各种不同的职业和工作岗位上。最早的劳动力市场出现于 13 世纪、14 世纪，但因为早期的资本主义生产主要依赖于农民家庭和手工作坊，劳动力市场并未随之发展起来。劳动力市场真正形成于生产劳动转移到工厂之后[13]。

劳动力市场具备以下基本特征：(1)劳动力“商品化”。劳动力是一种特殊的商品，劳动力市场是劳动力供求双方出售和购买劳动力的主要场所，劳动力供求双方的关系是劳动力市场中的基本社会关系。(2)劳动力供求双方地位平等。“劳动力占有者和货币占有者在市场上相遇，彼此作为身份平等的商品占有者发生关系。”[14]劳动者通过出售劳动力获得经济收入和其他职业保障，雇主通过购买劳动力而获得劳动者生产的产品和服务，二者在法律上是平等的关系，均能自由地做出决策。(3)供求关系影响劳动力价格。劳动力的供给和需求总是处在变动中，这导致劳动力供求总量几乎很难达到均衡的状态。宏观经济形势和社会环境对雇佣关系也会产生重要影响，剧烈的经济变动和重大社会危机可能会对劳动力供求带来冲击，导致就业形势变得严峻。

劳动力市场是现代劳动就业制度的一个关键分析对象，经济学和社会学都非常重视劳动力市场，但有着不同的理解。在经济学家看来，劳动力市场的功能是引导劳动力这一宝贵的稀缺资源用于生产率最高的地方[15]。他们把信息透明和自由交换看作劳动力市场的基本特征，劳动者的边际产出和雇主的边际成本决定劳动者的受雇机会和工资水平。社会学家更关注劳动力市场的公平问题，通常不把劳动力市场看作一个真正的市场，而是将其视为一种配置劳动力供给与需求的普遍的、非个人的、不分肤色和性别的机制。部分社会学家认为，社会关系网络嵌入市场机制之中，构成劳动力交易的基础[16]。

（二）规范和干预：工业社会的公共就业制度

现代工业社会中，劳动力市场是实现就业的基本制度安排，但这并不意味着政府毫不干预劳动力市场运行。各个国家或多或少围绕劳动力市场制定相关法律法规，管制和规范劳动力市场运行。在某些极端的情况下，国家会以行政手段代替劳动力市场作为劳动力配置的基本机制。

1. 劳动力市场管制

国家对劳动力市场的管制和干预，主要是为了培育健康的劳动力市场、创造良好的就业环境，以实现更高质量的就业、保障劳动者的就业权利和劳动权益。政府常用的政策手段有：(1)公共就业服务。政府建立职业培训、就业信息、就业指导等相关制度，向公民提供公共就业服务，以提高他们的就业能力，减少他们进入劳动力市场的障碍。(2)就业保护立法。政府通过立法，对雇主的雇佣和解雇行为进行限制，影响雇主雇佣或解雇员工的能力，以及选择具体雇佣合同类别的能力，防止出现就业歧视以及随意解雇等情况。(3)为就业创造良好的经济环境。提高劳动参与率是许多国家实施劳动力市场政策的目标。比如，第二次世界大战后普遍盛行的凯恩斯主义，就把充分就业作为国家宏观调控的重要目标。再如，欧洲推行的积极劳动力市场政策，就以“激活”为主要特征。中国的现代化发展进程在很大程度上是政府推动的，政府对劳动力市场的运行起着举足轻重的作用。

2. 行政配置就业制

行政配置就业制就是政府采取行政办法把劳动者统一分配到劳动组织的制度安排。它与计划经济体制联系在一起，实行计划经济的国家大都采取这种制度，比如苏联、东欧的前社会主义国家以及改革开放前的中国。这种制度的主要特征包括：(1)充分就业。人们普遍把充分就业看作社会主义生产资料公有制的基本要求和制度目标，是社会主义制度优越性的体现。(2)统包统配。劳动力与其他各种社会资源要素一样，都是通过行政权力、以计划的方式进行调配和安置的。所有就业决策都是政府做出的，无论是劳动者还是劳动组织，都没有选择的权力[17]。新中国成立后，计划经济时期的“三线建设”(将大批干部职工调往边远艰苦地区)、知识青年大规模“上山下乡”运动，都是行政配置就业制的典型表现。

在特定的历史条件下，这种就业制度起到过积极的作用，但也存在明显的弊端：一方面，整个社会的就业呈现刚性状态，组织之间和组织内部的劳动力都缺乏流动性；另一方面，为实现充分就业的目标，有时国家需要采取一些违背经济规律的手段，可能会造成在岗人员过剩、人浮于事。我国计划经济时期曾出现几次比较严重的失业问题，这也促使人们重新思考失业与社会主义的关系[18]。

（三）人力资源管理：组织中的劳动用工制度

在劳动者进入劳动组织后，需要有相应的制度安排来规范二者的关系，这就是用工制度，也叫做人事管理制度或者人力资源管理制度。工业社会中雇佣关系是主要的劳动关系类型，劳动合同制是主要的人事管理制度。此外，还有固定工制度这种非劳动合同的人事管理制度。

1. 劳动合同制

在较为成熟和规范的劳动力市场中，雇佣关系通常会通过正式的劳动合同确立。劳动组织与劳动者基于平等的法律地位签订劳动合同，对双方的权利和义务予以约定。劳动合同包含的内容颇为广泛，主要包括雇佣的期限、双方的权利和义务等，对双方均有约束力。《劳动合同法》第十七条明确规定了劳动合同应当具备的条款，如用人单位和劳动者的基本信息、劳动合同期限、工作内容和工作地点、工作时间和休息休假、劳动报酬、社会保险、劳动保护、劳动条件和职业危害防护等。从形式上看，依据合同期限和工作完成时间，劳动合同主要有固定期限劳动合同、无固定期限劳动合同和以完成一定工作任务为期限的劳动合同三大类。

一般来讲，合同期限越长，劳动组织调整的灵活性就越低，劳动者的就业稳定性就越高，反之亦然。在全球劳动力市场中，有些国家更倾向于雇佣关系的灵活性，也有些国家更强调雇佣关系的稳定性。日本是典型的强调雇佣关系稳定性的国家，终身雇佣制是反映日本独具特色劳动关系的一项重要制度[19]。终身雇佣制主要存在于大企业和政府部门中，职工很少中途离职或跳槽，解雇通常是企业采取一系列措施后的不得已行为，比如企业倒闭或职工犯有严重错误。同时，职工在企业工作的时间越长，相应的福利待遇、薪酬标准会越高[20]，这一待遇标准是与国民文化密切相关的非正式制度，虽然没有明确的法律依据，却是现实中约定俗成的习惯性做法。

2. 固定工制度

固定工制度主要与行政配置就业制相适应，劳动组织的人事管理包含在国家的“统包统配”就业制度之中。劳动组织在人事管理方面只有有限的自主权，组织的用工规模、用工方式、人员来源、劳动岗位的分配、劳动者的辞退等，都受到劳动行政部门的制约。劳动者通常通过分配和调配的方式进入劳动组织。劳动组织以固定用工的形式使用劳动者，劳动者一旦进入劳动组织，基本就与劳动组织建立了终生固定的就业关系。组织想根据自身运转需要对劳动者进行调整，或者劳动者个人想根据自己能力素质和兴趣转换工作岗位，都非常困难。同时，劳动组织还在某种程度上承担了社会福利供给功能，为劳动者提供满足各方面生活需要的、较为丰富的福利。

四、后工业社会劳动就业制度的新变化

工业社会的劳动就业制度建立在工业社会生产模式之上，具有标准化色彩。科技进步和生产力发展，使得工业社会的生产组织方式发生巨大变革，人类社会开始向后工业社会过渡。在后工业社会，劳动领域去标准化趋势增强，出现了标准就业形式所不能涵

盖的劳动力配置方式和新的工作类型。

（一）后工业社会的非标准工作趋势

在科技变革的影响下，人类社会逐渐从工业社会向后工业社会过渡，生产方式发生重要变化，以大规模、正式、长期性为特征的雇佣就业模式以及与之相适应的就业制度被改变。过去的几十年间，大部分发达国家和发展中国家都经历了标准就业到非标准就业的巨大转变[21]。尤其值得注意的是，机器人、大数据、人工智能等信息通信技术驱动的“第四次工业革命”或者说“工业 4.0”，催生出许多以数字和信息为劳动资料的新型就业形式[22]。在新型就业形式下，劳动者进入劳动岗位的方式、劳动组织和管理方式、获得劳动报酬的方式有所不同。新的就业形式是“去标准化”的，呈现出工作场所不固定、工作时间更灵活、服务对象多元化等新特点。

概括来说，这种就业形式转变主要表现在三个方面：(1)从组织型就业转向自主型就业。以雇主组织为中心的就业形式被改变，劳动者个人可以自由选择更适合自己的工作形式，拥有更多工作自主权。(2)从集中型就业转向分散型就业。劳动者不必在特定时间点或时间段出现在雇主组织确定的工作场所，也不必遵守严格的工作流程，数字技术平台可以帮助劳动者选择时间、地点和交付的最优组合。(3)从单一型就业转向多元型就业。劳动者就业表现为一种更具包容性和灵活性的工作形态，他们可能不再为单一雇主服务，可以尝试不同的工作任务和工作岗位。同时，劳动者与劳动组织可以建立起工作关系、伙伴关系、合作关系等多元的人力资本关系，而不仅限于雇佣关系[23]。

（二）非标准工作的主要形式

后工业社会，尤其是在算法驱动的平台经济背景下，有三种非标准工作的形式值得关注，分别是以工作时间不连续为特征的零工、以雇佣关系消失为特征的自雇佣，以及以劳动雇佣和劳动管理分离为特征的劳务派遣。

1. 零工

零工（gig work）指在极短时间内或偶尔且不连续开展的工作，一般按小时、天数或周数计算[24]。零工的历史悠久，可以追溯到前工业时代。20 世纪 80 年代到 90 年代，全球范围内零工就业在总体就业中所占的份额大幅增加[25]。传统意义上，零工指短期工和临时工。当前所说的零工，主要是在共享经济背景下，算法驱动的平台组织和分发的工作任务。消费者通过平台（如淘宝、优步、美团、爱彼迎等）发布需求，再由平台将服务需求委托给在平台注册的劳动者。大量劳动者被平台组织起来，参与各种产品生产和服务的供给，催生了网约车司机、外卖员、快递员等职业类型。基于平台的零工就业已经成为一种重要的就业形式，据统计，2018 年欧盟成员国中，参与某种形式平台就业的成年人口比重在 6.0%～12%[26]。

与标准就业相比，基于平台的零工就业表现出以下特征：(1)工作内容主要是提供各类服务，而非进行商品生产。(2)工作职责细化为微小的工作任务，工作计量单位逐渐缩小化和精确化。(3)工作时间碎片化和弹性化，改变了以 8 小时工作制为代表的标准工作时间。(4)工作评价主要由消费者完成，劳动报酬来自扣除信息服务费后的计件工资。数字化平台与劳动者并未建立标准的雇佣关系，数字化平台扮演“影子雇主”的角色，依靠算法控制和管理劳动者[27]。

2. 自雇佣

自雇佣就业是指与受雇佣就业相对的一种就业方式，劳动者不是通过出卖自己的劳动力获得工资收入，而是选择自己承担经营风险。在非农产业部门，所有为自己工作的就业形式都可看作自雇佣，我国一般称之为个体经营或私营企业。与受雇佣就业相比，自雇佣就业有以下基本特征：(1)劳动中所需的劳动资料由劳动者自备，或者为劳动者自有。(2)劳动过程由劳动者自行安排，一般不受控制和管理。(3)劳动者拥有劳动成果的支配权，劳动者获得的不是出售劳动力的工资性收入。

长期以来，自雇佣是非正规就业的重要组成部分，而非新出现的就业方式。改革开放后，我国曾出现“下海潮”，一些机关干部、企业职工脱离单位，去当个体户或小老板[28]。随后，平台经济的兴起为劳动者创业提供了更多机会，更多的自雇佣就业类型就此出现，包括电商平台就业、依托于创业平台的创业式就业、分享经济就业等[29]。这也在一定程度上模糊了自雇佣和受雇佣的界限，出现了一些介于二者之间的就业形态，较具代表性的是隐蔽性雇佣或依赖性自雇佣。隐蔽性雇佣和依赖性自雇佣具有一定的相似性，都表现为用人单位不与劳动者签订雇佣合同，而是签订商务合同或合作合同。不同之处在于，隐蔽性雇佣在事实上仍可归入雇佣关系的范畴，雇主以一种与劳动者的独立身份不相符的方式指挥并监督其工作，而依赖性自雇佣主要表现为经济依赖，劳动者以一个或数个客户作为收入来源。

3. 劳务派遣

劳务派遣指劳动者受到临时工作介绍所或雇佣中介机构等实体的雇佣，而后被出租或指派至用人企业（并在其监督下）开展工作。劳务派遣制度的历史雏形，可以追溯到早期工厂制度中的包工制或把头制，这种制度因为对劳动者的过度剥削，又被称为“血汗制度”。劳务派遣的基本特征是劳动者、中介机构和用人单位之间存在三角关系，雇佣关系与生产管理分离开来。在大多数情况下，劳动者和中介机构签订雇佣合同，形成雇佣与被雇佣的关系，中介机构向工人支付工资并为他们缴纳社会保险；中介机构和用人单位则签订另外的合同，用人单位向中介机构支付费用；用人单位与劳动者不存在直接的雇佣关系，劳动者在用人单位的管理下工作，用人单位可以像管理自己的员工一样直接管理劳动者的工作活动[30]。

第3节　薪酬制度

现代社会普通人完全依赖自己的工资生活[31]。大部分劳动者进入劳动力市场从事有酬劳动，以获得维持家庭生计所需的收入。劳动者向劳动组织出售劳动力，并从劳动组织获得薪酬或工资，从而与劳动组织建立起薪酬关系。相应地，围绕薪酬标准、水平、结构、支付形式和支付方式等问题，也会形成一系列制度安排，这就是薪酬制度。薪酬制度作为现代社会收入分配的核心机制，其形成是一系列社会性因素综合作用的结果，薪酬制度也会对社会、组织和个体产生重要影响。

一、薪酬与薪酬制度

薪酬和薪酬制度，是与工业社会的雇佣劳动联系在一起的概念。只有人类社会生产出现了建立在劳动力买卖基础上的雇佣劳动，才会出现薪酬以及反映薪酬关系的薪酬制度。

（一）薪酬

薪酬是一个内涵颇为丰富的概念，用于表达雇佣劳动中的劳动-酬劳关系。工资（wage）、薪水（salary）和报酬（reward）等概念，也常被用于实践和研究领域，这些概念的基本含义相似但又有所区别，有时也是通用的。

1. 薪酬的基本含义

薪酬（compensation）有补偿和回报的意思，可以理解为雇主对员工提供劳动的一种补偿或回报。薪酬体现了现代工业社会劳动力商品的交换关系，劳动者将自己的劳动力出售给雇主，从雇主那里获得体现其劳动力价值的薪酬，用于补偿其劳动力的成本，进而实现劳动力的再生产。

按照具体表现形式，薪酬可划分为内在薪酬（intrinsic compensation）和外在薪酬（extrinsic compensation）。内在薪酬表现为心理状态的改变，外在薪酬包括货币薪酬和非货币薪酬。其中，货币薪酬指包含基本工资、资历工资、业绩工资、激励工资、知识工资以及技术工资等形式的核心薪酬，非货币薪酬指员工福利或边缘薪酬[32]。依据是否与绩效挂钩，薪酬又可以分为基本薪酬、可变薪酬与员工福利。基本薪酬又叫固定薪酬，是员工因在企业中工作而获得的较为稳定的经济报酬；可变薪酬又称奖励薪酬、绩效薪酬、浮动薪酬或奖金，是与绩效直接挂钩的经济报酬；员工福利是以非货币形式支付的，包含法定福利与非法定福利，比如各种法定社会保险、企业补充保险、向员工及其家庭提供的服务等[33]。

薪酬产生于农业社会向工业社会的过渡阶段，是资本主义雇佣关系的产物。随着劳动力市场的形成，劳动力也同其他商品一样需要定价。早期的薪酬实践主要表现为货币形式的工资，因为具备一般等价物特征的货币能够更好地衡量具体劳动量[34]。早期的相关研究也大多集中于对工资的研究。资本主义社会的初级阶段，生产管理活动相对简单，工资主要有计时工资和计件工资两种形式。随着组织管理活动的日益复杂，为更好地激励劳动者，出现了与绩效挂钩的浮动工资和奖金，以及非货币形式的报酬，由于劳动报酬的形式越来越复杂，内涵更丰富的薪酬概念便应运而生。

新中国成立后，劳动制度中长期使用工资的概念。20 世纪 90 年代初期，部分跨国公司与三资企业使用“薪资”一词整合“工资”与“薪水”。到 90 年代中后期，在国有企业、私营企业与政府报告中，薪酬的概念被广泛使用，原有的“工资”逐渐演化并开始表达为“薪酬”。综合来看，薪酬概念的使用，体现了劳动制度发展过程中人们对于日益复杂的劳动报酬形式的审视。

2. 相关概念辨析

(1)工资。工资是劳动者付出劳动以后，所得到的货币形式的劳动报酬。1949 年，国际劳工组织在《保护工资条约》中把工资定义为："不论名称或计算方式如何，由一位雇主对一位受雇者，为其已完成或将要完成的工作或已提供或将要提供的服务，可以货币结算并由共同协议或国家法律或条例予以确定而凭书面或口头雇用合同支付的报酬或收入。"在我国，《劳动法》有专门一章来规定"工资"，劳动法中的"工资"指用人单位依据国家有关规定或劳动合同的约定，以货币形式直接支付给本单位劳动者的劳动报酬。工资概念的关键就在于以货币为支付形式，它的出现早于薪酬，薪酬是工资形式不断丰富的结果。与工资相比，薪酬的概念具有更强的包容性，不仅包括固定工资，还包括绩效奖励和奖金，甚至包括非货币形式的各种福利。一般而言，工资可以等同于货币形式的薪酬。

(2)薪水。薪水与工资一样，都体现为货币化的劳动报酬。薪水可以看作工资的另一种表达，二者的区别主要在使用习惯上。

(3)报酬。报酬是指员工从雇主或企业那里获得的个人贡献的回报。报酬概念的外延比薪酬更广，可以分为内在报酬和外在报酬两部分。外在报酬基本等同于薪酬，内在报酬则指关系回报和心理回报等与工作相关的非经济报酬，比如被赏识、就业安全感、挑战性等。2000 年，美国薪酬协会提出"总体报酬"（total rewards）的概念，将"报酬"扩展为员工在雇佣关系中获得的每一件事物。

本书主要使用薪酬的概念。具体说来，薪酬指的是作为雇佣关系的一部分，员工所获得的各种形式的财务回报、有形服务和福利。需要指出的是，工资是薪酬的核心构成要素，在讨论薪酬问题和薪酬制度时，自然将工资问题和工资制度包含在内。从本质上说，无论是薪酬，还是工资或是其他类似的概念，体现的都是一种公平交易或交换的关系，一方面劳动者为雇主或某类组织提供劳动或劳务换取报酬——"不劳动者不得食"，另一方面雇主或组织向劳动者提供与其劳动价值相符的回报或报酬——"劳有所得"。综合以上观点，通常所提的薪酬概念指的是外在薪酬。现代社会中，薪酬主要包含以下几个重要部分：基本工资；绩效加薪或晋升制度；浮动薪酬（奖金或业绩津贴）；长期激励；福利[35]。

（二）薪酬制度

薪酬制度是与雇佣劳动联系在一起的。凡是雇佣劳动必然提供某种类型的报酬，相应就形成一定的薪酬制度。薪酬制度具有重要的社会功能，同时也随着劳动组织管理体制的变化而不断变化。

1. 薪酬制度的概念

薪酬制度是有关薪酬形式、薪酬标准和薪酬支付的原则和办法的总称。薪酬关系是现代社会中意义最重大的单一社会关系[36]。如果说薪酬是雇主和雇员之间某些重要社会关系的反映，薪酬制度就是对这些社会关系的规范化。由于薪酬本身是一个颇为复杂的社会现象，薪酬制度也是一个包含多种要素的制度体系，薪酬制度的外延相当广泛。

从制度层次来看，薪酬制度既包括宏观的社会层面的薪酬制度，也包括中观的行业（职业）层面的薪酬制度，还包括微观的组织（主要是企业）层面的薪酬制度。从制度内容来看，薪酬包括薪酬结构、标准、决定机制、支付形式、发放程序等。相应地，薪酬制度包含薪酬决定制度、薪酬支付制度、薪酬等级制度、奖金制度等从属制度。

2. 薪酬制度的重要性

对于企业、劳动者乃至整个社会来说，薪酬都发挥着重要的功能。正因如此，世界各国都对薪酬问题非常重视，建立与现代社会相适应的薪酬制度具有重要意义。

(1)合理的薪酬制度有助于推动经济的繁荣发展。薪酬代表劳动力的价格，决定着劳动力资源的配置和流向。一方面，薪酬作为劳动力市场的价格信号，能够引导劳动力资源流向生产率更高的岗位、组织、职业和地区。另一方面，薪酬水平体现了国家和地区的劳动力成本，生产又常常从劳动力成本高的区域向劳动力成本低的区域流动。合理的薪酬制度有助于劳动力资源合理配置，提高劳动者的生产积极性，进而提高劳动的效率和竞争力。

(2)合理的薪酬制度有助于促进社会的公平稳定。薪酬不仅仅是企业和劳动者之间的一种经济交易，还反映整个社会收入分配的公平程度，是社会分配的核心问题。合理的薪酬制度能为劳动者提供充足的收入来源，改善个人以及家庭生活状况，提高生活质量，有利于维护社会繁荣稳定；不合理的薪酬制度则可能导致劳动者保障不足，引发社会动荡和其他社会问题。

(3)合理的薪酬制度有助于平衡各方社会力量的利益诉求。因为涉及多方利益，薪酬经常成为各方政策辩论的重要议题。雇主、劳动者、工会、不同的政治派别以及其他社会力量，都会表达自己对薪酬问题的见解，提出相应的利益诉求和政策建议。比如，在有些国家，工会组织和雇主组织经常针对劳动者的工资问题展开谈判，以实现各方利益的均衡。

3. 薪酬制度的历史演变

薪酬制度的演变与劳动雇佣关系的转变密切相关。在我国古代，官吏的“俸禄”、士兵的“军饷”都可以算作薪酬制度的早期实践。在中世纪的欧洲，最初很少使用货币支付劳动报酬，从 13 世纪初开始，劳动报酬才以货币加部分实物的形式支付[37]。

工业革命时期，劳动报酬逐渐从实物形式转变为货币形式，工资制度开始形成。早期工厂制度阶段，一个流行的观点是饿得要死的工人才是最听话的。工厂主把工资水平降低到能够维持劳动者及其家庭生存的最低限度。后来，这种观念被“经济人”假设取代，雇主引入包工制和早期的计件工资制，以经济利益来激励工人提高劳动效率。

20 世纪初，企业管理进入科学管理时代。管理者围绕工作标准和成本节约设计薪酬政策，差别计件工资制成为企业工资制度的主要形式。后来，该制度又逐渐被激励性更强的绩效奖励计划和绩效加薪计划替代。在此阶段，工会力量不断增强，越来越多地参与到薪酬决策当中，各国政府也展开相关立法，加强对工资的规制。个人合同、市场取向的工资制度转变为受管制的正规化制度，各种规则制度、集体谈判条款和相关政府机构都会对企业的薪酬体系产生影响。

到行为科学阶段，“经济人”假设被放弃，管理者转而尝试建立满足员工心理需求的薪酬制度。各种形式的绩效工资计划逐渐衰落，建立在职位分析和职位评价基础上的薪酬体系大行其道，薪酬结构中福利的比重上升。20世纪末，总体薪酬的概念出现，并与企业战略结合在一起，形成战略性薪酬的理念。

二、不同层次的薪酬制度

现代社会的薪酬制度是非常复杂的制度系统。作为社会分配的关键性制度安排，薪酬制度在社会、组织和个体三个层面都有所体现。在社会层面，主要指那些对工资形成过程有着重要影响的宏观社会制度和社会结构，称为工资设定（wage setting）机制；在组织层面，主要指劳动组织（尤其是企业组织）所选择的具体薪酬制度或者薪酬体系；在个体层面，主要指那些对个体薪酬水平产生影响的社会性因素。

（一）社会层面的工资设定机制

对于一个国家或社会而言，工资设定机制指的是那些能够直接或间接影响雇员工资的社会制度和社会结构。一般而言，有两方面的制度对工资有重要影响：一是国家中工会组织的力量以及开展工资谈判的层级，二是政府干预工资形成的程度。另外，工资制度也会对收入分配产生影响。

1. 工会与集体谈判

在西方发达国家，通常会建立集体谈判制度。集体谈判指雇主或者雇主团体与工人团体（即工会）对规定工资条件的协议所进行的协商。集体谈判是处理劳资关系的一种规范，产生于工业革命时代的英国，已经被大多数工业化国家采用。根据集体谈判中工会和雇主组织的集中化程度，集体谈判可以分为三种类型：

(1)分散化的集体谈判。工资谈判主要在企业工会与企业管理部门（或单个雇主）之间进行。工会组织和雇主组织结构都比较分散的国家多采用这种模式，比如美国、日本、加拿大等。

(2)集中化的集体谈判。工资谈判主要由全国性的工会组织与雇主协会组织。工会组织和雇主协会的力量都比较强、组织化程度较高的国家多采用这种模式，比如丹麦、芬兰、瑞典。

(3)半集中化的集体谈判。集体谈判主要在产业工会和产业雇主协会之间进行，代表性国家有德国、比利时和荷兰[38]。

2. 政府的工资干预

每个国家的政府都会或多或少地对工资决定产生一定影响，但是干预的程度和方式有很大不同。市场经济体制下，工资主要通过劳动力市场形成，政府通过某些形式进行干预。在某些特殊情况下，政府会通过行政力量实现全面干预。

(1)市场化国家的工资干预。在市场经济条件下，劳动者和雇主通过劳动力市场进行劳动力买卖，劳动者出卖劳动力，获得劳动报酬。市场主导的薪酬水平是劳动力市场价值的体现，并受到劳动力供求关系的影响，工资的形成是市场上各主体长期博弈的结果。在市场化国家，大部分政府能够对私人部门的工资决定产生一定影响：一是政府作为一类重要的雇主，通过公共部门的工资给付对私人部门工资分配产生影响；二是政府通过实施工资干预政策，影响薪酬决定。政府可以使用的干预薪酬决定的政策工具非常多，据沃勒斯坦（Wallerstein）等人的梳理，政府管制工资的手段包括设立最低工资、向谈判双方提供经济预测、提供工资指导或规范等多种形式[39]。其中，设立最低工资是一项应用广泛且有着重要影响的工资干预政策。政府工资干预程度在国家之间有着较大差别，有些国家仅限于对最低工资立法，有些国家却能直接决定私人部门的工资。

(2)行政主导的工资制度。在某些极端情况下，政府会通过行政力量全面干预劳动组织的薪酬决定，此种制度称为行政主导的工资制度。这种制度下，政府是工资决策的唯一主体，企业和劳动者均无权干预。国家一方面通过自上而下的指令性计划，确定劳动组织的工资总额，另一方面统一规定工资标准和等级，决定劳动者个人的工资水平。与劳动者薪酬相关的方方面面，都是行政力量决定的，价值规律在这种制度下不发挥作用。这种制度曾经盛行于实行计划经济的国家，但随着这些国家转向市场经济，很少再出现由政府主导的工资制度。

3. 工资设定机制对收入分配的影响

社会层面的工资设定机制会对收入分配产生广泛的影响。在收入分配领域，工作回报的不平等问题受到广泛关注。其中，工资性收入不平等是反映工作回报不平等的重点问题。一般说来，相比于分散化的工资决定，集中化的工资决定更可能带来较高程度的工资平等[40]。工会覆盖率高和工会力量较强的国家，工资不平等的程度较低[41]。政府工资管制严格的国家，工资不平等的程度较低。有研究表明，去工会化和最低工资实际价值的降低，是造成美国最近几十年工资不平等程度增加的主要原因[42]。工资设定机制还会影响到非工资性薪酬的分配，因为企业更有能力和动机去调整员工福利，职业福利有更强的组织嵌入性，这就使得组织内部和组织之间福利不平等的程度要高于工资不平等[43]。

（二）组织层面的薪酬体系

在组织内部，薪酬制度的设计和选择是人力资源管理的一个重要模块。组织自主决定选择何种薪酬制度。薪酬的决定也会受到国家文化、法律制度、劳动力市场等组织外部因素，以及经营战略、竞争战略、组织文化、员工特点和需求、核心人力资源、财务状况等组织内部资源因素的影响[44]。社会学领域很少讨论组织关于薪酬制度的选择，而是更多地把组织的薪酬制度作为一个既定的制度安排，关注在特定的制度下劳动者的控制和管理过程。

1. 薪酬制度的基本类型

薪酬的本质是组织与员工的交换关系，组织的薪酬制度正是对这种交换关系的规定。一般而言，微观的组织层面薪酬制度有以下几种[45]：(1)基于能力的薪酬制度。以劳动者为单位，根据劳动者本身所具有的或者潜在的劳动能力来决定每个劳动者的工资标准，主要有技术等级薪酬、职能薪酬、能力资格薪酬等形式。(2)基于工作的薪酬制度。根据工作岗位或职务的劳动责任、劳动强度、劳动条件等评价要素确定的岗位或职位系数，作为支付工资报酬的根据，包括岗位薪酬制和职务薪酬制两种形式。(3)基于绩效的薪酬制度。把工作成绩和劳动效率作为支付工资的主要依据，以劳动者最终的工作结果（工作量）来决定劳动者工资的多少，主要形式有计件工资制、佣金制等。(4)组合薪酬制度。根据决定薪酬的不同因素及薪酬的不同职能，组合使用两种或多种薪酬制度，把薪酬划分成几个部分，每一部分薪酬都对应一个付酬的因素。现代劳动组织中，大部分薪酬制度都是组合薪酬制度，在机关和企事业单位有广泛应用，具体包括岗位技能薪酬制和多元组合薪酬制等。

2. 薪酬制度与劳动控制

现代组织中的薪酬制度设计，形塑了不同工作岗位上劳动者的劳动过程。尤其对于工人来说，工资制度是工厂生活中生产与再生产的核心[46]。社会学特别是批判社会学对工资制度与劳动控制之间的关系有着悠久的研究历史。诸多制度中，计件工资制尤其受到关注。在《资本论》中，马克思分析了计时工资和计件工资这两种基本工资形式下，工人劳动的剩余价值是如何被资本家攫取的。他认为，计件工资给个性提供了较大的活动场所，一方面促进了工人个性的发展，另一方面也促进了他们的相互竞争[47]。韦伯也指出，资本主义的工资制度中，计件工资制和解雇的危险首先制约着劳动意愿[48]。布洛维则使用超额游戏（或者赶工游戏）来描述计件工资对工人行为的影响：如果工人认为有可能完成配额，就会努力加快速度，如果认为完不成，就尽量只获得最低的工资保证[49]。在新兴起的平台劳动中，计件工资制仍然对劳动控制发挥着关键作用，如外卖员为获得更高的收入，需要尽量“跑单”和“抢单”。

（三）个体层面的薪酬差异

无论是社会层面的薪酬制度，还是组织层面的薪酬制度，最终都会落实到个体，体现为每个劳动者的工资收入。同工同酬是现代社会体现公平的重要原则，但在现实生活中，仍可能存在同工不同酬的现象。个体层面体现劳动者社会背景的要素，也会对个体薪酬水平产生影响。

1. 薪酬水平的经济学理论解释

关于薪酬水平决定的理论解释，最初集中在经济学领域，基本上都围绕劳动力供求展开讨论。生存工资理论认为，因为有庞大“产业后备军”的存在，工资可以被轻易压低到仅能糊口的水平。工资基金理论则认为，资本用于补偿机器设备消耗、购买原材料等生产资料耗费以后的剩余部分决定了可供支付的工资总额。新古典经济学把工资看作劳动力供求均衡的连接点，企业的工资水平取决于劳动边际生产力，也就是等同于雇主雇用的最后一名工人所增加的产量[50]。早期经济学研究把劳动力商品等同于一般商品，尝试使用解释一般商品价格决定的理论来解释劳动力商品。但劳动力是一类特殊商品，是凝结着人类利益的生产活动，渗入了人的主观性以及同他人的联系，不同于那些不受主观观念影响的商品[51]。但是，经济理论很难解释劳动力市场中的一些反常现象，比如为何随着工资提高，劳动力的供应反而减少。同时，经济学强调劳动者生产率的差别是其收入差别的源泉，却很难解释劳动者生产率相同时为何存在薪酬差异。

2. 薪酬水平差异的社会学解释

社会学领域，关于劳动者薪酬水平差异的相关研究被彼得·布劳（Peter M. Blau）和奥蒂斯·杜德里·邓肯（Otis Dudley Duncan）开创的因果模型主导，该模型关注教育和其他个体背景特征对职业地位的影响，而职业地位又与劳动报酬密切相关。与经济学不同，社会学研究没有构建演绎理论框架来解释观察到的个体特征和工作回报之间的联系[52]。社会学识别出许多对个体的薪酬（主要是工资）水平产生影响的因素，可以分为个体性因素和制度性因素两类。

(1)个体性因素，主要是指那些反映个体身份差异的因素。个体的先赋地位可能会造成人们获得工资收入方面的优势或劣势。一般来说，相比于女性，男性更有可能获得较高的工资收入，尤其是在婚后，女性会遭受“母亲的工资惩罚”[53]。在多民族国家，少数民族可能获得更少的薪酬，比如美国种族之间的工资收入不平等常被讨论。个体所拥有的社会资本或者关系网络，也会对个体工资收入产生影响。

(2)制度性因素，主要是指那些反映劳动力市场分割的因素。现代劳动力市场被分割为许多不同的行业和职业，从事不同行业和职业的劳动者拥有不同的市场地位，这可能导致他们的薪酬差异。二元劳动力市场是一个重要的理论视角[54]。在许多国家存在二元劳动力市场，进入内部劳动力市场的劳动者，收入要高于外部劳动力市场的劳动者。我们国家的户籍制度曾是造成农民工工资低于城镇劳动者工资的重要原因。

三、最低工资制度

最低工资是指为维持劳动力再生产的最低需要，用人单位对在正常劳动时间内履行正常劳动义务后的劳动者，必须支付的最低限度劳动报酬。最低工资制度是国家以法律强制手段对劳动报酬所做的制度化安排，具有强烈的社会政策色彩。通过强制性手段确保劳动者的劳动报酬维持在最低水平之上，具有限制雇主随意压价、改善劳动者生活、缩小收入差距、维护社会稳定等社会功能。这项制度在世界范围内被广泛采纳，同时也是一个充满争议的政策领域。

（一）最低工资制度的产生和发展

最低工资制度建立的初衷，是遏制那些大量使用妇女和儿童劳动却只支付极低工资的“血汗工厂”，以及解决日益严重的劳资纠纷。这项制度最早出现在新西兰和澳大利亚。新西兰 1894 年颁布《工业调节及仲裁法案》，《最低工资法》是该法案的副产品。澳大利亚借鉴了新西兰的做法，不同之处在于，澳大利亚的最低工资制度并非在中央层面实施，而是由各州推动。英国在 1909 年建立起最低工资制度，1912 年马萨诸塞州迈出美国最低工资立法的第一步。自此，最低工资制度逐步在欧美国家推广。

国际劳工组织 1928 年召开的第 11 届国际劳工大会，通过了《制定最低工资确定办法公约》（第 26 号公约）以及第 30 号建议书，以国际劳工立法的形式推广最低工资制度。据统计，到1928年只有18个国家建立起某种形式的最低工资制度。在1951年，第34届国际劳工大会通过了关于在农业中确定最低工资办法的第99号公约和第87号建议书。1970年，第54届国际劳工大会又通过了《确定最低工资并特别考虑发展中国家公约》（第131号公约）和与之相关的第135号建议书。在国际劳工组织的推动下，最低工资制度成为国际通用标准在世界各国普遍推行。到1985年，在国际劳工组织成员国中，承认第26号公约的国家达到97个，承认第131号公约的有32个[56]。据国际劳工组织统计，到2020年，90％的国际劳工组织成员国建立起最低工资制度，大部分国家（84％）的最低工资是法定的，少数国家（6％）的最低工资通过谈判设定[57]。

（二）最低工资标准的确定和调整

最低工资标准的确定是最低工资制度的关键。一个国家或地区的最低工资标准要保持在什么水平，需要综合考虑社会和经济等多方面的因素。在社会方面，要根据公平原则保障低收入劳动者的生活。在经济方面，要考虑企业的支付能力和意愿，以及最低工资对就业和经济产生的消极影响。

1. 最低工资标准的影响因素

国际劳工大会在1970年通过的第131号公约的第3条对确定最低工资水平应考虑的因素提出指导性意见，“在可能和适当照顾本国实践和条件的情况下”，应考虑的因素包括：(1)工人及其家庭的需要，同时考虑本国工资的一般水平、生活费用、社会保障津贴以及其他社会群体相应的生活标准；(2)经济方面的因素，包括经济发展的需要，生产率水平，实现并保持高水平就业的愿望。

各国在确定最低工资标准时，通常会考虑以下因素：(1)工人的最低生活费用；(2)工人的赡养系数；(3)工人的平均工资水平；(4)居民平均生活消费；(5)工人的消费结构及其变动趋向；(6)社会劳动生产力平均水平与其发展水平；(7)市场消费品物价指数及变动趋势[58]。其中，最低工资标准与贫困标准之间的关系，是一个值得探讨的问题。在2019年，全球各国最低工资标准的中位数为每月486美元，与世界银行确定的贫困线（每人每天1.9美元）比较，有5个国家的最低工资标准低于贫困线，有18个国家的贫困线低于每人每天5.5美元[59]。在我国，2016年时大部分省份的城市最低生活保障标准占最低工资的比重在30％～40％，如果按照三口之家来估算，将有19个省份的家庭低保标准高于最低工资标准[60]。

2. 最低工资标准的确定方式

最低工资标准的确定主要有两种形式：(1)由国家立法机构直接确定，交由行政部门执行，如美国；(2)由国家立法机构确定制定标准的原则和办法，而标准本身的确定、修改和调整则由社会各方组成的工资委员会具体决定，有时还要经过劳资谈判，如日本。

3. 最低工资标准的调整

最低工资标准不会一成不变。因为最低工资标准受到多个因素的影响，所以当一个或者多个因素发生较大幅度变化时，最低工资标准也会随之进行定期或不定期的调整。一般而言，随着社会生产力不断提高，经济社会发展程度提升，人们的工资水平以及最低工资标准都会水涨船高。许多国家建立了最低工资标准调整机制，在 2010—2019 年，有 85 个国家调整最低工资的平均时间不到两年，49 个国家每 3～5 年调整一次最低工资标准，有 114 个国家的最低工资标准水平有实际增长[61]。

（三）最低工资制度的实施

基于各自不同的国情，各国形成不同的最低工资制度。目前，大致有四种情况：(1)全国范围内规定统一的最低工资标准，如加拿大、日本、西班牙、荷兰、葡萄牙等国；(2)在不同行业中规定不同的最低工资标准，如法国、比利时等；(3)只在某些部门中规定最低工资标准，不同产业的最低工资标准不同，如英国、爱尔兰等；(4)基本不实行最低工资制度，仅对极少数工人实行工资保护，如奥地利、挪威、瑞士等。

第 4 节　劳动保障制度

劳动保障制度是现代工业社会的产物，是对工业社会劳动风险的回应。随着人类社会进入工业社会，出现了养老、医疗、失业、工伤等与劳动者的生产劳动密切相关的社会问题，需要国家建立相应的制度予以解决。目前，大部分国家建立起某种形式的劳动保障制度，并通过立法的方式，来明确政府、用人单位和劳动者个体在劳动保障中的权责关系。

一、劳动保障制度概述

劳动保障制度是国家为帮助劳动者应对职业和生活风险，通过强制性手段所做出的制度化安排。从其内涵和外延来看，劳动保障制度是社会保障、员工福利等制度的核心内容。

（一）劳动保障制度的界定

劳动保障制度是国家根据有关法律规定，通过国民收入分配和再分配的形式，在劳动者遇到年老、疾病、伤残和失业等困难时，向其提供物质帮助以保障劳动者基本生活的制度安排。

从定义上看，劳动保障制度的基本内涵包括：(1)劳动保障制度的对象是劳动者。劳动保障制度既是一项重要的劳动制度，也是社会保障制度的重要组成部分，是面向劳动者的社会保障。不同的是，社会保障的对象是全体公民，既包括劳动者也包括非劳动者。劳动者与非劳动者之间的主要区别在于是否就业并取得劳动收入。(2)劳动保障制度的目的在于降低劳动者的职业和生活风险，在年老、疾病、伤残和失业等情况出现时，保障他们的基本生活。(3)劳动保障制度由国家法律确定，并通过国民收入的分配和再分配实现。(4)劳动保障制度主要向劳动者提供物质帮助，以货币形式为主。

从制度外延来看，劳动保障制度是包含多项制度的体系，包括退休保障、医疗保障、失业保障、工伤保障、生育保障、住房保障等相关制度。在不同的国家，劳动保障制度包含的具体项目有所不同，其实现形式也有所区别。目前在我国，“五险二金”（养老保险、医疗保险、失业保险、工伤保险、生育保险、住房公积金、职业年金）是劳动保障的主要制度安排。

劳动保障制度与员工福利制度的关系也颇为密切。对劳动者来说，劳动保障制度与员工福利制度都建立在就业的基础之上，大部分项目是重叠的。但二者还是有根本性的区别，狭义的员工福利可以看作薪酬的一部分，主要反映了雇主和雇员之间的一种交换关系，劳动保障制度反映的则是劳动者劳动风险化解中，政府、雇主和雇员等主体之间的权责关系。广义的员工福利既包含国家法定劳动保障制度，又包含劳动组织为劳动者自主设立的福利项目。

（二）劳动保障制度的产生和发展

工业社会以来，疾病、伤残、事故、失业等劳动风险增加，并形成严重的社会问题。与此同时，家庭的保障功能弱化，使得劳动者个人和家庭难以有效应对工业社会中的各种风险，亟须通过社会制度安排应对工业社会风险。工业革命后，欧洲出现了一些具有风险分担和共济功能的工人互助组织。其中，比较典型的是基尔特制度，即由职业相同的劳动者自发组成互助组织，共同救济遭受自然灾害和伤残、疾病等意外事故的会员。

19 世纪 80 年代，德国率先展开劳动保障立法。为解决不断加剧的劳资冲突，时任首相俾斯麦采取“胡萝卜+大棒”的策略，一方面严厉镇压无产阶级革命，一方面采纳费边社会主义的部分主张，颁布《劳工疾病保险法》（1883 年）、《劳工保险补偿法》（1884 年）、《伤残和老年保险法》（1889 年）以改善工人阶级的生活状况。此后，资本主义世界陆续推进劳动立法，建立起以劳动者为对象的社会保险制度。在医疗保障方面，大部分欧洲国家在 1920 年以前建立起医疗保障制度；在退休保障方面，英国在 1908 年、美国在 1935 年、日本在 1941 年分别进行了退休保障方面的立法，建立起面向劳动者的退休保障制度；在失业保障制度方面，比利时在 1901 年进行了失业保障立法，法国、挪威和丹麦分别于 1905 年、1906 年和 1907 年建立了失业保险制度，英国在 1911 年颁布《国民保险法》，开创了强制性失业保险制度的先河。

第二次世界大战后，以英国为代表的西方资本主义国家，不断扩大劳动保障制度范围，建成“从摇篮到坟墓”的“福利国家”[62]。英国、瑞典等国将医疗保障的范围从产业工人扩展到全体国民，分别建立起国民卫生服务体系和国民健康保健制度，成为福利国家的重要组成部分。自此，工业化国家劳动保障制度的主要框架已经构建起来。虽然在 20 世纪 70 年代后，福利国家经历了收缩和调整，但各国劳动保障制度基本上延续了下来。在社会主义国家，劳动保障制度同样存在。根据马克思主义的按劳分配原则，以苏联为代表的社会主义国家建立起与计划经济体制相适应的、主要依靠国家和单位对劳动者提供保障的劳动保障制度。

劳动保障制度的建立，既有特定时代背景的需要，也有相应的经济和社会理论为支撑，如费边社会主义、福利资本主义、凯恩斯的宏观经济学理论等。对于现代劳动保障制度的发展，有学者认为是适应资本主义发展的需要，也有学者将其看作对社会权利发展的反映。国外有学者认为，这些制度只不过是资本家用来控制劳工的手段，是“阶级关系社会再生产的制度机制”[63]。它们并没有改变资本主义社会的根本矛盾，在温情脉脉的面纱下，是难以掩盖的资本主义剥削本质。

二、劳动保障制度的主要内容

劳动保障制度由许多不同的保障项目构成。在不同国家，劳动保障制度包含的具体项目有所不同，具体的实现形式也有所区别。一般而言，退休保障、医疗保障、失业保障、工伤保障、生育保障、住房保障等相关制度，是与劳动者生活密切相关且广受关注的劳动保障制度内容。

（一）退休保障制度

退休保障制度通过特定的制度安排让劳动者的劳动收入在整个劳动生涯和老年阶段合理分配，以保证其离开劳动岗位后也能获得稳定的经济收入。老年是绝大部分劳动者生命周期的必经阶段，随着年龄的增长，劳动者劳动能力下降，需要离开劳动岗位安享晚年。但是，离开劳动岗位后，劳动者将面临收入中断的情况。如果在年轻时无法积累足够的收入，在年老时陷入贫困的风险就会大增，退休保障制度的出现就是为了应对这种情况。

1. 退休保障制度的主要类型

目前，世界上绝大部分现代国家都在实施某种形式的退休保障制度。按照通用的分类方式，从基金管理运行角度，劳动者的退休保障制度有以下几种主要模式：

(1)现收现付制。这种制度不留出预备金，完全依靠当前收入满足当前支出。它是由同一时期正在工作的一代人帮助已经退休的一代人支付养老金，通常遵循共济性原则，以社会统筹的方式管理养老金。现收现付制根据给付方式不同又可以分成两种亚类型：缴费确定型和待遇确定型。前者以收定支，劳动者的缴费水平是确定的，退休者待遇水平根据缴费和投资收益来确定，瑞典是这种类型的代表；后者以支定收，预先承诺待遇水平，需要根据支出的情况调整缴费比例，这种类型以德国和日本为代表。

(2)基金积累制。这种制度根据未来养老需求提取正在工作的一代人的劳动收入并进行积累，等到退休时领取。这实际上是一种自我赡养的模式，强调劳动者为自己的退休生活储蓄。该模式常常需要为劳动者建立个人账户，而且由于在缴费和领取之间有较长的时间间隔，需要通过投资来满足养老金保值增值的需求。目前，实行基金积累制的代表性国家有智利、新加坡等。

现收现付制与基金积累制孰优孰劣的争论由来已久。从保障劳动者退休待遇的角度来看，两种制度各有风险。现收现付制的制度稳定性更加依赖于稳定的人口结构，其供款压力主要来自退休人口数量与劳动人口数量比率的变化，老龄化会对这种制度造成较大冲击。当社会人口结构老龄化程度较高时，缴费确定型的现收现付制下的劳动者会面临养老金待遇过低的风险，而待遇确定型的现收现付制下则可能会出现劳动者供款负担过重的情况。基金积累制的缺点在于再分配能力差，基金容易受到经济波动与通货膨胀的影响，对投资管理的要求很高，在经济大幅波动的情况下，容易使劳动者的养老待遇受影响。

(3)部分积累制。这是在现收现付制和基金积累制的基础上发展出来的介于二者之间的混合模式。其常见的表现形式是“统账结合”，即养老保险缴费中一部分资金进入“社会统筹”账户用于支付当期养老金，另一部分进入“个人账户”用于基金积累。

2. 退休保障待遇

劳动者享受退休保障待遇需满足两个基本条件：一是达到规定的年龄，二是交够规定期限的保险费或达到受保职业的规定工龄。大部分国家以年龄和缴费年限作为享受退休保障待遇的条件，也有一些国家以年龄和工龄作为享受条件。随着经济社会状况的变化，这些资格条件也会发生变化。

退休保障待遇标准的计算比较复杂，一般来说，应考虑年龄、缴费年限、劳动者退休前的工资和物价水平等因素。各国的计算方式也不尽相同，有的国家只要缴费达到一定年限，在确定退休待遇时就不再考虑缴费时间，而是按照劳动者退休前某段时间平均工资收入的百分比计算，比如美国；还有的国家执行多缴多得的原则，将退休保障待遇水平与劳动者的缴费时间、缴费金额挂钩；而苏联和东欧的一些原社会主义国家，会根据工龄长短确定退休金，工龄越长，退休金就越高。此外，退休金发放还会考虑物价上涨的因素，建立起与物价水平相适应的退休金标准调整机制，让退休的劳动者享受经济增长带来的好处。

3. 老龄化背景下的退休保障制度改革

人口老龄化是一个重要的全球化趋势，给各国的退休保障制度带来巨大的压力。许多国家在积极探索相关改革，主要做法有：(1)提高法定退休年龄。据国际劳工组织统计，2010—2016年，全球各国政府发布了72项提高法定退休年龄的公告[64]。值得注意的是，退休年龄的确定及调整是一项复杂的政策，其社会影响也是多方面的，比如退休年龄会对性别利益产生影响[65]。对于延迟退休政策的争论，则体现了精英主义与民粹主义的博弈[66]。(2)引入部分基金制的设计，以缓解老龄化对养老保障的压力。比如瑞典在基本养老金中引入名义账户，我国当前实行的职工基本养老保险制度也是“统账结合”的部分积累制。(3)引入长期护理保险制度，以满足老年人的长期护理服务需求。德国、以色列、日本、韩国等国已经开展了长期护理保险立法，我国也于2016年选定15个城市开展长期护理保险试点。

4. 多支柱的退休保障模式

20世纪90年代开始，世界银行在全球推广多支柱的养老保障模式，希望通过具有不同特征的要素之间的相互补充，在获得个人和社会效益的同时，将相关风险降到最低。目前，比较流行的提法是“五支柱”，分别是：(1)提供最低保障水平的非缴费型的零支柱（全民养老金或社会养老金形式）；(2)与工资收入水平相关联，旨在发挥某种收入替代作用的缴费型“第一支柱”；(3)主要是个人储蓄账户式的强制型“第二支柱”；(4)多种形式但本质上强调灵活性和自由支配的自愿型“第三支柱”；(5)向老年人提供的非正式的家庭内部或代际之间的资金或非资金的支持。

这五个支柱都具有自己的特征，能够应对特定类型的风险，可通过组合尽可能多的要素分散风险，提供较高的退休收入[67]。基于这种思路，我国建立了面向机关事业单位工作人员的强制型职业年金制度和面向企业职工的自愿型企业年金制度，作为基本养老保险制度的补充。

（二）医疗保障制度

医疗保障针对的是劳动者的疾病风险。在劳动者面临的诸多风险中，疾病风险复杂多样且涉及面广。疾病的发生会引起劳动者劳动能力下降，乃至无法继续工作，这不仅影响劳动者健康，也会影响到工作和收入。建立医疗保障制度，能在劳动者罹患疾病时提供经济保障，帮助他们分担医疗费用，使他们获得充分的医疗服务，尽快恢复健康，回归工作。目前，世界上大部分国家和地区不同程度地建立起医疗保障制度。根据基金筹集方式和政府干预程度的不同，可以把各国的医疗保障制度分成四种主要类型[68]：

1. 社会医疗保险模式

社会医疗保险模式是按照大数法则分摊风险的机制和社会互助原则，将少数社会成员随机产生的各种疾病风险分摊给全体社会成员的一种医疗保障制度。这是世界上形成最早，也是目前推行最广的医疗保障模式[69]。德国是这种医疗保障模式的起源国，法国、日本、芬兰等国家是这种模式的代表。社会医疗保险与就业和收入相关联，保险对象最初设定为产业工人，在某些国家扩大到全体社会成员。

这种模式遵循强制性、互济性和补偿性等社会保险的一般性原则。（1）强制性是指医疗保险项目由国家立法强制实施，所有应参加保险的人员都必须参保。（2）互济性是指医疗保险资金在参保人群的范围内实行互助共济。（3）补偿性是指医疗保险基金只能支付参保人的一部分医疗费用，而不是全部费用，患者就医时的自付比例通常在20%～30%。该模式强调权利与义务相对应，一般由雇主和雇员共同缴费，医疗保险基金通常是现收现付的，以实现收支平衡为目标。其优点是互助共济，保险经费可以在参保人之间横向转移；缺点是缺乏积累，无法实现代际之间的风险分担，人口老龄化会对这种制度模式造成严峻的挑战。

2. 全民医疗保险模式

全民医疗保险模式是政府以税收为筹集医疗保险资金的主要形式，向国民提供免费或低收费医疗服务的医疗保障模式。这种模式融入了社会主义的医疗福利思想，以公民身份而非缴费作为享受保障待遇的条件，把劳动者与普通公民纳入同一个制度体系，代表国家有英国、瑞典和加拿大等。这种医疗保障模式的特点是医疗服务由国家垄断，资金来源比较稳定，具有较强的计划性和公平性。其不足之处在于，医疗服务的效率较低，可能存在医疗资源浪费、医护人员积极性不高、患者候诊时间过长等问题。

3. 商业医疗保险模式

商业医疗保险模式建立在精算基础之上，以保险合同的形式，将被保险人的疾病风险造成的经济损失转移给保险人，保险人向被保险人收取保费，在保险合同规定范围内，帮助患病就医的被保险人支付部分医疗费用。商业医疗保险的形式几乎在各国都存在，但基本上都是作为补充性医疗保障，只有美国等少数国家把这种模式作为基本医疗保障。在美国，大多数劳动者及其家属由雇主购买的私人医疗保险覆盖。该模式与社会医疗保险模式的不同之处在于：(1)商业医疗保险由商业保险公司运营，而不是由公共部门管理。(2)政府不干预商业保险公司本身的经营行为，主要责任是制定相关法律法规，规范保险市场和医疗服务市场各行动者的行为，保护保险关系双方的权益。(3)与社会医疗保险模式追求收支平衡不同，商业保险公司要追求利润，会根据风险概率的精算设计不同的保险产品，供不同的投保人来选择。该模式的优点在于产品类型灵活多样，可以满足不同收入水平人群的医疗需求，不足之处在于存在信息不对称和道德风险。

4. 强制储蓄模式

强制储蓄模式是依据法律规定，强制性地要求雇主、雇员缴费，建立以劳动者个人或家庭为单位的医疗储蓄账户，用以支付日后患病所需要的医疗费用。与社会医疗保险"现收现付"的运行方式不同，这种模式会形成基金积累。目前，采取这种模式的国家主要有新加坡和马来西亚。该模式强调个人的责任意识和自我保障意识，要求每个有收入的劳动者在年轻时就要为其终生医疗需求储蓄资金。政府的责任主要是建立储蓄制度并保障制度运行，保证个人医疗储蓄账户的基金保值增值，可以对医疗机构给予适当补贴。个人医疗储蓄账户的资金由雇主和雇员共同缴费，只能用于个人和家庭成员的医疗消费。患者可以根据自己的经济支付能力自主选择医疗服务项目，产生的医疗费用从个人医疗储蓄账户按规定扣除。该模式的优点是强调个人责任，有助于防止医疗服务的过度使用，可以帮助所有人分担风险，不足之处是难以在健康人员和生病人员之间分散风险，缺乏再分配[70]。

（三）失业保障制度

失业保障制度是国家通过立法强制实行的，由社会集中建立基金对因失业而中断生活来源的劳动者提供物质帮助的制度。失业是劳动力与生产资料处于分离状态的一种社会现象，是现代市场经济体制下不可避免的经济问题和社会问题。失业问题对个人和社会都有巨大的负面影响，建立起失业保障制度，一方面有助于保障失业者生活，维护社会稳定，另一方面有助于促进就业，促进经济发展。

1. 失业保障制度的主要类型

当代失业保障制度主要有强制性失业保障制度、非强制性失业保障制度、失业补助制度和双重失业保障制度四种类型。这四种制度的覆盖范围不同。在实行强制性失业保障制度的国家，大约一半的国家保障范围覆盖大多数企业，还有约一半的国家只覆盖工商业雇员。实行非强制性失业保障制度的国家，保障范围取决于工会是否建立了失业基金会。在实行失业补助制度的国家，该制度主要面向那些符合经济状况或收入状况条件的企业雇员，以及无资格享受正常失业保障待遇的企业雇员。目前，失业保障制度的覆盖面并不广泛。据国际劳工组织统计，在可获得资料的 203 个国家或地区中，建立起由法律确定的失业保障制度的有 98 个（48%），没有通过立法建立失业保障制度的有 105

个（52%），全球约有38.6%的劳动者被某种失业保障制度覆盖[71]。

2. 失业保障的筹资

失业保障的资金来源主要有：政府财政补贴、雇主提供的资金和雇员提供的资金。一般而言，失业保障资金来源于其中一种或几种的组合。具体来看，通行的筹资方式大致有五种：(1)全部由国家负担，如澳大利亚、新西兰和匈牙利；(2)全部由雇主负担，如印度尼西亚；(3)全部由雇员负担，如前南斯拉夫；(4)国家和雇主共同负担，如美国、意大利；(5)国家、雇主和雇员三方负担，如日本、英国和加拿大[72]。

3. 失业保障的待遇

享受失业保障待遇通常要具备两个基本条件：(1)时间条件，必须达到就业或参保的最低年限；(2)非自愿失业，具备工作能力、有工作意愿且在职业介绍所登记。在实行失业补助制度的国家，享受者还要符合所规定的经济状况或收入状况条件。

失业保障的给付有失业津贴和失业救助两种形式。前者对政府规定的合理给付期限内的失业者发放，可以保障他们的基本生活；后者向超过合理给付期限的失业者发放，维持他们的最低生活标准。合理的失业津贴标准是失业保障制度成功的关键。确定失业津贴标准需要明确以下原则：(1)给付标准不能超过失业前的工资标准；(2)给付标准不能低于维持最低生活水平所需的收入；(3)给付标准不仅要考虑本人的基本生活保障，还要考虑失业者配偶及未成年子女的基本生活保障；(4)给付标准要既能补偿失业者的部分收入损失，又能避免因标准过高或过低对就业造成妨碍[73]。在领取失业保障待遇时，大多数国家有等待期和最长支付期的规定。

（四）工伤保障制度

工伤保障也叫职业伤害保障，是在劳动者出现工伤和职业病的情况下，向他们提供现金和实物帮助，以补偿他们因工伤和职业病造成的损失，帮助他们获得必要的医疗、护理服务和物品，促进身体康复和职业康复。

1. 工伤保障制度的主要类型

工伤保障制度有两种基本类型：工伤保险制度和劳动者补偿制度。工伤保障制度的早期实践，主要是对劳动者进行补偿，国家以立法的形式规定雇主为员工提供安全健康的工作环境，并对劳动者及其家庭成员遭受的损失承担补偿责任。后来，这种形式被工伤保险制度替代，通过社会保险的方式为工伤和职业病提供补偿成为大部分国家的选择。工伤与疾病伤害具有很大相似性，都可能导致劳动者暂时或永久丧失劳动能力，造成工作和收入中断。将工伤保障制度从一般的医疗保障制度中分离出来，是为了强调这种伤害来自“职业”和“工作”。

2. 工伤保障制度的基本原则

工伤保障制度一般强调三个基本原则：(1)无过错补偿。受伤劳动者或者亡故劳动者的遗属无须证明雇主有过错就具备待遇领取资格。(2)雇主之间集体分担责任。(3)分级缴费。根据雇主在防控工伤和职业病方面的过往表现，实行有差别的费率，以激励雇主重视对工伤和职业病的预防。

3. 工伤保障制度的补偿

劳动者发生工伤事故后，工伤保障制度能提供以下补偿：（1）对受伤劳动者提供合适的和相关的医疗和照护服务。（2）向被评估为暂时或永久、部分或完全残障的劳动者提供与收入相关的定期现金津贴。（3）向死亡劳动者的遗属提供定期现金津贴和丧葬补贴。

工伤保障制度存在的一个重要问题，就是许多中低收入国家工伤保险的参保劳动者数量远少于法定参保人数。尤其是那些非正规就业的劳动者，他们经常集中在低技能岗位，从事临时性、季节性和零散性工作，很难被纳入工伤保障之中。

（五）生育保障制度

生育保障制度是在生育事件发生期间，对承担生育责任的劳动者给予收入补偿、医疗服务和生育休假的制度安排。生育保障的对象主要是女性劳动者，她们在怀孕和分娩时期除了面临职业中断，还具有较高的健康风险，生育保障可以提供医疗服务、生育休假和劳动中断收入补偿，有助于女性劳动者顺利恢复健康、返回劳动岗位。生育保障被看作实现女性权利和性别平等的重要前提，对于人类生存繁衍和国家劳动力存续也有重要意义。

在实践中，生育保障的主要内容有：（1）生育津贴。用以补偿女性劳动者在怀孕晚期和生产之后全部或部分收入，或者至少保障其基本收入。目前，在可获得信息的 192 个国家中，有 141 个国家通过社会保障立法提供生育津贴，其中 138 个国家以社会保险的形式提供[74]。（2）孕产妇卫生保健。承担与生育有关的医护费用，让孕产妇在怀孕及生产之后，能够获得足够的卫生保健服务，以确保母亲和幼儿的健康。（3）生育补助。包括对生育保险对象及其家属的经济补助，以及婴儿津贴和保姆津贴等。（4）生育假。包括母亲的产假和父亲的育儿假。据统计，到 2013 年，在 185 个建立生育假制度的国家和地区中，产假达到 18 周及以上的占 23%，在 14～17 周的占 30%，在 12～13 周的占 32%，不足 12 周的占 15%[75]。

生育津贴全覆盖是生育保障制度面临的一个重要挑战。据估计，全球仅有约 41%的产妇能够获得生育津贴，主要是因为大量非正规就业女性劳动者未能被纳入生育保障制度范围。能够实现生育保障全覆盖的，大都是高收入国家[76]。一些国家通过设立陪产假和育儿假，给予男性劳动者更多的亲职支持，鼓励男性劳动者承担父职责任，来减轻母亲的生育负担。

（六）住房保障制度

住房保障制度是国家帮助劳动者解决基本居住需求的制度化安排。与其他劳动保障制度不同，住房保障并非劳动者职业风险的应对机制，而是对工业化社会中公民居住权的保障。虽然劳动者的住房需求与劳动过程和职业生涯的关系并不密切，住房保障不是劳动保障制度的核心制度安排，但是住房在人们社会生活中具有特殊的意义，住房保障制度对劳动者的生活质量、生活水平乃至劳动力再生产都有重要意义。

工业革命后，社会生产生活方式发生巨大变化，大量人口聚集于城市，带来住房短缺、环境拥挤、房价高涨等问题。如果不对这些问题进行干预，有可能引发严重的社会问题[77]。为此，许多国家都建立起住房保障制度来帮助公民解决住房问题。住房保障制度的早期实践可以追溯到18世纪末期，英国空想社会主义先驱罗伯特·欧文在自己的工厂内部建立的工人住房区[78]。20世纪，各国普遍开展了住房问题相关立法，建立起住房保障制度。

从形式上看，住房保障有实物、现金和管制三种类型。(1)实物形式的保障性住房。政府直接从事住房的建造，按照特定的价格（低于市场价格）出售或出租。其中，出售的保障性住房主要针对那些有一定购买能力但又无力按市场价购房的人群，比如，我国的经济适用房以及我国香港地区的公屋等；出租的保障性住房主要针对那些无力购买住房的家庭，有时特定职业人群也能享受到此类优待，比如，我国的公租房和廉租房[79]。(2)现金形式的住房补贴。主要是指政府提供各种现金给付安排，通过降低住房生产或消费成本来满足住房需求。住房补贴有“补砖头”和“补人头”两种具体方式。前者补贴住房供应方，包括利率或贷款补贴、退税、税收减免、低价土地等多种形式；后者补贴住房需求方，包括住房津贴、租房补助、首次购房者一次性补贴等形式。(3)住房领域的管制。主要包括住房领域的价格管制、租金管制、购买限制等，以防止房价或租金的过快上涨。比如，在我国，为遏制城市房价高速增长、超出群众的承受能力的情况，一些地方政府多次出台限购和限价政策，中央也不断强调“房住不炒”的政策方向。

总体上来看，住房保障制度有一些共性的特征：(1)住房保障的重点在于满足中低收入群体的基本住房需求。(2)住房保障的目标在于实现居住权，而非房屋所有权。(3)突出政府在住房保障中的责任。

第5节　中国劳动制度的变革与发展

劳动制度的变革与发展，与国家或地区的社会经济发展密不可分。新中国成立以来，我国完成了计划经济向社会主义市场经济的转型。在经济发展的过程中，劳动制度也随之发生转变，劳动就业制度、薪酬制度与劳动保障制度都发生了翻天覆地的变革。劳动制度的变革和发展，进一步规范着劳动者的劳动行为与劳动活动，为中国特色社会主义市场经济体制下的劳动力市场建设提供了有力支撑。

一、中国劳动就业制度的变革与发展

中国劳动就业制度发展至今，逐步由国家统一管理的计划型就业制度，转向以人力资源市场为基础的市场型就业制度[80]。在此过程中，企业拥有了更大的用人自主权，劳动者也可以自主择业与自由流动，传统的“铁饭碗”和城乡二元劳动力流动壁垒被打破。随后建立的就业促进长效机制，也在保护劳动者权益、扩大就业等方面发挥了重要作用。

（一）旧中国的劳动就业制度

中华人民共和国成立前，由于帝国主义入侵，中国沦为半殖民地半封建社会，经济

形态出现了民族资本主义经济和官僚买办资本主义经济。在此经济形态的基础之上，旧中国的劳动就业制度既具有资本主义雇佣劳动制度的性质，又具有封建性与殖民性[81]。旧中国资本主义企业雇用工人，主要通过职业介绍所、公开招考、私人介绍以及工头招工等形式。然而，受封建性质的劳动制度制约，资本主义性质的劳动雇佣制度未能大规模发展起来。这一时期，与资本主义劳动雇佣制度同时存在的，还有一些具有封建主义与殖民主义性质的劳动雇佣制度。这些劳动制度以包工制、包身工制、养成工制、学徒工制为代表，由奴隶制、封建制演化而来，是中国资本家和帝国主义通过资本主义企业压榨工人的有力推手[82]。总而言之，旧中国的劳动就业制度是具有剥削性质的劳动就业制度。

（二）计划经济时期的劳动就业制度

新中国成立后，我国劳动就业制度发生了根本性的转变。在国民经济的恢复时期，我国劳动就业制度的重点在于“调整劳资关系”“救济安置失业人员”，解决旧中国遗留下的失业问题。针对国民政府的旧公职人员，采取“包下来”的政策，统一安排工作，给予生活出路；对于社会失业人员，统一登记后，分类予以就业介绍、转业培训或救济；新毕业大学生、参军转业人员、技工学校毕业生等群体，则由国家统一分配工作。由此，形成了国家统一调配劳动力的就业制度雏形[83]。

1953 年，“一五”计划开始执行，我国进入大规模计划经济建设时期。该时期我国顺利完成了“三大改造”，劳动就业工作的重点由调整劳资关系、失业救济，转向国营企业和机关事业单位工资管理、劳动力保护、技能培训与劳动力调配。在农村，农民以人民公社社员的身份参加劳动生产；在城镇，则逐步确立了“统包统配”的固定工制度，且城乡之间的劳动者不能随意流动，城乡分割的就业体制日趋强化。

“文化大革命”期间，由于临时工、合同工转正与“精减职工”复工，我国劳动就业制度出现了“只进不出”“吃大锅饭”等现象。“文化大革命”结束后，我国经济濒临崩溃，企业无法继续安排待业者就业，加之回城的“知青”数量众多，就业形势严峻。面对社会经济发展的需要，“统包统配”就业制度弊端日益凸显。国家计划缺乏灵活性，企业和个人缺乏自主权，不仅限制了劳动力的流动，更降低了劳动者参与生产劳动的积极性，这也进一步导致了企业生产、组织效率低下等问题。

（三）转型期的劳动就业制度变革

改革开放以来，我国劳动就业制度改革就此展开。我国在经济体制上实现了计划经济到社会主义市场经济的转型，计划经济条件下的行政配置就业，也开始向依托劳动力市场的市场化就业转型。在此过程中，我国劳动就业制度变革经历了以下四个重要阶段：

1. 打破“统包统配”就业格局

在 1980 年召开的全国劳动就业工作会议上，中央提出了在国家统筹规划指导下，实行劳动部门介绍就业、自愿组织起来就业和自谋职业相结合的“三结合”就业方针。“三结合”的就业方针为解决城镇就业问题，突破“统包统配”管理体制，打造多渠道就业格局打下了基础。

2. 对新增就业劳动者实施劳动合同制

为进一步搞活城市经济，打破僵化的固定工制度，1986 年 7 月，国务院发布了《国营企业实行劳动合同制暂行规定》《国营企业招用工人暂行规定》《国营企业辞退违纪职工暂行规定》《国营企业职工待业保险暂行规定》四项规定，改固定工制度为劳动合同制度，新增就业劳动者的用工主体也由国家转为企业。1986 年 10 月起，国营企业、机关事业单位除国家另有规定者，统一实行劳动合同制，面向全社会公开招工，择优录取，引入竞争机制，实行双向选择，赋予国营企业辞退违纪职工的权利，并针对国营企业劳动合同制工人建立养老保险和待业保险制度。但由于种种条件的限制，劳动合同制的推行阻碍重重，固定工制度未受到根本触动。

3. 对原有固定工制度的改革

为进一步推行劳动合同制，改变通过行政手段确定劳动关系的做法，1989 年，我国通过优化劳动组合，打破“铁饭碗”，搞活固定工制度。这种做法赋予了企业和职工更多的自主权，企业不再受限于招聘雇佣后除非违法乱纪否则不能辞退职工的僵化管理制度，拥有了更大的用人自主权，职工也可以合理流动，使得劳动计划管理与市场机制进一步结合。但由于该阶段未形成覆盖所有劳动力的劳动力市场机制和社会保障制度，优化组合后的冗余劳动力难以消化，固定工制度改革步履维艰。

4. 全面实施劳动合同制与“减员增效”

1995 年《劳动法》颁布实施，规定企业招工应当与员工签订劳动合同，废除“统包统配”的就业政策和固定工制度，在全国范围内全面实行市场化就业和合同化劳动管理。与此同时，国有企业改革的推进，在提升经济运行效率与国有企业效益的同时，使得国有企业内部的隐性失业问题显现，大量隐性失业人员亟需安置。为缓解就业压力，政府制定了“鼓励兼并、规范破产、下岗分流、减员增效和实施再就业工程”的就业方针。1998 年《中共中央国务院关于切实做好国有企业下岗职工基本生活保障和再就业工作的通知》对下岗职工的管理做出明确规定，要求企业建立再就业服务中心，通过搭建临时性再就业桥梁促使下岗职工重新进入劳动力市场，缓解计划经济向市场经济过渡时带来的社会阵痛[84]。

（四）市场经济下劳动就业制度的发展

经历了劳动就业制度的变革后，在社会主义市场经济环境下，我国构建了以积极就业政策为中心的劳动就业制度。2002 年 9 月，全国再就业工作会议召开，总结实施再就业工程和“两个确保”工作中的经验，学习借鉴国际促进就业的举措，提出了积极的就业政策以进一步优化就业环境。2003 年《关于妥善处理国有企业下岗职工出中心再就业有关问题的通知》提出，国有企业原则上不再建立新的再就业服务中心，企业新的减员原则上不再进入再就业服务中心，宣告着我国过渡性就业政策的结束。

2007 年《就业促进法》颁布，明确阐释了我国就业促进过程中的政策支持、公平就业、就业服务和管理、职业教育和培训、就业援助、监督检查等问题。至此，我国基本确立了以促进就业为导向的积极就业政策，明确了政府在促进就业政策中的职责[85]。党的十八届五中全会再次强调“促进就业创业，坚持就业优先战略”，充分说明了党和国家对就业问题的高度重视。

二、中国薪酬制度的变革与发展

随着经济体制改革与劳动就业制度变革，我国的薪酬制度经历了国家对职工分配、国家对企业分配和企业薪酬制度建立的实践过程，完成了由行政决定机制向市场决定机制的转变，最终形成了以按劳分配原则为基础，在政府的宏观指导下，由企业根据自身经营状况和市场竞争压力等内外部环境因素自主调整的薪酬制度[86]。

（一）旧中国的薪酬制度

旧中国的工人阶级同时受到资本主义与半封建性的超经济剥削，该时期薪酬标准混乱、薪酬水平低下，薪酬制度处于极度混乱与不合理的状态[87]。帝国主义企业、官僚资本主义企业与民族资本主义企业的薪酬制度各有不同，既存在按照技术或职务划分的等级薪酬制度，也存在按月计薪、按日计薪的薪酬制度。官僚资本主义企业的工人劳动所得常被资本家占有，民族资本主义企业同样存在封建性的剥削。与此同时，工资关系在各地区、产业、企业之间以及企业内部极不合理，不同产业、企业以及工种间的薪酬水平差异显著。抗日战争时期至中华人民共和国成立前夕，旧中国的薪酬水平急剧下降，劳动者收入微薄，难以维持生计[88]。

（二）计划经济时期的薪酬制度

新中国成立后，国家对经济高度集中管理，“一五”计划期间逐步形成了中央集权式薪酬制度，薪酬的决定权掌握在国家手中。1956 年，国务院发布《关于工资改革的决定》，进一步确立了全国统一的薪酬制度。国家机关、事业单位干部按职务定级，实行 25 级工资标准；国营企业工人和技术人员按技术和职务定级，实行 8 级工资标准。总的来说，计划经济体制下的工资制度特征可以用“低”“平”“乱”“死”四个字概括[89]。

1. 职工薪酬水平低，且长期冻结

由于物质基础薄弱，在经济发展缓慢、财政困难的情况下，职工薪酬水平在很长一段时间内都处于低水平、难上涨的状态。直到 20 世纪八九十年代，职工月平均工资仍停留在一两百元左右的水平，“万元户”基本是富裕家庭的同义词。

2. 薪酬平均化

计划经济时期，“大锅饭”与薪酬分配中的平均主义现象盛行，职工的薪酬与企业生产经营状况、个人技能、个人绩效脱节，干多干少一个样，干好干坏一个样。尽管有职级的区分，但职工的薪酬水平是相对平均的，不同劳动者群体间的收入差距较小，从事脑力或体力劳动、复杂或简单劳动的劳动者之间缺乏必要的薪酬差距。根据国家统计局的数据，1952—1986 年，我国城市地区居民收入的基尼系数在 0.16～0.17，充分体现了该时期我国收入分配的平均主义原则[90]。

3. 薪酬标准混乱

高度集中的薪酬制度下，即便劳动者发生了岗位调换，其薪酬待遇往往也无法做相应的调整，一个地区或企业内部甚至同时存在几十种乃至几百种薪酬形式，子女补贴、护理补贴、房补、车补等薪酬构成五花八门，部分薪酬构成难以说清名目，薪酬结构繁杂，薪酬标准混乱。

4. 缺乏绩效激励

计划经济体制下的工资是“死工资”，基本没有绩效奖金。工资决定权掌握在政府手中，企业、事业单位缺乏收入分配自主权，劳动者也缺乏对经济收入的发言权，工资调节劳动生产的杠杆作用难以有效发挥，薪酬制度严重僵化。

在经济恢复期，我国计划经济时期的薪酬制度对于促进生产、保障职工生活曾起到积极作用，但由于工资形式烦琐、缺乏调整与改革，员工工资提升困难、缺乏晋升通道，吃“大锅饭”的情况普遍存在。平均主义分配格局严重挫伤了企业与职工的积极性，是阻碍生产力发展、造成生产组织低效率的根源之一[91]，工资制度改革迫在眉睫。

（三）转型期的薪酬制度变革

随着改革开放的深化，计划经济下的薪酬制度逐步被打破，按劳分配原则在收入分配领域的确定，进一步奠定了我国企业薪酬制度发展的基础。总的来看，转型期中国薪酬制度变革经历了三个重要阶段：

1. 恢复物质激励与工资调整

1984 年前，我国的工资制度改革有明显的“还账”性质，主要工作为调整工资标准、提升工资水平、解决工资低的问题。1978 年开始，我国逐步恢复了计件工资制和奖励制，并给予了企业更大的奖金分配权。在“珠三角”“长三角”等改革开放的先行区，部分私营企业聘用国有企业职工为“周末工程师”的做法，促使国有企业对工资体系改革进行探索。1984 年起，为配合第二部利改税方案的实施，国有企业普遍恢复奖金制度，实行奖金“不封顶”、征收奖金税的政策，加深了企业奖金和经济效益的联系[92]。

2. 全面推行工效挂钩政策

1984 年后，我国进入全面工资改革阶段。1985 年《关于实施国家机关和事业单位工作人员工资制度改革方案若干问题的规定》发布，在国家层面对国家机关、事业单位的工作制度进行全面改革，在薪酬体制上实现政企分离，国家将企业职工工资的决定权交给企业，使企业自主选择内部分配形式，并将部分企业的工资总额与经济效益挂钩，通过浮动工资、结构工资等灵活工资形式，充分发挥工资的经济杠杆效应，全面提升企业经济效益。在机关和事业单位内部，废除等级工资制，实行以职务工资为主的结构工资制，按照工资的职能将其分为基础工资、职务工资、工龄津贴和奖励工资四部分。1993 年，《国务院关于机关和事业单位工作人员工资制度改革问题的通知》发布，进一步改革机关和事业单位的薪酬制度，在机关实行职务级别工资制，对事业单位专业技术人员的薪酬也进行了改革，建立薪酬增长机制与地区津贴制度，实行奖金制度，改革岗位津贴制度，通过制度创新消除原有薪酬制度的弊端[93]。

3. 尝试建立集体协商薪酬制度

为化解劳动矛盾，工业化市场经济国家倡导劳资双方在自愿的基础上，通过自由交涉的方式开展集体谈判、签订集体合同。在计划经济向市场经济转变的过程中，我国尝试建立集体协商与集体合同制。依据《劳动法》的相关规定，我国主要采取自上而下的方式推行集体协商和集体合同制。在集体协商薪酬制度建立初期，由于劳动双方力量不均且关系处理不成熟，政府劳动行政部门扮演积极引导和干预的角色，以期协商成功，达成签订集体合同的目标[94]。2000 年《工资集体协商试行办法》明确规定了工资协商相关问题，我国集体协商薪酬制度初步建立。

（四）市场经济体制下的薪酬制度

随着市场经济体制的进一步完善，我国企业的报酬要素也在改革中发生了改变。市场导向下，为进一步体现物质激励和工资价值，我国企业与机关事业单位开始探索基于职位、头衔的薪酬制度，基于知识、技能、能力的薪酬制度，以及基于绩效的薪酬制度[95]，薪酬制度变迁的驱动力量也由供给主导转变为需求诱导，企业薪酬制度变革由政府推动转变为在政府的宏观调控下企业基于市场竞争压力和环境变化自主进行。

三、中国劳动保障制度的变革与发展

劳动保障制度是国家保证劳动者基本生活的重要措施，涉及退休保障、疾病保障、失业保障、死亡保障、生育保障等多方面内容，是保障劳动者基本权利的制度基础。新中国成立至今，我国劳动保障制度的变革与经济体制改革息息相关。我国劳动保障制度主要包括社会保险制度与员工福利制度，下面分别就两项制度的变革与发展进行论述。

（一）社会保险制度的变革与发展

劳动者的社会保险是劳动保障制度的核心内容。目前，我国已经建立起包含养老、医疗、失业、工伤、生育等在内的较为完善的社会保险制度。

1. 社会保险制度的发展历程

我国的社会保险制度在中华人民共和国成立前已经有一些零星的实践。新中国成立后，经历了从劳动保险制度到社会保险制度的重要变革过程。

(1)旧中国的社会保险实践。旧中国的劳动者受帝国主义、封建主义与官僚主义的压迫，缺乏劳动保障，工人遭遇疾病、伤亡等意外事故时得不到任何保障。工人为了生存下去，通过罢工等形式，倒逼一些较大的企业提供低水平的保险项目。例如，1922 年河北开滦煤矿大罢工与 1925 年青岛日商纱厂工人大罢工，就曾迫使矿方与日商资本家建立了工伤保险制度，政府也曾颁布《关于工人津贴及抚恤的规定》法令。但总的来说，旧中国没有劳动保险制度[96]。

1921 年中国共产党成立后，专门设立了中国劳动组合书记部，并于 1922 年拟定了

《劳动法案大纲》，明确规定劳动者应参加劳动保险，其保费由国家或雇主负担。1925 年《经济斗争的决议案》明确提到，应实行社会保险制度，为工人提供疾病、伤亡、失业以及生育等方面的保障[97]。与此同时，中国共产党还在革命根据地和解放区，通过颁布《中华苏维埃共和国劳动法》《东北公营企业战时暂行劳动保险条例》等法律法规，对于建立劳动保险制度进行了一系列的探索。

(2)计划经济时期的劳动保险制度。新中国成立后，1951 年 2 月，国家颁布了在国有工业企业和国有商贸行业率先实施的《劳动保险条例》。1952 年《关于全国各级人民政府、党派、团体及所属事业单位的国家工作人员实行公费医疗预防的指示》发布，标志着公费医疗制度的建立。1953 年，为配合"一五"计划经济建设，政务院颁布《关于中华人民共和国劳动保险条例若干修正的决定》，对《劳动保险条例》进行修正，进一步扩大了实施范围，提高了保险待遇标准[98]。关于生育、残疾抚恤等各项办法的实施也为城镇职工提供了劳动保障。农村地区的相应保障则以组织互助为基础，以"五保"制度和农村合作医疗制度为主，农民不在社会保险的覆盖范围之内。

(3)改革开放后的社会保险制度。改革开放以来，为适应市场化改革，国家通过建立多元责任主体的社会保险制度，分担社会保障责任，减轻企业的负担。1984 年，国家在泰州、江门、东莞等地开展退休费用社会统筹，进行养老保险的社会化改革。1986 年《国营企业职工待业保险暂行规定》发布，首次为失业者建立失业保险制度，对劳动合同制工人退休实行社会统筹。《关于外商投资企业用人自主权和职工工资、保险福利费用的规定》的颁布，标志着缴费型社会保险制度的试行，社会保险制度由单位化走向社会化，社会保险也从传统的国家保险逐步转变为社会统筹和个人账户相结合的社会保险。2010 年《社会保险法》的颁布，更是标志着我国权利与义务相结合的社会保险制度基本定型。

2. 主干保障项目的制度变革

我国的社会保险制度包含养老、医疗、失业、工伤、生育等险种，其中失业保险与养老保险是社会保险制度中与劳动者最具关联性的内容。

(1)失业保险制度变革。我国的失业保险制度起源于失业救助制度。新中国成立初期，经济社会结构的剧烈变化引发了第一次失业高峰，1950 年颁布的《救济失业工人暂行办法》标志着我国失业救助制度的建立[99]。

改革开放初期，失业保险制度主要作为市场化改革背景下国有企业改革的配套措施出现，曾一度被叫作"待业保险"。1986 年《国营企业职工待业保险暂行规定》(以下简称《暂行规定》)明确提出待业保险的覆盖范围为宣告破产企业的职工、濒临破产的企业在法定整顿期间精减的职工等四类人，待业保险按照职工标准工资总额的 1%缴纳并给予一定地方财政补贴，保险待遇为发放待业救济金，并按照职工离开企业前两年内本人月平均工资作为救济金基数，最长给付期限为 24 个月。此外，《暂行规定》还明确规定了待遇领取退出机制与管理机构及其职责。《暂行规定》的颁布实施标志着我国失业保险制度正式建立[100]。然而，该制度存在覆盖面过窄、资金来源不足、待遇标准低等诸多问题。

为适应新就业形势，1993 年《国有企业职工待业保险规定》颁布实施。与 1986 年的《暂行规定》相比，《国有企业职工待业保险规定》调整了保障对象、缴费标准和待遇领取标准等内容。将待业保险覆盖对象扩大到撤销、解散企业的职工，停产整顿被精减的职工和被企业除名或开除的职工。企业缴费费率略微下降，待遇领取标准从按照个人标准工资比例发放改为按照当地救济金水平的120%～150%发放。从"国营企业待业保险"到"国有企业待业保险"概念的变化，也体现了市场化改革中政企分离的趋势。

1993年党的十四届三中全会首次提出"失业保险制度"的概念，取代了"待业保险制度"的说法。1999年国务院颁布《失业保险条例》，更是标志着我国失业保险制度进入规范发展阶段。该条例以国家法规的形式确立了失业保险制度的基本模式，实质性地扩大了失业保险的覆盖范围，以所有城镇企业事业单位职工作为保障对象；在资金筹集上，使用企业缴费2%、个人缴费1%的筹资比例和市级统筹、省级调剂的基金管理方式；在待遇领取上，将至少缴费1年、办理失业登记且有求职要求、非自愿失业作为条件，并将24个月的待遇领取要求改为累计缴费10年以上[101]。2001年再就业中心逐步退出历史舞台，国有企业下岗职工的基本生活保障和失业保险并轨。至此，我国失业人员的生活保障由失业保险制度负责。

随着失业保险制度的发展完善，我国开始探索失业保险制度在保障失业人员基本生活之外的作用。2010年颁布的《社会保险法》明确提出失业保险是社会保险制度的五大险种之一，并对1999年《失业保险条例》中的待遇标准等内容进行微调。但是，该项制度仍然存在覆盖率低、瞄准度差、保险金替代率低等多方面不足，在制度内容设计与运行机制方面仍待进一步改进。

(2)养老保险制度变革。计划经济时期，我国的养老保险制度主要是《劳动保险条例》确立的企业职工"退休养老制度"，该制度下企业按照工资总额缴纳劳动保险基金，养老金由企业直接支付。改革开放前，《劳动保险条例》虽经过多次修订，但并未触动企业全额出资的核心制度框架，导致了企业负担过重等问题[102]。

市场化改革以来，为适应社会主义市场经济体制要求，我国养老保险制度以社会统筹与个人账户相结合的制度模式作为改革的主导路径，逐步替代了计划经济体制下现收现付的劳动保险和集体福利的制度设计[103]。1984年，国家开始对国有企业和部分集体企业职工的退休费用进行社会统筹，按照"以支定筹、略有结余"的原则统筹基金，减轻企业的负担，稳定资金来源，提升退休保障制度的社会化程度。1991年《关于企业职工养老保险制度改革的决定》确定由国家、企业、个人三方共同负担养老保险费用，突出了企业的缴费责任与个人的缴费义务，职工退休费用由企业一方负担向多方负担转变，改变了养老金的筹集与运营模式。1997年《关于建立统一的企业职工基本养老保险制度的决定》的颁布，标志着以"统账结合"为基本形式的城镇职工养老保险制度正式建立。与此同时，我国也对企业补充养老保险和个人储蓄性养老保险制度进行探索，开始由单一层次向多层次养老保险制度的转变。

由于最初的养老保险制度设计中，养老保险的待遇领取与企业职工身份挂钩，农村居民与城市中非城镇居民职工的养老保障问题难以解决。1991年，国务院决定由民政部门负责农村社会养老保险试点工作。1992年，开始依据《县级农村社会养老保险基本方案》实施"老农保"，并于1995年扩大"老农保"试点范围。1999年"老农保"暂停办理新业务，2003年后各地开始在人社部门主导下开展农村居民养老保险试点，逐渐形成“新农保”雏形。2009年《关于开展新型农村社会养老保险试点的指导意见》，明确了“新农保”的覆盖范围、待遇给付标准、基金管理模式等政策内容。2011年，国务院发布《关于开展城镇居民社会养老保险试点的指导意见》，以“城居保”的形式解决城市中未纳入城镇职工养老保险保障范围的劳动者的养老保障问题。

为进一步提升养老保险制度的公平性，2014年国务院颁布了《关于建立统一的城乡居民基本养老保险制度的意见》，将“城居保”与“新农保”合并为城乡居民基本养老保险，增设缴费档位，并规定个人账户允许在缴费期内随户籍迁移。2015年《关于机关事业单位工作人员养老保险制度改革的决定》发布，标志着机关事业单位工作人员不再享受“不缴费、高替代率”的退休待遇，我国养老金双轨制走向终结[104]。

（二）员工福利制度的变革与发展

员工福利又称职工福利或机构福利。广义的员工福利是指企业、机关事业单位等通过集体生活设施建设等方式，为员工提供的用以改善其家庭生活的辅助性措施和公益性事业；狭义的员工福利一般指企业基于雇佣关系，依据国家强制性法令及相关规定以及自身支付能力，为改善员工及其家庭生活，向员工提供以非货币工资和延期支付形式为主的补充性报酬与服务[105]。我国的员工福利制度，在计划经济时期主要为单位体制背景下“无所不包”的单位福利，市场化改革后则逐渐收缩为在薪酬体系中发挥补充作用的一个小板块。

1. 计划经济时期的单位福利

计划经济时期，我国的劳动保险制度由国家保险和单位福利组成，这是一种与计划经济相匹配的国家保障模式。由于企业与政府关系密切，企业承担了许多原本应由国家承担的福利供给责任。在此背景下，员工福利指的是企业、事业单位和国家机关提供的各种福利事业，包括集体福利事业和福利性补贴，以单位在职职工为保障对象，并以满足职工在参加劳动过程中产生的一般与特殊需要为制度目标[106]。此阶段的员工福利包括集体福利设施、各类文体设施与福利性补贴，涉及养老、医疗、教育、卫生等方方面面，企业通过退休制度承担职工退休费用，通过公费医疗与劳保医疗为职工提供医疗保障，通过机关食堂、子弟学校、机关幼儿园等单位提供社会服务，解决职工日常饮食、托幼与子女教育等问题。单位福利无所不包，形成了具有中国特色的“低工资、高福利”的员工福利制度安排。

2. 市场化改革以来的员工福利

市场化改革以来，国家提出要给企业“甩包袱”，明确区分政府与企业职能，加大社会化发展力度，通过政企分开的形式，让企业轻装上阵，减轻单位福利服务供给负担，从高度依靠单位福利为劳动者提供保障的一个极端走向了员工福利减少甚至消失的另一个极端。我国当前的员工福利制度，与计划经济时期的广义员工福利概念不同，指的是基于劳动合同的、由企业个人福利和企业集体福利共同构成的企业激励机制，供给方式主要包含带薪休假、交通补助、补充保险等形式[107]。

综合来看我国员工福利的发展历史，单位曾经承担了重要的社会福利供给职能，但如今的员工福利制度，福利服务供给能力较弱，在家庭照顾等社会功能的承担上多有不足。建立合理的员工福利制度，是劳动保障制度应有或应当考虑的内容之一，如何使员工福利与其他劳动保障制度在功能上相辅相成，成为社会福利的有力支撑，是未来我国员工福利发展的重要议题。

本章小结

本章对制度与劳动制度、劳动就业制度、薪酬制度、劳动保障制度以及中国劳动制度的变革与发展做了介绍，主要包括四小节内容。

第 1 节介绍了劳动制度的含义和构成。所谓劳动制度，就是为满足人类劳动世界各类社会劳动关系发展的需要而建立的系统的、组织化的、为社会所公认的劳动行为规范体系。在内容上，劳动制度包括劳动就业、薪酬和劳动保障三种主要的制度类型。第 2 节介绍了劳动就业制度，分析了漫长的人类历史中劳动制度的变迁，包括前工业社会的劳动力配置制度、工业社会的劳动就业制度以及后工业社会劳动就业制度的新变化。第 3 节辨析了薪酬和薪酬制度的概念，并从社会、组织和个体三个层面分析了薪酬制度，并分析了最低工资制度的产生和发展、最低工资标准的确定和调整、最低工资制度的实施。第 4 节简述了劳动保障制度的产生与发展及主要内容，分析了退休保障、医疗保障、失业保障、工伤保障、生育保障、住房保障等劳动保障制度中比较重要的项目。第 5 节回顾了新中国成立以来，我国劳动制度的变革与发展。我国的劳动就业制度逐步由计划型就业制度转向了市场型就业制度，薪酬制度完成了薪酬决定机制由行政决定机制向市场决定机制的转变，劳动保障制度则由劳动保险制度转向社会保险制度，员工福利也从"无所不包"的单位福利制度安排转变成企业薪酬体系中的有机组成部分。

关键词

制度　劳动制度　劳动就业制度　薪酬制度　劳动保障制度　最低工资制度

思考题

1. 举例说明劳动制度的类型。
2. 试述劳动就业制度和劳动用工制度的联系。
3. 就某一制度内容，分析中国劳动制度的变迁与发展。
4. 评析中国的最低工资制度。
5. 试述中国劳动保障制度的发展脉络。

推荐阅读

工资制度与劳动力分化

工厂中的劳动力分化通过工资制度被进一步展现出来。在流星厂，除了香港管理者之外，白兰（生产线上的组长）等人的工资是最高的。工资制度是表现差别与分化最明显、最关键的机制，因此成为工厂中生产与再生产的核心。显而易见，建立在层级分化基础之上的工资制度，连同地方、血缘-族群以及性别等因素一起，共同形成了一个权力和地位的万花筒。流星厂的工资制度非常复杂，它同时采用月工资、日工资、小时工资、加班工资以及生产奖等多种报酬支付方式。

在工厂里，工资是工人经常谈论的话题之一，尤其是到每个月快发工资的时候。尽管原则上每个人的工资是保密的，但事实上大多数工人对彼此的工资都很清楚，5 名香港管理者的工资数额通常超出工人的想象，但是根据他们平时的花销情况（例如到饭店吃饭、外出打车等），可以推断出其收入为内地管理者的 15～20 倍。大多数工人并没有兴趣将自己的工资与这些管理者做比较。所有组长以上的管理人员的工资是按月支付的。这些拥有城市户口或大学学历的管理人员的月收入在 1 000～1 500元，不仅收入稳定，而且工作前景好。工人们都很羡慕这些管理人员，因为工人的工资是按小时计算的，收入由小时工资、加班费和生产奖等几个部分构成。管理人员的特权地位还表现在住宿方面，他们通常住的是带有独立厨房及卫生间的公寓套间。然而，这些职位是工人连做梦都不敢想的。

流星厂普通工人的工资通常按小时计算。1996 年，正常的日班工资为 2.4 元/小时。夜间加班工资为 3.6 元/小时。这种计酬方式有助于激励工人在夜间加班。如果不加班，工人的平均工资仅有 300 元/月，如此低的收入使工人在深圳难以满足衣食住行等基本生活需要。一般来说，午餐的一个盒饭要 2 元，在小吃店里吃一次晚饭要 5 元。在当地市场，一条牛仔裤的价钱在 20～50 元。住在工厂宿舍的人每个月须向厂里交 50 元住宿费。工人经常这样说："我们都讨厌晚上加班，但是只有加班，才能赚到更多钱。"加上加班费和生产奖，工人的平均收入为 500～600 元/月。有些工人转来流星厂就是因为这里的加班机会多。对于工人来说，加班费约占其月工资的 1/3。

除了加班费，工人还有一部分收入是生产奖，约占其月工资的 1/4。在报酬体系中，生产奖往往是最富竞争力的部分，也导致车间出现了不公平的现象。工人的生产奖数额由各组组长根据每个工人的工作表现及工作量决定。工人经常抱怨说生产奖不够科学和透明，他们普遍认为，"谁有亲戚当组长，谁就多拿生产奖"。在工厂，是否有亲戚或同乡当组长是保障个人工资水平至关重要的因素。围绕这些具体的金钱报酬问题，各个地方及血缘-族群群体之间展开权力斗争。从组长的角度来看，生产奖为他们提供了操纵工人认同与合作的空间，尤其是当生产任务紧急的时候。

组长的工资计算方法最为复杂。它既不是按月支付，也不是按小时支付，而是与线上的产量直接挂钩。组长的工资由基本工资及其所在生产线的工人月平均收入两部分构成。组长的基本工资为 400～600 元/月，如果加上线上工人的月平均收入，其月收入通常是工人的两倍。在流星厂，如果一条生产线的生产情况好，这条生产线的组长就可以赚得与管理人员同样多。这种计酬方式有助于激励组长提高产量。在车间，大家都争当组长。一个人要想被提拔为组长，个人能力是一个必要不充分条件，工作的经验和工人的支持（通常来自同乡和亲戚）同样是必不可少的条件。车间里的三个组长分别是广东人、潮州人和四川人。她们在流星厂的工作时间都在 3 年以上，并且都是从普通工人开始做起的。三个人都有强大的血缘-族群网络在车间里支持着她们。一天晚上，组长白兰邀请我到她的宿舍喝水，我注意到她的住宿条件比生产线上的其他工人要好得多。线上的作业员或普通工人是8个人一个房间，而白兰的房间只住4个人。所有的宿舍房间里都有一个厕所和一个用来晾衣服的阳台。白兰的屋子里还有一台电视机，是同屋4个人的共有财产。较高的工资，加上较好的居住环境，在所有这些因素的共同作用之下，形成了工厂的层级体系。

资料来源：潘毅．中国女工：新兴打工者主体的形成．北京：九州出版社，2011：124-126.

注释

第 8 章

劳动环境与保护

【重点问题】

- 什么是劳动环境？劳动环境经历了怎样的变化？
- 劳动保护的含义及内容是什么？
- 劳动保护的意义是什么？
- 劳动保护经历了怎样的历史发展过程？
- 中国的劳动保护发展历程是怎样的？

【开篇引例】

某农商银行群体性肺结节事件

2019 年 5 月开始，某农商银行金融科技总部人员（行员、合作外包公司人员）陆续搬入新装修的苏州 2.5 产业园 M3 栋大楼进行办公。刚搬入时，就有员工提出办公室有较浓烈的装修异味。自员工搬入后，银行在工作日进行多轮二次装修，装修异味浓烈刺鼻。有员工强烈反对，并质问为何不选择在非工作日装修，负责装修的员工回复称，“领导要求，没有办法”。2020 年 6 月，该农商银行员工进行年度体检，体检结果刚出的时候，无人知晓肺结节为群体性事件，员工们各自认为是自身个体原因导致，并未关注和重视。

2020 年 8 月中旬，体检机构到 2.5 产业园 M3 栋大楼进行体检报告解读，发现多位员工的检查报告显示肺部有结节，事件就此爆发。2020 年 8 月 31 日，一名网友在网站上发出“救命帖”。该网友在帖子中称，苏州工业园区的 2.5 产业园内，某农商银行许多员工出现肺结节病症，“目前已知的肺结节病人有 60 多人，6 月份出的体检报告”。一年前员工们的体检都是正常的，因此员工们怀疑这和工作环境有关，并提出了转移办公场所、调查空气质量和室内装修等是否符合标准、调查参与装修工程的银行方人员，以及建立员工跟踪档案等要求。10 月底有个微信公众号发布了一份该农商银行受害员工的申诉材料，材料显示肺结节患病员工已达 106 人，此外还有 3 名员工已确认肺癌，并且针对该农商银行对外公布的关于体检中有员工查出肺结节的情况说明、办公场所室内环境检测结果、员工体检项目以及添置空气净化设备等方面提出了质疑。

2020 年 10 月，江苏省某市的官方微博发布消息称，该农商银行驻苏州工业园区 2.5 产业园的多名员工在体检中查出肺结节，该市正组织医疗专家对相关员工的体检报告、数字化胸片及既往病史逐一检查，给出诊断意见。同时，该农商银行称支持员工根据体检结果进行复查，费用由该银行承担，并且会及时邀请专业医生为员工提供咨询及解答，添置空气净化设备，增加绿植。银行还成立专门工作小组，聘请第三方机构对办公环境进行第三次全面检测。最终，不良的办公环境使得员工的身体健康受到危害，该事件也造成该银行股价暴跌和市值蒸发。

从这个案例可以看出，随着工作方式的变化，工作环境也随之变化，不良的工作环境成为看不见的慢性健康杀手。从事非体力劳动的劳动者逐渐增多，其工作多在办公室完成，不少劳动者每天要在办公室内待 8 个小时以上。长期在空气污染超标的工作场所中工作，会导致注意力难以集中，工作效率下降，并引发各种疾病。根据《劳动法》的规定，劳动者享有获得劳动安全卫生保护的权利。劳动环境对劳动者的健康有着重要影响，为劳动者提供良好的劳动环境不仅是保证劳动者身体健康与工作效率的客观需要，而且是用人单位应当承担的义务与责任。

资料来源：某农商行受害员工现身爆料：3 人已确认肺癌，肺结节患者达 106 人．（2020－11－01）．新浪财经．

思考：

应如何改善不断变化的劳动环境？如何保障劳动者的职业安全与身体健康？

第 1 节　劳动环境概述

社会在本质上是生产关系的总和，它是以共同的物质生产活动为基础而相互联系的人们的有机总体。社会既是抽象的，也是具体的。就具体社会存在而言，它是由一些基本要素结合而成的，这些要素主要包括人口、资源、环境、文化。马克思曾经十分明确地指出，“正像社会本身生产作为人的人一样，人也生产社会”[1]。马克思、恩格斯还提及，环境创造了人，人也创造了环境[2]。环境是社会存在和运行所依托的空间、物质基础，是人类社会在一定空间、地域中直接或间接获得生产和生活所必需资源的各种条件，对人类社会生活具有重要影响。

劳动环境是社会环境的重要组成部分，能够影响劳动者的身体健康和社会生产力的发展。不论是在发达国家，还是在发展中国家，大多十分重视劳动环境和劳动保护，并且对其进行立法和规定。劳动保护对于创造安全、健康、高效的劳动环境，维护劳动者的健康和权益具有重要意义。

一、环境的概念与分类

人类社会的生产劳动，离不开一定的环境。人以自己的存在和实践活动影响并改造周围的环境，也会直接或间接地受到周围环境的制约和影响。这里的环境既包括自然环境，也包括社会环境。

（一）环境的概念

所谓环境，总是相对于某一中心事物而言的，它作为某一中心事物的对立面而存在，泛指中心事物周围的地域、空间、介质结构等，因中心事物的不同而不同。《世界大百科全书》把环境定义为生物体和周围的物理和生物要素，包括生物性要素（如植物、动物、微生物）和非生物性要素（如温度、土壤、大气和辐射）两类。联合国环境规划署（UNEP）则将环境定义为影响生物个体或群落的外部因素和条件的总和，包括生物体周围的自然要素和人文要素。目前，人类通常在两个“中心”的意义上使用环境概念：一是以生物体为中心，这是生态科学意义上的环境概念；二是以人类为中心，把其他的生命和非生命物质视为环境要素，这是环境科学意义上的环境概念。

本书主要是在第二种意义上讨论环境的概念与分类。这种意义上的环境，是相对于人类的外部生物物理世界，是人类生存、繁衍所必需的物质条件和创造[3]。

（二）环境的分类

大体上，环境可以划分为自然环境、人工环境两大类。其中，自然环境是指基本未经人为改造而天然存在的自然要素，包括大气环境、水环境、土壤环境、地质环境和生物环境等，对应地球系统的五大圈层，即大气圈、水圈、土壤圈、岩石圈和生物圈。人工环境是相对于自然环境而言的，指在自然环境基础上经过人类加工改造所形成的次生环境，如各种建筑和土地利用等。我国《环境保护法》对以人为中心的环境做出了更具操作性的界定：环境指的是影响人类生存和发展的各种天然的和经过人工改造的自然因素的总体，包括大气、水、海洋、土地、矿藏、森林、草原、湿地、野生生物、自然遗迹、人文遗迹、自然保护区、风景名胜区、城市和乡村等。

根据环境与人类的关系和人类对环境加工改造的程度，可以把环境区分为以下四类：聚落环境、地理环境、地质环境和星际环境。其中，聚落环境是与人类的生产、生活关系最密切、最直接的环境，包括院落、村落、城市等；地理环境是人类活动的舞台和基地，包括大气圈、水圈、土壤圈、生物圈等；地质环境主要是指岩石圈，为人类生活提供丰富的矿藏；星际环境就是宇宙，它将是人类未来的活动场所[4]。

在社会学中，社会行动或社会行为特指具有针对他人的主观动机并以他人为取向产生影响的行动，它区别于简单的生物性的对于刺激的反应行为。在社会行动中，行动者考虑他人的行动和反应，并基于这种考虑调整自身的行动[5]。无论是韦伯还是帕森斯，在讨论社会行为的时候，都没有忽略环境对社会行为的影响。在一定的环境中，行动者通过不同的工具手段取得行动后果。虽然行动者能够通过使用不同的工具手段取得行动后果，但是需要在一定的社会环境中展开。劳动社会学是社会学的一个分支学科，劳动社会学中的劳动环境也被包含在整个社会环境之内，并且对劳动者及其劳动行为产生影响。

二、劳动环境的含义和分类

劳动环境是社会环境的一种，为人类的生产劳动提供必要的条件和场所，同时也对劳动者的劳动行为与劳动保护产生重要影响。

（一）劳动环境的含义

人的劳动行为，总是在一定的情况和条件下发生。劳动行为发生时周围的条件和情况，就构成了劳动环境。弗里蒙特·卡斯特（Fremont E. Kast）认为，劳动环境可以分为社会（一般）环境和工作（具体）环境。

从广义的理解来看，与劳动行为发生联系的外部事物就是劳动环境，这些事物又对劳动者、劳动组织有着间接的宏观影响，包括自然环境、经济环境、政治环境、社会文化环境，具有自然资源特征、经济特征、政治特征、法制特征、文化特征、技术特征、教育特征、人口特征、社会特征等。从狭义的理解来看，劳动环境是指那些与劳动行为直接有关的情况和条件由消费者部分、供应者部分、竞争者部分、社会政治部分、技术部分等不同的部分组成。这些情况和条件直接影响着劳动者、劳动组织的经济活动、政治活动与文化活动，一旦这些情况和条件发生变化，劳动者与劳动组织的活动马上随之变化[6]。

以企业为例，广义的劳动环境包括自然环境、经济环境、政治环境、文化环境。企业所处的地理位置、地理空间及其通信状况构成了企业的自然环境；企业与外地的交通条件、能源供应状况、社会服务条件、劳动力资源状况等构成了企业的经济环境；企业所在地的社会治安状况、地方政府的有关规定和施政情况形成了政治环境；企业所在地的价值观念和习俗等构成了企业的文化环境。从狭义的劳动环境来看，企业的国际和国内销售市场、原材料供应市场、劳动力市场、相关业务的竞争对手等形成了企业外部的劳动环境；劳动者或劳动行为发生时所面对的劳动技术和劳动条件，包括生产场所的温度、湿度和空气流通状况，生产场所的光线状况及噪声的控制、粉尘的防治情况等，构成了更为具象的企业内部的劳动环境。

（二）劳动环境的分类

劳动环境可以分为广义的劳动环境和狭义的劳动环境。广义的劳动环境包含自然、经济、政治以及社会文化四个方面，狭义的劳动环境则更加聚焦于与劳动直接相关的部分。

1. 广义的劳动环境

总体而言，广义的劳动环境可以划分为以下四个方面：(1)自然环境。自然环境，即自然资源及其他自然条件，主要包括自然资源的性质、数量和可用性，以及气候与其他条件。(2)经济环境。经济环境，即宏观经济形势与科学技术发展水平等。宏观经济形势主要包括基本经济结构（如经济组织的类型、私有与公有的对比），经济计划的集中或分散，银行金融体制，财政政策，对物质资源投资的水平及消费特征等；科学技术发展水平则主要包含工厂、设备与设施等物质基础，科学知识、技术知识等知识基础，科技能够发展并应用新知识的程度等。(3)政治环境。政治环境指的是社会的一般政治气氛与法制特征。一般政治气氛包括政治制度和政治形势，政权的集中程度，政治组织的性质（分权程度、职能多样性等），政党制度等。法制特征包括对宪法的重视程度，法律的性质，各政府部门的司法权，关于企业组织的组成、税收及控制的特殊法律等。(4)社会文化环境。社会文化环境主要包含社会的特征、人口与教育特征文化特征等。社会的特征包括阶级结构及变动性、社会作用的明晰度、社会组织的性质及社会制度的发展等。人口与教育特征指的是劳动环境可以向社会提供的人力资源的性质、数量、分布、年龄与性别，人口集中程度，人口普遍的文化水平，教育制度的完善与专业化程度，受过高等教育及专业训练的人所占的比例等。文化特征指的是历史背景、意识形态、价值观和社会准则，包括对权威关系、领导方式、人与人之间的关系、理性主义、科学和技术的看法等价值观念[7]。

2. 狭义的劳动环境

狭义的劳动环境可以划分为以下五个方面：(1)消费者部分，即产品或劳务的销售者以及产品或劳务的实际使用者；(2)供应者部分，包括新材料的供应者、设备的供应者、产品部件的供应者以及劳动力的供应者；(3)竞争者部分，包括供应者中的竞争对手和消费者中的竞争对手；(4)社会政治部分，包含政府对行业的限制性控制，社会上对本行业及其特殊产品的政治态度和组织内部具有的控制，以及工会等力量；(5)技术部分，包含满足该行业或有关行业在生产产品或提供服务方面的新的技术要求，在行业中采用新的先进技术以改进或研制新的产品等[8]。同时，劳动者或劳动行为发生时所面对的劳动技术和劳动条件，包括生产场所，还构成了更为具体的劳动环境。

（三）劳动环境对人类劳动的意义

人类通过生产生活实践与环境发生密切联系，同时也产生着复杂的社会关系，形成直接影响人类态度与行为的社会环境。由于人总是在一定的劳动环境中进行劳动，因此劳动环境也始终深刻影响着劳动者的态度与价值观念。劳动环境具有积极意义，也具有消极作用，无论是广义的劳动环境还是狭义的劳动环境，都对人类的劳动产生了深刻的影响。

1. 劳动环境的积极意义

劳动环境为人类劳动提供着对象、场所、技术和其他不可缺少的条件，这使得人类劳动成为现实。人类早就懂得并重视劳动环境的重要意义和作用。在古代社会，人们在打猎、捕鱼时，要认真选择有利的作业场地——茂密的森林或江湖的一隅。也就是说，劳动环境不仅使劳动成为现实，而且制约和影响着劳动的效率。在现代社会，自然环境为劳动提供生产资料和生活资料，经济环境为劳动提供商品销售的市场，政治环境为劳动者的劳动行为提供政策与法律保障，社会文化环境为劳动提供良好的社会氛围与不同类型的劳动力资源。此外，技术也构成了劳动者工作环境的重要变量。技术允许人类再造他们的栖息地和世界，而不是被动地受其制约。技术设备类型、技术复杂程度与技术装备等不同，劳动者的工作环境就不同。不同的技术条件，也会影响劳动者对工作组织、直接监督人员、工作本身等各方面的态度。

2. 劳动环境的消极作用

劳动环境有广义和狭义之分，劳动环境产生的消极作用也可以分为广义和狭义两种。

从广义的劳动环境来看，恶劣的自然环境或自然资源不足会制约劳动活动的进行，经济发展周期的波动给劳动者和劳动组织带来发展的风险，政治局势的变动提高了劳动者和劳动组织生产经营活动的不稳定性，不同的社会文化环境和价值观念影响劳动者权益保障以及企业社会责任的承担等。经济发展的过程实际上是利用更多的能源，提高人类劳动生产率和效能的过程。在此过程中，有些污染物质的增加与人口的增长相关，有些污染物质的增加则与技术进步密切相关。

从狭义的劳动环境来看，恶劣的劳动环境可能会给人们的劳动造成一些局限甚至伤害，比如工作场所的环境污染会对劳动者的健康造成影响[9]。不良的劳动环境也会造成职业事故、疾病、工伤甚至死亡，以此带来劳动者的痛苦和经济损失。据国际劳工组织（ILO）预测，全世界每年有 278 万名劳动者死于工作事故和职业病，其中大约 240 万名劳动者（86.3%）死于职业病，超过 38 万名劳动者（13.7%）死于工作事故。每年发生的非致命工伤比致命工伤多近千倍，全世界每年受到非致命工伤的劳动者达 3.74 亿人，严重影响了劳动者长期获得收入的能力。世界卫生组织（WHO）估计，因受到职业伤害造成疾病、残疾或死亡的人口数占全球总人口数的 2.7%左右[10]。除了工伤和疾病，不良的工作环境也会导致劳动者的身体疲劳与亚健康、工作安全问题、工作场所暴力、职业压力、沮丧和抑郁等，对劳动者的身心健康产生危害[11]。

三、劳动环境的变化

劳动环境随着人类社会的发展不断变迁，劳动保护的内容也随着劳动环境的变化而不断丰富和发展。人类社会经历了前工业社会、工业社会到后工业社会的转变，当今世界，工业化、城市化、现代化给劳动者带来了新的职业性危害因素，生产方式的变革也使得劳动保护的情形不断发生变化。

（一）前工业社会的劳动环境

美国社会学家丹尼尔·贝尔在其著作《后工业社会的来临——对社会预测的一项探索》中，把人类历史划分为三个阶段：前工业社会、工业社会和后工业社会。在这些阶段，劳动环境随着人类历史的发展和社会环境的变迁而不断发生变化。

在前工业社会，农业是主要的经济活动，人们的日常生活和政治权力的组织方式主要是围绕农业生产展开的。在前工业社会，绝大部分劳动者所处的劳动环境为采掘和提取自然资源的环境，劳动者从事矿业、渔业、林业、农业等生产劳动。此时，人们的劳动主要是同自然界竞争，人们按照传统的方式进行体力劳动，在从事采矿、打猎、捕鱼、耕种等劳动作业时，根据需要认真地选择有利的劳动场地和作业环境。人们对世界的认识是以对季节、土壤性质和水量这些因素的依赖为条件的，劳动节奏受这些偶然事件影响，劳动的速度随着季节和风雨而变化[12]。此时的劳动环境主要为自然界的既有环境，劳动受到自然条件的制约和影响。

（二）工业社会的劳动环境

工业革命带来了社会的大转型，促进了工业化社会的到来，也带来了劳动环境的深刻变化。工业社会是商品生产的社会，在工业社会的劳动环境中，人、原材料和市场为商品的生产和分配而密切配合。劳动环境变得有日程、有规划，商品的各个组成部分按确切的时间和比例装配完成，以加速商品流通；劳动环境变得有组织、等级森严和官僚科层化，并且使得职务与个人之间有了必要的区分；劳动环境中技术的标准是效率，生活方式被纳入经济学的模式，即人们如何以比较合理的价格、利用最好的机器、从固定的需要提炼的自然物里萃取更多的能量。

从劳动者的角度看，产业从农业向工业转型伴随着各种风险，工业化和城市化给劳动者造成的工伤事故远多于传统农业社会。因此，在工业社会的劳动环境中，劳动者对工伤和职业病预防、医疗和伤残津贴等必要的劳动保护产生了需求。在工业社会，人口结构变化至关重要，青年劳动者的职业伤害率非常高，老年劳动者则需要与其特点相适应的机器和工作以保证工作安全。女性越来越多地参与劳动力市场，但更易从事非正规工作，也更易受到职业伤害。

与此同时，工业社会中劳动环境的污染会造成直接的劳动力损耗和财产损失[13]。工业社会中的劳动环境污染会直接影响劳动者的健康和安全，某些职业环境中可能存在有害气体、粉尘、放射性物质等污染物，会对劳动者的健康产生危害，甚至造成职业病。例如，煤矿空气污染直接影响着矿工的健康，间接影响着其他周边行业工人以及公众的健康。同时，环境污染会使劳动环境变得不舒适，如温度过高或过低、噪声、光照不足等会对劳动者的工作效率产生负面影响，原材料的污染则会影响产品的质量和市场竞争力。此外，工业社会人为因素导致的气候和环境变化是改变劳动世界的主要驱动力之一，经济发展和气候变化带来了空气污染、热应激、新型疾病、天气变化和温度异常等问题，工业排放、汽车尾气、建筑扬尘等造成的雾霾天气也对环境造成了污染，对公众健康产生危害。发展绿色就业和绿色经济可以带动发展低碳社会，减少矿业等传统部门的有害工种，但绿色就业也会带来一些新兴和未知的风险，例如废品回收行业的化学品风险[14]。

（三）后工业社会的劳动环境

在后工业社会，服务业在经济社会中的重要性与日俱增，以计算机为基础的自动化也随之到来，对劳动者的技术水平提出了新的要求，使得劳动环境受到了深刻影响。贝尔最早使用“后工业社会”这一概念时，指的是商品生产社会向服务型社会的转型，后来才考虑到智能技术与科学在社会变革中的决定性作用。按照贝尔所述，后工业社会的核心问题是如何组织进行科学技术相关工作的大学或研究所等基础科研机构。概括来说，后工业社会的劳动环境大致包括以下特点：经济方面表现为商品生产社会向服务型社会转型；职业分布方面表现为专业与技术人员处于主导地位，科学家、专业人员、技术人员和技术官员在社会政治生活中起主导作用；中轴原理方面表现为理论知识处于中心地位[15]。

很多劳动者也开始关注后工业社会中劳动环境变化带来的心理风险、工作压力和慢性疾病。与此同时，仍有很多劳动者面临着传统职业安全与健康风险。在劳动世界不断变化的过程中，不能忽略这些面临传统风险的人群。一方面，技术快速进步给劳动世界带来全方位的影响。数字化、机器人和纳米技术引发了公众场所的技术革命，但人们也因此担心这些新技术的潜在职业安全与健康风险。例如，对工人工作状态的实时监测可以减少有害风险暴露机会，但收集和记录个人敏感信息意味着个人隐私受到侵犯。另一方面，全球化程度不断加深，越来越多的工人不得不因此从事超长时间工作或进行非标准就业。跨国界平台经济不断发展，这一趋势模糊了工作和生活的边界，造成了工作生活平衡方面的心理压力[16]。

随着生产方式的变革，就业形式多样化和工作环境多元化成为劳动世界发展变化的新趋势。特别是随着信息技术发展，新的就业平台和就业形式涌现，非标准就业劳动者面临着更加复杂的劳动环境，加之工作时间更加灵活、工作与生活界限模糊，使得劳动保护的内容更加丰富，不再局限于在工业、矿业、制造业等行业的工作场所中降低职业病风险、防止生产事故发生，而是扩展到了更多样的行业和多元的工作环境中，也逐渐将预防工作场所暴力、减轻劳动者工作压力与保护劳动者心理健康等内容纳入劳动保护范围。

第 2 节　劳动保护概述

劳动保护是为了保障劳动者在劳动过程中获得适宜的劳动条件而采取的各项保护措施，是对劳动者应有权益的保障和维护。劳动保护是劳动环境改善的基础和前提，是现代社会生产劳动发展的要求，也是维护社会公共利益、实现社会稳定的需要。

一、劳动保护的含义与特点

劳动保护是随着生产发展而发展起来的，同时它的进步又促进了生产的继续发展。在生产劳动的过程中，只有不断分析和掌握生产中各种因素的作用规律，有系统地运用自然科学知识，研究并使用安全防护措施，改善劳动条件，才能保证劳动者的安全和健康，促进社会生产力的飞速发展。

（一）劳动保护的含义

随着生产工具和科学技术的不断进步，社会生产力不断发展。但生产过程中经常出现的不安全和不卫生因素又给人类的生产劳动带来危害。这些危害因素如果得不到控制，就会导致意外事故发生，造成伤亡或职业性病害，或者增加劳动者的心理压力、职业压力，导致劳动者产生职业倦怠，损害劳动者的生命安全和身心健康。于是，人类在和自然界进行斗争的长期实践中，逐步积累了许多同生产工具、生产环境等方面相关的经验，研制出各类防护装置、保险设施，以减少人身伤亡事故，消除阻碍生产发展的因素。在经济社会发展和科学技术进步的过程中，关注工作场所变化、劳动组织发展与劳动者的心理健康，减轻劳动者的工作压力，促进劳动者的职业发展与心理健康，也成为当今世界劳动保护的重要内容。

传统意义上的劳动保护，即保障劳动者在劳动过程中各项事宜的劳动条件的措施，主要包括录用、调动、辞退、辞职、劳动合同的订立变更和解除、劳动报酬、劳动安全与卫生、民主管理、奖励惩处、社会保险、生活福利等[17]。同时，劳动保护还包括对劳动者进行心理培训、营造良好的工作气氛、干预劳动者心理危机、预防和控制职场霸凌等工作场所暴力行为等。从广义的理解来看，劳动保护包含国家和社会（包括企业）为保护劳动者在生理和心理、经济和社会各方面的权益而采取的各项保障和维护措施。

（二）劳动保护的特点

劳动保护不仅关系到劳动者的切身利益，还与社会的稳定运行紧密相关。劳动保护作为一项长期的劳动政策，具有以下特点。

1. 强制性

劳动保护的强制性主要表现为它是以国家立法的形式，制定维护劳动者各项权益的规定和措施，用工单位和劳动者个人必须无条件地遵守，用工单位没有取消劳动保护的权力。工伤保险与养老、医疗等其他社会保险项目的重要区别在于工伤保险费完全由企业或雇主缴纳，而劳动者个人无须缴费。强制由雇主（或企业）、社会保险机构负担补偿劳动者在劳动过程中承担的受伤、死亡风险体现了现代社会对劳动者权益的重视以及对劳动保护制度的健全建设，这已经在世界各国达成广泛共识[18]。《劳动法》也以法律的形式强制规定：用人单位必须建立、健全劳动安全卫生制度，严格执行国家劳动安全卫生规程和标准，对劳动者进行劳动安全卫生教育，防止劳动过程中的事故，减少职业危害。用人单位必须为劳动者提供符合国家规定的劳动安全卫生条件和必要的劳动防护用品，对从事有职业危害作业的劳动者应当定期进行健康检查。劳动者在劳动过程中必须严格遵守安全操作规程[19]。

2. 预防性

劳动保护的预防性是指采取措施和制定政策来预防和减少工作场所中的职业病、工伤事故和其他与工作相关的健康问题。在生产劳动过程中，为了防止劳动者受到损害，应当防患于未然，而非等到事故发生后再进行补救。对于那些不安全、不稳定的因素，如果不及时加以预防和消除，劳动者就可能发生工伤事故和职业病。只有提前做好劳动保护措施，预防各类工伤事故与职业伤害的发生，才能有效地达到保护劳动者的目的。现代意义上的工伤保险遵循补偿与预防、康复相结合的原则，不仅包含对因工伤、残、亡者的经济补偿和物质帮助，还包括促进企业安全生产、降低事故率及职业病发生率的预防工作，并强调通过现代康复手段，使受伤者尽快恢复劳动能力，促进其与社会的整合，也就是工伤预防、工伤补偿、工伤康复三位一体[20]。

3. 科学性

劳动保护的科学性是指用先进的科学技术手段，来有效地防止劳动环境中工伤事故的发生和降低劳动者患职业病的风险。这主要体现在两个方面：一是将现代的先进技术设备用于劳动保护，例如发展工业防尘技术、毒物危害控制技术、噪声控制技术、机械电气安全技术、检测技术等，通过进行标准化工作、采用个体防护用品等手段，加强安全管理科学的开发研究与应用。二是随着新能源、新材料、新工艺、新技术在现代化大生产中的应用，需要有科学的管理方法来减少工伤事故和职业病的发生，掌握有关劳动保护的科学研究成果，做好劳动保护的相关工作。

4. 普遍性

劳动保护的普遍性是指劳动保护的对象是全体劳动者。劳动保护工作遍及生产劳动各个领域的各行各业，需要形成全社会范围的劳动保护网络。劳动保护不仅关系到劳动者及其家庭的切身利益，也与整个社会的经济运行相互关联，对保障整个社会的公共利益至关重要。

5. 发展性

劳动保护的发展性是指劳动保护的内容和要求随着时代的进步与发展做出相应的调整，并逐步从生理性保护向争取更大经济权益和社会权益的社会性保护发展。我们现在所处的后工业社会，与之前的工业社会相比，关于劳动保护的很多客观要求已经发生了根本性的变化。例如，在自然环境上，很多公司、企业逐渐小型化，劳动者的工作环境不再是恶劣的室外环境，而是坐在电脑前从事商业经营[21]。科技、全球化、政策、企业模式和实践方面的变化，例如外包以及劳务流动带来的持续变革，已经深刻改变了就业模式和劳动世界。非标准就业、分包的增加以及集体谈判覆盖范围的缩小，给向劳动者（特别是其中的弱势群体）提供有效的劳动保护带来了挑战[22]。

二、劳动保护的内容

无论是国际劳工组织的各项公约，还是世界各国的立法规定，关于劳动安全与健康保护的政策都已经从综合性的标准向精确、灵活的规则转变。劳动安全与健康条款的关注范围，已经从工业生产安全向工作场所安全与健康、工作环境与劳动者的适应程度转变；劳动保护的观念也由单一的事后补偿转向了风险预防与评估。在现代社会，劳动保护的内容不仅清楚地反映了保障劳动者安全与健康的措施，也体现了雇主和劳动者各自的角色与责任、工作安全文化以及工作场所氛围等更加丰富的内容，涉及劳动时间和劳动速度的限制、改善劳动的物质条件、避免社会心理危害等方面。

（一）劳动时间和劳动速度的限制

对劳动时间和劳动速度进行限制，是保障劳动者的休息权利、减少工伤事故和减轻劳动者工作压力的重要方式，是保障劳动者身心健康的重要手段。

1. 劳动时间的限制

限制劳动时间是保障劳动者休息权利和健康的重要措施，各个国家从时间上保护劳动者的立法内容和方法主要有以下三个方面。

（1）限制劳动时间。最长工作时间立法与最低工资立法相互补充，成为保护劳动者利益的两个重要手段。随着经济发展和社会进步，劳动者的最长劳动时间不断缩短，最低工资标准不断提高。工时限制或标准工时是世界各国政府通过立法确定的最长工时或超时工作限制，可按每日、每周、每季或每年而定。如雇员需要超时工作，雇主则需要按照规定的超时补薪比例来支付超时工作的薪金。普遍来说，各国每周的正常工时在40～44小时，每小时的超时补薪金额不得低于基本时薪的1.5倍[23]。我国目前有五种工作时间制度，即标准工时制、缩短工时制、综合计算工时制、不定时工时制、非全日制工时制[24]。标准工时制是目前我国运用最广泛的一种工时制度。在标准工时制下，根据《劳动法》第三十六条的规定，工人每天工作的最长工时为 8 小时，周最长工时为 44 小时。

(2)规定劳动时间的安排。从行业来看，纺织、矿产、化工、有毒有害行业普遍实行轮班制，并相应地缩短劳动时间，对夜间工作和加班加点也有严格限制。我国自 1978 年就规定对职工加班从严控制，以保护职工身心健康；确需加班的，须经企业主管部门批准，并报当地劳动部门备案。1982 年，国务院发布《关于严格制止企业滥发加班加点工资的通知》，再次强调对加班加点的限制，并就企业单位组织加班加点必须具备的条件、申报手续等问题做了具体的规定。目前，随着新技术的出现，远程工作、移动工作等工作形式，使得弹性工作时间安排越来越普遍，也导致工作、休闲与其他活动的边界模糊，增加了工作强度提升、工作压力加大甚至工作与家庭冲突的风险。因此，在技术和经济不断发展的今天，保障劳动者的休息权和职业安全至关重要[25]。

(3)规定劳动时间的中断。工作间断可以使劳动者得到必要的休息和休养时间。根据有关规定，我国现行的职工休息时间主要有以下六种：1）工作间隙休息。劳动者在工作日的工作时间内享有的休息时间和用餐时间。《劳动法》对此虽未作规定，但其作为劳动者一种休息的习惯已实行多年。例如许多用人单位在上、下午工作期间，允许劳动者在规定的时间休息 10～15 分钟，有的用人单位组织劳动者做工间操，有的用人单位在劳动者上夜班期间安排夜间用餐时间等。2）日休息。劳动者在每昼夜（24 小时）内，除工作时间外，由自己支配的时间。也就是说，除了最多 8 小时工作时间，其余时间为劳动者休息时间，包括上午上班前、下午下班后、中午用餐等所有的时间。3）公休假日。劳动者在一周内，享有连续休息一天以上的休息时间。按现行规定，一般情况下劳动者每周应休息两天，即应有星期六和星期日两天的休息时间。4）法定节日休假。由法律按国家纪念日、年节及其他革命斗争纪念和风俗习惯等统一规定的假日。5）探亲休假。劳动者与配偶、父母不住在一起，又不能在公休日团聚的，探望配偶和父母而享受的休假时间。6）年休假。劳动者每年选择一次的连续的带薪休假时间[26]。

2. 劳动速度的限制

除了劳动时间限制，还有劳动速度的限制。工厂制度出现以后，雇主为了追求更高利润，常使用两种方法来提高劳动速度：一方面，很多企业主为了提高效率，加快机器的运转速度，以增加产量而不增加工资；另一方面，相应地增加劳动的强度或工人看管机器的台数。这两种方法都加大了对劳动者的剥削力度，直接危及劳动者的安全和健康。

针对以上提出的劳动速度问题，工会组织承担起与雇主谈判争取“适当”劳动速度的责任。其中，“适当”的劳动速度是指在安全的或不危害工人身心健康的限度内的劳动速度。但由于确定“适当”劳动速度的复杂性，并不能通过立法规定统一的标准，所以西方各国的“适当”劳动速度大多是工会与资方谈判的一种折中结果。

（二）改善劳动的物质条件

因工受伤、患病甚至死亡，不仅对于劳动者及其家庭乃至社会有毁灭性的影响，也对劳动组织的生产率和竞争力有不良影响。因此，应当采取积极的预防措施，改善劳动过程中的物质条件，以此预防工伤事故和职业病，保障劳动者安全和健康。总体而言，改善劳动的物质条件，加强劳动安全和健康保护，应包括以下三方面内容。

1. 改善劳动环境条件

劳动环境条件主要指自然环境，包含劳动场所的建筑安全、采光条件、温度、湿度、通风条件、噪声、整洁度等各个方面，以及建筑物是否安全，或者其他相关条件是否达到标准。比如，长期在阴暗潮湿的环境中工作，劳动者可能会患风湿病；而采用化学材料进行生产的车间，则要有非常好的通风条件；工作中的噪声必须控制在一定的限度内，或采取特殊的隔音保护措施等。

2. 加强生产设备安全防护

生产设备是劳动的手段，对生产设备的安全防护是预防和消除工伤事故的主要措施。在机械化时代，工厂里的各种设备要做好防护措施，并根据要求贴好警告标志，严格按照维护检修制度对各种机器设备进行定期维护与定期检修。例如，《劳动法》第五十三条规定：“劳动安全卫生设施必须符合国家规定的标准。新建、改建、扩建工程的劳动安全卫生设施必须与主体工程同时设计、同时施工、同时投入生产和使用。”

3. 防止有毒有害物质危害

劳动者在生产过程中接触有毒有害物质可能引起各种职业病，甚至造成死亡。现代社会使用的工业原料、化学材料越来越多，因此，要防止有毒有害物质对劳动者的危害，对涉及有毒有害物质的生产过程，应尽量实行机械化和自动化，避免人为地直接接触。例如，《劳动法》第五十四条规定：“用人单位必须为劳动者提供符合国家规定的劳动安全卫生条件和必要的劳动防护用品，对从事有职业危害作业的劳动者应当定期进行健康检查。”

（三）避免社会心理危害

劳动保护不仅要消除危害劳动者身体健康的因素，还应该控制和预防劳动者面临的社会心理危害，包括工作场所暴力、工作压力等。

1. 预防和控制工作场所暴力

工作场所暴力指的是在与工作相关的情况下，通过报复、恶意羞辱、不尊重或其他损害方式，对个人或群体重复和持续地进行攻击，包括心理压力、骚扰、恐吓、威胁、阴谋、操纵、敲诈勒索、强迫以及敌对行为等，对个人或群体的价值、尊严和福祉产生影响[27]。工作场所暴力主要包含工作场所暴力行为、蓄意阻挠以及敌意表达三种类型，它们都会对劳动者身体或心理造成不同程度的危害。

预防和控制工作场所暴力的方式主要包括以下几个方面：一是进行人员选拔，在人员选拔的过程中，通过背景调查和员工筛查，或者通过就业前测试评估员工潜在的侵略性、暴力反应、对权威的敌意等，将有暴力倾向的人排除在工作场所之外。二是实施安全保障措施，包括对员工进行安全意识培训，完善员工访问、报警与对讲系统，雇用保安人员保障工作场所安全。三是制定相应的程序与规章，对违反工作场所规则的行为进行惩罚和制裁。四是营造良好的组织氛围，通过提供公平的待遇、增加组织公平感、提供良好的工作环境，建立信任、尊重、公平的组织文化。五是实施员工支持计划，例如员工援助计划、社交技能培训等，以增强员工的社交能力。六是解雇有严重工作场所暴力行为的员工，为遭受工作场所暴力的员工提供心理咨询、再就业支持或其他相关服务[28]。

2. 缓解劳动者的工作压力

随着社会经济的发展，人们在日常生活中面临着越来越多的压力，这些压力会从不同层面影响个体的行为表现和身心健康，其中职业压力对人们的影响较为显著。长时间承受较大的职业压力，会提高劳动者罹患疾病的概率，导致劳动者面临感觉疲劳、身体亚健康、工作冲突等问题。可见，工作压力如果长期存在，不仅会对劳动者个体的健康产生危害，而且会影响整个劳动组织的效益[29]。因此，需要有效调控和缓解职业压力，减少职业压力给劳动者身心健康带来的负面影响。

缓解劳动者压力的方式主要有：一是企业要加强对劳动者的工作支持，合理安排工作量与工作时间，缓解劳动者的职业压力，减少劳动者的职业倦怠感；二是要加强对劳动者的价值观引导，根据岗位性质关注劳动者工作目标的设定，倡导其保持积极的工作态度，加强人际沟通和举办心理辅导，通过价值观认同增强劳动者的组织支持感；三是为劳动者提供职业发展资源，根据员工性格、兴趣和能力调整职位，不轻易解雇职工、及时进行岗位调整，为劳动者提供较好的职业发展通道，及时肯定劳动者的正向行为；四是在工作回报方面，针对不同岗位的劳动者制定相应的激励性薪酬制度并完善福利体系，提高劳动者的工作满意度和工作积极性。

三、劳动保护的意义

作为一项重要的劳动政策，劳动保护必然会对劳动者个人和社会产生积极作用。对于劳动者个体而言，劳动保护对保护劳动者安全与健康、维护劳动者合法权益具有重要意义；对于国家和社会而言，劳动保护能够为劳动者创造安全和有保障的工作环境，是实现体面劳动与经济发展的必然要求[30]。

（一）满足劳动者需求

马斯洛注意到，人类的需求存在着先后次序。当最直接的需求被满足后，下一个层面的需求就变得更加迫切，直到它也得到实现，接下来的新的未被满足的需求才更突出。马斯洛认为，在这一需求等级（hierarchy of needs）中，第一是对衣食住行的基本需要；第二是对安全和保障的需要；第三是对友谊和爱情的需要；第四是对自尊和得到别人尊重的需要；第五是自我实现的需要[31]。安全需求属于低层次需求，社会性需求则属于高层次需求。只有满足生理需求、安全需求等基本需求，人们才能转向更高层次的需求。如果时常生活在一种恐惧、危机甚至风险中，即便物质条件再充裕，人们的内心安宁与幸福也无法实现。因此，对于社会环境乃至工作环境而言，安全是第一位的。虽然现代社会是一个风险社会，但人是能动的，可以通过各种渠道来降低风险，从而生活在更安全的环境中。

作为生活群体和劳动集体中的一员，每个劳动者不仅有着与生理保护、生活保障以及职业稳定相联系的安全需求，而且有着期望得到良好的人际关系、得到他人的尊重以及希望施展个人抱负和有所成就的社会性需求。对于劳动者而言，劳动保护的首要任务是改善劳动条件，预防和消除生产中的不安全、不卫生因素，从而满足劳动者安全和健康保障的基本需求。基本达到这一目的后，劳动保护就能够改善经济和社会条件，创造良好的劳动环境与工作氛围，维护劳动者应有的权益，满足他们的社会性需求。

（二）促进劳动组织承担社会责任

劳动保护是一种重要的社会责任，它涉及劳动组织的生产安全、职业健康、员工权益等方面。劳动组织不但是一个经济集体，还是社会整体的一个部分，需要承担一定的社会责任。促进劳动组织承担社会责任，有利于提升员工的生产效率，增强企业的可持续发展能力，促进社会的和谐稳定。劳动条件的改善带来劳动生产率的提高，是劳动组织实施劳动保护的动力。但在许多情况下，承担社会责任的公共伦理也成为劳动组织扩大劳动保护范围和提高劳动保护水准的重要动力。从经济观点来看，有些劳动条件改善增加的成本，可能超过工人劳动生产率提高带来的收益。在这种情况下，劳动组织如果仅从自身经济利益角度考虑，就会反对改善劳动条件；而如果劳动组织本着社会责任的经营哲学从社会长远目标角度来考虑，就会乐意接受或积极推进劳动条件的改善。

（三）维护公共利益与社会秩序稳定

劳动保护是保障社会公共利益、推动社会进步和实现安定团结必不可少的条件。由于缺少劳动保护设施和相应的劳动保护法规，或者执法不严、法规不完善，劳动者甚至居民的生命财产遭受损失的事件层出不穷。这会危及公共利益，甚至会造成局部的、整体的社会动荡。例如，在 19 世纪欧洲工业化进程中，劳动者关于劳动条件的改善、缩短工时、禁止使用童工等诉求得不到满足，各种罢工事件层出不穷。劳方和资方的冲突会损害公共利益甚至影响社会秩序稳定，所以要进行必要的劳动保护。

（四）推动社会生产发展

不论是经济发展还是社会进步，都离不开物质的积累和财富的创造。因此，要调动人们从事社会生产、创造和积累财富的积极性，就要提供良好的环境，解除其后顾之忧。劳动保护的发展，一方面是劳动者为保障自己的权益而进行斗争的结果，另一方面是因为劳动保护可以为劳动生产率的提高做出贡献。以减少劳动时间为例，19 世纪工业资本家发现，调整组织生产流程、科学安排劳动时间可以更有效地利用劳动力。缩短劳动时间的结果，不是减少了利润，而是减少了时间浪费，提高了劳动生产率。20 世纪二三十年代的霍桑实验发现，物质环境、奖励制度、工资福利等并不是影响劳动生产率的主要因素，工人情绪、人际关系以及工人是否愿意与管理人员合作对生产效率具有很大影响。这些研究推动了企业对员工人际关系的改善。总之，按照劳动保护要求改善劳动条件，能够保障劳动者在安全卫生的环境中劳动，不再受到伤亡事故和职业病的威胁，从而充分发挥劳动的主动性、积极性和创造性，推动劳动生产率不断提高。

第 3 节　劳动保护的历史发展

社会的存在离不开人类基本生活需要的满足，人类为了满足衣、食、住、行等需要，通过劳动来获得相应的物质资料。从前工业社会、工业社会到后工业社会，劳动者经历了劳动环境的变迁，在参与劳动过程中面临着不同的风险，需要劳动保护发挥相应的作用。因此，劳动保护的内容也随着人类社会的变迁而不断发展。

一、前工业社会的劳动保护

在渔猎社会和农业社会，人们已经具备了一些劳动保护意识。但是，人们应对劳动带来的健康危害的保护措施十分有限。

（一）渔猎社会的劳动保护

在渔猎社会，人类的生活资料主要通过采集、狩猎和渔捞等获得，这是人类最原始和最古老的劳动方式。那时人类的生存条件较为恶劣，对自然的认识能力和改造能力都十分低下，因此对环境的影响很小。人类与劳动环境的关系主要表现为人类逐渐适应环境，并对大自然产生图腾崇拜。当时，人类的生产工具以石器为主，也使用木器、骨器等工具[32]。在进行采集、狩猎和渔捞活动的过程中，人类使用简单的工具保护自己免受野兽的侵袭和自然灾害的威胁。

（二）农业社会的劳动保护

在人类以采集和渔猎作为主要劳动方式的时期，农业就开始萌芽了。农业生产带来了人类社会发展进程中的巨大飞跃，人类对自然规律的认识以及改造自然的能力明显增强。人类在进行农业劳动的过程中，也面临着生存环境恶化、自然灾害和生命健康威胁等问题。人类的滥砍滥伐导致环境与生态恶化，导致水土流失和土地肥力减弱，进而引发洪灾、旱灾、荒灾以及饥饿等问题，甚至导致大量流民以及社会秩序和政治不稳定等次生问题。

在农业社会，人类有冶炼、采矿等生产实践，技术水平不足以及防护不到位容易使人的健康受损或发生工伤事故，受影响者主要是直接的生产者（矿工）以及附近的居民。有研究表明，罗马人从数座矿井中生产出大约 1 815 吨银，以及相当数量的铜、铁和黄金。这些矿井中的矿石含有硫化物，对环境和健康的影响是巨大的[33]。8 世纪，日本为建造大佛像使用大量水银，使得周围居民汞中毒。9 世纪之后，矿害问题增多。比如，在铜矿山工作的矿工由于罹患硅肺病（后来称作尘肺病），平均寿命很短[34]。中国历史上的采矿业也存在类似问题。15 世纪前后，中国西南地区利用汞从矿砂中提取白银，在开采和提炼白银时，矿工必须将汞带入矿井，而汞会腐蚀软组织和内脏器官[35]。

可见，职业病危害和工伤事故并不是工业化以后才出现的，但是此时人们对劳动带来的健康危害的认知不是很清晰[36]。在前工业社会，在手工作坊和小工厂里，对于工作导致的伤亡和疾病，其预防、处理和赔偿均缺乏有效的制度保护。

二、工业社会的劳动保护

工业革命使得科技和生产效率全面提升，推动了专业化社会大生产，也带来了劳动保护方面的一系列问题，包含职业安全卫生与工伤保险、工作时间、女工保护、未成年工保护等。

（一）职业安全卫生与工伤保险

职业安全卫生与工伤保险是劳动保护的重要内容，自工业化以来就在保障劳动者职业安全与健康方面发挥着重要作用。

1. 职业安全卫生与工伤保险的含义

职业安全卫生与工伤保险可以看作一个事物的两个方面：职业安全卫生相关的法规、政策、理论、技术、管理等，目的在于改善劳动者的劳动环境、提高生产效率、防止或减少职业病和工伤事故的发生，这是一种规制性激励；工伤保险或工伤赔偿则是在发生职业伤害（工伤事故或职业病）后，给予劳动者物质上的补偿，帮助其治疗与康复。因此，工伤保险的一大任务就是“预防”，采取各种措施减少事故的发生，这在世界各国已形成共识[37]。

在促进职业安全卫生与工伤保险发展的过程中，各国的劳动保护机构、社会保险（工伤保险）机构等进行统计研究、职业病的流行病学研究，以改善作业场所的安全与卫生条件，它们也在安全与卫生知识传播、指导、培训和教育等方面起着重要作用，从而提高雇主与工人的安全意识，降低职业事故的发生频率。

2. 职业安全卫生与工伤保险的发展历程

在欧洲工业化早期，由于缺乏对职业伤害和职业病的预防，劳动灾害特别是恶性工伤事故和急性职业中毒事故时有发生，但并未引起足够的重视，也缺乏必要的劳动保护措施。早期资本主义时代，英国著名经济学家亚当·斯密提出“风险承担理论”，即给工人规定的工资标准中，已包含了对工作岗位危险性的补偿，而工人既然自愿与雇主签订合同，那就意味着他们自愿接受了风险，接受了补偿这种风险的收入。因而，工人理应承担其在工作过程中因发生工伤事故而遭受的一切损失。

随着资本主义经济的发展，大机器导致的工伤事故日益增多，事故严重程度也有所增加。工人运动蓬勃发展，但由于不同阶层的利益冲突和相互斗争，因工受伤很难完全指望个人的怜悯和同情。在工业化进程加速的过程中，开始出现雇员因工伤索赔而起诉雇主的案件。然而，早期实行的是雇主过失责任型工伤补偿制度，工伤事故的受害人要获得赔偿，必须证明雇主存在过失。在当时安全生产的法定标准不健全、缺乏劳动保护条件和法规的情况下，这样的证明显然是很困难的，因此，工人受到职业伤害的一切后果仍然由自己承担。随着现代化大生产的发展以及社会意识的变化，工伤事故的特殊性和严重性逐渐受到重视。从 19 世纪初期开始，英国等西方资本主义国家开始出现大量职业安全法规。英国在1802年颁布了《学徒健康与道德法》，在1880年颁布的《雇主责任法》中确立了工伤领域的雇主无过错原则[38]。1884年，德国颁布了世界上第一部专门涉及工业事故和职业病及其预防和补偿问题的法规《工伤事故保险法》。它主要包含三项内容：(1)预防。通过采取一切有效的手段预防事故和控制职业病，以保障劳动者在工作中免遭伤害。(2)康复。如果发生了工伤事故，就必须采取一切适当的措施，为受伤人员提供医疗服务，使之身体康复，并恢复其工作和社会活动。(3)待遇给付。为受伤人员及其抚养的家属提供现金补偿。此后，欧美国家逐渐开始重视职业安全卫生与工伤保险制度的设计与发展。[39]到了19世纪末期，英国、法国、德国等国普遍认同了“无过错责任原则”和“职业危险原则”，即凡是使用机器或雇员体力从事经济活动的雇主或机构，都有可能使雇员受到职业方面的伤害；意外事故无论是雇主的疏忽，还是受伤害者的同事或其本人的粗心大意所致，都由雇主进行赔偿，赔偿金应该是企业所承担的一部分管理费用[40]。

职业安全卫生的相关规定是劳动者获得职业安全权利的重要保障，国家有责任通过立法建立职业安全保障标准，保障劳动者的生命安全和身体健康。20世纪70年代，美国颁布了世界上首部《职业安全卫生法》，奠定了工业化国家职业安全卫生的现代法律基础。日本在20世纪70年代颁布了《劳动安全卫生法》，随后丹麦、瑞典也出台了相关法案，将劳方参与推动安全生产活动写进了法律[41]。同时，国际劳工组织自成立以来也颁布了大量公约和建议书。特别是1981年颁布的《职业安全和卫生及工作环境公约》(第155号公约)，是将职业安全、卫生与工作环境问题结合起来的综合性公约，并且明确了政府、雇主、工人三方共同管理职业安全卫生工作[42]。国际劳工组织还支持和配合国际社会保障协会（ISSA)，召开有关职业性事故和疾病预防的世界性代表大会，朝着“防止和补偿工人生产能力损失”的方向努力[43]。

在工伤保险方面，现代工伤保险不仅为工伤职工提供损害补偿，而且兼容了工伤预防和工伤康复的功能，在为劳动者提供职业灾害保障的同时，也使用人单位免于承担职业灾害赔偿责任。现代工伤保险制度的发展趋势为：(1)工伤保险的覆盖范围不断扩大。根据1952年国际劳工组织《社会保障最低标准公约》（第102号公约）的规定，工伤保险制度受保护人除了传统的劳动者，还将死亡劳动者的供养人纳入保障范围。(2)工伤范围和种类不断扩展。工伤最初仅涉及职业事故伤害，经过一段时间之后，各国将职业病纳入工伤范围，现代工伤的范围还包括工作相关活动中受到的伤害，譬如上下班通勤事故伤害[44]。国际劳工组织不断更新和扩大工伤范围，关注随着经济发展出现的新问题。国际劳工组织的职业病名录已经从1925年的3种（铅中毒、汞中毒和炭疽病毒感染)[45]，扩展至涵盖职业性呼吸系统疾病、职业性中毒等在内的29种[46]。

（二）工作时间

对于工时和劳动者休息权的规定，是劳动立法中历史最为悠久的内容。对工作时间进行监管和限制，能够保障劳动者健康，并且有利于持续提升企业生产效率。

1. 工时限制的起源

对于工时和劳动者休息权的规定，开始于资本主义经济发展初期。工业革命带来的工业生产方式，使得劳动生产不再受到季节变化和照明条件的限制。这大大延长了劳动时间，使劳动者身心健康受到了极大的摧残。在集体谈判和保护工人的法律出现之前，对于企业来说，劳动者长时间工作是对使用昂贵大机器进行生产的一种补偿和激励。有记录表明，一些工业生产场所的工作时间每天长达 12～16 小时，每周 6～7 天[47]。资本家追逐高额利润所催生的对工人阶级的残酷压榨剥削，激起了工人阶级强烈的反抗和斗争，他们提出缩短工时等要求，迫使资本主义国家制定相关法律，对劳动者的休息时间做出限制性规定。

以立法的形式对劳动时间进行限制始于工业革命，减少工作时间是劳动法的最初目标之一。英国的《学徒健康和道德法》规定，纺织工厂童工的工作时间每天不得超过 12 小时，开创了世界劳动法史上限制工作时长的先河。继英国之后，其他资本主义国家纷纷立法限制工作时间。工作时间立法以限制童工、女工的工作时间为起点，后逐步扩大到成年男工，适用范围也从产业领域扩展到其他行业领域[48]。20 世纪，由于经济增长，熟练工人带来的工资上涨以及工会、集体谈判和立法的进步，大多数工业化国家每周的工作时间缩短了接近一半。到第一次世界大战开始时，欧洲国家每日 10 小时的工作时间限制已经相对普遍，战后欧洲各国普遍采用 8 小时工作制[49]。

2. 工时限制的发展

8 小时工作制的确立是工作时间立法的里程碑。1886 年，第一国际日内瓦代表大会提出了“8 小时工作、8 小时自己支配、8 小时休息”的原则，将争取 8 小时工作制作为国际工人运动的口号。1886 年 5 月 1 日，以芝加哥市为中心，美国各地举行大罢工，要求实行 8 小时工作制。为纪念这次罢工胜利，1889 年 7 月在巴黎召开的第二国际成立大会上，决定将 5 月 1 日定为国际劳动节。新西兰于 1908 年规定了 8 小时工作制，是最早对 8 小时工作制进行立法的国家。工作时间立法也受到了国际劳工组织的重视。1919 年《国际劳动宪章》规定，工厂的工作时间以每日 8 小时或每周 48 小时为标准，每周至少有一次连续 24 小时休息，并尽量以星期日为公休日。国际劳工大会 1919 年通过的《工业工作时间每日限为 8 小时及每周限为 48 小时公约》（第 1 号公约）、1921 年通过的《工业企业中实行每周休息公约》（第 150 号公约）、1935 年通过的《40 小时工作周公约》（第 47 号公约），都对工作时间作了相应规定。1962 年《缩短工时建议书》（第 116 号建议书）阐明，每周工作 40 小时的标准是各国应逐步达到的社会标准。目前，世界各国普遍实行每日 8 小时的工时制度，美国、英国、德国、加拿大等工业发达国家实行每周工作 40 小时的制度，法国的每周工作时间已减至 35 小时，挪威的每周工作时间仅为 30 小时。逐步缩短工时，已成为工时立法发展的总趋势[50]。此外，《世界人权宣言》《经济、社会、文化权利国际公约》《欧洲社会宪章》等多个公约和文件中，都有承认和维护劳动者休息权利的内容，并且将工作时间限制作为劳动者享有公正和有利的工作条件的权利[51]。

我国适应工作时间限制的国际趋势，目前已经形成了包括 8 小时工作制、不定时工作制和综合计算工时工作制在内的工作时间立法体系。《中国人民政治协商会议共同纲领》规定了公私营企业一般应实行 8 小时至 10 小时的工作制。1952 年政务院颁布的《关于劳动就业问题的决定》规定，一切较大的公私营工矿交通运输企业均应尽可能实行 8 小时工作制；有害健康的工作，每日工作时间还应少于 8 小时；一切公私营企业的加班加点，均应受到严格限制[52]。1960 年 12 月中共中央发布《关于在城市坚持 8 小时工作的通知》，规定全国各城市的一切单位、一切部门，在一般情况下无例外地必须严格实行 8 小时工作制，不得任意加班加点。20 世纪 80 年代，国家劳动总局对特定行业缩短工作时间作了规定。1994 年《国务院关于职工工作时间的规定》明确，自 1994 年 3 月 1 日起，在中国境内的国家机关、社会团体、企事业单位以及其他组织的职工，统一实行每日工作 8 小时、平均每周工作 44 小时的工时制度。1995 年国务院《关于修改〈国务院关于职工工作时间的规定〉的决定》规定，自 1995 年 5 月 1 日起，职工每日工作 8 小时，每周工作 40 小时。此外，劳动部还于 1994 年公布了《关于企业实行不定时工作制和综合计算工时工作制的审批办法》[53]。8 小时工作制及星期日休息制的实行，促进了企业劳动制度的合理调整，劳动者的劳动积极性也有所提高[54]。同时，国家还对与法定假日和民族习惯假日相关的休假制度进行了规定。许多具有有害工种的企业将工作时间缩短到了 6～7 小时，并且实行年休假制，保护劳动者的身心健康。

如今，国际劳工组织关于工时限制的标准所形成的法律框架，规定了每小时、每周以及每年的休息时间和假日。这些法律文件在保护劳动者身心健康的同时，提高了劳动生产效率。关于兼职工作的标准也逐渐明晰，关于工作创造和促进男女劳动者工时平等主题的法律文件也受到了更多的关注。

除了工作时间，如何安排工作时间也可能影响到劳动者的福祉和企业绩效。例如，经常变动和不可预测的工作时间安排，可能会影响工作-生活平衡、收入保障和健康，特别是精神健康。预先通知排班以及保障最低工时付酬等措施，有助于满足工人个人需求，同时满足企业在灵活性方面的需要[55]。

（三）女工保护

性别对社会劳动生产有着重要意义，是区分劳动力市场上劳动主体的基本向度，也是考察劳动权益保障公平的重要维度。不存在特殊的女性问题，存在的是对女性问题的特殊关注[56]。对女工的劳动保护与女性的劳动权益息息相关，同时也影响着女性在工作场所中的地位和角色。

在前工业社会中，女性并非像通常理解的那样足不出户，她们以各种各样的方式参与工业化进程，甚至有研究表明，早期工业社会中资本主义对女工的剥削更为残酷[57]。19 世纪 30 年代，英国颁布了法案，将劳动保护范围从纺织厂扩展到其他行业，直到 1847 年才将保护对象由童工扩展到妇女。1884 年，恩格斯在《家庭、私有制和国家的起源》一书中，首次从劳动的角度解释妇女的从属地位，指出随着性别分工和人类生产水平提高，社会运作方式发生变化，妇女从自由、平等、有生产能力的社会成员，演变为附属的、依赖他人监护的妻子或被监护人。同时，马克思和恩格斯指出，妇女解放的第一个先决条件就是一切女性重新回到公共的劳动中去[58]。18—19 世纪，女性开始对自身的权利和平等进行探索和争取，女性主义也对女工保护产生了积极影响。首先，女性主义的出现和发展使得人们开始关注女工的权益和保护，也推动了男女工资平等、产假、女性职业健康保护等相关政策和法规的出台。其次，女性主义对女性在工作场所中的地位也产生了重大影响。一方面，女性独立自主的观念促使更多女性逐渐走出家庭，参与到社会生活与劳动中；另一方面，女性在工作场所中应该受到平等待遇和尊重的观念得到了普及和推广。最后，女性主义的发展也为女工保护提供了更多的理论和分析框架，强调了性别在社会中的作用和影响。

在现代社会中，随着社会的发展和产业结构的变化，女性的就业参与率逐步提升，有女性参与的行业也越来越多，对女工的劳动保护也越来越受到关注。目前，女工保护可以分为两方面：一方面是对女工的自然保护，指的是由于女性的生理机能和身体结构与男性不同，各种不良劳动条件及职业危害会对女性的身体健康产生不良影响。因此，对女工的自然保护更加强调男女有别，将女性看作与男性不同的生物个体，针对女性的生理特点进行保护。另一方面是对女工的社会保护，主要强调男女平等，将女性看作与男性相同的社会公民，它是对女性劳动权利如公平就业权、同工同酬权等的保护。同时，在怀孕和生产期间的职业女性，需要足够的时间孕育、生产、恢复和照顾孩子。她们不仅需要健康方面的劳动保护，还需要受到职业上的保护，以免其因怀孕和生产而失去职位。新中国成立以来，女性的劳动保护在很大程度上得到重视，相关的法律法规以及政策不断健全和完善。我国对女工保护的主要内容有：(1)妇女享有与男子平等的就业权利，实行男女同工同酬。(2)禁止安排女职工从事繁重体力劳动和有毒有害作业。(3)对女职工在月经期、孕期、产期、哺乳期、更年期这“五期”实施特殊保护[59]。此外，产假、陪产假以及育儿假也逐渐成为面向劳动者的重要保护措施，对劳动者实现工作和家庭的平衡具有积极作用。

（四）未成年工保护

对于未成年工的保护，首先是对最低就业年龄的限制。在传统农业社会中，即使特别年幼的孩子也要分担家务、从事农业劳动和家庭手工生产。工业革命把雇用童工的做法推广到大规模的工厂和矿山。在那里，机器的转速支配着工作的速度，给儿童的健康和安全带来更大的危险。事实上，工厂劳动在很多地方把剥削公开化了，童工的悲惨处境最先引起了改革新派的注意。在 19 世纪中期的欧洲，改革新派的政治家、知识分子和社会活动家认为，工业化和城市化进程中出现的劳动条件恶劣、低工资、童工等问题，需要通过童工政策和制度改革来解决。由于他们的努力，西欧绝大多数工业化国家在 19 世纪中期就制定法律法规，规定了进入某些职业的最低年龄限制。尽管用现代眼光衡量，有关年龄的规定仍然非常低，但这在未成年工的保护方面已经是一个巨大的进步[60]。

19 世纪早期，英国、法国、美国马萨诸塞州、比利时等国家或地区普遍通过了童工法，对童工的工作时间、最低年龄和学校教育等进行了立法规定。例如，英国在 1833 年关于童工的立法中，规定了纺织厂等行业的雇主雇用童工的最低年龄为 9 岁；9～12 岁童工每天最多工作 9 小时，13～18 岁童工每天最多工作 12 小时；13 岁以下童工应每天接受教育 2 小时，每周 6 天。法国、美国马萨诸塞州、比利时等也对磨坊、工厂、矿山、采石场、机械动力车间、制造业机构等制定了童工保护的相关规定。总体来说，儿童并不是暴动、罢工等运动的领导者，父母也一般不对孩子的就业施加限制，因而 19

世纪的童工法并不是因为工人动员产生的，相反，它是政策企业家不断推动的结果，是松散结盟的精英集团持续倡导的产物[61]。

根据联合国的定义，青年工人包含超过最低就业年龄但不足 18 岁的工人和 18～24 岁的工人。其中，前者即未成年工，即使他们可以合法从事特定工作，这些工人仍被认为是“儿童”。他们通常受到一定的限制，比如只被允许从事某些特定类型的工作，对其可能面临的危险以及工作时间都有规定。许多因素可能导致未成年工遭受工作事故或罹患职业病，包括生理因素、心理因素、情感因素、教育程度、工作技能、工作经验等。与经验丰富的成年劳动者相比，未成年工更容易接受危险的工作任务、恶劣的工作条件，或处于其他与不稳定就业相关的劳动环境中。

1919 年，国际劳工组织规定所有劳动者都应得到保护，免受因就业而引起的疾病和伤害。《准予就业最低年龄公约》(第 138 号公约）给雇佣或工作的初始年龄设置了最低限制，普通工作为 15 岁，轻松工作为 13 岁，危险工作为 18 岁（在某些条件下，可为 16 岁）。在教育水平不高的国家，这一公约亦设置了一种相对宽泛的初始年龄限制，14 岁可从事普通工作，12 岁可从事轻松工作。《消除最恶劣形式童工劳动公约》(第 182 号公约）中，将消除以下现象作为国家和国际行动的迫切任务，包括：(1)使儿童遭受生理、心理或性虐待的工作；(2)地下、水下、危险的高处或狭窄空间的工作；(3)使用危险机器、设备和工具的工作，或是涉及手工操作或搬运重物的工作；(4)在不健康环境中的工作，比如可能使儿童接触危害物质、介质或工序，或接触危害其健康的温度、噪声或振动的工作；(5)在特殊困难下从事的工作，比如长时间的工作和夜间工作，或不可以每天回家的工作[62]。

我国《未成年工特殊保护规定》指出，未成年工是指年满 16 周岁、未满 18 周岁的劳动者，且禁止用人单位聘用未满 16 周岁的童工。未成年工的特殊保护，是针对未成年工处于生长发育期的特点以及接受义务教育的需要而采取的特殊劳动保护措施。我国对未成年工的特殊保护主要包括以下几个方面：(1)实行缩短工作日制度，不安排加班和夜班；(2)禁止安排未成年工从事矿山井下作业、深水作业以及其他特别繁重或者对身体有毒有害的工作；(3)提供适合未成年工身体状况的劳动条件，并且要求用人单位对未成年工进行定期健康检查等。

三、后工业社会的劳动保护

在后工业社会中，技术的进步和竞争压力给劳动环境、工作流程和劳动组织等带来了变化，也产生了劳动保护的新领域。社会心理危害与劳动者的心理健康、非标准就业劳动者的劳动保护、突发事件中的职业安全与健康，都是劳动保护中的重要问题。只有持续应对职业安全与健康的挑战，并在劳动环境的动态变化中建立有效的应对机制，才能使劳动保护充分发挥作用。

（一）社会心理危害与劳动者的心理健康

随着新技术的应用和数字经济的不断发展，服务业在经济社会中的重要性与日俱增。即时通信和高水平的全球竞争，使得工作节奏加快、工作压力增大，工作与生活之间的界限变得越来越难以识别。职业安全与健康的实践领域，已经超出工伤、职业事故、职业病的传统范畴，逐渐将行为医学、职业健康心理学与社会福利纳入其中。

1. 社会心理危害的来源

随着劳动环境和工作形式的变化，社会心理因素对劳动者的工作压力、职业安全感、同事关系、生活状况等方面的影响逐渐增强。国际劳工组织根据工作环境、工作内容、组织条件之间的相互作用，以及能力、需求、文化等可能影响劳动者健康、工作绩效和工作满意度的因素对社会心理危害进行了定义。社会心理危害指的是工作内容和工作环境对劳动者造成的心理或生理伤害。在劳动过程中，社会心理危害的来源如表 8－1 所示。

表 8－1　社会心理危害的来源

来源	描述
工作条件与工作设备	设备的可靠性、可用性、实用性以及维护或修理等问题
任务设计	缺乏多样性或工作周期短、零散或无意义的工作，技能使用不足，较大的不确定性
工作量/工作节奏	工作超负荷或负荷不足、缺乏对工作节奏的控制、较大的时间限制压力
工作计划/安排	轮班工作、不灵活的工作时间表、不可预测的工作时间、长时间或缺乏社交的工作
组织文化与职能	沟通不畅、对解决问题和个人发展的支持水平低、缺乏组织目标
劳动者在组织中的角色	角色模糊、角色冲突
职业发展	晋升不足或过度晋升、工资低、工作不安全、工作社会价值低
决策自由/控制	决策参与度低、对工作缺乏控制
工作中的人际关系	被孤立、与上级关系不佳、人际关系冲突、缺乏社会支持
工作与家庭的关系	工作与家庭需求冲突、家庭支持度低、家庭中的双职工问题

2. 社会心理危害的影响

社会心理危害，例如竞争加剧、对绩效的更高期望和更长的工作时间，都会导致劳动者工作压力越来越大。工作压力会对劳动者的健康、安全和福祉以及企业产生不良影响。

对劳动者而言，长期疲劳、心理压力和工作超负荷会导致工作兴趣降低、判断失误或无法正常工作，增加发生事故的风险，也会导致精神障碍（例如倦怠、焦虑和抑郁）以及其他生理问题（例如心血管疾病和肌肉骨骼疾病）和消极行为（例如酗酒、吸烟、不健康饮食、睡眠不足），并且最终导致劳动者健康水平和生活质量下降。在工作任务不够清晰、劳动者对工作成果影响有限的情况下，劳动者的工作动力和工作满意度可能会降低。工作压力、缺乏有效领导等因素，还可能会导致消极的工作氛围，从而增加出现欺凌、歧视、孤立、冲突、心理或身体虐待等工作场所暴力的概率，甚至使劳动者出现自杀倾向。

对于劳动组织而言，工作压力会对企业等劳动组织产生不良影响。例如，导致旷工率上升、出勤率降低、工作积极性和工作满意度下降、员工流失率上升。同时，也会对企业的人力资源和财务成本产生负面影响，最终影响生产力、竞争力和企业公众形象。

3. 劳动者的心理健康保护

国际劳工组织有关职业安全与健康的标准体现在三个方面：一是工作应在安全和健康的工作环境中进行；二是工作条件应为劳动者提供福祉和尊严；三是工作应该为个人成就、自我实现和社会服务提供可能性。

为了减少工作压力、保护劳动者心理健康，应当从以下方面采取措施。(1)改变劳动组织的管理和控制方式，包括为工作配备足够数量的劳动者，允许劳动者就如何开展工作发表意见；(2)合理安排工作量，定期对劳动时间和劳动任务分配的合理性进行评估，确保工作时间可预测且安排合理；(3)为劳动者提供社会支持，例如促进劳动者之间的社交，预防和控制工作场所暴力，确保主管与工人之间的相互支持，为促进劳动者的工作-家庭平衡提供一定的基础设施，通过强调工作的积极作用增强工作动力；(4)提高工作与劳动者的匹配程度，使得工作与劳动者的能力相匹配；(5)为劳动者提供培训与教育，为其提供有关社会心理风险、工作相关压力的信息及应对措施；(6)提高劳动组织的透明度和公平性，避免角色冲突，尽可能地提供工作保障，为工作提供充足的报酬，确保处理投诉程序的透明度和公平性；(7)改善工作场所的物理环境，例如维持适当的照明、设备、空气质量、噪声水平，防止体力工作者接触有害物质，减少人体工程学方面的伤害等[63]。

(二)非标准就业劳动者的劳动保护

后工业社会中，非标准就业指的是与传统的全职、长期稳定的工作模式不同的就业形式。非标准就业形式通常没有传统全职工作的稳定性和保障性，工作时间和工作内容也更加灵活，非标准就业劳动者的工作环境也面临着更高的不确定性。因此，需要通过完善立法和工伤保险制度等方式，加强对他们的劳动保护。

1. 非标准就业劳动者面临的风险

非标准就业劳动者面临多重风险，包括劳动者在劳动力市场中的流动以及职业稳定性、工资和其他报酬、工作时间、职业安全和卫生、社会保障待遇、职业培训等各个方面。其中，工作时间、职业安全和卫生方面的风险更为明显。

在工作时间方面，非标准工作往往不稳定，而且通常伴随着与工作时间相关的三个重要结果：(1)工作时间过长，加班过多，工作强度增加以及在当前岗位超时工作；(2)不得不同时进行多项工作，这可能会导致工作时间更长；(3)工作时间不规律，不可预测，工作时间或工作日程反常。有大量研究表明，非标准就业劳动者比标准就业劳动者投入更长的工作时间。例如，在瑞士，相比于正式员工，临时工人更有可能无薪加班。并且，非标准就业劳动者可能面临非典型的工作时间或工作安排，更有可能遇到无规律的工作时间以及在非正常时间工作的情形，如被分配到不受欢迎的工作时段（周末或夜班等）。无论是工作时间过长还是工作时间不规律，或是从事多项工作都可能导致工作时间冲突、压力增加，以及对个人的工作与生活平衡造成负面影响[64]。

在职业安全和卫生方面，长时间不稳定的工作时间会对工人产生影响。与标准就业劳动者相比，非标准就业劳动者因工作或工作相关状况造成的健康问题更为显著，主要包含与伤害有关的风险和事故、精神健康风险和骚扰风险、面临恶劣的工作条件和危险、疲劳问题四类。有研究表明，非标准就业劳动者有如下特征：（1）经常被雇用来完成其他工作人员不愿意完成的工作，往往伴随高难度和风险；（2）大多数是青年且缺乏经验，谈判能力有限，因为地位因素受到制约，不敢抱怨工作中的危险因素；（3）缺乏安全培训和工作环境权利意识，缺乏对职业安全以及工人获得补偿权的了解等，因而职业伤害率明显高于标准就业劳动者。除身体健康和安全问题，非标准就业劳动者还容易产生慢性压力、抑郁症状，更容易处于弱势地位，从而更容易遭受欺凌和骚扰[65]。

2. 非标准就业劳动者的保护

增强对非标准就业劳动者的保护，需要从多个方面入手，包括法律保障、福利保障、职业培训、合同保障、工作时间以及休息保障等，以确保不同就业形式的劳动者得到平等的待遇和保障，促进就业权利和劳动保护的实现。

在完善立法和劳动保护标准方面，许多国家都采取了相关措施，将非标准就业劳动者纳入标准就业劳动者享受的保护范围，使不同就业形式的劳动者待遇平等，避免职业地位歧视，保证就业权利公平。国际劳工组织《非全日制工作公约》（第 175 号公约）提出了保护非全日制劳动者免遭歧视的目标，指出在结社自由、集体谈判、职业安全和卫生、防止就业和职业歧视等几项基本权利上，非全日制劳动者必须获得与可比全日制劳动者相同的保护。从各国的情况来看，南非在 2018 年修订的《劳动关系法》以及日本在 2012 年修订的《劳动合同法》等，都对禁止歧视非全日制劳动者、改善非标准就业劳动者的不合理工作条件、解决标准和非标准就业劳动者之间的待遇差距等问题进行了详细规定[66]。

在职业安全卫生和工伤保险方面，非标准就业的去劳动关系化造成大量非标准就业劳动者的职业伤害。为此，需要为非标准就业劳动者提供一般性职业安全保障，落实最低工时和保护措施，保证劳动者的最低工时，确保劳动者能够获得最低收入。目前，只有极少数国家规定了非全日制劳动者的最低工时。例如，丹麦规定，集体合同可以要求非全日制工作的最长工时为 15 小时；法国在 2013 年、2015 年及 2016 年三次修改非全日制劳动法规，规定非全日制劳动者可享受每周最低工时；美国的部分州和地区要求雇主为承担临时工作（即使工作被临时取消）的雇员按照最低工时支付薪酬，以此保护临时工人的合法权益[67]。

（三）突发事件中的职业安全与健康

后工业社会的技术、经济和社会发展使得我们面临的突发公共危机事件变得更加多样化和复杂化。当今世界，传染病暴发、危险化学品泄漏、放射性物质泄漏、地震等等突发事件频发。突发事件发生后，第一时间赶赴现场的是各类应急救援队伍，医疗、消防、工程等工作人员面临着各种安全与健康风险。

1. 突发事件中的职业安全与健康风险

迄今为止，由于强感染性和高病死率，病原微生物所致的感染依然是疫情应对者面临的主要职业健康问题。然而，在热带和亚热带气候条件下，应急救援者也有接触其他常见地方病的风险，如疟疾、伤寒、霍乱、甲型肝炎和乙型肝炎、艾滋病、结核病、水和食源性感染及其他传染病。

其他有害因素也会危及应急救援者和医护人员的健康。地方病、精神压力、疲劳和暴力尤其会降低应急救援者的工作能力，并影响感染预防和控制措施的实施效果。当地（感染地区）典型气候条件及穿戴沉重的个人防护用品工作所致的热负荷将导致疾病，并严重限制劳动者的工作能力，降低生产率。不良工效学方面的问题，如人工搬运重物（搬运患者）的笨拙姿势也会导致急性肌肉骨骼损伤，降低劳动者严格遵守标准操作规程完成工作的能力，进而提高缺勤率。

在应急事件中，来自世界各地的短期外籍劳动者和志愿者是应急救援者的重要组成部分。他们的医疗、安全和保障、住宿、与当地劳动者和社区的关系及对受灾国家气候和社会文化背景的融入也面临着巨大挑战，需要采用全面、科学的方法来保护应急救援者的健康、安全和福利，包括采取职业安全与卫生、感染预防控制、应急响应等措施。

同时，在劳动时间和工作压力方面，与典型的每周 40 小时工作制相比，应急救援者的工作时间通常更长、更持续。延长工作时间可能会增加工伤和事故的风险，并可能导致劳动者健康状况不佳。有证据表明，每天工作时间超过 12 小时可能会使劳动者的受伤风险增加 37%[68]。繁重的工作安排、不利的环境条件、长时间的通勤，以及劳动者的个人需求等因素会导致其心理压力增加，增加罹患心理疾病的风险。疫情和应急救援者也更有可能忧虑、焦虑、感觉精疲力竭或疲惫不堪，这些感觉通常还伴随着身体疼痛或疾病。长期在此状态下，劳动者会感到不堪重负或无法应对[69]。

因此，应当加强对此类群体的劳动保护，建立职业安全与健康体系，提供良好的操作指南和管理程序，有效减少应急救援者的职业接触、伤害、疾病和死亡，减少应急救援者的压力和恐惧，保障应急救援者的健康和福祉。

2. 突发事件中劳动者的健康监测和劳动保护

保护突发事件中卫生保健及其他应急救援者的健康与安全，对于维持充足的、能发挥作用的劳动力并确保应急响应和基本卫生服务的连续性至关重要。只有采取必要的措施，才能有效地保护劳动者的健康与安全，维护劳动组织的正常运转，以及保障社会稳定和安全。在诸如化学品泄漏或辐射释放等应急情况下，工作场所的风险迅速增加，需要提前做好准备，并调整惯常做法及时做出应急反应，实现劳动者安全与履行工作义务之间的合理平衡。在应对疾病暴发或其他应急情况时，应当采取充分的措施来降低劳动者所面临的健康风险，需要从加强预防措施、健康监测、劳动保护等方面进行考虑，主要的劳动保护措施包括实施健康检测、提供个人防护设备、加强卫生和清洁、提供必要的培训和指导、实行远程办公等。

从用人单位应承担的责任来看，国际劳工组织规定了用人单位在突发事件中应承担的职责，包括采取措施将职业风险降到最低，向劳动者提供有关职业安全与健康的信息，对劳动者进行全面指导和必要培训，向劳动监察和医学监察机构报告职业伤害和职业病病例；用人单位还应当为劳动者提供充分的防护设备、足够的报酬和适当的心理支持，提供医疗照护和疾病津贴、工伤津贴、幸存者福利和丧葬费用、妊娠期福利和保护；同时，不应安排孕妇参与应对疾病暴发和应急救援有关的活动，不应安排妊娠期或哺乳期的劳动者进入有感染传播风险的工作场所[70]。

从劳动者的角度来看，在采取补救措施前，用人单位不得要求劳动者返回对生命或健康造成威胁、严重危害的工作场所。劳动者有权离开他们基于合理判断认为会对他们的生命或健康造成立即的、严重危险的工作状态；当劳动者行使这项权利时，应受到保护，免受任何不当后果的影响；劳动者应遵循既定的职业安全与健康规程，并参加用人单位提供的培训[71]。同时，劳动者如因职业接触而被感染和患创伤后应激障碍（PTSD），则被视为职业病，受影响的劳动者有权获得赔偿、康复和治疗服务[72]。

第 4 节　中国的劳动保护

劳动保护与经济发展水平、经济结构变化密切相关。新中国成立后，我国政府在大力发展生产、恢复国民经济建设、治理失业和通货膨胀的同时，开始了劳动保护制度建设工作。随后，我国完成了从计划经济体制向社会主义市场经济体制的转变，劳动保护也随之不断发展与完善。

一、计划经济时期的劳动保护

计划经济时期，我国劳动保护经历了初创、发展与调整三个阶段，为保障劳动者的生命安全与健康、促进生产发展以及恢复国民经济建设发挥了积极作用。

（一）劳动保护的初创阶段

新中国成立前夕，《中国人民政治协商会议共同纲领》明确规定了“公私企业目前一般应实行八小时至十小时的工作制”，“保护青工女工的特殊利益”，“实行工矿检查制度，以改进工矿的安全和卫生设备”[73]。新中国成立后，不断改善劳动条件以保护劳动者的安全和健康，成为国家的一项基本政策[74]。在恢复国民经济的同时，我国对企业进行了社会主义改造，摧毁了长期压迫工人的封建把头制度，废除了侮辱工人的搜身制，改革了旧的工时和劳动制度，开始全面进行劳动保护建设工作。

1. 树立劳动保护的思想观念

新中国成立初期，存在工人的劳动保护受忽视的现象。例如，石棉厂缺乏通风设施，不为工人提供口罩等防护装备，煤矿瓦斯爆炸事故也时有发生。因此，我国政府结合工业生产事故发生的具体情况，批判重视机器不重视人的错误观念，树立组织生产必须注意安全的意识，积极开展群众性的工矿企业安全卫生大检查，对广大干部、职工进行劳动保护教育，发现并解决了大量的不安全、不卫生问题，劳动保护的思想观念逐步树立起来。

2. 设立劳动保护管理机构

计划经济时期，随着社会主义建设的推进，我国政府认识到劳动者保护对于促进经济建设发展的重要性。我国在这一时期还建立了劳动保护的管理机构，组织干部培训，统筹全国的劳动保护制度建设。中央人民政府成立了劳动部，下设劳动保护司，各地方劳动保护部门设劳动保护处、科，作为劳动保护工作的专管机构。中华全国总工会一方面在各级工会中设立劳动保护部，在工会基层组织中设立劳动保护委员会，加强对企业劳动保护的监督；另一方面举办劳动保护训练班，培养劳动保护事业的骨干力量[75]。这一时期的劳动保护机构建设和管理工作在维护劳动者权益、保障劳动关系和谐稳定等方面起到了重要的作用。

3. 加强法规建设

计划经济时期，我国根据国内情况并参照苏联的经验，制定了安全卫生管理和设备安全检查制度、工作时间制度、青年工人保护制度和女工保护制度等一系列有关劳动保护的法令和规章制度，许多部门和大型厂矿还制定了技术操作规程与技术安保规程，建立了安全职责和安全教育等制度。在这一时期，劳动部组织召开了多次全国劳动保护工作会议，制定了《工厂安全卫生暂行条例》《限制工厂矿场加班加点实行办法》《保护女工暂行条例》等草案，并在会后修改实行。1951 年 12 月公布了《工业交通及建筑企业职工伤亡事故报告办法》，开始建立职工伤亡事故报告制度[76]。这些条例与办法的实施，使得我国公私企业的劳动保护工作开始有章可循，厂矿不安全、不卫生的情况有了很大改观，职工伤亡事故大大减少。

（二）劳动保护的发展阶段

自我国实行国民经济建设第一个五年计划开始，大量的基本建设项目就陆续施工、投产。在大规模的经济建设中，如何加强劳动保护、搞好安全生产，成为迫切需要解决的重要问题。

1. 职工三级教育制度与企业管理“五同时”

劳动部创立和推广对新工人实行入厂教育、车间教育和现场指导的三级教育制度，将三级教育确定为工矿企业招收新工人时的职责。为保证工作落实，还提出了“管生产的管安全”原则，要求企业领导人管理生产工作与安全工作时做到计划、布置、检查、总结、评比“五同时”。职工三级教育制度与企业管理“五同时”制度的建立，提高了职工的安全意识和安全生产水平[77]。

2. 编制劳动保护计划

1953 年，政务院财政经济委员会要求各生产部门所属企业在编制生产技术财务计划的同时，必须编制安全技术措施计划。随后，劳动部和全国总工会制定了《安全技术措施计划的项目总名称表》，项目范围主要包括以改善企业劳动条件、防止伤亡事故和职业病为目的的措施，大致分为安全技术措施、工业卫生技术措施、辅助房屋及设施以及宣传教育四类。劳动保护计划使企业改善安全卫生条件的经费和设备器材得到落实，出现的新问题也有步骤地得到解决[78]。

3. 健全劳动保护机构，加强专业培训与检查

这一时期，劳动保护机构逐步健全，建章立制和专业培训得到加强。各级劳动部门、产业主管部门和工会组织的劳动保护机构促进了劳动保护的发展，大中型企业普遍建立健全了劳动保护机构，小型企业一般有了劳动保护专职人员，还培养了大批劳动保护专业干部。国家先后编制安全技术措施计划，防止沥青、汽油中毒，防止爆炸，防止矽尘危害，确定职业病范围及职业病患者处理步骤、装卸搬运作业劳动条件、锅炉运行注意事项、工业企业设计暂行卫生标准等。《工厂安全卫生规程》《建筑安装工程安全技术规程》《工人职员伤亡事故报告规程》“三大规程”相继颁布[79]。

（三）劳动保护的调整阶段

1960 年对国民经济实行“调整、巩固、充实、提高”的“八字方针”后，我国开始修订规章、加强管理，重建安全生产秩序。在调整经济发展速度与生产指标的同时，压缩基本建设与工业生产规模，加强企业管理。与此相适应，全面加强劳动保护工作，以扭转严重伤亡事故局面为中心，以煤炭、冶金、建筑、交通、铁路为重点，继续开展“十防一灭”（“十防”：防撞压、坍塌、爆炸、触电、中毒、粉尘、火灾、水淹、烧烫、坠落；“一灭”：消灭工伤死亡事故）运动。在充实机构人员、恢复有效管理的同时，国务院发布《关于加强企业安全生产工作的通知》和《关于加强企业生产中安全工作的几项规定》，从各级领导人对安全工作的管理责任、劳动保护专管机构或人员的配置及其职责、企业的安全技术措施计划、新工人的“三级教育”、企业的定期安全检查制度五个方面，对企业安全管理工作基本内容进行了规定，使得安全、防尘工作等取得了新成效[80]。

“文化大革命”期间劳动保护工作遭到了破坏，直到 1977 年底召开全国安全生产工作会议，才对劳动保护与安全生产进行了整顿[81]。

二、经济社会转型期的劳动保护

党的十一届三中全会后，我国进入改革开放和经济社会发展的转型期，劳动保护也进入恢复发展的新时期。

（一）劳动保护的全面整顿

1978 年，国家劳动总局、卫生部等部门在北戴河召开了全国防尘防毒会议，确定了加强厂矿企业防尘防毒工作的措施，提出了在全面恢复劳动保护工作的基础上，三年内集中力量解决矽尘、铅、苯、汞的危害的设想。《中共中央关于认真做好劳动保护工作的通知》提出了五项措施：一是立即对安全生产情况进行大检查，发现问题，采取有效措施；二是迅速把各级安全生产责任制建立、健全起来；三是新建、改建、扩建的工矿企业和革新、挖潜的工程项目，必须有保证安全生产和消除有毒有害物质的设施；四是各级工会要加强群众劳动保护工作；五是抓紧劳动保护科学技术研究工作。随后，《关于加强厂矿企业防尘防毒工作的报告》《国务院关于加强企业生产中安全工作的几项规定》等劳动保护法规陆续发布[82]，对整顿、恢复和建立安全生产制度和秩序起到了积极作用。

（二）劳动保护的恢复与发展

在劳动保护恢复与发展阶段，我国处理了一些重大责任事故，成立了全国安全生产委员会，推进了劳动保护监察制度的建设。

1. 处理重大责任事故

在这一时期，我国严肃处理了重大责任事故，推动法制建设，开展“安全月”活动，对推动安全生产工作、检查事故隐患、开展安全生产教育发挥了积极作用。例如，国务院严肃处理了1979年11月25日的“渤海2号”翻船事故等重大责任事故，批转了《关于在工业交通企业加强法制教育严格依法处理职工伤亡事故的报告》，先后发布了《锅炉压力容器安全监察暂行条例》、《矿山安全条例》、《矿山安全监察条例》以及《女职工劳动保护特别规定》等。

2. 成立全国安全生产委员会

由于工业、建筑、交通等行业的安全生产问题涉及面广，需要统筹协调才能有效解决。为此，国务院在1984年成立了全国安全生产委员会，加强统筹协调和指导。全国安全生产委员会在1985年5月召开了全国防尘防毒工作会议；1985年7月召开会议，推广鞍山钢铁公司等单位的安全管理和劳动保护经验；1986年10月召开会议，重点研究煤矿特别是地方煤矿的安全生产问题；1987年会同有关方面举办全国工业生产安全知识竞赛，召开会议介绍综合治理城市交通、加强交通管理和内河运输安全管理的经验。全国安全生产委员会对推动安全生产工作、调查重大伤亡事故等发挥了重要作用。

3. 推进劳动保护监察

转型期的劳动保护监察制度建设得到了有效推进。1983年3月，劳动人事部在北京召开全国安全生产工作会议，研究劳动保护工作在改革的新形势下的指导思想、方针、制度和方法问题，提出加强立法、实行劳动保护监察制度。同年5月18日，国务院批转了《关于加强安全生产和劳动安全监察工作的报告》，提出要在“安全第一、预防为主”的思想指导下搞好安全生产，对加强劳动保护起了推动作用[83]。

经过整顿、恢复，转型期的劳动保护取得了很大进展，全国伤亡事故呈现出逐年下降的趋势，工作制度、工作秩序逐步建立健全。但是，劳动保护领域的一些问题依然存在：劳动保护监察制度刚刚建立，人员经验不足，素质不高；全国职工的伤亡事故，尤其是重大事故的发生还未得到有效的控制；职业病的防治工作还有待加强。要解决这些问题，需要各方面协同行动，进行长期的更大的努力[84]。

三、市场经济时期的劳动保护

20世纪90年代以来，我国进入社会主义市场经济快速发展的时期。在经济高速增长、市场经济进程不断推进的情况下，增强对劳动者的保护至关重要。

（一）劳动保护不断完善

1. 劳动保护法制化程度不断提高

进入市场经济时期以来，我国劳动立法进入了一个新的发展阶段。为了保护劳动者的合法权益，维护稳定和谐的劳动关系，建立和维护适应社会主义市场经济体制的劳动制度，促进经济发展和社会进步，我国于 1994 年颁布了《劳动法》并于 1995 年开始实施。《劳动法》规定了劳动者具有平等就业、选择职业、取得劳动薪酬、获得劳动安全卫生保护、享有休息、享有社会保险福利、接受职业技能培训、提请劳动争议处理等权利。除《劳动法》外，我国初步建立了以法律为主体，行政法规、部门规章、地方性法规和地方政府规章、司法解释和国际公约等为辅助的劳动保护制度体系。具体包括如下内容：

(1)法律。全国人大及其常委会颁布的劳动法律有《劳动法》《工会法》（简称《工会法》)《职业病防治法》《安全生产法》《矿山安全法》等。

(2)行政法规。国务院颁布的劳动行政法规主要有《煤矿安全生产条例》《国务院关于预防煤矿生产安全事故的特别规定》《建设工程安全生产管理条例》《危险化学品安全管理条例》《烟花爆竹安全管理条例》《安全生产许可证条例》《民用爆炸物品安全管理条例》《女职工劳动保护特别规定》《禁止使用童工规定》《失业保险条例》《工伤保险条例》《企业劳动争议处理条例》《劳动保障监察条例》等。

(3)部门规章。国家行政职能部门颁布的配套规章主要有《集体合同规定》《违反和解除劳动合同的经济补偿办法》《违反〈劳动法〉有关劳动合同规定的赔偿办法》等。

(4)地方性法规和地方政府规章。《劳动法》赋予了省、直辖市、自治区制定劳动保护实施办法的权力，各地制定了大量的地方性法规和地方政府规章，如《北京市劳动合同规定》《上海市劳动合同条例》等。

(5)司法解释。最高人民法院于 2001 年发布的《关于审理劳动争议案件适用法律问题的解释》对处理劳动争议也起了重要的作用。

(6)国际公约。迄今为止，我国已批准了 24 个国际劳工组织通过的国际劳工公约，例如《消除就业和职业歧视公约》《准予就业最低年龄公约》等[85]。

2. 劳动保护标准更加全面

我国劳动保护和职业安全卫生立法是伴随着市场经济的建立与深化推进的，各类劳动保护标准也更加全面和科学。1992 年通过的《矿山安全法》(2009 年修正）是我国第一部职业安全方面的专门法律，1994 年颁布的《劳动法》规定了劳动安全与卫生，2002 年通过了《安全生产法》，并于 2009 年、2014 年两次修订。另外，还有《煤炭法》《道路交通安全法》《消防法》《社会保险法》《侵权责任法》等涉及劳动保护和安全责任方面的标准与规范[86]。

从劳动保护的管理视角来看，我国在职业病与职业健康方面出台了一系列劳动保护标准和规范，旨在保障劳动者在劳动过程中的身体健康，防止有毒有害物质及其他相关因素对其造成危害。2001 年 10 月，我国颁布了《职业病防治法》，这是我国关于职业健康基准的专门法律。此法于 2011 年、2016 年、2017 年和 2018 年进行了四次修订，与该法律实施相配套的法规和规章也陆续颁布。同时，这些劳动保护标准和规范具有与时俱进的特点，随着各类新技术、新材料的不断更新和应用，以及职业健康理念的不断更新，这些标准和规范也在不断完善以适应新的社会需求。2002 年，我国发布了新的《职业病目录》，将职业病范围从原来的 9 大类 99 种调整为 10 大类 115 种；2013 年发布了《职业病分类和目录》，将职业病的范围扩大为 10 类 132 种。国家还制定有《国家职业卫生标准管理办法》《职业健康监护管理办法》《职业病诊断与鉴定管理办法》《建设项目职业病危害分类管理办法》等，形成了以《劳动法》《职业病防治法》为主干，其他法律法规相配套的劳动保护制度体系[87]。

从劳动保护的技术角度来看，我国通过建立和完善科学的劳动保护标准，为企业提供了技术支持和指导，确保劳动者在工作场所享有安全、健康的工作环境。技术类的劳动保护标准主要包括：(1)防止粉尘危害的规定及标准。粉尘是工业生产中对劳动者健康影响非常严重的有害物质，《尘肺病防治条例》对作业场所粉尘浓度进行了规定与限制。(2)防止有毒有害物质中毒的规定及标准。为防止劳动者因从事接触有毒有害物质的劳动而发生职业中毒，我国颁布了包括《使用有毒物品作业场所劳动保护条例》在内的一系列规定标准。(3)防止噪声和强光刺激的规定及标准，包括《工业企业厂界环境噪声排放标准》等。(4)防暑、降温和防冻取暖的规定及标准。为防止劳动场所过度高温或低温对劳动者健康产生影响，国家制定了《防暑降温措施管理办法》《矿山安全法实施条例》等相关规范。(5)通风照明方面的规定及标准。如对工作场所和通道的光线要求，对人工照明设施、通风装置的检查等[88]。

（二）劳动保护适应新业态发展

当今社会，数字技术逐渐渗透到方方面面，不断改变着劳动环境。传统就业形态被改变，劳动力市场正悄然发生蜕变，更加灵活的就业方式成为主流。在移动互联网、大数据、云计算、人工智能等数字技术加持下，灵活就业的内涵和外延不断扩展，就业形态和种类日趋多元。共享经济、平台经济等新业态和新商业模式脱颖而出，为灵活就业劳动者创造了大量机会，由此引发的劳动保护相关问题也受到社会各界的广泛关注。

我国提出充分发挥互联网的创新驱动作用，发展共享经济，规范发展网络约租车，积极推广在线租房等新业态，着力破除准入门槛高、服务规范难、个人征信缺失等瓶颈制约，发展基于互联网的文化、媒体和旅游等服务，培育形式多样的新业态[89]。为此，我国不断发布支持新就业形态发展的政策与规定，实施灵活就业激励计划。新业态劳动者在给经济发展注入活力的同时，普遍面临职业不稳定、超时工作、劳动关系不规范、社保关系难建立以及难接续、劳动关系难认定、劳动者权益难保护、工会维权服务对象难明确等问题，这些问题客观上已经成为束缚新业态劳动者劳动保护的藩篱。

为了适应新业态发展过程中为劳动者提供劳动保护的形势，我国出台了一系列与新业态发展中劳动保护相关的意见和规定。2020 年 4 月，国家发展改革委在提出培育数字经济新业态、鼓励灵活就业的同时，强调面向各类灵活就业者提供多样化就业服务和多层次劳动保障。2021 年 5 月召开的国务院常务会议确定了进一步支持灵活就业的措施，包括研究制定灵活就业人员参加城乡居民基本养老保险的兜底措施，开展平台灵活就业人员职业伤害保障试点等[90]。2021 年 7 月，人力资源社会保障部等八部门发布《关于维护新就业形态劳动者劳动保障权益的指导意见》，就如何保障新就业形态劳动者的劳动权益，从文件适用主体和法律规制内容两方面提出了具体的要求[91]。在文件适用主体方面，规定了通过订立劳动合同或书面协议等方式，合理确定企业与劳动者的权利义务，进一步明确了企业的责任。在法律规制内容方面，提出了“落实公平就业制度，消除就业歧视；向提供正常劳动的劳动者支付不低于当地最低工资标准的劳动报酬；完善休息制度，推动行业明确劳动定员定额标准；健全并落实劳动安全卫生责任制；以出行、外卖、即时配送、同城货运等行业的平台企业为重点”等措施。

本章小结

本章对劳动环境、劳动保护的内容、劳动保护的历史发展、中国的劳动保护做了介绍，主要包括四小节内容。

第 1 节介绍了环境和劳动环境的含义与分类、劳动环境对人类劳动的积极意义和消极作用，概述了劳动环境的变迁过程，以及劳动环境变迁中的劳动保护。第 2 节介绍了劳动保护的含义与特点，介绍了劳动时间和劳动速度限制、改善劳动的物质条件、避免社会心理危害等劳动保护的主要内容，阐述了劳动保护对劳动者、劳动组织以及整个社会的意义。第 3 节按照前工业社会、工业社会与后工业社会三个社会发展的历史阶段，介绍了劳动保护的历史发展情况。其中，对于前工业社会的劳动保护，概述了渔猎社会和农业社会的劳动保护；关于工业社会的劳动保护，从职业安全卫生与工伤保险、工作时间、女工保护、未成年工保护四个主要方面进行了介绍；关于后工业社会的劳动保护，概述了社会心理危害与劳动者的心理健康、非标准就业劳动者的劳动保护以及突发事件中的职业安全与健康。第 4 节介绍了中国的劳动保护，概述了计划经济时期、经济社会转型期以及市场经济时期中国劳动保护的发展历程，阐述了劳动保护的时代变化。

关键词

环境　劳动环境　劳动保护　职业安全卫生　工伤保险　工作时间　女工保护
未成年工保护　工作压力与心理健康

思考题

1. 简述劳动环境的概念与分类。
2. 劳动保护的主要内容有哪些?
3. 劳动世界的变化催生了哪些新的职业安全与健康问题?
4. 试述劳动保护如何适应新就业形态的发展要求。
5. 4 月 28 日是世界安全生产与健康日。请查阅资料，了解近年来国际劳工组织发布的报告有哪些相关主题。

推荐阅读

“996”工作制与劳动者权益维护

《劳动法》明确规定，劳动者每日工作时间不超过八小时，平均每周工作时间不超过四十四小时。“996”工作制指的是早上 9 点上班、晚上 9 点下班，中午和傍晚休息 1 小时（或不到），总计工作 10 小时以上，并且一周工作 6 天的工作制度，是中国互联网企业盛行的加班制度。不管是“996”还是“007”，都是违法的，这样的工作制度显然不符合标准工时及加班报酬等规定。但是随着互联网的普及，传统工业化时代的上下班界限早已不复存在。一方面，随着产品和技术的发展，越来越多的岗位需要24小时有人值守；另一方面，当工作和生活都不可避免地走向在线化时，在8小时之外交流工作已经成了习惯。

2016年10月，互联网公司58同城被曝出实行全员“996”工作制，因此受到员工声讨。彼时，58同城提出的“996”工作制，是指工作时间从早9点到晚9点，一周上6天班，且没有补贴或者加班费，也不允许请假。此后，58同城回应称，所谓“996”工作制只是常规性动员，并非强制性要求，目的是应对9月和10月较高的工作需求。2019年4月11日，《人民日报》针对“996”工作制发表文章《强制加班不应成为企业文化》。

对“996”工作制有争议，并不是不想奋斗、不要劳动。没有人不懂“不劳无获”的道理。但崇尚奋斗、崇尚劳动不等于强制加班。苦干是奋斗，巧干也是奋斗；延长工时是奋斗，提高效率也是奋斗。因此，不能给反对“996”工作制的员工贴上“混日子”“不奋斗”的道德标签，而应该正视他们的真实诉求。强制推行“996”工作制，不仅解决不了企业管理中的“委托-代理”难题，还会导致“磨洋工”的问题。从企业家和创业者的角度来看，他们身上的奋斗精神是可贵的，但要考虑到普通员工的位置不同，强制灌输加班理念不仅体现了企业管理者的傲慢，也不实际、不公平。

在媒体的质疑声中，有些企业辩称这是一种企业文化，“提倡”员工加班，“鼓励”员工全情投入、高效产出。在法律上，这样的做法得不到支持。我国《劳动法》第三十六条规定，国家实行劳动者每日工作时间不超过八小时、平均每周工作时间不超过四十四小时的工时制度。第三十八条规定，用人单位应当保证劳动者每周至少休息一日。第四十一条规定，用人单位由于生产经营需要，经与工会和劳动者协商后可以延长工作时间，一般每日不得超过1小时；因特殊原因需要延长工作时间的，在保障劳动者身体健康的条件下延长工作时间每日不得超过3小时，每月不得超过36小时。第九十条规定，用人单位违反本法规定，延长劳动者工作时间的，由劳动行政部门给予警告，责令改正，并可以处以罚款。“996”超负荷工作制度，打着“奋斗”“梦想”等光鲜靓丽的旗号，忽略了要征得劳动者同意这一前提条件，不仅给员工身体带来巨大损害，也给企业带来潜在的工伤事故风险。如果企业利用“鼓励”模式变相强制要求员工加班，并对拒绝加班、拒绝“996”工作制的员工进行降职、降薪、处罚、辞退等处理，公司就明显违反了相关法律，员工可以通过法律手段进行维权。

资料来源：崇尚奋斗，不等于强制996. 人民日报，2021-06-30；彭波. 强制加班不应成为企业文化. 人民日报，2019-04-11；中华人民共和国劳动法.

注释

第 9 章

劳动关系

【重点问题】

- 什么是劳动关系？
- 劳动关系的发展经历了哪些阶段？
- 我国劳动关系经历了怎样的变迁？
- 什么是工会？工会经历了怎样的发展历程？
- 国际劳工组织的工作目标和任务是什么？

【开篇引例】

“假外包”与“真派遣”

劳务派遣用工方式最显著的特征是劳动力的雇佣和使用相分离，形成了“有关系没劳动、有劳动没关系”的特殊用工形态。这种制度存在派遣单位利用相对地位不平等，侵害被派遣劳动者尤其是低端同质性劳动者的合法权益并谋取不当获利的问题。

2018 年 7 月，黄某通过某网站应聘至苏州 A 公司工作。2018 年 7 月 6 日，苏州 A 公司驻厂经理将其领至南京 B 公司处从事劳动。黄某所在工段共有 7 名工人，除黄某外，其余均为南京 B 公司的员工。黄某的食宿由南京 B 公司负责。苏州 A 公司与南京 B 公司签订的“劳务外包协议”约定，苏州 A 公司根据南京 B 公司的生产需要，承包南京 B 公司指定的生产项目，承包服务费用按月结算，结算公式为：月承包服务费用＝单价×月总工时；若苏州 A 公司派遣员工生产的产品不符合南京 B 公司要求或不符合甲方要求，南京 B 公司有权解除劳动合同或随时要求更换派遣人员；劳务派遣员工不享受老员工待遇；劳务派遣员工的社保费用由苏州 A 公司承担。

2018 年 7 月 27 日，黄某在南京 B 公司处受伤。后黄某申请劳动仲裁，请求确认其与苏州 A 公司之间自 2018 年 7 月 6 日起存在劳动关系，与南京 B 公司自 2018 年 7 月 6 日起存在劳务派遣用工关系。仲裁委不予受理，黄某诉至法院。

一审法院认为，本案的争议焦点为：(1) 黄某与苏州 A 公司是否存在劳动关系，若存在，劳动关系存续期间是何时到何时；(2) 苏州 A 公司与南京 B 公司之间系劳务派遣关系还是外包关系。关于第一个争议焦点，黄某与苏州 A 公司之间存在事实劳动关系。关于第二个争议焦点，苏州 A 公司与南京 B 公司之间系外包关系。

二审法院认为，本案的争议焦点为：（1）黄某与苏州A公司之间是否构成劳动关系；（2）黄某与南京B公司之间是否存在劳务派遣用工关系。关于第一个争议焦点，本案中各方当事人提供的证据及陈述能够确认，黄某系由苏州A公司招用至南京B公司处工作的。黄某入职时虽已被上海某大学录取为硕士研究生，但尚未办理入学手续，具有建立劳动关系的主体资格。此外，黄某系通过社会招聘入职，能够反映出其具有与苏州A公司建立劳动关系的意愿，苏州A公司亦实际招用黄某，并安排黄某至南京B公司工作，能够证明双方存在建立劳动关系的合意。从黄某提供劳动的过程来看，该期间黄某进入南京B公司工作，系服从苏州A公司的安排，苏州A公司按月为黄某发放劳动报酬，双方存在人身、组织及经济上的从属性，能够认定该期间双方构成事实劳动关系，双方建立劳动关系的期限不影响事实劳动关系的成立，故黄某与苏州A公司自2018年7月6日起存在劳动关系。关于第二个争议焦点，企业可以通过业务外包等方式降低用工成本，实现工作效率的提高，但不得以“劳务外包”之名行“劳务派遣”之实，排除自身法定责任，侵害劳动者的合法权益。

根据二审法院查明的事实，本案中黄某所在的工作场所及设施设备由南京B公司控制；南京B公司对黄某进行日常考勤；南京B公司安排黄某每天的工作时间、工作内容，并对其工作质量提出要求；黄某需遵守南京B公司的工作规程；南京B公司按照劳动者的工时与苏州A公司进行结算；劳动者的入职及离职需经苏州A公司同意。以上事实可以说明：第一，南京B公司与苏州A公司协议约定的“月承包服务费用”的计算基础，是劳动者每月的工时而不是工作成果；第二，南京B公司对黄某直接进行工作管理、安排和指挥；第三，黄某的生产资料均由南京B公司提供；第四，黄某的工作属于南京B公司业务的组成部分；第五，苏州A公司负责招录黄某并进行劳动关系的管理。据此，南京B公司与苏州A公司签订了“劳务外包协议”，但黄某、南京B公司与苏州A公司的关系符合劳务派遣单位派遣劳动者、用工单位实际用工这一劳务派遣关系的特征，且苏州A公司具有劳务派遣经营资质。二审法院依法认定，本案中黄某、南京B公司与苏州A公司之间系劳务派遣关系。故对于黄某主张其与南京B公司之间自2018年7月6日起存在劳务派遣用工关系的请求，二审法院予以支持。

资料来源：黄某诉苏州国丰外包服务公司、南京国轩公司劳务派遣合同纠纷案．（2021－07－07）．http：//www.pkulaw.cn/case/pfnl_a6bdb3332ec0adc41ffa1ebebc51bb7cffef0178c0df0c4bbdfb.html?match=Exact.

思考：

劳务派遣会对现有劳动力市场造成怎样的影响？应当如何规范？

第1节 劳动关系概述

劳动者总是以一定的身份、在一定的社会关系背景下发生联系[1]。人类的生存最终需要更高程度的分工，因而以职业专门化为基础的社会分工、以契约为基础的雇佣关系上升为一种普遍的劳动关系[2]。长期以来，劳动关系研究受到社会各界的关注，因为从时间维度看，劳动关系与现代化进程和市场经济相伴始终；从空间维度看，劳动关系涵盖了绝大部分的经济社会领域，随着工业化、现代化进程的推进，农民的数量将不断减少，工人的数量将不断增加[3]。因此，如何建立和维护健康、公正的劳动关系，是劳动社会学长期研究的主题。

一、劳动关系的概念和特征

“劳动关系”一词由英文“labor relations”翻译而来，是劳动者与用人单位之间在劳动过程中形成的社会关系的统称。

（一）劳动关系的概念

广义上讲，劳动过程中和劳动行为相关联的一切社会关系，均可称为劳动关系。劳动关系研究最早出现在英国，在不同国家和不同体制下，又称为劳资关系、劳工关系、劳务关系、产业关系、雇员关系、雇佣关系等，这些概念含有明显的价值取向，不同的称谓是从不同角度对于特定劳动关系的特征的把握和表述。在我国，劳动关系作为一个更加通用的概念，已经被广泛接受[4]。

有人认为，在概念上，劳动关系是指用人单位与劳动者个人及团体之间产生的、由双方利益引导的合作、冲突、力量和权利关系的总和，是生产关系的重要组成部分，其直接表现就是工作场所中用人单位与劳动者之间的雇佣关系，这种关系包括劳动者与用人单位之间的权利、义务及相关事项[5]。在性质上，劳动关系既是一种经济关系，也是一种社会关系。一方面，劳动关系是在一种经济的、社会的、心理的以及政治的关系中，劳动者投入自己的时间和专业知识为劳动组织谋利，以此换取一系列个性化的经济和非经济报酬，因此劳动关系是以劳动换取报酬的经济关系；另一方面，劳动力作为一种生产要素，又具有人身和社会属性，即在获取经济利益的同时，劳动者还要从工作中获得体面、尊严和满足，因此劳动关系又是社会关系[6]。理查德·海曼（Richard Hyman）将劳动关系界定为承担劳动力商品化的市场压力与确保劳动力去商品化的社会和制度规范之间的一个关键领域[7]。总之，劳动关系是一种既包含原始的强制因素，也暗示了基于忠诚和相互尊重的长期信任关系的合作形式，应该被概念化为一种社会和伦理关系以及一种经济交易，因此建立规范化和制度化的劳动关系将有助于建立长期、稳定的信任和忠诚关系，进而构成一个有凝聚力的社会[8]。

大多数国家的劳动关系是在地方和职业的基础上形成的，并在 20 世纪的国家体制框架内得到巩固。每一种劳动关系都有独特的特点，反映了国家独特的经济结构、政治传统和社会实践[9]。根据精英阶层的性质和发展阶段，每一种劳动关系至少要具有三大职能。第一，明确劳动者、用人单位和政府部门的权利和义务，确定三者之间的权力关系；第二，引导和控制劳动者以及用人单位对工业化进程中固有的混乱、挫折和不安全感的反应；第三，建立管理工作条件和工作场域的实质性和程序性的规则[10]。劳动关系涉及各种形式的社会调节，主要包括三种形式：一是基于立法和其他类型的国家干预；二是劳动合同和通过集体协商签订的集体合同；三是公民社会中流行的规范、信仰和价值观等社会监管，也称为“社群监管”[11]。

（二）劳动关系的特征

劳动关系的特征可以归纳为法律的平等性、管理的从属性、目标的矛盾性、权力的差异性和冲突的破坏性。

1. 法律的平等性

在法律关系上，劳动者和用人单位是平等的劳动关系主体。在劳动力市场上，劳动者和用人单位都要遵循平等自愿、协商一致的原则订立劳动合同，缔结劳动关系，并依据劳动合同履行义务和享有权利，因此劳动关系在法律上具有平等性。

2. 管理的从属性

劳动关系建立后，劳动者将受雇于劳动组织，劳动组织基于生产和服务的需要，会安排劳动、指挥雇员、管理雇员。劳动者在用人单位需要遵守相应的工作规则，服从管理者的指示与命令，接受管理者的监督与检查，为自身的错误行为接受惩罚，因此劳动关系在管理上具有从属性。

3. 目标的矛盾性

劳动双方的目标存在矛盾：劳动者希望以最少的劳动投入，交换到最高的报酬水平；用人单位希望以最低的用工成本，激发与创造出最大的经济效益与利润。可见，劳动关系在目标上具有矛盾性。

4. 权力的差异性

劳动双方在管理上存在从属性，反映了双方拥有和可用的权力与社会资源存在差异，具体表现在经济实力与社会实力上双方的不平等，个别劳动者几乎难以对抗雇主的优势地位，因此劳动关系在权力上具有差异性。

5. 冲突的破坏性

劳动双方的矛盾积累到一定程度后，常常会引发显性与隐性的冲突，而劳动者在面对强势的雇主时，通常的策略是整合多数劳动者，甚至非相关群体的力量与劳动组织抗衡，如此则会波及劳动者家属、消费者、政府等主体，因此劳动关系在冲突上具有破坏性。

（三）劳动关系的分类

一般来说，劳动关系可以划分为个别劳动关系、集体劳动关系和社会劳动关系三种基本类型。

1. 个别劳动关系

个别劳动关系是劳动关系的基本单位和基本形态，是劳动者个人与雇主之间通过书面或口头的劳动合同来确定和规范双方的权利义务，比如建立、变更或解除劳动关系等[12]，是一种个人与个人之间的劳动关系范畴，是基础层面的劳动关系[13]。个别劳动关系以劳动者个人与经营者或用人单位的权利和义务为基本内容，不仅是劳动关系研究的起点，也是实践中保障劳动者合法权益和构建劳动关系和谐机制的基础性环节。

2. 集体劳动关系

集体劳动关系是在个别劳动关系存在和发展的基础上形成的，是劳动者集体与雇主或雇主团体之间的关系，主要指劳动者通过组成工会来实现自我保护，进而平衡和协调劳动关系。集体劳动关系的一方通常是工会，另一方是用人单位或劳动组织，双方主要通过集体谈判和集体协议的形式来体现其构成和运行[14]，如现实中的集体协商谈判关系、集体争议关系、职工参与关系等都属于此类关系[15]。当两个利益集团和利益群体对劳动关系进行博弈的时候，就形成了集体劳动关系。

3. 社会劳动关系

社会劳动关系作为一种基本的社会经济关系，是以整个社会为范围构成和运行的，是一种系统的社会关系。对于社会关系的分析和把握，仅有个别劳动关系和集体劳动关系是不完整的，还应该从劳动力提供者（即劳动者及其工会）、劳动力需求者（即用人单位及其团体）、劳动关系的协调者（即政府）这三方共同构成的宏观的角度来研究[16]。政府在社会劳动关系中发挥着主导和协调的作用，社会劳动关系可以理解为个别劳动关系和集体劳动关系在社会领域的延展。

二、劳动关系的理论解释

当代劳动关系的发展建立在全球化背景下，由于经济全球化导致资本超越了国别地域的限制，实现了全球生产整合，进而导致传统的国家层面的制度难以有效解决很多问题，国际和跨地区层面规则的作用日益凸显，同时工会衰落，灵活用工兴起。对此，国外有些学者试图重构一个超越国家劳动关系的分析框架，其中具有影响力的理论视角有以下三种。

（一）次国家系统理论视角

次国家系统理论视角聚焦于微观层面的发展，把国家内部不同主体战略选择的政治生态纳入考量范畴，目前一些经典的文献都致力于识别地域模式。次国家系统理论视角的比较研究为劳动关系研究带来了新的视角，把实证研究最终拉回了战略选择理论所提示的微观层面。但是，这些研究仍然很少考察除了用人单位、工会和政府之外的其他行为主体，同时对于超越国家层面的劳动关系治理结构考虑甚少。

（二）市场经济多样性理论视角

市场经济多样性理论视角认为劳动关系系统是整个政治经济系统的一个子系统，与教育和培训系统、企业治理系统以及跨企业关系系统并列，并且互为补充。该视角认为，一个政治经济体的制度特征是由不同子系统的特色共同决定的，并且这些子系统之间的制度互补性阻碍了子系统内生剧变。因此，不同国家的政治经济系统倾向于稳定并且保持多样性，而系统的演化通常仅仅以极缓慢的渐进式变革的方式实现。这种“路径依赖”形成了西方发达国家两种不同的市场经济模式：自由市场经济和合作市场经济。前者以英国、美国为代表，其劳动关系的特征为灵活、较少的政府干预，以及低成本和流动性较高的劳动力市场；后者以德国、日本为代表，强调企业员工参与和工资集体协商，特别是行业层面的工资协商。市场经济多样性理论视角将劳动关系置于整个政治经济治理结构之中，从而使劳动关系可以被用来解释不同市场经济模式的形成。然而，它对于劳动关系制度本身的分析和类型划分却流于表面化和简单化，无法为劳动关系的多样性提供更大范围上的解释，特别是对于新兴市场经济国家的发展模式。因此，市场经济多样性理论视角未能超越国家边界内的正式制度，也缺乏对于国与国之间制度互动的有效探索[17]。

（三）劳动关系平衡理论视角

劳动关系平衡理论视角根植于约翰·巴德（John W. Budd）所提出的劳动关系的目标：效率、公平和话语权。其中，效率是对劳动力的有效利用，以此提高竞争力和促进经济繁荣；公平包含物质产出和劳动者待遇公平等劳工标准；话语权是在决策中添加有意义投入的能力。该视角认为，法律、程序和行为应该寻求解决劳动关系冲突和劳动者与用人单位双方力量不均衡问题的途径，以此促进有效的组织、健康的经济、公平的产出、对人的尊重及民主原则的实现[18]。总之，该视角的最大贡献在于改变了劳动关系的研究对象，因为传统研究一直局限于劳动关系的制度、规范、工作规则等，而该视角提出了劳动关系的研究对象应该是劳动关系的社会目标[19]。

三、劳动关系的研究范式

20 世纪 20 年代以来，劳动关系一直被认为是一个缺乏理论研究的领域，因为整个劳动关系研究中，经验研究或政策研究占了绝大部分，缺乏统一的研究范式。在历史上，劳动关系属于中观研究，关注部门层面，以机构运作为研究基础[20]。20 世纪 50 年代以来所确定的劳动关系研究范式呈现出两大基本特征，分别为结构主义范式和经验主义范式。

（一）结构主义范式

结构主义范式是指劳动关系研究在理论解释框架上以系统分析为主。不管是约翰·邓洛普（John T. Dunlop）的系统论还是牛津学派的多元主义，都深受帕森斯功能主义理论的影响，直接借鉴了他的“系统”概念。邓洛普等学者把劳动关系视为一个结构化的系统，认为将各部分与整体联系起来的分析视角有助于研究劳动关系中各个因素的内部过程[21]，而要维系这套系统的运转，系统当中的主体就要共享一套共同的价值理念与意识形态。因此，结构主义范式实际上预设了一个假定，即劳动关系系统中意识形态的一致性。在这一假定背后，强调外在结构对主体的影响，而忽视了行动者的行为对劳动关系系统的作用。结构主义范式虽然承认在劳动力市场条件下劳动的特殊属性，劳动双方存在着天然的矛盾，却认为他们之间的矛盾和冲突并非不可调和，而是可以通过制度的途径加以解决的。

（二）经验主义范式

经验主义范式是指劳动关系研究在方法上以经验主义概括为主。劳动关系研究嵌入了民族国家的概念，是以某一国家的经验为中心进行提炼概括的研究。在结构化的系统分析框架中，劳动关系被看作一个在外在结构框架下自我运行的独立系统，系统外在的结构框架就是国家，但是不同国家的劳动关系系统具有独一无二的特征，这些独有的特征直接反映了不同国家的不同经济结构、政治传统以及社会实践，因此大多数劳动关系学者得出的结论是，必须从抽象的理论转向对事实的调查[22]。对此，很多学者希望通过跨国比较，打破建立在经验主义基础上的传统分析框架。然而，虽然他们比较了国家间劳动关系的差异，但实际上这些研究并没有跳出国家边界的限定，还是根据某一国的经验实践，概括出某一国家的劳动关系在这些主题上的特征，然后拿这些特征进行比较。这样的比较研究仍然未跳出以某一国为中心的经验概括，因此得出的结论与高度抽象的普适性理论还有很大的差距[23]。

第 2 节　劳动关系的历史发展

劳动关系研究起源于 19 世纪对世界范围内劳工问题的回应，这一问题在 1870—1920 年在工业化国家出现并愈演愈烈[24]，随后，劳动关系的发展贯穿国家发展的各个历史时期。总体而言，劳动关系的发展主要分为 6 个阶段：工业化前的劳动关系、18 世纪末到 19 世纪的劳动关系、20 世纪的劳动关系、21 世纪以来的劳动关系。

一、工业化前的劳动关系

工业化前的劳动关系主要是劳动过程中或者和劳动行为相关联的一切社会关系，而且关注对象从未被限制为制造业工人。根据英国最早的教科书所述，劳动关系涉及农业、制造业、建筑业、零售业、金融业、运输业等等[25]。工业化前，农业劳动关系是劳动关系的典型代表，例如地主与佃农间的劳动关系，佃农租用地主的土地，丰收时将耕种所得部分交给地主，在这个过程中地主占有生产资料，佃农出卖劳动力。随着资本主义萌芽的出现，商品经济开始发展，各国商人雇用伙计或者招募学徒四处行商，二者之间的劳动关系已经逐渐具备早期资本主义的雇佣特征。工业革命以后，产业工人的规模越来越庞大，原始的劳动关系逐渐衰落，工业化的劳动关系逐渐建立。

二、18 世纪末到 19 世纪的劳动关系

18 世纪末，英国的技术变革、纺织业的机械化和工厂制度的兴起，标志着工业革命正式拉开序幕[26]。工业化重新设计和组合了人类的生产资料，因而工业化的发展必然涉及对传统的生活方式的破坏和对新兴工人阶级的满足。虽然劳动者是可塑的，但是塑造的过程必然导致各种形式的冲突[27]。这个阶段，劳资双方对抗非常尖锐，资本家为了榨取尽可能多的剩余价值，对工人采取最残酷、最原始的剥削方式。此外，由于国家和政府相信亚当·斯密的自由主义思想，采取自由放任的政策，致使劳资矛盾交由双方自行解决，劳动者明显处于劣势。面对沉重的压迫和不公的待遇，劳动者采取罢工、游行示

威的方式进行抗争，却遭到国家的立法禁止，这在一定程度上催生了最初的一些工人组织，即早期的工会组织。

显而易见，资本主义原始积累阶段的劳资双方对抗非常尖锐，存在着一系列矛盾与冲突。正如马克思在《资本论》中所言，“资本来到世间，从头到脚，每个毛孔都滴着血和肮脏的东西”[28]。资本家的原始积累通过以“圈地运动”为代表的暴力剥夺，把大批的农民从土地上驱赶出来，土地变成了工业资本主义发家致富的乐园。在积累资金并创造大批自由劳动力的过程中，资本主义萌芽不断成长。与此同时，伴随着封建社会的解体，资本主义的生产关系逐步形成[29]。这一时期，劳资双方形成了两大直接对立的阶级，劳资矛盾的焦点主要集中在劳动者最基本的劳动条件的改善上[30]。由于工人力量相对弱小，资方明显处于优势，劳方明显处于劣势，国家大多数是雇主利益的代言人，劳资矛盾多以激烈对抗和冲突的方式表现出来，劳动关系呈不稳定状态。

伴随着劳资矛盾的日益加剧，18 世纪末到 19 世纪中期，西欧各国爆发了各种工人反抗斗争，工人通过停工罢工、破坏机器、烧毁厂房、示威游行等形式联合起来，要求用人单位改善工人的劳动条件以及提高工资。最为典型的工人反抗斗争当属 19 世纪三四十年代发生的著名的三大工人运动：法国里昂丝织工人起义、英国宪章运动、德国西里西亚纺织工人起义。面对频繁的工人罢工和示威活动，雇主进行了激烈的抵制，政府也采取了法律上不承认或严格限制的态度。欧洲一些国家纷纷禁止工人结社、罢工和示威，要求工人安分守己地从事工业生产，政府甚至动用军队来对付工人罢工。英国 1799 年颁布的《结社法》和法国 1791 年颁布的《夏勃里埃法》就是这类法律的典型代表。与此同时，关于劳动保护方面的法规却非常少，1802 年英国通过的《学徒健康与道德法》被视为第一部具有现代意义的劳动法规[31]。这一阶段，劳动关系的表现形式是激烈的对抗，政府的立法与政策倾向于雇主一方。

19 世纪 50 年代之后的 30 年间，英、德等西方主要资本主义国家的工业革命陆续完成，工人阶级的队伍日渐壮大。但由于缺乏政治权利，工人阶级在劳资纠纷的处置过程中长期处于不利地位[32]，工人除了罢工和对抗行为，开始转向寻求政治权利[33]。19 世纪末 20 世纪初，西方主要资本主义国家开始从自由竞争的资本主义阶段向垄断资本主义阶段过度，政府对劳动关系的政策从自由放任转向国家干预。这一时期，劳资矛盾进一步激化，阶级斗争和工会运动不断发展，产业工人阶级队伍进一步壮大，工会的势力迅速壮大。在阶级斗争的过程中，工人开始意识到保障自己的权益需要有自己的组织，纷纷成立工人组织进行斗争。一些启蒙思想家，如空想社会主义学家夏尔·傅立叶（Charles Fourier）、克劳德·昂利·圣西门（Claude-Henri de Rouvroy）、罗伯特·欧文（Robert Owen）等人，为工人组织的成长与壮大做了很多实验，起到了启蒙的作用。此后，伴随着工会力量的成长，工会代表劳动者与用人单位谈判的方式开始出现，劳资力量对比开始发生变化。

这一时期，欧美各国政府逐渐改变了工业化初期“自由放任”的政策取向，转而采取“建设性”干预政策，开始为改善工人状况进行国家干预，力图建立稳定的劳动关系。当时的资本主义国家如英国、德国，出台了一系列缓和经济矛盾与劳资冲突的法律法规，明文禁止雇佣童工，制定了劳工保护的相关规定，允许工人罢工、结社。19 世纪末，在俾斯麦的主持下，德国国会相继于 1883 年通过《疾病保险法》，1884 年通过《工伤事故保险法》，1889 年通过《残疾与养老保险法》。英国议会于 1871 年通过了世界上第一部《工会法》，1875 年通过了《企业主与工人法》，1906 年通过了《贸易争议法》。这些工业化国家的经验证明，较强的集体劳动权利与较低的不平等密切相关，体现为工会通过市场力量、政治力量显著减少了劳资双方的不平等[34]。这一阶段，劳动关系中的劳资冲突程度弱化，表现形式更加多元化。

三、20 世纪的劳动关系

20 世纪上半叶经历了两次世界大战与历史上最严重的经济危机，致使劳资力量发生重大变化，劳动关系从初期的国家干预向全面进入制度化、法制化阶段过渡。战争期间，资本主义国家的经济与政治均陷入动荡之中，生产和贸易遭到严重破坏。经济危机期间，西方资本主义国家发生了空前严重的“大萧条”，大量企业破产和工人失业，再加上彼时世界上第一个社会主义国家——苏维埃社会主义共和国联盟（简称苏联）成立，工人阶级成了领导阶级。这三重因素激化了资本主义国家的劳资矛盾。例如导致了 1945—1946 年美国的罢工大热潮，其中影响力最持久的是汽车工人联合会针对通用汽车公司的大罢工事件[36]。用人单位与政府开始意识到劳动关系影响着绩效水平[37]，而用人单位的绩效水平又影响着国家的经济发展。更重要的是，如果不加以控制，它将是阶级分化和社会主义革命最大的潜在根源。因此，彼时劳工问题在资本主义国家被广泛认为是首要的社会问题。

随着对劳动关系研究的逐渐深入，早期的研究者提出通过人力资源管理、劳动法和社会保险、工会和集体协商谈判、宏观经济政策这四个途径解决劳工问题[38]。为此，西方各国政府进一步加大了对劳动关系的干预力度，形成了一系列规范化、制度化的法律武器和调整机制，如劳资协议制度、集体谈判制度、三方协商机制，尤其是三方协商机制，成为市场经济国家劳动关系的基本格局和主要运行机制。同时，世界各国开始逐步完善社会保障制度，包括社会保险、社会救助等。富兰克林·罗斯福当政的美国政府，奉行凯恩斯的政府干预主义，颁布了《产业复兴法》《国家劳动关系法》《社会保障法》，并对劳动力市场进行宏观干预。部分欧洲国家在第二次世界大战以后开始建设福利国家，如英国、北欧诸国先后宣布建成福利国家，这一阶段，政府开始主动利用制度设计化解劳资矛盾，缓解劳资冲突，劳动关系的调整渠道被拓宽，促进了劳动关系的理性发展。

20 世纪 50 年代以来，劳动关系的发展格局发生了一些变化，其中一个非常重要的影响因素是全球化。全球化导致移民增加和跨境人员流动壁垒减少，产生了更严重的劳动力过剩，进而脑力劳动的价值不断提升，受教育程度不同的人在收入和其他劳动力市场指标上的差距越来越大。20 世纪 50 年代到 20 世纪末，白领工人规模不断扩大，计算机和信息产业迅速崛起，虚拟经济蓬勃发展，金融资本市场在整个产业结构当中所占的位置越来越重要。

由于知识密集型工作增加、技术创新加快，经济开始从以大规模生产为基础的制造业转向以灵活生产为基础的服务业，导致相关的工作具有更高的不确定性和不可预测性，这与第二次世界大战后 30 年的相对稳定的工作状态形成鲜明对比。用人单位开始不愿意为劳动者提供培训，而且在此期间工会开始衰落并弱化对抗性，进一步减弱了劳动者分享生产率增长产生的收益的力量[39]。这一阶段，劳动关系发展的主要问题依然是劳资力量对比极度不平衡，两极分化不断加剧，强资本-弱劳工的格局依然没有改变。

从人类历史的发展来讲，拥有资本和权力的阶级总是占据着优势地位，尽管其形态会发生变化，但是这种不平等一直没有改变过。这一阶段，世界各国把健全社会保险制度和提高社会福利水平作为劳动关系协调的重要部分。对于劳动者来讲，通过设计社会保险制度规避社会风险是非常有效的；对于劳动者的家庭和社会成员来讲，通过设计社会福利制度来改善劳动关系也是非常重要的。除了国家的法定社会保险和其他福利安排，一些企业还通过员工福利计划如企业年金以及其他形式来缓和劳资矛盾。此外，意识形态对劳动关系的影响逐步减弱，劳资矛盾转向多样化、复杂化。各国根据本国的劳动标准、工会力量、政府角色、市场化程度等诸多条件，形成了具有国别特色的劳动关系。同时，随着全球化的发展，劳动关系由各国国内问题开始转变为国际问题，开始向着多元化、多国化的方向发展。这一阶段，劳动关系相关的制度日渐完善，劳动关系逐步从冲突转向合作。

四、21 世纪以来的劳动关系

21 世纪以来，全球化日益显著，人类、组织和国家之间的联系更加紧密，全球范围内的工作出现了空间重组，并且由于技术的进步，生产要素之间的流动加速，生产要素在全球范围内快速配置成为可能。全球化正在以无法想象的速度改变着人类社会的生活，改变着资本流动的速度和方式，改变着劳动关系、劳资矛盾的类型。

（一）劳动密集型产业转移

21 世纪以来的劳动关系最显著的变化是经济全球化导致的产业转移现象[40]。西方国家由于长期少子化与老龄化，经济增速明显放缓[41]，市场供求关系中人力资本价格攀升，用人单位对于劳动者的长周期雇佣将承担更高的经济风险。因此，用人单位开始采用多种形式来降低各种制度性成本。由于产业结构调整、工人组织力量衰弱以及工会密度下降，欧美国家的集体谈判呈现整体衰落和分散化的趋势，集体合同的覆盖面越来越小，谈判的层级越来越低[42]，进而导致贫困、过劳、失业及剧烈的劳资冲突等传统劳动问题重现。数据显示，2000 年至今，美国平均工资几乎没什么增长，且普通雇员工资的增长率远远低于高级雇员。部分欧洲国家普通雇员的工资也处于零增长甚至负增长状态，只是灵活就业方式掩盖了严重的失业、低薪及低保障问题[43]。这一阶段，跨国公司的兴起和经济全球化的趋势，改变了西方国家的劳动关系平衡，诱发了各类劳动问题。

我国的劳动力市场长期供大于求，但是由于少子化与老龄化问题，劳动力市场供求关系也开始出现改变，导致劳动密集型产业的劳动力短缺，经济增长的“人口红利”正逐渐消失。在劳动力成本持续上升的情况下，逻辑上中国的劳动密集型产业应向其他发展中国家转移。但是，由于中国庞大的经济规模和国土面积，以及国内各区域在发展水平和资源禀赋上的巨大差异（即发达地区具有相对丰富的资本要素，相对不发达地区则具有劳动力丰富和成本低的比较优势），我国劳动密集型产业的区域转移将更可能发生在国内各地区之间[44]。与此同时，伴随着人口结构与劳动力市场的变化，我国劳动者的权利意识逐步增强，诉求层次逐步提高，进而促使我国劳动关系发生变化，劳动者形成了更强的集体行动力量[45]。

（二）平台经济蓬勃发展

随着以互联网为核心的经济模式蓬勃发展，各国政府将平台经济视为新的增长引擎和吸收剩余劳动力的“蓄水池”，纷纷出台利好政策，因此平台经济呈加速增长趋势。据统计，全球最大的 100 家企业中有 60 家的主要收入来自平台经济类业务[46]，非标准工作岗位占欧洲和美国工作岗位的 70%，非标准工作成为这些工业化国家的主要就业形式[47]。早期的平台经济以电子商务平台为主，如淘宝、eBay、Groupon 等，2010 年后平台经济更加多样化，如滴滴出行、Uber、Lyft、Expedia、Airbnb 等，各类新就业群体不断涌现，例如网约车司机、外卖骑手等，这类群体的工作时间和工作地点不固定，甚至工作时间和休息时间、工作地点和生活地点都不能明确区分，呈现一定程度的“去劳动关系化”特点[48]。

平台经济体现了工业化的劳动关系向个人雇佣劳动关系的转变。支持者赞誉它在创新引领、服务民生、繁荣数字经济、增加就业岗位等方面有显著的积极作用，对优化资源配置、推动产业升级、促进创新创业、增加就业岗位等方面的作用也值得期待[49]。反对者指责它在当前的社会框架下不仅未能充分实现其挖掘公共物品的超大潜能，反而暴露出其隐匿劳动关系的缺点[50]，这与劳动保护制度背离[51]，而且其建立的非标准劳动关系缺乏组织内部的晋升渠道和福利待遇[52]。因为在传统的庞大而稳定的工厂中，劳动者可以在合理的安全条件下规划自己的生活，并通过储蓄支撑自己的家庭，而如今的灵活就业人员却难以实现这一目标[53]。

另外，非制度化的平台经济弱化了工会的力量，处于弱势地位且分散的劳动者只能依靠个人力量与用人单位谈判[54]，而强势的平台资本往往能够以最低的劳动条件与劳动成本剥削剩余价值[55]，这种现象导致劳动双方地位愈发不平等。因此，有学者指出，平台经济是“数字泰勒主义”，即通过数字算法监控和评估工作绩效，并根据绩效指标自动分配任务[56]，其劳动关系特点是“表面的松散管理与内在的严格控制、形式上的独立自主与实质的劳动从属、名义上的平等权利与真实的失衡关系”[57]。

现阶段平台经济中劳动者的法律身份无法明确界定，原因有三点。第一，由于平台用工劳动者的劳动关系认定问题尚未解决，政策上无法判定劳动者与平台之间是否存在雇佣关系，所以大量平台用工劳动者被排除在社会保险制度之外，导致整个社会保险制度都面临着巨大挑战。第二，劳动者的工作时间是弹性和灵活的，在这样的用工模式下，没有固定的工作时间，工时制度很难规范劳动者在平台上的工作时间，难以发挥效用。所以平台给付劳动者的报酬并非按照劳动时间进行计算，而是按照完成任务量进行计算，这意味着最低工资的计算基础发生了根本性改变，导致最低工资制度很难保护平台劳动者的劳动报酬权。第三，在平台经济下，劳动者的工作是分散的，难以形成固定的组织，西方国家出现的同类型的集体诉讼反映出劳动者存在利益分歧，不愿意参与工会组织和集体维权，如此他们的权利面临着较大的威胁[58]。

事实上，大量平台经济劳动者的权益难以得到有效的法律保护。另外，不同平台以及不同类型劳动者的实际用工特点大相径庭，因此建立法律规范需要充分考虑平台劳动者的工作时间、收入来源，以及社会保护的必要性等因素[59]。总之，既可以将平台经济下的灵活就业模式视为互联网时代的革新，也可以将其归入碎片化的非典型性就业，这种工作模式将劳动关系的概念再次放大，劳动双方的边界被进一步模糊化，传统的劳动关系认知受到了挑战。这一阶段，劳动双方试图通过互联网平台在工作场所建立一种基于利益共同体、事业共同体和命运共同体的新型劳动关系[60]。

第3节　工　会

近代工人阶级是资本主义机器大工业的产物，它天生与资产阶级处于对立的地位，因此自诞生之初就与资产阶级进行着不懈的斗争，而工会正是工业社会阶级斗争的产物。工业化摧毁了农业社会自给自足的社会环境，劳动者被迫进入用人单位通过劳动换取报酬。在此过程中，劳动者是被剥削的一方，这些劳动者作为个体在劳动力市场上的力量往往有限，但他们可以形成劳动组织，以集体的力量抗衡用人单位。

一、　工会的职能和类型

在市场经济条件下，工会既是劳动者为改善劳动和生活条件而在特定工作场所自主设立的组织[61]，也代表着劳动者在工作场所以及整个社会的利益[62]，还是争取社会公平的群众组织[63]。其作用在于平衡劳动双方的力量，目的是使冲突的解决走向制度化，基本方式是集体协商谈判。由此可见，工会是劳动者争取和保护自身经济利益甚至政治话语权的组织。

（一）工会的职能

工会的职能在不同时期、不同国家不尽相同。在英国工联主义理论中，工会的职能在于改善和提高工人的雇佣条件，捍卫和保障工人在就业、工资、工时、公共卫生和安全、社会保险等方面的合理权益[64]。我国《工会法》规定，工会的职能可分为参与、维护、建设、教育四项。从社会学的学科视角出发，可以将工会的职能分为经济职能、民主政治职能、社会整合职能和阶级动员职能。

1. 经济职能

工会作为一个利益团体，是为其会员谋求利益的权益维护团体。各种利益中首要的是经济利益，工会需要为其会员谋求工资、就业、安全保障等经济利益[65]。经济职能还体现在利益分配上。工会具有一定程度的职业性、地方性特征，为了会员能够获得封闭性和排外性的职业或行业利益，工会一般采取严格的准入制度、严格的职业分界线等来维护会员的经济利益[66]。在工会内部，虽然工会进行利益分配时会不可避免地偏袒某些群体而损害其他群体的利益，但总体上工会支持对弱势群体有利的政策，使整个工人阶级能够更有效地捍卫个人利益[67]。此外，工会另一项重要的经济职能是确保就业公平，满足会员的公平待遇要求，这些要求涉及工作负担、晋升与裁员制度等方面[68]。

2. 民主政治职能

工会作为一个民主机构，有相应的章程、代表大会及领导选举制度，从而保证会员享有各种民主权利[69]。在此基础上，工会的民主政治职能与社会改革密切相关。代表工人利益的工会能够通过集体谈判、参与政治活动、支持候选人或政治团体影响政策制定和决策过程，进而促进劳动者民主产业权利的实现[70]。此外，工会参与社会公益事业也体现出工会的民主政治职能[71]。工会参与社会公益事业可以倡导社会公平公正，进而推动社会民主改革和改善社会环境。

3. 社会整合职能

工会的社会整合职能体现在两方面。一方面，工会通过集体谈判等机制为会员提供了直接与雇主、管理层对话的渠道，这些渠道可以消除劳动双方的对立与不信任，增进理解与合作，进而促进企业的高效管理。另一方面，从自我实现的角度看，工会有助于员工发挥才能。工会的内部行政体系鼓励会员参加工会活动，参与工会政策、经济与劳动事务、社会与政治问题的决策过程，尤其在早期，由于劳动者缺乏接受教育、参与政治活动与其他社会活动的机会，参加工会成为表现并提高他们才能的重要途径，甚至是唯一途径[72]。

4. 阶级动员职能

阶级动员职能在工人运动史上有过重要影响。在特定的历史环境下，工会通过组织工厂罢工、联合抵制、蓄意破坏等一系列活动，实现阶级解放[73]。虽然历史上工会是推翻资本主义制度最重要的力量，但是随着社会发展，工会的这一职能正在逐渐弱化[74]。

（二）工会的类型

历史上有形形色色的工会，不同的目标、性质、职能下有不同的工会类型。总体而言，可以依据工会运动的宗旨及工会组织的模式两种维度进行分类[75]。

1. 按照工会运动的宗旨分类

按照工会运动的宗旨，可以将工会划分为马克思主义工会、经济主义工会和以社会整合为载体的工会三种类型。(1)马克思主义工会。这类工会强调，工会运动应当是以阶级冲突和社会政治动员为特点的激进社会民主运动或共产主义工会运动。(2)经济主义工会。这类工会强调，工会是代表雇员利益的组织，因此工会运动应以集体协商为优先事项，追求经济主义，避免政治纠缠。(3)以社会整合为载体的工会。这类工会强调，工会运动应以逐步增加社会福利和增强社会凝聚力为优先事项，工会应追求逐步实现工业民主化。

2. 按照工会组织的模式分类

按照工会组织的模式，可以将工会划分为职业工会、产业工会、企业工会和区域性工会四种类型。(1)职业工会。依职业原则形成的工会，即以相同或相似职业作为组建工会的依据或条件，由同一职业的劳动者组成，如教师工会。(2)产业工会。依产业原则形成的工会，由同一产业系统的用人单位内的不分职业、工种、职务、技术熟练程度的劳动者组成，如石油工会、电信工会。(3)企业工会。依企业原则形成的工会，由以企业为单位的劳动者组成。企业工会比产业工会享有更多组织和活动的自主权，如一般中小企业建立的工会。(4)区域性工会。依地域原则形成的工会，由同一地域范围的不同职业、不同产业类型的劳动者组成，如一些地方工会。

二、工会的发展历程

以一种独特的社会组织形式出现在人类历史舞台上的工会，已经有 200 多年的历史。工会最早产生于 18 世纪中叶的英国，之后在其他工业化国家相继建立，工会领导的工人运动类型也由最初的经济斗争发展到经济斗争与政治斗争相结合。大体来说，工会产生和发展主要经历了以下四个阶段：初期发展阶段、斗争以及建立政党阶段、两极化阶段、全球化阶段。

（一）初期发展阶段

第一个阶段是工会组织的初期发展阶段。早期的工人组织建立在雇工组织传统和行会制度的基础上，其组织成员主要是手工业工人。在长期而艰苦的斗争实践中，工人发现集体行动能够更好地维护自身利益，从而纷纷组成各种利益团体。18 世纪劳资矛盾逐渐尖锐，现代工人阶级逐步形成。19 世纪以来，圣西门、傅立叶、马克思等思想家提出了各自的理论，在这些思想家的启蒙和引导下，工人运动蓬勃发展[76]。随后工人运动围绕着一种在一起工作的劳动者总能达到的、有凝聚力的同一性，将分散的力量组织起来，进而逐步形成团体，最终推动了工会的产生[77]。这一阶段，工会活动体现了劳动者的反抗意识初步觉醒，但还处于探索阶段，而且局限于采用原始方式进行经济斗争，并不能很好地改变劳动者的处境，工会组织的活动范围较窄，对社会进步的影响力较小。

（二）斗争以及建立政党阶段

第二个阶段是工会组织的斗争以及建立政党阶段。经过长期斗争，工人阶级行使集体权利建立了工会，并通过工会对政治议程和用人单位施加影响[78]。随着大量工会成立，众多工会面临着两大发展方向：一是通过政治运动确立工人的社会主导地位，二是推动社会变革以实现工人活动的自我管理。19 世纪劳资冲突日益严重，动荡的社会环境创造和壮大了新的工人阶级，并且为马克思式的工人运动以及波兰尼式的工人运动浪潮的发展奠定了基础，导致了西欧和北美的现代工人运动[79]。尽管这些工人运动都以工人遭到残酷镇压和血腥屠杀为结局，但这些前赴后继的工人运动激发了无产阶级的斗争意愿，在客观上争取了劳动者的权益保护。20 世纪初，劳资矛盾一方面受到帝国主义之间敌对竞争的刺激，另一方面又反过来加剧了帝国主义国家之间的敌对竞争，加上世界经历了史无前例的经济危机与两次世界大战，工人运动不断增加，劳资矛盾日益尖锐，世界陷入战争和工人运动不断扩展和深化的“恶性循环”[80]。在这样的背景下，工人阶级开始建立全国性的联合组织，工会的政治影响与社会影响显著增加，并慢慢演化为政党，工会在全球变得越来越普遍和有影响力[81]。这一阶段，工会通过与资本集团不懈地斗争，增强了工人阶级的影响力，改善了劳动者的工作条件，推动了社会保障制度的建设。

（三）两极化阶段

第三个阶段是工会组织的两级化阶段。第二次世界大战结束后，工人运动的浪潮蔓延到殖民地、半殖民地。美苏冷战时期，世界形成资本主义与社会主义两大阵营，工人运动不再只是经济领域的斗争，而是被覆上了浓厚的意识形态色彩，形成了对应的两种工会模式。在资本主义国家，工会被定位为劳动力市场中的合法经济主体，是相对独立的组织，目的是推动国家或用人单位做出让步，因而以工会为主体的集体谈判制度、民主参与制度及三方协商机制被普遍建立起来，并成为现代劳动关系体制的基本框架。相比之下，在社会主义国家，工会被视为社会主义国家机器的一部分，工会是劳动者与党和政府之间的传动装置，是党联系劳动者的桥梁和纽带[82]。同时，随着女性意识的觉醒，长期以来由男性劳动者主导的工会组织开始出现女性管理者的身影，甚至在一些发展中国家的工会运动中女性成了不可或缺的力量[83]。在这一阶段，工会在两大对立的政治框架下呈现分化的态势，两种工会模式各自承担着不同的职能，同时工会组织中性别差距日渐缩小，女性角色日益重要并发挥出领导作用。

（四）全球化阶段

第四阶段是工会组织的全球化阶段。随着东欧国家社会性质的改变与中国等社会主义国家进入市场经济改革时期，全球化时代正式来临。这一阶段，首先，传统工会所强调的共同的工作条件、一体化和同质化的生活环境以及相似的传统文化和社会追求被改变，劳动者工作、居住、消费和社交的空间地域和社会网络已经变得高度分化[84]。其次，追逐利润最大化的资本涌向了劳动力成本低廉且工会力量薄弱的发展中国家，制造业工人的工作逐渐被自动化生产取代，资本主义国家的工会成员面临着被替代的困境。最后，国际竞争加剧、国内非工会部门增加且高度竞争、国家经济衰退以及政府对一些关键行业放松管制，也降低了工会的谈判能力与议价能力。这些因素最终导致传统工会的衰退[85]，也导致收入不平等现象增加、劳动者的工作贫困现象增加，尤其是弱势群体，如低教育程度者、少数族裔的增加[86]。在这种背景下，工会组织的职能也在发生变化。第一，工会组织开始朝去官僚化、扁平化、参与式民主化的组织方向发展[87]。第二，工会组织开始尝试扮演平台经济中劳动者团结的推动者，并根据全球经济的具体情况调整其战略和行动方案[88]。第三，工会组织重新考虑推动罢工和其他破坏性行动的工人运动，让雇主为其无工会偏好承担更高的成本，以此创造公平的竞争环境[89]。这一阶段，工会组织在全球化浪潮下日渐式微，并再次面对马克思提出的工人阶级内部竞争和全世界无产者联合的问题[90]。总之，各国的工会组织开始重新探索适合本国国情的道路，思考并制定切实有效的工人运动战略和策略。

三、国际劳工组织

我国是国际劳工组织的创始国之一。1971 年中国重归联合国，同时也重归国际劳工组织。20 世纪 80 年代以来，中国开始由计划经济向社会主义市场经济转型，政府在劳动立法、就业促进、社会保障的价值理念和体制机制等方面，借鉴国际劳工组织的劳工标准，借鉴国际劳工组织的有益经验，进而维护我国劳动关系和谐稳定、保障经济社会持续健康发展[91]。

国际劳工组织成立于 1919 年 6 月，1946 年 12 月成为联合国负责社会和劳动事务的一个专门机构。国际劳工组织成立之前，第一次世界大战结束，参战国于 1919 年初在巴黎召开会议，9 个国家的 15 名代表组建了国际劳工组织的前身——劳动立法委员会，该委员会拟定了国际劳工组织的宪章草案和原则宣言，为国际劳工组织的正式章程奠定了基础。同年 6 月国际劳工组织宣告成立，并任命了理事会，建立了国际上唯一将政府、用人单位和劳动者代表聚集在一起的三方组织，讨论和进行社会和劳动立法，以维护社会正义。1944 年，国际劳工组织在美国费城举行的第 26 届国际劳动大会上通过了《费城宣言》，为国际劳工组织在第二次世界大战结束后的工作提出了关键原则，其中包括"劳动不是商品"，"所有人，不论种族、信仰或性别，都有权在自由和尊严、经济安全和机会平等的条件下，追求物质福利和精神发展"[92]。第二次世界大战结束后，世界政治风云变幻，经济高速发展，各国工人的权益得到维护。这一时期，国际劳工组织推进多边化发展，越来越多获得民族独立和解放的发展中国家加入其中。到 20 世纪后半叶，国际劳工组织中发展中国家的数量已经超过了发达国家。20 世纪末，随着互联网的普及，全球化时代正式到来，国际社会对劳动问题也更加关注。对此，国际劳工组织重新审视自己的历史使命，在调整工作目标和任务的基础上，提出"国际劳工组织当今的首要目标是促进男女在自由、公正、安全和具备人格尊严的条件下，获得体面的、生产性的工作机会"[93]。在国际劳工组织及其成员国的推动下，"给工人以体面的劳动"逐渐成为全球的共识和目标。2019 年是国际劳工组织成立 100 周年，国际劳工组织已经从最初的 42 个创始成员国发展到了 187 个成员国。在百年大会上，国际劳工组织通过了《百年宣言》，表达了组织的创立愿景，重申了组织的性质和职能，提出了看待发展的新范式，为国际劳工组织完成第二个百年任务奠定了基础[94]。

四、中华全国总工会

中华全国总工会具有与西方工会不同的特点，它是中国共产党领导的中国工人阶级的群众组织，是中华人民共和国境内唯一官方全国性的工会联合会。中华全国总工会是中国近现代社会发展变迁的缩影，它的历史是马克思主义与中国工人运动实际相结合的发展史，是中国共产党领导革命工会推翻中外反动势力、不断取得辉煌成就的革命史，是中国工会艰苦努力、不屈不挠的求索史，也是不断探索中国特色社会主义工会发展道路并不断取得胜利的开拓史[95]。

中华全国总工会的起源可以追溯到 1920 年上海共产主义小组领导成立的"上海机

器工会”，这是中国第一个工人阶级的群众组织和第一个产业工会。1921 年 7 月，中国共产党诞生。同年 8 月中旬，中国共产党成立中国劳动组合书记部，选派党员宣传、组织和发动工人，领导和推动工人运动的开展。1925 年 5 月 1 日，在第二次全国劳动大会上，全国最大的四家工会组织联合发出通告，宣布中华全国总工会正式成立并建立了第一届执行委员会，这标志着中国工人运动与工会组织在政治和组织上的正式统一[96]。中华人民共和国成立后，随着工人阶级社会地位和历史任务的根本改变，中华全国总工会的工作重心开始转向组织和动员工人参加国家建设[97]。“文化大革命”期间，全国各级工会组织先后受到严重冲击和破坏，中华全国总工会的各项工作陷入瘫痪[98]。改革开放以后，中华全国总工会的各项工作得以恢复。1978 年中华全国总工会第九次全国代表大会召开，大会总结了历史经验与教训，制定了新时期工人运动和工会工作的基本方针和任务，从此中华全国总工会开始逐步适应市场经济体制改革的转型过程。21 世纪以来，我国工业化进程加速，中华全国总工会为发挥其职能，开始逐步将更多独立的基层工会纳入其系统[99]。目前，中华全国总工会有下设机构 28 个，其中包括 7 个专门委员会，分别为中国教科文卫体工会全国委员会、中国海员建设工会全国委员会、中国能源化学地质工会全国委员会、中国机械冶金建材工会全国委员会、中国国防邮电工会全国委员会、中国财贸轻纺烟草工会全国委员会、中国农林水利气象工会全国委员会[100]。

由于政治经济制度的差异，中华全国总工会的性质与职能具有与西方工会明显不同的特点。中华全国总工会在性质上属于“类政府机关”的群团组织，职能上以“维权”与“维稳”为核心，其中“维权”是工会社团的必要职能，而“维稳”是党和政府机构的职能。在实践工作中，中华全国总工会把“维稳”和“维权”统一为协调劳动关系，通常借助其他党政机关的力量进行劳动关系的协调，以达到既维护劳动者权益又维护社会稳定的目的[101]。总体而言，中华全国总工会的发展历史在一定程度上反映了中国社会主要矛盾的转变和发展，其性质与职能体现出我国工会的社团属性与党政属性的有机统一。

第 4 节　中国的劳动关系

新中国成立以来，我国劳动关系的转型是伴随着经济体制的变革而进行的。在从传统的计划经济体制向市场经济体制转变的过程中，劳动关系的形态和劳动关系的模式也随之发生了根本性的转变[102]。进入 21 世纪，中国的劳动关系市场化基本完成，劳动关系的法治建设开始从市场经济的配套政策转向劳动者权益保障[103]。同时，中国劳动关系变革的制度背景更加复杂，劳动关系领域面临的新情况、新问题也亟须重点关注[104]。

一、当代中国劳动关系的理论视角

改革开放以来，我国劳动关系理论循着“公私关系”或“劳动者与用人单位的关系”的路径，进而有学者提出了“劳动关系”的概念和理论阐述。这种概念和理论阐述既与后来的劳动法律的语言一致，又与国际劳工标准的用语衔接，还使不同学科背景的学者在此基础上延伸、扩展、修正和深化劳动关系的研究，并且构建了独特的理论视角。

（一）劳权-劳动者的理论演绎

劳权-劳动者的理论演绎的理论视角侧重延伸、扩展和深化，强调明晰劳动者的身份归属和构建劳权理论的意义，致力于在此基础上实现劳动关系理论的规范化和学科化。该视角在方法上侧重理论演绎，在内容上把劳权-劳动者等作为核心和主要范畴，尝试完整地提出和构建我国劳动关系学科的理论体系和分析框架。

（二）产权-公民劳动者的实证归纳

产权-公民劳动者的实证归纳的理论视角侧重修正，强调现阶段我国劳动关系变迁是缘起于产权关系变化的特殊现象，劳动者身份的变化也有着向公民转变的特殊社会背景。该视角在方法上侧重实证归纳，即从相关实证经验中归纳具有本土特色的理论结论，在内容上认为劳动关系及其变化不是孤立的社会现象，注重联系产权的变化、劳动者公民身份的衍生等进行调查和研究，主张劳动关系方面的“革命论”“冲突论”向“合作论”“功能论”转变。

（三）其他理论视角

我国劳动关系问题引起越来越多学者的关注，他们基于社会学、政治学、经济学、管理学、法学等学科视角的研究基本具有一个明显的特征，即注重在理论和实证的关联中思考和解释中国劳动关系的特点。这些理论视角包括党领导下的新传统主义的论说、向社会合作主义或统合治理演进说、制度创新与路径依赖相互作用说、雇佣性质劳动关系市场化基本完成说、二元权利结构和多种关系属性说、劳动关系变革中的工人无集体行动说、中国工人阶级再形成及其多样性产权形态和劳动过程说等，这些理论视角在方法上既有演绎也有归纳，在内容上更多采纳合作论的观点[105]。

二、中国劳动关系的变迁

新中国成立以来，随着经济体制、劳动政策、劳动力市场等外部环境的变化，我国劳动关系经历了一个不断变迁的过程。有人认为，我国劳动关系由计划经济时期的“国家行政调节”模式，转变为改革开放初期的“多元并存”模式，再转变为市场经济初期的“个别调整”模式。21 世纪以来，又开始了从“个别调整”模式向“集体调整”模式的转型[106]。随着社会变迁和现代化进程的推进，传统中国从有组织的传统社会变化为应用新技术的工业社会，社会解组导致传统的契洽关系被破坏[107]，取而代之的是工业社会的劳动关系。

（一）计划经济时期的劳动关系

从 1949 年新中国成立到改革开放以前的 20 世纪 70 年代后期，我国实行高度集中的计划经济体制。与之相适应，劳动关系的建立也受到经济体制和社会制度及相关政策的严格制约，呈现出浓厚的计划经济色彩，表现为展现社会主义制度的优越性以及工人阶级的领导地位。

1. 固定的终身劳动关系

在计划经济体制下，国家、用人单位、劳动者的利益高度统一，国家采用“统包统配”的方式，使劳动力和用人单位建立固定的终身劳动关系[108]。在一定程度上，当时并没有把劳动关系作为一个突出的问题来看待，甚至连劳动关系的相关概念都鲜有提及。这一时期的劳动关系主要表现出如下一些特点：劳动关系的形成不是由市场而是由行政命令决定的，不管是机关、事业单位，还是企业，没有劳动合同，只有国家计划和编制。劳动关系呈现出类型单一化、归属国家化、内容泛政治化、利益一体化、运行行政化的特征[109]。此外，劳动组织不仅承担经济职能，还承担政治和社会职能。劳动组织不但是经济组织，同时也是政治组织、社会组织。

2. 法律规范严重不足

在计划经济体制下，我国劳动关系立法屈指可数。在社会主义改造完成前，中央人民政府于 1950 年颁布《工会法》，1951 年政务院出台《劳动保险条例》，1952 年 8 月政务院出台《关于劳动就业问题的决定》，1956 年国务院出台《关于工资改革的决定》。社会主义改造完成后，政府简化了劳动争议处理的程序，各级行政机关设立的劳动争议处理机构相继被撤销，人民法院不再受理劳动争议案件。“大跃进”和“文化大革命”期间，劳动关系立法基本处于停滞状态，甚至已有法规也未能得到贯彻实施[110]。

（二）市场经济转型期的劳动关系

1978 年党的十一届三中全会拉开了改革开放的序幕，我国开始进入由计划经济向社会主义市场经济过渡的转型时期。在此过程中，用工制度、产权制度、社会保险制度等劳动制度均发生了根本性的变化。在这个急剧转型的过程中，一些在资本主义国家不同阶段发生的劳动关系现象，在这一阶段的中国交织出现[111]。

1. 政府主导的劳动关系转型

在经济体制转型过程中，政府通过行政干预的手段，将劳动关系从原来的计划经济体制中强行脱离出来，通过市场化改革，要求劳动者签订以固定期限为主的劳动合同，以摆脱原先固定工的制度模式[112]。1983 年劳动人事部出台《关于积极试行劳动合同制度的通知》，经过三年试点和探索，1986 年国务院出台《国营企业实行劳动合同制暂行规定》，劳动合同制开始全面建立。同年，国务院出台《国营企业招用工人暂行规定》，企业用工制度向着公开、择优的方向发展。这一阶段，与劳动关系相关的劳动法规大量出台，劳动立法趋于制度化。

2. 以农民工为主体的新工人阶级形成

在市场经济转型过程中，劳动力市场机制的建立是我国市场改革中的关键一环，而我国劳动力市场的发展，是从农民工进入劳动力市场开始的[113]。我国第一代农民工从 20 世纪八九十年代开始，从农村到华南地区的新兴工业化地区工作，第二代农民工则在 20 世纪末进入城市劳动力市场，其中也包括第一代农民工的后代[114]。由于我国长期存在城乡体制分割，初入城市的农民工群体在劳动关系方面面临着诸多问题，如书面劳动合同签订率低、劳动保护缺失等，农民工自身也面临着被城市居民怀疑、身份歧视等困境[115]。

3. 劳动者被剥削现象频发

在市场经济转型过程中，由于我国劳动关系的规范化程度较低，劳动者在经济收入、福利保障方面受到不公正待遇的现象——剥削现象频发[116]。具体表现为劳方工资水平过低、超时加班、工作环境恶劣、职业安全卫生事故相当普遍；资方拖欠工资、不依法参加社会保险、工伤事故不赔付、随意解雇工人[117]。现象发生的主要原因是我国市场化改革与经济全球化，形成了供大于求的劳动力市场，劳动关系呈现强资本-弱劳工的格局[118]。但更深层次的原因是我国在市场经济转型过程中采取的劳动密集型、资源消耗型以及加工出口导向型的经济发展模式，使得我国的经济增长严重依赖于低成本的劳动力。基于发展经济的考量，地方政府与逐利的资本在某种程度上形成了“共谋”，即各级地方政府有意或无意滋生出倚重资本效益、压制劳动者的施政倾向[119]。在地方政府与资本形成利益捆绑的情况下，用人单位对劳动者的剥削现象日益增多，劳动者权益不断受损，劳动冲突日益加剧，导致劳动仲裁部门受理的集体争议数量不断攀升[120]。对此，政府动员了大量组织与资源用于调解集体性劳动争议，并且逐步扩大制度化渠道的受理范围[121]，1993 年国务院出台了《企业劳动争议处理条例》，通过法律法规的形式使劳动争议的处理规范化。

（三）市场经济时期的劳动关系

党的十四届三中全会通过了《中共中央关于建立社会主义市场经济体制若干问题的决定》，确立了建立社会主义市场经济体制的目标。劳动关系从以政府为主体的行政控制，向以企业为主体的市场调节转变。但是，劳动关系的运行机制尚不规范，突出表现在劳动法制不健全、劳动者保护存在诸多问题。这一时期，劳动关系的法规建设是平稳发展的重中之重，此外伴随着国有企业市场化改革，劳动关系也发生了一些变化。

1. 《劳动法》的出台

为了建立和维护适应社会主义市场经济的劳动制度，促进经济发展和社会进步，1994 年《劳动法》出台。作为我国劳动关系的里程碑事件，该法明确规定，建立劳动关系应当订立劳动合同。将劳动关系立法以法律的形式确定下来，标志着我国劳动关系进入法制化、规范化的轨道。为了配合《劳动法》的贯彻实施，劳动部相继发布了一系列配套法规，主要有《违反和解除劳动合同的经济补偿办法》《工资支付暂行规定》《未成年工特殊保护规定》等。

2. 国有企业的改革

20 世纪末，为了建立国有企业的现代企业制度，国家提出了“减员增效、下岗分流、规范破产、鼓励兼并”的改革思路。随着国企改革的推进，政府在劳动关系中的角色开始转变，不再直接控制企业用工权，而是间接以法律制定者和监督者的身份主导劳动关系，国有企业拥有独立经营权，用人单位和劳动者成为真正的劳动关系主体，这种变化被视为从“劳动行政关系”转变为“市场劳动关系”的一个重要标志[122]。在国企改革取得巨大进展的同时，大量职工下岗失业，亟须社会保障制度的创新发展。

进入21世纪，随着国有企业改革的深入和统一劳动力市场的发展，劳动关系市场化基本完成，初步实现了从以政府为主体的行政控制到以企业为主体的市场调节的转变。这种转变主要表现为劳动关系归属企业化、劳动关系调节市场化和劳动关系规范契约化，劳动关系的相关政策开始从市场经济的配套政策转向建立劳动者权益保护的政策体系[123]。

3.《劳动合同法》的出台

《劳动合同法》于2007颁布实施，标志着我国劳动关系的个别调整在法律建构上已经基本完成，同时开启了劳动关系集体调整的新起点，并为劳动关系的集体调整提供了法律基础，有力地推动了我国整体劳动关系的转型。《劳动合同法》作为我国继《劳动法》颁布以来最重要的劳动法律，直接关系到我国劳动关系的基本规范[124]。随着《劳动合同法》对劳动合同制度的完善，劳动合同的签约率、合同期限及合同规范中存在的其他问题已被部分解决，使得劳动者、用人单位和工会等各方主体在劳动关系中的地位发生变化，工会为劳动者维权的职责则更加明确[125]。2008年以来，我国受全球市场的影响，经济增速放缓，失业率上升，劳动合同短期化现象严重。为了完善劳动合同制度，国家陆续颁布了一些政策，逐渐形成以《劳动法》为主体，以多层级的劳动法律法规为补充的劳动法律制度，法治化已经成为劳动关系的主要协调方式。《劳动合同法》及其配套法规，通过法制化的手段填补了《劳动法》在全球化背景下的规制缺位，通过保护劳动者权益矫正了劳动者和用人单位之间的利益失衡[126]。其结果是，有效地维护了劳动权益，降低了劳动者通过集体维权方式维护自身权益的必要性，促进了用人单位的内部劳动力市场和内部福利体制的兴起。

纵观新中国成立至今，我国劳动关系的变迁呈现出以下四个特点。第一，劳动关系类型由单一向多元转变。在计划经济时期，我国劳动关系为“国家-单位制”。在市场经济背景下，“国家-单位制”劳动关系转变为企业劳动关系。企业的所有制形式不同，劳动关系也不同，例如股份制企业的劳动关系、个体企业的劳动关系、外商投资企业的劳动关系等。第二，劳动关系由以国家雇佣为主向以非公雇佣为主转变。在计划经济时期，达到就业年龄的城镇劳动者由国家统一管理录用，国家行政部门根据计划和需要，将劳动者统一调整分配到各个用人单位，社会中的劳动关系以国家雇佣为主。在市场经济背景下，“统包统配”制度向劳动合同制度转变，政府不再直接控制企业用工权，而是间接以法律制定者和监督者的身份主导劳动关系，社会中的劳动关系逐渐以非公雇佣为主[127]。第三，劳动关系由行政化向市场化转变。在计划经济时期，国家通过行政手段来配置劳动力资源和控制企业运作，强调劳动关系双方只是分工不同但利益完全一致，劳动关系体现出行政化的特点。在市场经济背景下，劳动关系主体以各自的利益为基础[128]。其中，用人单位追求提高劳动生产率和增加经济效益，追求劳动力的最佳组合和利润的最大化；劳动者追求和谐的人际关系和宽松的劳动环境，追求最大化的劳动报酬，追求更好的发展空间。二者不断地相互选择，劳动关系体现出市场化的特点。第四，劳动关系由政策治理向法律治理转变。在计划经济时期，政府的行政命令等调节手段在劳动关系中发挥着主导作用。在市场经济背景下，我国形成了劳动合同制度、集体合同制度、劳动标准制度、劳动监察制度和劳动争议处理制度等协调劳动关系的法律规范[129]，同时不同所有制的劳动关系开始实行统一立法，原公有制劳动关系的特殊运行规则被逐步取代[130]。总之，我国劳动关系的变迁与经济、社会和治理三个维度密切相关，劳动关系变迁以保障劳动者的经济和社会权利与福祉为目标，但又体现出效率优先、兼顾公平，以维护政治和社会稳定为前提的特征[131]。

三、中国劳动关系的法律规制

劳动关系“嵌入”社会关系中，是劳动关系主体、结构、环境和运行的规律，实践中通常表现为两种法律关系——劳动合同关系和事实劳动关系。除此之外，劳动关系的法律规制还包括集体合同制度以及劳动争议处理机制。

（一）劳动合同关系

劳动合同与每一个劳动者息息相关，是调整劳动关系的基本法律形式，也是确立劳动者与用人单位劳动关系的基本前提，在《劳动法》中占据核心地位[132]。《劳动合同法》通过法律手段规范劳动者和用人单位的行为，因为无论是出于人道主义，还是出于对潜在的社会混乱和无序的关切，用人单位和劳动者之间的劳动合同都需要国家的干预[133]，这也是建立统一、开放、公平的劳动力市场的基础。

1. 劳动合同的概念

劳动合同又称劳动契约、劳动协议，是劳动者和用人单位之间明确劳动权利义务，规范劳动合同订立、履行、变更、解除和终止行为的协议。劳动合同的主体一方是劳动者个人，另一方是用人单位。劳动合同的内容是双方的劳动权利义务，劳动者依据劳动合同成为用人单位的一员，有义务按照合同约定的岗位、工种或职位提供劳动，完成劳动任务，提高职业技能，执行劳动安全卫生规程，并遵守用人单位依法制定的规章制度和职业道德。同时，劳动者享有平等就业和择业权，享有获得劳动报酬、休息休假、安全卫生、社会保险的权利，享有接受职业技能培训、提请劳动仲裁的权利等。劳动合同对双方都具有约束力，也是维护双方合法权益的法律保障[134]。劳动合同应当具备劳动合同签订的主体合法、双方意思表示真实、合同内容合法以及形式合法等条件，如果劳动合同不具备或不完全具备法定有效要件，则劳动合同无效或部分无效。

2. 劳动合同的类型

(1)固定期限劳动合同。固定期限劳动合同是指用人单位与劳动者在协商一致的情况下，明确约定劳动关系的起始和终止日期的劳动合同。合同期限届满，除法律规定须续签外，双方的劳动关系即终止。我国《劳动合同法》对固定期限劳动合同的期限没有限制，用人单位可以根据生产需要和工作岗位的不同要求来确定劳动合同的期限。

(2)无固定期限劳动合同。无固定期限劳动合同是指用人单位与劳动者约定不确定终止时间的劳动合同。任何一方必须在符合法律法规的情形下才能解除或终止无固定期限劳动合同。与固定期限劳动合同相比，无固定期限劳动合同更有利于保护劳动者权益，更有利于保护劳动者就业稳定。

(3)以完成一定工作任务为期限的劳动合同。以完成一定工作任务为期限的劳动合同是指用人单位与劳动者在协商一致的情况下，约定以某项工作的完成为合同期限的劳动合同。这类合同实际上也是一种定期的劳动合同，只是与固定期限劳动合同相比，其终止时间的表现形式不同[135]。

3. 劳动合同的执行

(1)劳动合同的订立。劳动合同的订立一般标志着劳动关系的建立，劳动关系建立的时间直接决定着劳动者与用人单位权利、义务的时间界限。同时，根据我国《劳动合同法》，虽然订立书面劳动合同是劳动者同用人单位建立劳动关系的重要依据，是约束劳动者和用人单位的重要准则，但是二者并没有必然的对应关系。如果用人单位不签订书面劳动合同，却构成事实劳动关系，劳动者同样享受法律规定的权利。

(2)劳动合同的履行。依法订立劳动合同后，用人单位和劳动者就应当按照劳动合同的约定，全面履行劳动合同规定的义务，完成劳动过程并享有相应的权利。如果劳动合同一方当事人不履行或不全面履行劳动合同，即出现违约情形，就会对另一方造成利益损害。劳动合同履行是劳动合同制度的核心，劳动合同只有得到履行，订立合同的目的才能实现[136]。

(3)劳动合同的变更。劳动合同的变更是指劳动合同在履行过程中，经双方协商一致，对合同条款进行修改、补充或者删除的法律行为。劳动合同变更的实质是双方权利、义务发生改变。劳动合同变更的前提是双方原已存在合法的合同关系，变更的原因主要是客观情况发生变化，变更的目的是保证双方继续履行合同。除非满足法定变更条件，否则任何一方不得单方面行使合同的变更权，变更合同的形式要件是采取书面形式[137]。

(4)劳动合同的解除。劳动合同的解除是指劳动合同订立后尚未全部履行以前，由于某种原因导致劳动合同的一方或双方提前解除劳动关系。一般而言，当客观情况发生重大变化且劳动双方无法通过协商达成变更共识时，一方可以提前通知或支付补偿来解除合同。

(5)劳动合同的终止。劳动合同的终止是指劳动合同期限届满或双方当事人主体资格消失，合同规定的权利义务即行消失的制度。对于一些特定劳动者，例如孕期、产期、哺乳期的女性劳动者，在本单位患职业病或者因工负伤并确认丧失或者部分丧失劳动能力的劳动者，为保护其权益，即使劳动合同期满，用人单位也不能终止劳动合同，而应当延续至相应的情形消失时。

（二）集体合同制度

集体合同制度起源于欧洲，随着工人运动的发展而逐步发展，已成为协调劳动矛盾、维护工人权益的一项重要的劳动法律基本制度。我国在1994年制定的《劳动法》中首次规定了集体合同制度，全国总工会和劳动部分别于2001年和2004年颁布《工资集体协商试行办法》《集体合同规定》。2008年开始施行的《劳动合同法》，从法律层面上使集体合同更加细化并具有可操作性。

1. 集体合同制度的概念

集体合同制度作为一种称谓，在各国法律制度中的表述不尽相同，有的称为集体合同制度，有的称为集体谈判制度，也有的称为集体协议制度。我国《劳动法》将这一制度表述为“集体合同制度”。集体合同制度作为一种法律制度，包含集体协商谈判和集体合同，集体协商谈判是签订集体合同的前提和过程，集体合同是集体协商谈判的一种结果，集体协商谈判的目的是签订一个劳动双方都能接受的集体合同[138]。

集体合同制度的种类是根据集体合同的适用范围和特征进行划分的。目前各国的集体合同大体可以分为以下几种：按合同主体范围的大小可分为企业集体合同、产业集体合同和职业集体合同，按合同适用地域范围的大小可分为总括性集体合同和地方性集体合同，按合同的内容可分为一揽子集体合同和专项集体合同，按合同的期限可分为不定期集体合同和定期集体合同[139]。其中，产业、职业集体合同或地方性集体合同主要集中在中小企业多的地区，以此弥补中小企业没有组建工会或工会谈判能力弱的不足[140]。

2. 集体合同制度的作用

(1)弥补劳动立法的不足。一般而言，法律规定的劳动者权益标准属于最低标准，对于劳动者获得高于法定最低标准的权益，劳动立法却力不能及。通过集体协商谈判签订集体合同，可以对劳动者权益作出高于法定最低标准的约定，从而使对劳动者利益保护的水平高于法定最低标准。另外，法律对劳动者权益和劳动关系协调规则的规定，通常是原则性的规定，相对于现实生活而言难免有所疏漏，通过集体协商谈判签订的集体合同，可以在一定范围内就劳动者权益和劳动关系协调的共性问题作出约定，从而更具体地规范劳动关系。

(2)弥补劳动合同的不足。在签订劳动合同时，单个劳动者处于相对弱势地位，用人单位处于相对强势地位，单个劳动者难以与用人单位相抗衡，劳动者之间也存在待遇上的差异。通过集体协商谈判签订集体合同，可以提高单个劳动者在劳动关系中的地位，并且确保在一定范围内的全体劳动者在权利义务上的平等。同时，集体合同可以对劳动关系的主要内容作出约定，使劳动合同只需对单个劳动者的特殊情况作出约定，如此可以简化劳动合同内容，降低建立劳动关系的成本[141]。

（三）劳动争议处理

当劳动矛盾严重时，劳动争议也会呈现持续增加的趋势。为了有效解决劳动争议，可以将劳动双方纳入法律的处理机制中，使劳动双方遵循法律规定的原则和程序解决劳动争议，以此保证劳动双方行为的法制化和契约化。

1. 劳动争议的概念

劳动争议，又称劳动纠纷，也称劳资争议、劳资纠纷，是指用人单位与劳动者或劳动者团体就有关劳动权利义务发生的争议，包括对薪酬、工作时间、福利、解雇及其他待遇等工作条件的主张不一致而产生的争议，一般不包括雇主团体或劳动者团体内部的争议以及雇主或劳动者与政府之间的争议。劳动争议具有极强的社会性。如果处理不善，很可能会由个体矛盾上升到集体矛盾，进而引发群体性纠纷，甚至影响到整个社会的稳定和发展[142]。劳动争议的种类主要是根据劳动争议的性质和劳动争议的主体进行划分的。劳动争议可根据争议的主体、内容、发生时间和处理方式等方面存在的差别划分为权利争议和利益争议；根据当事人数量方面存在的差别划分为依靠劳动者个人交涉的个人劳动争议和依靠工会交涉的集体劳动争议。此外，也可根据劳动争议中是否有涉外因素划分为国内劳动争议和涉外劳动争议。这些分类标准、方式之间并不相互排斥，存在着交叉[143]。

2. 劳动争议的处理机制

劳动争议的处理机制是依法解决劳动者和用人单位争议的重要机制，是由各种劳动争议处理机构和相互衔接的争议处理程序共同构成的解决劳动争议的制度体系，按顺序可分为以下四个组成部分。

(1)劳动争议协商。劳动争议协商是指劳动争议发生之后，用人单位和劳动者或工会本着平等、合作的原则，自主协商、平等交流，以尽快解决纠纷，是双方自主解决争议的一种方式。劳动争议发生后，劳动者可以和用人单位自行协商和解，也可以请工会或者第三方共同与用人单位协商和解。协商解决劳动争议，不是基于法律的强制，而是基于当事人的自主选择[144]。

(2)劳动争议调解。劳动争议调解是指在劳动争议调解机构的主持下，依照法律、法规、政策和道德规范，在查明事实、分清是非的基础上，通过疏导、说服、劝导，促使争议双方进行协商，自愿达成协议，从而消除争议的方法和活动。调解是在第三方的主持下进行的，调解不仅包括用人单位调解机构的调解，而且包括劳动争议仲裁委员会和法院的调解[145]。

(3)劳动争议仲裁。劳动争议仲裁是指劳动争议仲裁机构对当事人请求解决的劳动争议依法公断执法的行为，包括对争议事实依法审理、对当事人的责任和义务作出认定，并进行调解和裁决的一系列行为。与劳动争议调解制度相比，劳动争议仲裁制度在机构上比较正式和完备，是我国劳动争议诉讼的前置程序，其准司法性或司法化特征明显，仲裁裁决在依法生效后具有强制执行力。

(4)劳动争议诉讼。劳动争议诉讼是指劳动争议双方当事人不服劳动争议仲裁委员会的裁决处理，在法定的期限内依法向人民法院起诉。劳动争议诉讼程序是处理劳动争议的最终程序，可确保当事人获得司法救济，保障当事人的权利，以及对劳动争议仲裁裁决进行一定的监督和审查，保障裁决书、调解书的执行[146]。劳动争议诉讼的程序为两审终审制，如果诉讼一审由最高人民法院判决，则最高人民法院的判决为最终判决。

四、中国劳动关系的未来

在计划经济时期，政府的劳动行政部门作为用人单位的上级，实际上是以劳动关系一方的身份直接介入劳动关系，用人单位负责执行劳动行政部门的政策，因此彼时中国的劳动关系属于劳动行政关系[147]。市场经济转型过程中，中国的劳动关系呈现出原子化、分散化的特点，以个别劳动关系为主，集体劳动关系在形式上虽然存在，但在实际中并未最后形成[148]，出现用人单位的博弈力量强于劳动者的现象，同时工会的性质与职能仍保留着计划经济时期的特征。

随着经济全球化与社会主义市场经济体制的完善，中国的劳动关系将会发生两个方面的改变：一方面，中国的劳动关系将在局部领域同西方发达国家趋于一致。例如，中国工会将改变被诟病的福利型工会模式，从国家政权组成部分转变为工人阶级的利益组织化机构[149]，进而构建出以组织动员模式为内核、以社会服务模式为外延的工会模式[150]。另一方面，中国的劳动关系将呈现出更鲜明的中国特色，包括：一是中国式创新将驱动社会经济的发展，激发劳动力市场的活力，将促进平台经济、灵活用工等新型劳动关系蓬勃发展，倒逼劳动力结构的转型升级，用人单位的博弈力量强于劳动者和工会的特征也将弱化；二是我国的集体劳动关系法律规制将逐步完善，政府将动员各种行政资源和力量，特别是劳动行政力量来促进劳动法制与协商谈判机制的实现[151]，以此减少劳动冲突和提高劳动标准；三是随着中西部经济后发优势显现，人才出现回流，人才的地域分布可能更为均衡[152]；四是随着员工持股计划和合伙人制度在数字经济时代的兴起，劳资边界模糊化，利益协调型的劳动关系将彻底取代利益抗衡型的劳动关系，成为我国主流的劳动关系；五是中国必然会通过顶层设计和部署，完善政府、工会、用人单位共同参与的协商谈判机制，建立以“公有制为主体、多种所有制经济共同发展”和“按劳分配为主体、多种分配方式并存”为依据，以“共享”作为劳动关系治理的主要目标的和谐劳动关系[153]。

本章小结

劳动关系是现代社会的基本经济关系，劳资双方能否构建和谐的劳动关系，必然影响到生产与分配。本章对劳动关系的概念、理论、历史、法律等内容以及工会相关内容做了介绍，主要包括四小节内容。

第 1 节为劳动关系概述，介绍了劳动关系的概念，归纳了劳动关系的五个特征与三种类型，阐述了劳动关系的三种具有影响力的理论视角与两种基本研究范式。第 2 节为劳动关系的历史发展，按照人类社会发展的历史阶段，回顾了工业化前到 21 世纪以来的劳动关系的发展情况，并在此基础上分析了劳动关系发展各阶段的特征。第 3 节为工会，介绍了工会的概念，归纳了工会的职能和类型，并基于工会的四个发展阶段概述了工会的发展历程。第 4 节为中国的劳动关系，阐述了当代中国劳动关系的理论视角，按照计划经济时期、市场经济转型期、市场经济时期的阶段划分，概述了中国劳动关系的变迁，从劳动合同关系、集体合同制度、劳动争议处理三方面介绍了中国劳动关系的法律保障，最后展望了中国劳动关系的未来。

关键词

劳动关系　劳资矛盾　工人运动　工会　劳动法　劳动合同法　劳动争议　集体合同

思考题

1. 简述劳动关系的概念和特征。
2. 谈谈你对劳动关系研究范式的理解。
3. 试述劳动关系的发展历程。
4. 试述中国劳动关系变迁的特点。
5. 简述中国劳动关系的法律规制。

6. 简述工会的职能和类型，并描述工会的发展历程。

推荐阅读

网约工是“合作关系”还是“雇佣关系”

共享经济在新时期的发展，是互联网深入发展以及新一代信息技术与创新2.0互动演进的结果。云计算的发展和闲置资源的存在，为共享经济的发展提供了支撑与机遇。共享经济不仅对生活方式产生了影响，也对传统的劳动关系提出了挑战。

王某于2012年8月通过网上招聘入职A公司工作，职务为代驾司机，待遇为每月底薪3 000～6 000元，按照接单量另有提成。为证明劳动关系，王某提供工牌、工服照片及未穿工服罚款收条等证据，其中工牌、工服标有A公司字样。入职后，A公司一直拒绝与他签订书面劳动合同和缴纳社保。王某认为，自己经招聘、面试、培训等流程入职A公司，在工作中遵守A公司的各项规章制度，听从A公司指挥，接受A公司的各种惩处措施，与A公司之间形成了管理与被管理的劳动关系，故诉至法院。王某请求确认他与A公司之间存在劳动关系，以及判令A公司退还押金与支付补偿金。

A公司不同意王某的诉讼请求，请求法院依法驳回王某的全部诉讼请求。A公司称双方不存在劳动关系，王某依据劳动关系提出的请求缺乏事实及法律依据，具体理由如下：(1)A公司针对汽车代驾活动研发了一个APP，包含客户端和司机端，通过手机下载后，客户可以发布代驾需求，经系统处理后，根据就近原则，A公司将信息推送给附近的司机，由司机直接跟客户联系，将客户送到指定地点并收取费用。实际上，A公司提供信息平台，发挥的是信息传递作用。(2)A公司与代驾司机之间不存在劳动关系：1）代驾司机在什么时间、什么地点接单，在什么时间休息，完全取决于其个人意愿，由其自主决定，不受公司约束和管理；2）代驾司机直接向客户收取代驾费，并且向A公司支付信息服务费，并非由A公司支付报酬；3）所谓的惩处措施，是代驾司机违反服务规范后依照双方约定的处理方式处理客户投诉；4）司机解约自由，王某与A公司随时可以通知对方解除合约。由此可见，A公司和司机的关系，与法律所规定的劳动关系有着本质区别。(3)双方争议的基础事实并不存在。因此，与A公司合作的代驾司机，其接单时间、接单地点完全由自己决定，不受A公司管理，并且直接向客户收取代驾费，双方是平等民事主体间的合作，不是劳动关系。

一审法院认为：本案争议的焦点系双方是否存在事实劳动关系。劳动和社会保障部《关于确立劳动关系有关事项的通知》指出，用人单位招用劳动者未订立书面劳动合同，但同时具备下列情形的，劳动关系成立。(1) 用人单位和劳动者符合法律、法规规定的主体资格；(2) 用人单位依法制定的各项劳动规章制度适用于劳动者，劳动者受用人单位的劳动管理，从事用人单位安排的有报酬的劳动；(3) 劳动者提供的劳动是用人单位业务的组成部分。劳动关系成立需要劳动者为用人单位提供有偿劳动，劳动者从用人单位处获得劳动报酬和有关福利待遇，劳动者和用人单位形成了以人身自由在劳动范围内归用人单位支配、服从劳动分工和安排、遵守劳动纪律、接受用人单位管理为主要内容的从属关系。王某作为代驾司机，可以兼职也可以全职，工作时间自己掌握，不符合劳动关系的认定标准。王某提供的工牌、工服照片等，虽标有A公司名称，但不足以证明双方存在劳动关系。故因王某未能提供充分证据证明其与A公司存在劳动关系，其基于劳动关系的各项诉讼请求没有事实及法律依据，法院不予支持。

二审法院认为：根据双方当事人的诉辩主张，本案二审期间的争议焦点是王某与A公司是否存在劳动关系。根据查明的事实，王某系A公司的代驾司机，工作时间由其自行灵活安排，其选择A公司所开发的手机软件或推送的电话信息为客户提供代驾服务，A公司收取20%的信息服务费，王某所主张的工资构成中含底薪缺乏相应的证据证明。王某所提交的工牌、工服照片、委托代驾协议、代驾服务确认单等证据材料，虽显示有A公司的公司名称，但尚不足以证明双方存在劳动关系，故其基于劳动关系的各项诉讼请求缺乏事实和法律依据，法院不予支持。

资料来源：徐小祺．网约工：我是谁的员工？．(2021-08-07)．https://www.pkulaw.com/lawfirmarticles/ab2db02df4e7223aa39196e4a5d7e615bdfb.html.

注释

第 10 章

劳动问题

【重点问题】

- 什么是劳动问题？
- 失业的类型有哪些？
- 如何防止劳动冲突和劳动越轨行为发生？
- 特殊群体面临的就业困境有哪些？
- 我国失业问题产生的原因和应对措施是什么？

【开篇引例】

印度 2 亿人大罢工

2019 年 1 月 8 日，印度全国总工会发起为期两天的全国大罢工，包括银行业、农业、通信业、公共服务业等 10 个全国性行业的工会组织均参与其中。印度全国总工会称，此次罢工得到了几乎所有主要的政府机构职员以及银行、保险、电信和其他服务部门职员的支持。这大概是人类历史上规模最大的罢工之一，参与罢工抗议及上街游行示威的民众多达 2 亿人，相当于印度全国总人口的 16%。

这次罢工是对政府 1 月 2 日通过的一项新法案的抗议。罢工者抗议政府提出的公共部门企业私有化、拟修订《工会法》等一系列被罢工者形容为“反国家”“反劳工”的政策，它们被认为会损害工人和工会的利益。印度全国总工会称，政府未能创造足够的就业机会，并且严重忽视了工会提出的 12 点要求，修订《工会法》等政府决策损害了工人的利益。工人认为，政府通过的新法律赋予了中央政府在确认劳工组织方面的自由裁量权，实质上取消了现行的涉及雇员、雇主和政府的雇佣谈判过程。抗议者们提出了提高最低工资和养老金、加强社会保障和失业救助等诉求。工会要求政府颁布《社会保障法》来保护工人的利益，并为无组织的运输部门职员提供 24 000 卢比（逾 340 美元）的最低工资。

这次印度大规模罢工处于一个关键的转折点上，实际上是印度社会矛盾积累到一定程度的结果，政府修订《工会法》只是一个催化剂或者导火索而已。作为全世界经济增长最快的经济体之一，印度并没有为受过教育的年轻人提供足够的工作机会。《华盛顿邮报》的一篇文章估计，2021 年印度 15～34 岁的人口将达到 4.8 亿。他们的受教育水平要高于父辈。然而，印度的就业状况依然不景气。不久前，印度铁路系统宣布招工，发布了 6.3 万个职位，而申请入职的人数多达 1 900 万。

一项分析显示，2011—2016 年，印度几乎所有邦州的失业率都在上升。根据经济学家测算，印度大约有 1.04 亿剩余劳动力，而政府面临着每年创造出 600 万～800 万个就业岗位的压力，还需要为薪资水平较低的女性创造工作机会。

扩大劳动力市场、提供充足的就业岗位对任何政府来说都是一项艰巨的任务，这成为印度政府一直没能妥善解决的问题。印度政府也已经连续多年选择不再公布全国就业数据，最终造成了印度全国职员和剩余劳动力不满情绪的集中爆发。

从宏观的视角来说，印度大罢工事件不仅反映出印度国内政府与劳动力之间的矛盾，也体现出全球普遍爆发的民众对政府的不满情绪，这开始逐渐影响到发展中国家。最终，印度国内社会矛盾、政治矛盾的交织，导致了本次大规模罢工的发生。

资料来源：印度爆发史上最大规模罢工！2 亿人游行抗议，社会矛盾激化．(2019-01-16). https://baijiahao.baidu.com/s?id=1622691446663845268&wfr=spider&for=pc.

思考：

1. 印度 2 亿人大罢工的原因和后果是什么？
2. 除了罢工，还有哪些类型的劳动冲突？

第 1 节　劳动问题概述

劳动问题是整个社会问题领域非常重要的组成部分，且与其他社会问题有着非常紧密的关联。工业化以来，劳动问题越发成为现代社会普遍面临的重大问题。在技术进步与产业升级的进程中，劳动问题的具体表现形式也在不断变化。劳动问题可能是某个劳动个体面临的问题，也可能是某个劳动群体甚至整个行业都面临的共同挑战。

一、劳动问题的界定

按照社会学的理解，劳动问题是在劳动领域发生的被多数人认为不合理或影响到多数人劳动行为的事件和情况。这一概念的外延非常广，主要包括失业问题和特殊群体的就业问题，其中特殊群体的就业问题包括残疾劳动者、女性劳动者和流动人口的就业问题。随着互联网技术的发展、移动终端的普及和平台经济的繁荣，雇佣和劳动的方式更加灵活化和弹性化，与之相对应的是劳动问题也表现出更加多元化和复杂化的倾向。

劳动问题的概念包含以下几方面内涵。首先，劳动问题必须表现为一种或数种劳动现象产生了失调。例如，近年来我国多地出现用工不足与“用工荒”并存的现象，这就是典型的劳动现象失调的表现，背后的原因与人口老龄化和产业结构的调整密切相关。其次，这种失调对劳动者的生活产生了普遍性的负面影响。例如，20 世纪 90 年代中后期，国有企业、集体企业改制导致大量国企工人下岗，全国约有 3 000 万人受到波及，其中东北等地区所受影响最为严重[1]。再次，劳动问题能够引起多数社会成员的注意。劳动问题通常能产生很强的“蝴蝶效应”，如流动人口的就业问题，背后涉及国家的户籍制度改革及城乡流动等重大社会议题。因此，一个新的劳动问题的出现，往往很容易引起全社会的广泛关注。最后，劳动问题具有复杂性。劳动问题涉及生产生活的方方面面，无法通过单一的方式予以解决，往往需要依靠国家、社会组织、家庭等多方合力集中应对。

二、劳动问题的分类

劳动问题包含了整个劳动领域几乎所有失调和不合理的现象，因此种类非常复杂。从不同的视角和关注点出发，可以对劳动问题进行不同类型的划分。

（一）劳动者层面的劳动问题

从劳动者层面来看，劳动问题可以划分为劳动积极性不足、职业选择困难、职业流动受阻等方面的问题。单个个体在劳动过程中所遇到的问题不一定属于劳动问题的范畴，但在实际生活中，个体所遇到的往往是共性的劳动问题在个人职业生涯进程中的投影。例如，宏观劳动力市场就业信息不通畅、劳动力供需不能有效匹配，会造成个体的职业流动受阻。从劳动者群体层面上来看，在同一劳动问题影响下的个体必然自发地形成一个暂时性的群体，以争取更强的话语权与制度回应。例如，残疾人、老年人、大学生、流动人口这些特殊群体的劳动问题在整个劳动问题的范畴中占据非常重要的地位，也是政策和相关研究重点关注的领域。以流动人口为例，流动人口的就业问题一直以来都是至关重要的问题，影响着我国的社会结构、产业用工结构与城乡关系。近年来，互联网平台用工方式吸纳了大量流动人口在物流、运输服务等行业就业，流动人口的就业方式愈发灵活，已经改变了以往的劳动雇佣形式。同时，人们对流动人口就业问题的关注也渐渐从就业机会方面转向就业质量方面。此外，劳务移民问题也是近年来矛盾十分突出的问题，随着产业规模效应的增强，城市之间发展水平差距扩大，区域之间不平等程度加深，劳务移民现象变得更加普遍，很多小镇青年走上了“北漂”“沪漂”的道路，长江、珠江等经济带成为劳务移民的热点区域。如何妥善安置劳务移民，在避免对本地原有的公共资源和人居环境带来压力的同时，又能为劳务移民提供充分的就业机会和基本公共服务，成为很多城市在制定产业政策、人才政策时必须加以考量的问题。

（二）劳动组织层面的劳动问题

从劳动组织层面来看，劳动问题表现在劳动组织的生存与发展、企业文化建设、绩效管理等方面。劳动组织的存续和国家发展息息相关。近年来国家不断通过政策引导和财政倾斜鼓励支持小微企业发展，创造了大量新的就业岗位，成为经济增长的新亮点。但不可否认的是，小微企业依然存在生存周期短、抗风险能力差等问题。例如，新冠疫情期间，大量小微企业因外部市场环境波动而濒临破产，由此引发失业率的上升。对此，国家出台了一系列产业支持政策，意在与劳动组织层面的企业发展有效对接，解决企业面临的发展问题。从企业文化建设和绩效管理的角度来说，在企业管理层面为劳动者创造优良的劳动氛围，建立有归属感、公平感、获得感的组织文化，是企业自发解决内部劳动问题的有效途径。

（三）劳动制度层面的劳动问题

从劳动制度层面看，劳动问题包含劳动就业、劳动报酬、劳动关系、社会保险和员工福利等方面的问题。在司法层面上，我国建立了以《劳动法》为核心的保护劳动者权益、解决劳动问题的法律体系。在制度层面上，则通过社会保障制度安排如养老保险、医疗保险、工伤保险等社会保险和福利制度来保障劳动者的利益。此外，国家还通过政策调整来应对劳动领域的新变化和新问题，例如近年来有关延迟法定退休年龄的方案讨论，就是针对人均寿命延长、人口老龄化等问题在劳动领域做出的积极应对。

（四）社会结构层面的劳动问题

从社会结构层面看，劳动问题包括收入分配、贫富差距等问题。以收入分配问题为例，收入分配不仅影响着劳动者的公平感知与劳动积极性，也塑造着社会结构。我国实行的社会主义市场经济既要避免“平均主义”和“吃大锅饭”的倾向，又要将收入分配差距控制在合理的范围内，避免过大的贫富差距给劳动者带来强烈的不公平感与相对剥夺感。我国收入分配领域的主要问题表现为收入差距过大，且财富的代际积累作用明显。国际上通常使用“基尼系数”来衡量一个国家或地区的居民收入差距，基尼系数越接近 0 表明收入分配越趋向平等，基尼系数在 0.2 以下意味着收入高度平均，0.2～0.3 表示收入比较平均，0.3～0.4 表示收入相对合理，0.4～0.5 表示收入差距较大，当基尼系数达到 0.5 以上时，则表示收入高度不平均[2]。国家统计局测算的数据表明，2016 年我国基尼系数达到 0.465，已经接近收入差距的悬殊线[3]。此外，与收入不平等紧密相关的财富不平等问题也不容忽视，2010—2020 年我国家庭财富基尼系数一直维持在 0.65 的相对高位[4]。这表明收入分配不平等已经成为我国目前亟待解决的劳动问题。

三、劳动问题产生的原因

劳动问题不是单一因素造成的，正如劳动问题无法依靠单一的举措解决一样。如今劳动问题愈发引人关注，正是多种因素综合作用的结果。从不同的视角，能够发现劳动问题产生的不同原因。下面从功能主义视角、冲突论视角和互动论视角分别展开讨论。

（一）功能主义视角下的劳动问题

功能主义认为，劳动是社会组织的一个关键要素。在理想状态下，存在一种社会的平衡，不同技术工人均衡地补充着劳动队伍，经济持续稳定的发展也吸纳了日益增加的劳动人口。但是工业社会很容易受到经济波动、科技变化等外在因素的影响和冲击。突如其来的变化常常导致国家经济产生功能障碍，给整个社会机制造成连锁反应（失业、银行破产、异化、社会动荡等）。正是急剧的经济和社会变动使得整个社会机制失去了平衡，比如大公司和强有力的工会的出现，政府加大对经济的干预，企业制度的改变。[5]

（二）冲突论视角下的劳动问题

冲突论认为社会中存在无数的团体，它们不断争斗以获得优势。当那些成功积累了权力的群体开始损害社会其他群体利益谋取自身利益时，社会问题便产生了。社会和经济不平等是理解同劳动有关的问题的基础，在资本主义制度中，公司利益对国家的政策和经济产生了深远的影响。其中"异化"是理解工作满意度下降的关键概念，在今天的许多工作中，劳动者从事着枯燥、重复和贬低人格的劳动，他们难以在工作中找到满足，个人潜力也无法实现，某些劳动者感到无法从工作中获得应有的报酬，因而工作成了一种社会问题，它最终成为一种强制劳动，一个人劳动所创造的利益到了其他人的手中，自己却无法得偿所愿[6]。

（三）互动论视角下的劳动问题

互动论认为对劳动的主观解释包括劳动在生活中的意义和其他人的劳动状况。时间的改变带来不同的解释，例如高科技的产生和空闲时间的增加，使得将劳动作为生活重心的价值取向发生了转变。生活水平的提高，增加了我们对生活的期待。不同境遇的人对劳动有着不同的看法，互动论认为最重要的是在怎样的条件下，劳动才会成为一个问题[7]。

四、劳动冲突和劳动越轨

随着劳动的社会化程度的加深，劳动过程中人与人之间的联系也越来越紧密，不可避免地会产生冲突和越轨行为。这些行为违反劳动规则，破坏劳动秩序，可能阻碍乃至中断正常的劳动过程，需要对劳动冲突和越轨行为实施有效的控制，确保劳动生产的顺利进行。

（一）劳动冲突

经济全球化一方面促进了不同国家、地区和群体的劳动分工，另一方面也相应地提高了劳动冲突的可能性，渐渐成为影响经济社会发展的重要因素。其中，劳动冲突的波及范围最广，影响最大。

1. 劳动冲突的概念

劳动冲突是劳动者在劳动过程中发生的相互反对的行为方式。劳动冲突发生的原因在于，不同群体之间个体特征、利益需求乃至内心诉求差异较大。比如，在劳动者的个体特征方面，有的劳动者同时扮演着父母、子女、下属等角色，这种多角色的要求势必会对劳动者的工作时间和效率产生影响，而有的劳动者所要扮演的角色较少，或者每个角色所要求其承担的压力较小，劳动者就可以将更多的时间精力投入工作。在利益需求方面，不同群体的劳动者所追求的利益是不同的，常见的有以领导层和职工层为主的利益冲突，也有不同部门之间的利益纠葛。这些冲突对劳动秩序、劳动关系和劳动效率都会产生重大影响[8]。

2. 劳动冲突的种类

劳动冲突具有复杂性，根据不同的标准，可以将劳动冲突划分为不同的种类。

(1)按照劳动冲突的规模，可以将其划分为劳动者个人之间的冲突、劳动者个人与所属劳动群体之间的冲突以及不同劳动群体之间的冲突。劳动者个人之间的冲突，可以表现为一个部门或者科室内成员之间的冲突，也可以表现为群体内管理人员和被管理人员之间的冲突，还可以是两个群体各自内部的冲突。劳动者个人与所属劳动群体之间的冲突，比如个人与群体的目标指向有冲突、利益要求有冲突、个人志趣与群体需要有冲突、个人自由与群体纪律有冲突等。不同劳动群体之间的冲突，可以体现为不同合作组织之间的冲突，如甲方和乙方因为合作利益的分配问题相互攻讦，也可以表现为工矿企业与作业区附近居民针对土地、资源、福利待遇等问题产生的冲突。其中，不同劳动群体之间的冲突，因冲突各方分属不同的利益团体，且冲突本身涉及双方或多方成员的切身利益，从而具有一定的规模性、组织性和破坏性。

(2)根据劳动冲突的内容，可以将其划分为物质冲突和精神冲突两大类。物质冲突是由工资、奖金、住房、福利、子女就业及其他物质利益引起的；精神冲突则是由想法、观点、态度不同引起的。需要注意的是，劳动冲突的内容划分依据是冲突所围绕的对象，和冲突原因并不完全一致。也就是说，物质冲突可能是由物质因素、精神因素或混合因素引起的，精神冲突也是如此。

(3)按照劳动冲突的行为表现，可以将其划分为直接冲突和间接冲突。直接冲突是以公开对峙的形式表现出来的。间接冲突则一般通过中介物或中间人进行，冲突双方并不直接接触。直接冲突和间接冲突是可以相互转化的，个人或群体之间的间接冲突升级之后会转变为直接冲突。如果直接冲突能够很好地协调或解决，那么直接冲突也可能转化为间接冲突。

(4)按照劳动冲突的后果，可以将其划分为积极的冲突和消极的冲突。一般情况下冲突表现为激烈的对抗，不管是对劳动者个人还是群体，不论是对劳动秩序还是劳动规范，都会造成严重的后果和广泛的影响。这些后果既可能是积极的，也可能是消极的。积极的冲突指的是冲突行为本身能够促进劳动群体的发展、推进技术的创新和带动社会的进步。比如我国国企改革时期，大量国企引进新技术，培养相关人才，改变规章制度，这种改变势必会遇到阻力和反对，进而引起冲突，如果冲突能够得到解决，那么国企的市场竞争力就会极大地提升。再如，为推广一个回报率低但富有前景的农业调整项目，负有推广任务的村干部和急需增加收入的农民之间必然会产生冲突，然而只要处理方式得当，项目就会极大地促进农业发展，帮助农民增收。类似的冲突还包括捍卫劳动者合法权益而产生的冲突、反对官僚主义和腐败现象而产生的冲突等，这类冲突在劳动过程中大量存在，只要能够合理解决，就能够产生积极后果。与之相反，消极的冲突会造成劳动者肉体上和精神上的损伤，乃至个人、集体和国家在物质上的损失，破坏劳动秩序、败坏劳动风气、降低劳动者的生产效率，最终给劳动者自身和群体带来严重的危害。

3. 劳动冲突的表现

虽然劳动冲突的表现形式多种多样，但最引人关注的还是群体之间的劳动冲突，而群体间的冲突又以劳资冲突最为典型，劳资冲突往往容易引发罢工、怠工和闭厂等问题。

(1)罢工。罢工（strike）是指雇员群体性短暂停工，目的是表达诉求，迫使雇主满足其提出的要求。辅助罢工的策略通常包括抗议示威活动或者联合抵制[9]。罢工可以增强罢工者的谈判力量：通过拒绝提供劳动，罢工者试图提高雇主的不同意成本，具体做法是减少私营部门雇主的利润，或者减弱公共部门满足纳税人和选民需求的能力。如果这种行为的成本足够高，雇主将满足罢工者的要求，以避免威胁性罢工或解决已发生的罢工[10]。

罢工有不同的原因，具体而言有以下几种类型：一是经济性罢工（economic strike）。劳动者可能为了更高的工资、更有利的工作规则而罢工。在美国劳动关系中，经济性罢工是最常见的罢工类型。二是不公平劳动行为罢工（unfair labor practice strike）。抗议雇主不公平劳动行为的罢工叫不公平劳动行为罢工。三是同情式罢工（sympathy strike）。为了支持正在罢工的其他工人而举行的罢工，即同情式罢工。四是野猫式罢工（wildcat strike）。大多数工会合同都包含了不罢工的条款，禁止在合同有效期内针对抱怨停工，所以这样的罢工就称为野猫式罢工。为了解决抱怨问题，劳动者通常用申诉仲裁来替代野猫式罢工[11]。

(2)怠工。劳动者的另一种策略是怠工（work slowdown）。放慢工作节奏，试图通过降低生产率向雇主施加成本压力，但并不需要劳动者离开工作岗位和进行罢工（继而面临被永久替代的风险）。一种常见的怠工方法是“按规定工作运动”，即劳动者严格按照雇主的规定去工作。例如，邮递工人检查大量的邮政编码、杂货店店员频繁地核对价格等，这些工作导致了不必要的效率损失。另一种方法是不完全的、短暂的或断断续续的罢工，目的是打乱雇主的运营节奏，但是由于这些罢工是突然的，且很短暂，雇主很难雇用替代者[12]。

(3)闭厂。与经济性罢工联系最紧密的是闭厂（lockout）。它是在谈判僵局时期由雇主发起的而不是工人发起的停工。在经济性罢工中，工人会拒绝工作，直到他们的谈判条款获得满足；在闭厂中，雇主告诉工人不能回去工作，直到工人同意雇主提出的条款。闭厂与经济性罢工类似，因为它是谈判争议引发的停工，但是闭厂是由雇主发起的，而不是由劳动者发起的。闭厂可以进一步划分为防御性闭厂和进攻性闭厂。当雇主不让劳动者进入工厂以防止因罢工造成损失时，即为防御性闭厂；相反，当雇主为了获得更好的解决方法而向工会采取施压行动时，就发生了进攻性的闭厂[13]。

4. 劳动冲突的调适

一旦劳动冲突发生，就需要对其进行干预和调适，积极的冲突想要达到预想的有利后果，更需要采取适当的措施进行劳动调适，否则就会违背初衷影响劳动秩序。劳动调适是指劳动者通过调整自己的行为以适应劳动环境，同其他劳动者保持正常劳动关系的行为方式。在实际劳动过程中，每个劳动者都在自觉或不自觉地调适着自己的行为，以期适应和处理好劳动过程中的各种人际关系。

(1)自我调适。通过自我调适达成矛盾冲突的和解，这是劳动调适的主要方法。在劳动过程中出现冲突的原因是复杂的，有时是单方面的过错引起的，有时则是双方的过错引起的。在冲突发生时，劳动者有时只会意识到对方的过错却忽视自己的不足，这对于调适双方的行为是不利的。对此，要用自我调适的方式来解决，这样才能消除误解或避免产生新的隔阂，改变之前的冲突状态，建立起正常的关系。

(2)妥协。通常情况下，妥协不是由于消除了误解、有了新认知而改变了原有的态度，而是由于冲突各方提出一些条件、相互交涉或者经过第三方调停之后，各自接受对方的条件，使得冲突状态得以暂时结束。妥协并没有从根本上化解造成冲突的矛盾，但可以维持一种能够保证基本劳动秩序的状态。在现实生活中，冲突并非总是能够完全化解，双赢的局面是一种理想却难以达成的结果。在多数情况下，劳动者之间都会以一种相互妥协的态度，在利益交换的基础上缔结具有一定稳定性的契约，从而能够达成暂时性的和解。

(3)忍让和服从。忍让是指以忍耐、让步的态度来抑制自己的想法和欲望，以保持原有劳动关系的平衡的行为方式。服从则是指劳动者服从他人或集体的行为方式，常见的如遵守行劳动生产的各项规章制度。大体上服从可以分为两大类：一类是被动服从，即服从者是被迫的，或是由于上级的权威，或是由于集体的压力而不得不服从相关的要求；另一类是主动服从，表现为劳动者自愿同其他劳动者在思想上、动机上乃至行为上保持一致。

(4)隔离。隔离是在上述调适方式无法解决劳动冲突时所采取的解决方式，比如用撤销职务、调换工作岗位、优化劳动组合等手段，把冲突各方分开，或是在其中插入新的中间人，使冲突各方避免直接接触。可以看出，隔离并非消除了冲突，而是回避了冲突[14]。

(二)劳动越轨行为

每一个社会中都必然会存在越轨行为，越轨行为即违反一定的社会行为准则、价值观念或道德规范的行为。20 世纪 90 年代以来，全球化竞争提高了劳动组织所处环境的不确定性，持续性变革导致组织中人际关系更趋复杂，互联网在工作场所的应用也愈发普遍。基于上述环境的变化，组织成员不断地面临着各种困境，这些困境往往会投射在劳动过程中，表现为具体的劳动越轨行为。劳动越轨行为会对正常的劳动秩序造成破坏，甚至会造成群体性的劳动越轨事件，引发罢工、游行、示威等社会事件。

1. 劳动越轨行为的定义

劳动越轨（workplace deviance）行为是指在劳动过程中劳动者对劳动秩序的蓄意破坏和对劳动规范的背离[15]。为了维持正常的劳动秩序，人们在长期的劳动实践中，逐渐形成了一套共同遵守的有关劳动的规章、制度，乃至道德和习惯。但是在实际生活中，由于种种原因，劳动者会因为个人、工作或组织原因违反劳动的社会规范，导致劳动越轨行为的发生。

一些相近的概念也被用来研究劳动生产过程中的越轨行为。比如雇员越轨（employee deviance）就是一个经常使用的概念，这一概念强调越轨主要发生在雇员而不是管理者和雇主身上；又如反生产工作行为（counterproductive work behavior）和功能失调行为（dysfunctional behavior），着眼于越轨行为对组织目标和生产效率产生的负面影响。虽然上述概念在具体的内涵上有所区别，但是它们都有一个共同的前提并包含一个相同的要素，共同的前提即在组织中劳动者知道什么是合适的、应该做的，什么是不正确的、应该避免的，相同的要素则是劳动者对组织规范的违反是故意的[16]。

2. 劳动越轨行为的类型

由于劳动越轨行为的原因是多方面的，各种越轨行为的性质大不相同，大体上可以根据行为者的生理状态、人数，行为结果，破坏性和行为对象进行划分。

(1)按照行为者的生理状态，可以分为无能顺从和未能顺从。无能顺从，按照字面意思来理解即劳动者在工作过程中，因为身体或精神上的原因，无法遵从现有的劳动规范，从而导致越轨行为，这种结果往往也是劳动者自身所不愿意看到的。一般来说，劳动者应确保自身能够胜任所承担的工作，劳动者所工作的场所也有义务在劳动者作业之前对其进行检测。但是一方面，有些生理疾病只有在劳动者承受一定的压力，或者经历某种刺激性事件时才发作，对这种潜在不适或疾病无法提前排查；另一方面，劳动者有时会出于某种目的，罔顾自身能力不足的事实，过度工作进而导致生理状况无法满足工作要求，这种情形往往发生在过度加班之后，严重的甚至会导致猝死。未能顺从存在两种情况，即劳动者自身虽然存在些许病症，但是出于掩盖自身能力不足、否认自身过错的目的，在发生过失时伪装发病以图逃避责任；此外，劳动者出于某种目的，在能够遵守劳动规范，完成工作要求时，以自身生理疾病为由为自己进行辩护。无能顺从和未能顺从在表面上有相似的地方，但性质完全不同。

(2)按照行为者的人数，可以分为个人越轨与团体越轨。个人越轨是单个人的越轨行为，常见的如不遵守劳动纪律，不遵从职业道德等。后者是两个及以上的人员发生的越轨行为。团体越轨行为可能形成一个具有一定组织性和较强目的性的团体，如部分劳动者通过煽动手段聚众闹事，或者形成非正式组织以对抗正式组织，从而达成某种目的。常见的有贪污盗窃集团、诈骗集团、走私集团等，这类团体往往进行连续性的、周期性的破坏行动，所造成的危害是十分严重的。团体越轨更可能形成的是一种暂时性的、松散的团体，这种团体随着事件的结束而解散。

(3)按照行为结果，可以分为破坏性越轨与建设性越轨。劳动中的越轨行为，不论行为者的动机是什么，最终的结果都是对当前劳动规范和秩序的破坏。根据行为初衷和结果的不同可以区分为破坏性越轨和建设性越轨。破坏性越轨，顾名思义就是这种破坏产生了负面影响，或是损坏了劳动生产资料，或是损害了劳动氛围，最终影响了劳动的生产效率；建设性越轨，比如劳动者由于改革生产技术或工艺流程而违反了旧的规章制度，这种越轨在短时间内会影响劳动秩序，但是一旦成功，就会提高劳动生产率。[17]

(4)按照破坏性和行为对象两个维度，可以将劳动越轨行为分为四类：生产型越轨、财产型越轨、政治型越轨和人身攻击型越轨（见图10－1）。越轨行为的内涵是因人、因时、因地而变化的，必须从具体的研究需要出发予以清晰界定。越轨与非越轨之间存在一个连续统，一个行为并不能直接被认定为越轨，它需要和周围的环境、所需要遵守的规章制度相比较。例如，在工作过程中开小差是一种越轨行为，但在某些行业中它却是可接受的，是一种正常的工作方式。在某个时间某个地点被某人判断为“非”的东西，随着时易情移，亦有可能被判断为“是”。

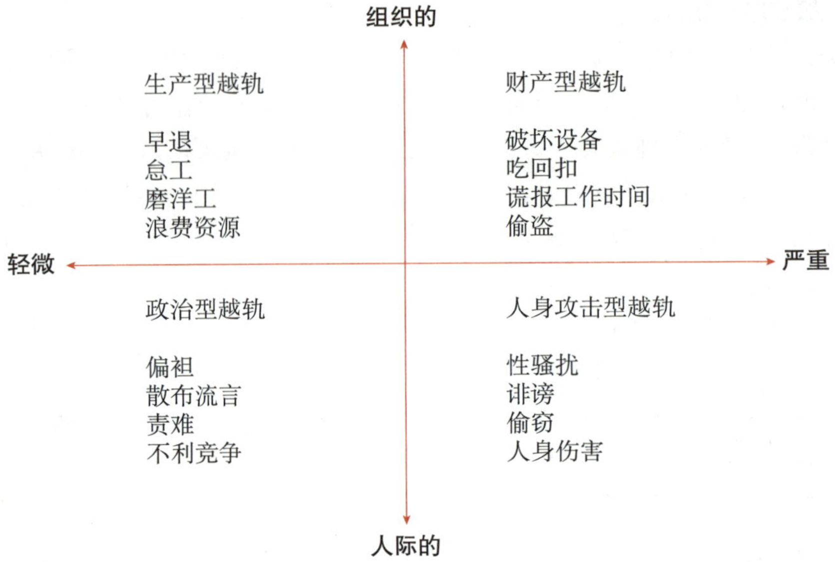

图 10-1 劳动越轨行为的类型

资料来源：Robinson S L，Bennett R J. A Typology of Deviant Workplace Behaviors：A Multidimensional Scaling Study. *Academy of Management Journal*，1995，38（2）：555-572.

生产型越轨是指那些破坏性轻微，且以组织为破坏对象的越轨行为。劳动者承受了过大的工作生活压力，尤其是在遭遇工作挫折后会产生逃避心理，进而对工作产生厌倦、怠惰的情绪。生产型越轨的表现有旷工、迟到、磨洋工等，即表现出对工作的抗拒和对管理者的不满，此种行为往往违反了组织内部的规章制度，但不构成违法犯罪。

财产型越轨是指那些破坏性严重，且以组织为破坏对象的越轨行为。劳动者对组织的不满积累到一定程度后，会通过破坏、偷窃组织的物质生产资料和消极怠工等方式阻碍组织的生产过程，降低组织的生产效率；或是通过泄露机密、利用职权吃回扣等方式侵害组织的利益。

政治型越轨是指那些破坏性轻微，且以其他劳动者为破坏对象的越轨行为。政治型越轨是劳动者在与其他劳动者相处的过程中，由于种种原因产生矛盾，进而通过散布谣言、暗中陷害等方式进行报复的行为。

人身攻击型越轨是指那些破坏性严重，且以其他劳动者为破坏对象的越轨行为。劳动者通过骚扰、口头攻击、身体伤害等行为对同一工作场所的劳动者进行伤害，这些行为往往由于后果严重而直接构成犯罪。

3. 劳动越轨行为的成因

对劳动越轨行为成因的探究，一般围绕个人因素、工作因素和组织因素三方面进行。个人因素包括年龄、性别、受教育程度、工作经历等；工作因素则包含工作内容、工作环境、工作强度和工作满意度等，这些因素会左右劳动者的工作行为；组织因素主要是劳动者对组织的看法，尤其是对组织公平性的满意度，对公平性的不满和认同度的下降，会成为越轨行为的诱因。

（1）个人因素。一是指劳动者的内在特质。具体而言，劳动者的内部动机、个性特征、工作态度、内心情感会影响劳动者对外部刺激的反应程度。而道德感的调节作用也不容忽视，对那些具有较强道德感的劳动者而言，即便在组织中遭遇不公，还是会选择遵守劳动秩序，而不是做出越轨行为。二是指劳动者的人口学特征。人口学特征也是经常提及的因素，在同一情景中，不同性别、年龄、受教育水平、职业类型的劳动者，会倾向于做出不同的行为。通常男性比女性更容易表现出越轨行为；男性更倾向于造成身体伤害的行为，女性则偏向于造成心理伤害的越轨行为[18]。

(2)工作因素。劳动者处于组织中，与其他劳动者或管理者产生联系，工作因素是与劳动者直接相关、最为常见的因素。工作因素包括工作满意度、工作难度、工作环境、工作的自主性、工作压力等。其中，工作满意度是影响劳动者行为的重要因素，对工作满意度的下降会导致越轨行为发生。工作满意度受到多种因素的影响，比如工作中人际交往的公平性，人际交往公平性的下降将提高劳动者破坏组织规则的概率。

(3)组织因素。组织公平感是最重要的影响因素。组织中劳动者对不公平的感受程度决定着越轨行为的目标和破坏性，当劳动者感到来自人际交往过程的不公平时，他们会采取报复的行为进行回击；当劳动者感到来自组织资源分配过程中的不公平时，他们则会采取措施获得应得的资源[19]。对组织公平感的降低也会导致越轨行为，比如不公平的薪酬待遇会增加不满者做出越轨行为的概率[20]。此外，对组织薪酬结构的不满、对公司信任度的下降等均会引发越轨行为[21]。

4. 劳动越轨行为的控制

劳动越轨行为不但增加了组织的生产和运营成本、降低了生产效率，还会导致产品质量下降、生产事故率上升，甚至给组织带来无法弥补的巨大损失，因而有必要对劳动越轨行为加以引导和控制。

(1)从组织层面对劳动越轨行为进行控制，主要方式包括惩罚消极的越轨行为、筛选适合组织的劳动者、建立完善的协调系统和形成积极的组织文化。第一，惩罚消极的越轨行为。如果经过判断，劳动者的越轨行为属于消极行为且后果较轻，那么需要及时根据组织的规章制度对违背者进行相应的处罚。严重的越轨行为如偷窃、破坏财物和人身攻击等已经属于违法行为，需要相关的法律法规予以制裁，同时通过威慑手段预防此类行为再度发生。第二，筛选适合组织的劳动者。因为与工作绩效相关的人格特征譬如情绪稳定、正直、诚实、自控等，对工作场所越轨行为的产生有一定的抑制作用，所以组织在招聘劳动者的时候可以采用人格特征测试，帮助企业识别所需人才，避免不必要的纠纷。第三，建立完善的协调系统。劳动者在工作中遭遇不公平的对待，会产生不满情绪，如果事情能够及时得到解决，劳动者的愤懑能够得到及时的疏导，就能够防越轨行为于未然。这需要组织中存在畅通的反馈渠道，使管理者能够察觉到劳动者的遭遇和情绪，从而改变不合适的规范，改变低效的资源分配制度，营造更加公平的环境。第四，形成积极的组织文化。组织文化对个人行为的规范有着不可或缺的作用：一方面，它制造了一种社会压力使得劳动者按照组织要求的某种方式行事；另一方面，它影响着劳动者的工作满意度、工作中的合作和个人行为。组织文化包含三个层次：组织规章制度（artifacts）、价值导向（values）和劳动者对所处组织环境的评估（assumptions）。规章制度规定了劳动者应该做什么和不该做什么；价值导向决定了组织的发展方向，如是以顾客为中心还是以盈利为导向；劳动者对所处组织环境的评估限制了其所能采取的行为，如果组织在处理问题时总是能够做出公平合理的决断，那么劳动者处于相同或类似情景时将减少越轨倾向。组织中的管理者应该同时从这三个层次着手加强组织文化建设[22]。

(2)从劳动者个人层面对劳动越轨行为进行控制，主要包括自主控制、诱导控制和胁迫控制三种方式。毋庸置疑，劳动者在劳动过程中存在自我控制，即劳动者将组织规范内在化，自觉地用它们来约束自己的行为。组织层面的控制必须建立在自我控制的基础上，没有劳动者的充分自觉，组织层面控制的外在力量就不能转化为劳动者的内在要求，越轨行为也就无法避免。第一，自主控制。这是在内心愿望同外界要求一致的情况下发生的心理控制形式，此时组织对劳动者行为的控制和劳动者内心的心理控制完全融合在一起，表现出高度的自觉性和自主性。比如，劳动者严格按照职业道德规范自己的行为，就属于自主控制。第二，诱导控制。这是在内心愿望同外界要求不完全一致的情况下进行的心理控制形式。此时劳动者可以采用说理诱导、情感诱导和榜样诱导等方式进行自我调节，即通过理解组织规范、增加对组织的认同感以及树立榜样的方式，使自身的工作态度和行为符合组织要求。第三，胁迫控制。胁迫控制是劳动者察觉到如果不遵守劳动规范，会对自己产生不利的后果，在心理上产生一种威慑力量，从而被动地服从组织的规章制度[23]。

第 2 节　失业问题

失业问题是劳动与社会经济发展层面的重要劳动问题之一，也是最普遍、影响范围最广、覆盖全体劳动者的劳动问题。与其他劳动问题不同的是，失业问题并不表现为劳动者在劳动过程中的不协调和权益受损，而是短暂或长期无法参与劳动过程，也无法将自己的劳动力转化为物质报酬。从这个角度来说，失业问题是对劳动者个体影响最为深刻的劳动问题。

一、失业者与失业率

失业现象虽然在生活中普遍存在，但由于对失业者概念的界定以及失业率统计口径的差别，不同国家和组织的具体认定标准也有所差别。

国际劳工组织规定，失业者是指在一定年龄以上，在参考时间之内（例如 4 个星期或 3 个月）没有工作，目前可以工作而且正在寻找工作的人。日本的失业有两重区分：对于那些具有劳动能力、思维能力的人（即劳动人口），由于没有获得有收入的工作而不劳动，是客观失业；对于那些因罢工而不劳动或因工资过低而不劳动的人，是主观失业。美国规定，失业者是指在调查期间内没有正式工作，但是符合下面几种情况的人：（1）等待重新被雇佣回原单位；（2）在接下来的 30 天内等待向新单位报道；（3）一直在努力寻找工作[24]。

从以上国家和组织对失业者的认定标准可以看出，判定是否属于失业者的依据主要在于失业时长和就业意愿两方面。其中，国际劳工组织认为只有“正在寻找工作”，即有就业意愿的人才属于失业者，实际上将失业视为工作之间暂时性的状况；日本则是通过客观与主观失业的划分，淡化了对劳动者就业意愿的考量，仅把失业作为和就业并列的一种劳动者的状态。

失业率是对失业人口在一定的经济活动人口或某种劳动适龄人口中的比例进行的考察，即失业率=失业人数/(在业人数+失业人数)×100%。失业问题是社会经济发展过程中不可避免的，即使在劳动力市场供求稳定、就业充分的条件下，也会有正在寻找工作的人，由此会产生一个自然失业率，一般在 1.5%～2.5%。失业率是各个国家在进行经济、政治、社会政策调整与决策时的重要参照依据，对失业率进行控制也是政府公共行政工作的重要内容。一般来说，国家对于失业率有一定的承受限度，并希望将失业率控制在一个合理的区间范围内。通常意义上，失业率在 5%以下代表着正常的状态，表现为个体的一般性失业问题；5%～10%的失业率代表市场秩序和经济发展产生波动和问题，达到了引发社会问题的临界线，需要国家通过宏观调控等手段予以解决；10%以上的失业率则意味着严重的外部环境事件发生，并且可能伴随社会的动荡与社会冲突频发[25]。

二、失业的类型

一般来说，一个时期内失业现象的增多和失业率的上升，往往与外部环境的变动有关。经济形势与发展规划、产业政策，甚至大型公共安全或卫生事件，都可能带来劳动力市场短时期内较为集中的失业现象。因此，失业问题也是有规律可循的，可以通过一些共性的因素对失业类型进行划分。

（一）摩擦性失业

摩擦性失业是指由于劳动者和企业都需要时间相互定位，消化相关工作岗位匹配的信息而导致的失业[26]。这种失业往往是阶段性的，甚至被看作正常性失业。即使当劳动力市场的供给和需求完全平衡的时候，摩擦性失业仍然会发生，因为企业和工人都在寻找最佳匹配，某一工作岗位发布的需求和与之匹配的劳动力供给总是无法在第一时间完成结合，需要在劳动力市场中通过无数次信息传递才能得到匹配，而匹配带来的时间成本造成了摩擦性失业。在国家经济调整和资源配置过程中，需要一些人在不同的工作中转移，而等待转移的过程就会造成摩擦性失业。虽然摩擦性失业可以被看作一种就业选择的代价，无法完全避免，对社会秩序的威胁也较小，但国家还是应当通过出台相关措施加快工作信息的流动速度，减少摩擦性失业的发生。

（二）季节性失业

季节性失业是指某些行业的工作者经常被周期性地解雇，而一旦雇佣期重新开始，大多数工作者又返回先前的工作岗位继续工作的现象。季节性失业主要出现于一些特定的行业，例如农业、旅游业、服装业及家具加工业等。这些行业往往有比较明确的淡季和旺季划分，在旺季需要雇用大量劳动者，而在淡季劳动者则会面临失业的困境。在目前的劳动力市场环境中，这种季节性失业的现象正在减少。一方面，越来越多的行业开始逐渐淡化旺季和淡季的划分，各种行业都在通过调整经营策略在全年更多的时间内维持稳定的经营，例如旅游业开辟更多的旅行线路和目的地供客户选择，以淡化行业的季节性特点，由此旺季与淡季的绝对划分开始变得相对化。另一方面，随着《劳动法》对劳动力的严格保护以及工作岗位专业性、技术性的提升，培训一个符合岗位要求的工人和解雇这一工人的成本都非常高，因此企业需要做出权衡，要么承担经营淡季维持雇用劳动力额外增加的劳动力成本，要么支付解雇劳动力的额外补偿加上之后重新培训合格劳动力的成本，在这样的状况下，季节性的失业现象开始逐渐减少。在我国，还有另一种独特的季节性失业即流动人口的季节性失业。在春节期间，外出务工的流动人口（主要是农民工）会在结算一年的收入后返乡过年，由此造成许多劳动密集型企业遭遇暂时性的劳动力供给不足，需要一定的时间成本去重新完成与劳动力需求和岗位的匹配。因此，国家每年都积极采取各项措施做好春节后农民工返城务工的服务保障工作。

（三）结构性失业

结构性失业是指由于工作种类与寻找工作的劳动者不匹配所产生的失业问题[27]。需要注意的是，这里的结构性失业与前面提到的摩擦性失业有所不同，虽然这两种失业都可以看作劳动者与劳动岗位之间供给与需求不匹配而产生的失业，但摩擦性失业通常是短期的和小范围的，而结构性失业往往是宏观的产业结构调整带来的劳动者技能、学历或年龄等无法适应新产业、新工作岗位要求所形成的失业。在社会经济结构剧烈变动的时期，结构性失业往往是占比最大的失业类型。以我国 20 世纪 90 年代中后期东北地区的企业工人集体性下岗潮为例，在市场化改革和国企改制的背景下，企业的调整与重组造成大量员工下岗，1996—2000 年间有 3 000 万职工失去工作岗位[28]。大规模的结构性失业往往会在短期内对社会秩序稳定造成较为严重的影响，因此在一些影响较大的经济政策和产业结构政策出台前，国家也会为预防大规模的结构性失业而未雨绸缪，如大力发展教育培训事业，帮助转业人员迅速掌握新的工作技能，以适应新的岗位等。此外，也要适当降低新兴行业、新职业、新工作的复杂程度，使其与现有的劳动力供给水平和质量平稳对接，实现产业结构调整和经济发展的“软着陆”。

（四）隐性失业

以上提及的失业类型都属于显性失业，是劳动者完全处于闲置状态，即在劳动年龄内的劳动者没有工作、无事可做的状态，也就是我们所理解的完全性失业。隐性失业则不同于这种完全性失业，它是指劳动者从事不能充分发挥其能力或其所从事的劳动的生产率低于其所能够达到的标准的一种状态，甚至一些人因无工作可做而被迫选择非就业的活动，例如继续学习、参与培训等。在传统农业部门中，当生产超过某个临界点之后，劳动的边际产出就开始等于或小于零。此时，虽然这些农业劳动者在形式上保持就业，但在经济学意义上已处于失业状态，成为隐性失业的农村剩余劳动力。而在城市中，在经济衰退或经济危机时期，雇主常常让技术人员从事普通工人所做的工作，让熟练工人降级从事非熟练工人所做的无需多少技能的工作，造成劳动效率低下。隐性失业大体上包括就业不足和伪装的就业不足两种情况。就业不足（underemployment）是指劳动者实际工作时间少于他们能够并愿意工作的时间。劳动-闲暇模型认为，每个劳动者都有自身的劳动供给曲线，每个劳动者根据劳动报酬的预期，存在一个自身愿意的最长工作时间。而就业不足导致劳动者无法达到这一最长工作时间，造成劳动力资源的浪费。这些工作虽然有一定的收入，但是无法使受过良好教育和拥有较高劳动技能的劳动者感到满意[29]。伪装的就业不足（disguised underemployment）是指一些人虽然看起来在全天工作，但他们提供的劳动成果实际上只需更少的时间就能完成。这种现象并不是指个体在劳动中的“偷懒”和“摸鱼”行为，而更多的是结构性原因造成的遗留问题。这种伪装的就业不足既给企业增加了额外的劳动用工成本，又造成了劳动力资源的浪费。

（五）自愿失业

自愿失业是指家庭、生育、学习等因素导致劳动年龄群体主动要求暂时不就业或停止工作的现象。此外，劳动者因不满意就业岗位的工作条件、劳动报酬等原因而不选择工作，也属于自愿失业。相对应的非自愿失业是指劳动者愿意接受现行的工作条件和工资水平仍然找不到工作的现象。一般来说，非自愿失业通常是自身劳动能力和知识技术有所欠缺的情况下的被迫选择，而自愿失业往往是权衡工资收入水平、闲暇的机会成本、社会保险情况等要素之后做出的主动选择。

三、失业的影响

失业问题不单是影响劳动者个人生存的经济问题，也是影响整个国家运转的社会问题。失业问题带来的影响，既体现为对劳动者个体的影响，即“失业改变劳动者的工作习惯，摧毁人的工作技能，两种情形都消磨人的自信心和自尊心，最终毁灭人的道德心”[30]，也有对国家、社会的综合性、多方面的负面影响，甚至还会带来激烈的社会动荡。通常认为，失业的代价至少包括三方面。

首先，物质上的直接代价与间接代价。对于整个国家来说，失业直接造成资本、生产资料和劳动力资源的损失，是经济发展的阻碍；长远来说，失业同时也会带来对劳动力的降级使用，造成人力资源的浪费，对国家的经济发展产生潜在的和长期的影响。对于劳动者个人来说，失业的直接后果是劳动者无法通过劳动获得收入报酬，必然会造成个人生活水平的下降，且难以承担家庭赡养与抚养责任。

其次，失业也会带来心理上的代价。在现代社会中，一个人的阶层地位、生活方式与其职业息息相关，失业会导致个人遭遇阶层地位的“急坠”，从原有的社会阶层直接降为社会最底层的无业者。这样的遭遇往往会给个人带来极大的相对剥夺感与职业挫败感，使个人陷入自我否定的失望情绪中，甚至产生无力感和绝望感。研究表明，失业和无业人员的犯罪率和自杀率都远高于社会平均水平，成为社会的不稳定因素[31]。

最后，失业问题也会带来不可忽视的社会代价。失业问题往往与其他社会问题相互影响，造成短期内经济发展停滞和金融危机等；而大量失业和无业人员的产生，又会导致社会骚乱，进一步成为经济复苏和社会秩序恢复进程中的障碍，甚至还会引发游行抗议、暴力革命等激进行为。因此，一旦出现大规模的失业现象，就很容易陷入恶性循环，连带产生一系列的社会问题。正因为如此，各国均非常重视失业问题，通过经济和社会政策等各项措施，防止大规模失业现象的出现。

第 3 节 特殊群体的就业问题

特殊群体是由于年龄、生理结构、技能结构等方面的特点，在社会劳动过程中遇到了特殊的社会问题并因此形成独特行为规律的群体[32]。特殊群体或是因为劳动能力不足，或是因为遭受就业歧视，或是因为家庭负担，在劳动力市场上面临着失业、就业质量不高、职业生涯受限等问题。在当前条件下，特殊群体主要包括残疾人群体、女性群体和流动人口群体等。特殊群体因其各方面的特殊性，所面临的就业问题不同，解决其就业问题的措施也有所差异。

一、残疾劳动者的就业问题

导致残疾劳动者就业困难的原因有很多，既有残疾劳动者自身劳动能力不足的原因，也有政策赋能不够的原因，社会观念中对残疾劳动者的歧视也是阻碍其就业的重要因素。

（一）相关理论解释

残疾劳动者由于生理或者身体缺陷，缺乏具有竞争性的就业能力是其在劳动力市场处于不利位置的原因。在同等工作条件下，残疾劳动者的生产效率不如健全的劳动者，因而就业率低于普通劳动者。这种生理上的差别是导致残疾劳动者能力不足的直接原因，也是残疾劳动者遭受工作歧视的间接原因。

残疾劳动者在劳动力市场上受到排斥是一种普遍的社会现象，这种排斥是对残疾劳动者的歧视，是对残疾劳动者能力的低估和对雇用残疾劳动者的代价的高估所形成的一种合力。正因为种种社会偏见与社会排斥的存在，即使在同等条件下，残疾劳动者也会受到不公正的待遇。有学者从信息社会学的视角出发，建构了一个残疾劳动者在劳动力市场上被排斥的理论模型。假设企业雇用残疾劳动者 A 比雇用健全人 B 能获得更高的劳动效率，如果企业拥有 A、B 两人的完全信息，企业便会理性地选择雇用 A。但在劳动力市场上，用人单位并不知道 A 的劳动效率大于 B 的劳动效率，在这种情况下社会排斥便产生了，企业往往会雇用 B。实际上在同等条件下，甚至在残疾劳动者的人力资本存量更高的情况下，许多用人单位仍然会排斥残疾劳动者[33]。

残疾劳动者普遍较低的受教育程度，进一步阻碍了其进入劳动力市场。有学者对 15 个中低收入国家的调查发现，几乎每一个国家中相当一部分残疾劳动者甚至没有完整地接受初级教育；在较高收入的国家中，残疾劳动者和非残疾劳动者受教育程度的差距更加惊人，调查数据表明，残疾劳动者更容易辍学，而且这种差距还在逐渐拉大[34]。

（二）残疾劳动者的特点

对自身特点的理解是解决残疾劳动者就业问题的前提。残疾劳动者面临较大的生活压力，然而自身缺乏就业能力，这使得其在劳动力市场上难以就业。

第一，面临较大的生活压力。由于自身原因，残疾劳动者及其家庭在日常生活和身体康复等方面的支出较大，然而残疾劳动者普遍收入较低，不足以支付日常开销。残疾劳动者面临着较大的生活压力，尤其在有子女教育需求的家庭中更是如此。更何况，就业不仅意味着经济收入，还是残疾劳动者获得自我认同和社会认同的重要途径。残疾劳动者通过就业来参与社会生产活动，同时建立职业联系，以最终实现人生价值。

第二，缺乏就业能力。就业能力（employability）也称可雇用性。1909 年威廉·贝弗里奇（Williom B. everidge）在英国首先提出了这个概念，通过就业能力的概念，把具有劳动能力的劳动者从依靠救济的失业人群中甄选出来。另一个有关就业能力的定义可以追溯到 20 世纪 50 年代中期，那时就业能力概念主要与居于社会底层的人群相关，比如那些身体或精神方面带有残疾的人。正因为如此，就业能力被定义为“社会医疗就业能力”（social-medical employ ability），该定义产生的时代背景是战后劳动力市场严重缺乏掌握熟练技能的产业工人，政策制定者和企业主们不得不对居于社会底层的弱势群体甚至残疾人予以帮扶，以求找到合适的劳动者[35]。现代国家促进残疾劳动者就业，不仅仅是为了经济发展和社会稳定，也是为了提高这个社会弱势群体的收入水平和生活质量。总之，残疾劳动者正是因为缺乏在劳动力市场上自食其力的能力，才成为就业促进政策和减贫政策的目标群体。

第三，劳动能力差异大。从总的群体特征来看，残疾劳动者与健康劳动者存在劳动能力的差距，但劳动能力在残疾劳动者内部也存在很强的异质性。残疾劳动者自身的劳动能力取决于关键劳动器官的伤残水平，鉴定机构通常采用“伤残等级评定标准”来衡量残疾劳动者的劳动能力。我国将伤残水平划分为十个等级，每个等级对应着不同的工作能力和劳动能力。七到十级为丧失部分劳动能力，五到六级为丧失大部分劳动能力，一到四级为丧失全部劳动能力[36]。

（三）残疾劳动者就业问题的表现

纵观整个 20 世纪，残疾人长期游离于劳动力市场之外，只有在劳动力短缺的战争时期，残疾人才会受到重视而被雇用[37]。即便在如今各国大力推动残疾劳动者就业的情况下，受限于劳动能力、受教育程度等多种不利因素，残疾劳动者依然无法像健全人那样参加工作，其就业相对困难，就业的层次相对较低，就业收入普遍不高，且就业稳定性也较差[38]。

第一，残疾劳动者就业机会不足。相对于健全劳动者，残疾劳动者就业面临着物理障碍、身体障碍以及心理障碍。在物理障碍方面，由于身体功能受损导致行动不便，残疾劳动者需要完备的无障碍设施以及特殊的工作设备以胜任工作；在身体障碍方面，身体的残缺限制了残疾劳动者的就业范围。一般来说，残疾劳动者更加适合轻体力劳动和脑力劳动，但在发展中国家，残疾劳动者的就业机会多集中于第二产业和第三产业[39]。

在心理障碍方面，残疾劳动者面临着劳动力市场和工作场所的就业歧视，这阻碍了他们进入劳动力市场。

第二，残疾劳动者就业率低。经济合作与发展组织（OECD）的报告表明，2019 年仅有约 42%的残疾劳动者就业。残疾劳动者的就业率在不同国家差别较大，在希腊、韩国、西班牙和爱尔兰这一数据不足 30%，加拿大和瑞士残疾劳动者的就业率较高，分别为 54%和 58%。残疾劳动者的就业率大大低于健全劳动者，健全劳动者比残疾劳动者的就业率高出 27 个百分点[40]。

第三，残疾劳动者就业质量较低。由于残疾劳动者在劳动力市场上的弱势地位，残疾劳动者的就业质量普遍不高，大部分残疾劳动者无职业资格认证、整体收入偏低，依然面临就业排斥等困境[41]。

（四）残疾劳动者就业问题的解决策略

为解决残疾劳动者的就业问题，各个国家针对劳动力市场、雇主和残疾劳动者出台了多样化的就业促进办法。概括起来，大致可以分为赋能（empowering）型策略和灵活保障（flexicurity）型策略。

赋能型策略就是针对残疾劳动者较弱的就业竞争力，以提升残疾劳动者的就业认知、劳动技能和受教育水平为目的，培养残疾劳动者成为合格的求职者。也有国家出台相关政策，培养残疾劳动者成为创业者。灵活保障型策略则涵盖甚广，涉及禁止歧视法律、社保政策、雇主奖励策略以及灵活用工策略等。一方面为残疾劳动者提供更加弹性化的工作，比如非全日制工作或家庭办公，以照顾残疾劳动者的身体健康条件；另一方面，为了避免灵活用工降低残疾劳动者的工作质量，政府必须同时出台相应的保护法规，以确保残疾劳动者的就业质量能够得到保障，比如在允许雇主更加灵活地招聘、留用残疾劳动者的同时，禁止雇主随意降低残疾劳动者的工资[42]。

二、女性就业歧视问题

2019 年全球女性数量超过 38 亿人[43]，已达世界人口数量的半数。女性本不应该被视为劳动力市场中的特殊群体。但由于其生理特点、家庭社会角色要求、劳动岗位设置等原因，女性往往在劳动力市场竞争中遭受歧视，被迫处于相对弱势的地位。

（一）女性就业歧视的理论解释

女性就业歧视是指女性在就业过程和就业状态中，因为性别差异遭受不公平的对待。有关就业的性别歧视理论主要有偏好歧视理论、统计歧视理论、分隔市场理论和人力资本理论四种。

（1）偏好歧视理论。偏好歧视理论指雇主出于本身的偏好或偏见，在雇佣决策和岗位调派中对女性存在歧视。雇主歧视女性仅仅是因为“她是女性”或本身“厌恶女性”，并非出于学历、能力、态度等与工作有关的原因，即便面对同一份工作时女性相较于男性有着更为丰富的工作经验、更能胜任此工作，也会因为偏好歧视而失去就业机会。

（2）统计歧视理论。统计歧视理论将一个群体的特征看作每一个个体的特征。劳动力市场中的雇主是功利性的，他们之所以排斥女性，是因为已经形成了女性生产效率低于男性的刻板印象，而并非不知道女性中也有潜在的优秀职员。但是刻板印象加上过高的信息识别成本，使得其采取了“一刀切”的做法，即拒绝雇用所有女性，以致优秀的女性也受到排斥。此外，统计歧视理论本身虽然是对社会现象的解释，但也会影响人们的观念和在劳动力市场上的选择，从而加剧统计歧视[44]。

(3)分隔市场理论。分隔市场理论将劳动力市场分为主要劳动力市场和次要劳动力市场两种。男性通常位于核心部门或正规部门，而女性则容易被分配至次要部门或非正规部门。主要部门无论是就业的安全保障还是劳动报酬，抑或是工作稳定性，均好于次要部门，由此造成劳动力市场双元雇佣体系，也就是对女性的就业歧视[45]。

(4)人力资本理论。该理论认为，女性在劳动力市场和在用人单位受到歧视，原因在于女性的人力资本不足，如受教育水平低、体力弱等。因为人力资本的不足会导致为雇主生产利润的减少，所以雇主不愿意雇用女性，这种歧视是出于对经济效果的权衡，因而又被称为经济歧视。加里·贝克尔（Gary S. Becker）在 20 世纪 70 年代对就业性别歧视的研究认为，由于已婚生育女性的劳动生产率下降，用工成本相对上升，用人单位通常更愿意雇用男性员工，同时已婚生育女性出于家庭经济利益的考虑，会减少有薪工作时间和增加无薪家务劳动时间，这会进一步加剧雇主对女性的就业歧视[46]。

（二）女性劳动者的特点

女性劳动者和男性劳动者相比，在生理特点、心理特点上都有所区别，这些因素和女性在劳动力市场上的弱势境况有关。

第一，女性劳动者的生理特点。女性劳动者在身体机能和生理结构方面有别于作为比较对象的男性劳动者。由于身体因素限制，那些较为依赖身体素质、劳动强度较大、劳动持续时间较长的工作不适合女性劳动者。一般来讲，女性劳动者在逻辑推断能力、抽象思维能力和创造性方面不及男性，但在观察能力、记忆能力和形象思维能力方面具有优势。虽然生理差异造成了男性和女性不同的个性和行为模式，但是这种差异只是一种一般性的倾向，对女性劳动者就业影响最大的还是社会、文化因素[47]。

第二，女性劳动者的心理特点。女性劳动者一般较为敏感，感情丰富，容易与周围的人或事产生共情。在劳动中，劳动者不光要付出体力、智力和时间，还要进行情感劳动。所谓情感劳动是指在工作中所付出的私人感情，“员工进行情感管理，压抑情感或伪装情感，形成交往对象可以观察到的面部表情或身体语言，以便影响交往对象的感受”[48]。虽然男性和女性都能成为情感劳动的承载者，但是情感劳动更多地与女性劳动者联系在一起，情感劳动工作岗位的本质甚至被描述为“如何成为一名女人”，这也使得提供情感劳动被认为与“女性的本质”更加贴近[49]。女性劳动者的这一特点也反映在其就业的行业分布上，譬如服务行业更需要情感劳动，所以女性劳动者在餐饮、零售等服务行业的占比高于男性。

（三）女性就业的影响因素

女性就业面临的不利因素是多方面、多层次的。这些因素包括个人因素、家庭因素和社会因素，在此对其进行简单讨论。

第一，个人因素。最直接影响个体就业状况的因素即个人因素，涉及年龄、受教育水平、职业技能、就业意愿等。其中，年龄和受教育水平会显著影响女性的劳动参与率和工作质量。从年龄来看，女性劳动力的市场参与率呈现为M形的双峰曲线，中间下凹的部分是女性的生育时期。女性在26～30岁会遭遇工作和家庭的两难困境，究其根源是女性特有的生理功能导致的。当然，随着经济发展水平的提高和婚姻生育观念的转变，生育年龄出现了后移。1990年我国主要初育年龄、主要生育年龄均为20～27岁。而到2015年，我国主要初育年龄推迟至22～29岁，主要生育年龄推迟至23～30岁，女性平均育龄从24.8岁推迟到28岁[50]。生育年龄的延后并不意味着M曲线的消失，女性在28岁左右仍然面临着工作和生育的平衡，这势必会影响到其职业的发展。从受教育水平来看，一方面，女性受教育水平越高，越倾向于进入职场，这主要是因为教育层次越高，人力资本投资越大，越需要进入职场以获取回报。同时，受教育水平的提升也会带来职场竞争力的增加。另一方面，受教育水平的提高有助于减少男女双方在家务劳动投入上的差距，使得女性有更多的时间进行工作或参加社会活动[51]。此外，女性受教育水平越高，遭到工资歧视的可能性越小。研究表明，高中以上受教育水平和白领职业中的性别工资差异要小于受教育水平低和蓝领职业中的性别工资差异。因此，女性受教育水平的提高和职业角色的转变，有助于提高女性在劳动力市场上的待遇水平[52]。从世界范围来看，受教育水平的性别差距逐步缩小，且教育层次和国别对其有着调节作用。相比于男性，女性更可能接受高等教育，但是在初等教育层次女性处于劣势。此外，在安哥拉、乍得、几内亚、巴基斯坦等国家或地区，女性仍然只有较少的受教育机会。这些国家或地区的女性在就业方面面临更多的阻力，相对于男性更不容易获得就业机会[53]。

第二，家庭因素。在人类社会的延续中，女性承担着抚育下一代的重任。女性的这种生育负担，往往导致其职业中断甚至结束职业生涯。此外，家务劳动带来的时间损失也使得女性无法在工作中投入更多的时间精力，从而导致其在劳动力市场中处于劣势地位。一般来说，影响女性就业的家庭因素包括：(1)生育。家庭生命周期理论认为，女性在16～25岁（青年期）进入劳动力市场；女性在26～30岁时遭遇工作和家庭角色的两难困境；在31～35岁和36～40岁（中年期），由于子女多已上学或长大，许多女性选择返回劳动力市场；46岁以后，随着身体状况、技术退化和年龄等原因，女性逐步退出劳动力市场。女性对劳动力市场的参与呈现为M形的双峰曲线，中间下凹的部分是婚育造成的就业中断，其中拥有子女的女性相较于无子女的女性更容易失去工作。研究发现，已生育的女性更容易失业，一个国家的生育率越高，这个国家女性的劳动参与率就越低。一个家庭子女数量越多，年龄越小，女性所花费在他们身上的时间就越多，越可能失业[54]。此外，生育还会影响女性的收入。研究表明，已生育女性的收入低于未生育的女性，且差距随子女数量的增加而呈梯度增加。这种不同状态的女性之间存在差异的现象称为母亲惩罚（motherhood penalty）。传统人力资本理论认为，女性扮演母亲角色或生育角色将获得更少的工作锻炼机会，这将导致雇主支付更少的报酬[55]。(2)家务劳动。承担着家庭生产和抚育责任的女性，倾向于选择要求较低的工作、获得较低的工资，甚至对市场工作缺乏兴趣。有研究发现，女性花在家务劳动上的时间比男性多，并且女性更倾向于选择舒适、安全的工作[56]。此外，日常家务和儿童照料活动导致时间调配不自由，以至于家庭责任更大的女性可能将工作搜寻过程锁定在通勤时间较短或者可以灵活安排时间的工作上，甚至为此中断工作。更为重要的是，家庭责任越大，受时间和精力限制，女性工作的努力程度和积极性越低，使得女性工资受限[57]。此外，女性晋升难的原因在于她们给雇主的印象是相比工作职责会优先承担儿童照顾责任，因此追求工作效率的雇主更偏好男性。同时，女性需要兼顾职业工作和包括育儿在内的家务劳动，有时会被迫放弃一些好的升迁机会，从而在职位竞争中处于劣势，使得她们难以具备与男性同等的竞争力。不仅如此，职场对女性的低评价反过来还会增加女性的心理负担，使其否定、怀疑自我的能力，最终形成恶性循环[58]。

第三，社会因素。社会因素尤其是社会观念是导致女性在劳动力市场上遭受歧视的最主要原因。即便将个体能力差异考虑进来，女性和男性就业状况的巨大差别依然难以解释，其中就涉及传统性别分工观念的作用，它和经济环境形成合力，共同影响着女性的就业境况。影响女性就业的社会因素包括：(1)社会性别观念。社会性别观念对女性就业率的影响不容忽视。性别角色观念越传统的地区，女性工作的概率越低，工作女性的工资收入也越低[59]。传统的性别观念将男性角色定位为养家糊口的人，形成了“男主外，女主内”的劳动性别分工模式，那些没有恪守传统观念的丈夫和妻子会受到配偶或社会的惩罚。通常事业型的女性被认为“不顾家”、“没有女人味”，事业上不如意的丈夫也会被指责为“没能耐”“没出息”。“男主外，女主内”的传统性别观念形塑着人们的行为，有学者发现，在家务劳动中存在着“性别表演”(gender display)，经济收入超过丈夫的妻子可能会多做一些家务劳动，挣得少的丈夫有时则通过减少家务劳动以彰显其男性气质[60]。但是应该看到，随着社会的发展变化，“男主外，女主内”的性别分工观念也在发生变化，这种变化必然会影响女性的劳动参与率[61]。(2)外部就业环境。外部就业环境虽然同时影响着男性和女性的就业状况，但是因为女性在劳动力市场中处于一种相对弱势地位，所以恶劣的就业环境对女性的冲击更大。受限于法律法规对女性的保护，企业在面临激烈的竞争时，甚至会直接解雇女性劳动者，或者采用加大工作强度、边缘化女性劳动者等办法，迫使女性劳动者离职。

（四）女性就业面临的挑战

女性在参与劳动力市场的同时往往还承担着家务劳动，由此导致的“工作-家务”双重角色的冲突并不鲜见，社会刻板印象、男性权力的压制等均使得女性进入劳动力市场有着更大的阻力，面临着相较于男性更大的挑战。

第一，女性需要协调工作和家庭的冲突。如上文所述，传统观念认为男性和女性由于生理上的不同承担着不同的责任，“男主外，女主内”的分工模式是传统观念所提倡的。对这一观点加以延伸，即在性别分工观念的作用下，男性可以拥有一份正式工作，承担大部分家庭经济责任，女性则负责家务和哺育后代而不需要就业。尽管随着女性自主意识的觉醒、性别印象的淡化以及女性自身能力的提高，双职工家庭已经成为一种常态，但是女性仍然承担着更多的家务劳动，这种家务劳动的价值常常被忽视。女权主义者杰梅茵·格里尔（Germaine Greer）就此讽刺道："两性之间普遍的'分工合作'实际上把每日的苦活儿都分给女人去干，好让男性享受体育、游戏、梦想、仪式、宗教和艺术表现等等之乐。"[62]不仅如此，女性不得不由于生育、抚养子女等中断乃至退出劳动力市场，这种工作和家庭的双重角色无疑加重了女性的就业压力。

第二，女性面临职业的性别隔离。毋庸置疑，有些工作带有强烈的性别色彩，比如女性更擅长护理服务等工作，而劳动强度较大的工作如建筑工作、消防工作等则鲜见女性的身影。在劳动力市场上，当某一个群体内部的职业分布与另外一个群体内部的职业分布差异较大时，就可以说这两个群体之间存在着职业性别隔离。爱德华·格罗斯（Edward Gross）最早将职业性别隔离这一概念引进学术领域，来指代男性和女性集中于不同职业的现象[63]。如果某一职业中男性和女性所占比例和另一个职业中男性和女性所占比例相差悬殊，就可以认为存在职业性别隔离现象。职业性别隔离包含两种形式：水平隔离和垂直隔离。有学者将水平隔离定义为男性和女性在不同职业间的分布，如女性成为保姆或秘书，男性成为卡车司机或医生；垂直隔离是指相同职业中某个性别总是处于较高级别或水平[64]。例如，男性更可能是生产监督人员，而女性更可能是生产工人。职业性别隔离产生的原因是复杂的，同时受到供需双方的影响。需方因素包括雇主的个人偏好和统计歧视、雇主所面临的经济压力、企业招聘的渠道、企业规模的大小等；供方因素则包括劳动者的个人偏好、性别角色的社会化、获得工作的难易程度等，促使更多女性选择女性化的工作[65]。对职业性别隔离的研究离不开测量，测量职业性别隔离常见的方法有两种：一种方法是描述性统计，即对不同职业的男女比例进行描述，古德曼（Goodman）通过经验检验确认了划分职业性别的边界：女性占比达 0～29.9％的职业为男性职业；占比为 70～100％的为女性职业；其余的为中性职业或混合职业[66]。另外一种方法是总和指数法，即将庞杂的性别和职业数据转化为简单的指数，用单一指数表明职业性别隔离的程度[67]。

（五）女性就业问题的解决策略

导致女性就业问题的原因复杂多样，但是大致可以归纳为劳动力市场和家庭两个方面。劳动力市场影响女性的劳动参与率、工资报酬、工作环境等，家庭则影响女性的劳动时间、职业发展等。因而女性就业问题的解决既需要公平的就业环境，也离不开对女性家庭责任的支持。

第一，制定法律法规消除对女性就业的歧视。要实现两性就业平等，首要的就是在法律法规方面建立性别平等的机制。自 1979 年联合国颁布《消除对妇女一切形式歧视公约》以来，国际社会已进入与国家政府共同推进妇女发展的阶段。各国政府均出台法律法规禁止雇主对女性的歧视，同时肯定了女性劳动者应有的权利，如获得职业的权利、取得报酬的权利、休息休假的权利、获得劳动安全卫生保护的权利、接受职业技能培训的权利、享受社会保险和福利的权利以及组织和参与工会的权利等。

第二，健全生育支持政策。"生"与"升"是家庭尤其是女性生育决策过程中面临的艰难抉择，生育支持政策能在一定程度上减少生育对女性职业发展的束缚[68]。从 20 世纪 70 年代开始，儿童看护成为法国社会政策的重要组成部分，几乎所有年龄在 3～6

岁的儿童都可以获得免费的照顾。英国政府保证年龄在 3～4 岁的儿童每天能够得到 2.5 个小时的免费照顾，对年龄大一点的儿童则提供课后照顾。法国还发起了专门针对贫困儿童的“确保开端”（sure start）早期儿童发展项目，为他们提供健康和照顾服务[69]。联合国妇女署认为国家建立照顾体系，除了要建立面向生育女性及伴侣的产假制度、面向非正规部门就业女性的现金津贴制度，还需要加大投资建立大量可供儿童照顾中心使用的基础设施[70]。

第三，建立与积极生育政策相适应的弹性工作制度。由于工作时间不灵活，女性在工作与家庭发生冲突时需要做出艰难抉择，导致自身权益受到损失。弹性工作制度，包括弹性工作时间、弹性工作安排、弹性工作地点等，能够解决这一问题。弹性工作制度可确保女性较好地兼顾工作和家庭[71]。

三、流动人口就业问题

就业既能够给予流动人口生存资源，又能够满足其精神需要，还可以形成新的人际关系网络，有助于其融入社会。

（一）流动人口的定义

流动人口与迁移人口紧密相关。国际上对迁移人口的定义更加集中，大体上需要具备空间属性、时间属性和目的属性的一种或多种。以空间属性为核心的定义最为常见，如魏克斯（J. R. Weeks）认为，人口的迁移是“从一个地方的有组织的活动中离开并在全新的另一个地方开始活动”[72]。但是，单纯以空间属性来界定过于宽泛，往往需要附加时间属性或目的属性。李（E. S. Lee）认为，迁移就是居住场所的永久性或半永久性变化。

流动人口是和迁移人口不完全相同且极易混淆的概念。在国内的学术研究中，通常以户籍地是否改变来对这两个概念进行区分。迁移人口是指改变户籍登记地并跨越一定地区的流动人口；流动人口则指人们经过一定时间长度、跨越一定空间范围，没有相应户口变动的空间位移过程。所以，流动人口就是那些发生了空间位移但户籍并未改变的人口[73]。

（二）流动人口的特征

流动人口并不是随机分布在人群中的，他们具有区别于非流动人口的特征，主要体现在人口学特征、人力资本和社会资本方面。一般来说，年轻的成年人具有较强的流动倾向，主要是因为他们流动的机会成本较低，其在劳动技能、工作乃至社会关系方面的改变不会带来过大的损失。在受教育程度方面，流动倾向随着受教育水平的提高而增强，这种流出地大量受教育人口外流的现象造成了智力外流（brain drain），这些精英相较于未流出者不仅受教育程度更高，也有更多的就业机会，还拥有较高的收入。性别方面，性别和流动的关系具有较强的区域差异，不同的国家乃至同一国家的不同地区存在迥异的流动模式。但总的来说，由于自身社会地位以及受教育程度等因素的制约，女性在劳动力流动与就业的过程中处于不利地位，在就业、劳动条件、劳动报酬等多方面会受到制度性和社会性的歧视[74]。

与其他国家相比，我国流动人口具有一定的特殊性。我国劳动力的流动始于改革开放后农村剩余劳动力的增加和城市经济发展对农村劳动力的大量需求。从20世纪80年代中后期开始，劳动力从农村外流成为一种普遍现象[75]，这种流动人口被称为农民工。我国农民工的特征有以下四点：第一，农民工以从农村向城市流动为主，由农业向非农业转移，转移形式以就地转移和跨区域转移为主。第二，农民工以男性为主。报告显示，在全部农民工中，男性占63.4%，女性占36.6%。第三，农民工以青壮年为主。农民工平均年龄为42.3岁，其中40岁及以下农民工占比47.0%，41～50岁占比23.8%，50岁以上占比29.2%。第四，以初中文化程度者为主体。具体而言，拥有初中文化程度的农民工占55.2%，小学文化程度占13.4%，高中文化程度占17.0%，大专及以上占13.7%[76]。

（三）流动人口就业问题的表现

就业一直是影响流动人口进行迁移的重要因素，也是支撑流动人口自身及家庭生存和发展的必要社会活动。然而，由于国际政治经济形势的变化以及流动人口自身在劳动力市场的弱势地位，流动人口面临诸多就业问题。

第一，流动人口面临的就业环境恶化。首先，部分国家对流动人口的就业限制增多。面对国内失业加剧的情况，发达国家为了保护本国劳动力越来越严格地限制国际劳工流入，采取更严格的措施抵制不合法的流动人口进入。其次，流动人口在一定程度上减少了流入国低技术工人的就业机会，对低技术工人的工资水平产生了不利影响[77]。这导致流入国部分民众对流动人口持抵制态度。

第二，流动人口就业质量较低。据美国劳工部估计，2019年有2 840万外籍流动人口就业，占美国劳动力总数的17.4%。具体到不同的行业，外籍流动人口在自然资源、建筑和维修行业占比为13.4%，本国籍劳工仅占8.2%；外籍流动人口在生产、运输和物资运输行业占比14.7%，本国籍劳工占比11.2%。但是，外籍流动人口在管理、销售、办公室文员等职业的占比均小于本国籍劳工[78]。

第三，低技能流动人口面临更严峻的就业问题。发达国家竞相对高技能人才展开激烈的争夺，却对低技能流动人口的进出施加各种限制。大量流动的劳动后备军被纳入全球劳动力市场，他们虽然能够跨越国境工作，但处在劳动力市场的底层，自由选择工作的机会少，从事的多是本地人不愿做的脏活和累活，收入状况较差，且无法享有很多重要的权利[79]。

（四）流动人口就业问题的解决策略

解决流动人口的就业问题需要涉及诸多方面，既需要在管理层面上对流动人口精细化分类管理，又需要在政策层面上对流动人口大力支持。

第一，对流动人口进行甄别以分类管理。不同类型的流动人口面临的就业问题不一样，相对于高技能流动人口，低技能流动人口面临的就业问题更加严峻；女性流动人口除工作外还要承担额外的家务劳动，对工作时间的弹性要求较高。世界上人口流入国多从本国自身经济发展的需求出发，对流动人口进行灵活规定。英国将劳动力的需求和人才的层次结合起来，制定出一个五分制的积分体系，将流动人口划分为五个等级：具有特殊才能的人士、熟练工人、低技术工人、学生和临时工[80]。

第二，实施针对流动人口的灵活保障就业策略。灵活保障就业策略一方面是指专门提高劳动力市场、工作组织以及就业关系灵活性的就业策略，另一方面是指提高就业和收入保障性的就业策略。这意味着要在充分给予流动人口就业灵活性的同时，保障流动人口的就业质量，并通过积极的劳动力市场政策和旨在提高工人就业能力的终身学习的措施，提高工人适应劳动力市场转型的能力[81]。

第三，重视对流动人口的社会保护。流动人口的就业问题不单单与工作相关，还涉及住房、教育、医疗等多方面政策的协调配合。解除流动人口的后顾之忧有利于提升流动人口的就业质量，也有利于流动人口融入流入地，成为新市民。然而社会保障具有地域性，不同国家、地区的社会保障政策存在差异，由此可能导致流动人口在流入地的权益受损，因而需要在流出地和流入地之间缔结社会保障协定。国际上的经验表明，双边协定是进行流动人口社会保护的有效途径[82]。

第 4 节　中国的劳动问题

中国的劳动问题既有影响整个社会的一般性失业问题，又有针对不同重点群体的就业稳定性、工资收入等特定问题。本节首先对中国的失业问题进行论述，然后分别对残疾劳动者、女性劳动者、流动人口的就业问题展开讨论。

一、中国的失业问题

中国的失业问题是就业市场“内忧”和“外患”合力形成的。从内部需求端来看，当前我国经济增长势头不够强劲，就业增长特别是扩增动力疲弱。数字技术、自动化、智能技术的普遍应用和发展将遏制企业用工需求，特别是新增用工需求受到遏制。而从内部供给端看，劳动力规模总量仍处于高位，增加了就业压力。从外部环境看，世界经济增长动能偏弱，金融和经济秩序的不确定性增强[83]。中国的失业问题不是劳动力总量不足，而是劳动力要素在国民经济各部门与产业间的配置不均衡，是结构性失衡的问题[84]，表现为失业风险在部分地区和重点群体凸显。为缓解中国失业问题，需要从开发人力资源、发展数字经济、培育城乡一体化的劳动力市场等方面予以应对。

（一）中国的失业者与失业率

登记失业率和调查失业率是国家统计局反映我国失业情况的两个统计指标。调查失业率和登记失业率的区别主要体现在三个方面：第一，统计方法不同。调查失业率由统计部门采取调查员入户访问的方式获取就业失业信息后计算得到；登记失业率由劳动主管部门根据失业人员在就业服务机构登记的行政记录计算得到。第二，对就业失业人员的定义不同。调查失业率中的就业失业人员定义采用国际劳工组织推荐的国际标准，就业人员指为取得收入、在调查周内工作1小时以上的人员，或由于休假等原因在职未上班的人员；失业人员指当前无工作、正在努力寻找工作，有合适的工作后能够马上开始工作的人。登记失业率中的就业人员指城镇单位就业人员（扣除使用的农村劳动力、聘用的离退休人员、港澳台及外方人员）、城镇单位的不在岗职工、城镇私营业主、个体户主、城镇私营企业和个体就业人员之和；失业人员指有劳动能力、有就业要求，处于无业状态，并在公共就业和人才服务机构进行失业登记的城镇常住人员。第三，统计范围不同。调查失业人员的统计范围是16周岁及以上常住人口，不考虑其户籍所在地和类型；而登记失业人员的统计范围是劳动年龄内的常住人口[85]。

通过城镇失业人员登记统计得到的登记失业率，由于统计口径、失业者主观行为等，较社会真实情况会有所偏差。首先，登记失业率统计的失业人员不包括来自农村的劳动力，在城乡二元分割的劳动力市场中，进城务工的农村流动人口因为就业流动性强、多从事临时性工作、失业行为难以准确识别，从而被排除在统计范围之外。其次，登记失业率统计的失业人员仅包括登记的失业人员，实际产生了失业行为而未在劳动主管部门就业服务机构登记的人员则没有被纳入统计之中。最后，城镇登记失业制度也没有识别出部分从事实际工作的失业人员，很多劳动者在发生失业行为并登记后，没有再重新从事统计口径内的正式职业，而是以兼职或自营的方式取得收入，这部分人员没有及时从劳动主管部门就业服务机构的登记失业人员名单中被剔除，由此造成统计结果的偏差。正因为如此，国家统计局从2005年开始进行城镇调查失业率的统计。在当前平台经济快速发展的背景下，调查失业率能够更加精确地识别网约车司机、外卖员、快递员及日结零工这些职业群体的就业情况，能够更加准确地反映失业率，也有利于与国际失业率统计口径相统一。

（二）中国失业问题的表现

中国的失业问题主要有以下几方面表现。

第一，国有企业转制过程中的结构性失业问题较为严重。传统计划经济体制下企业经营结果由国家承担，造就了许多“吃大锅饭”的员工[86]。但在市场经济体制下，许多经营不善的企业面临破产、关停等局面，这个过程中大量职工下岗失业，例如20世纪90年代中后期东北地区的工人下岗潮。大量企业的破产倒闭，成为又一个导致结构性失业的因素。

第二，招工难与就业难的结构性矛盾突出。劳动力市场岗位需求缺口在2016年第二季度之后出现扩大趋势，到2018年第一季度达到107.9万人。国家统计局公布的调查失业率和国际劳工组织估计的标准失业率均为5%～6%，总体呈上升趋势，且女性和受教育水平低的群体面临更加严峻的失业问题[87]。

第三，失业问题区域分化严重。当前我国总体失业率平稳主要得益于经济高速发展，就业机会集中在大城市尤其是特大城市，但经济发展不平衡也导致失业问题出现区域分化。2015年全国总体调查失业率仅为5.2%，而甘肃、山西、贵州、黑龙江、河南、吉林六个省份的失业率则超过了 10%。一般来说，传统资源枯竭地区、产业结构层次低地区、“老少边穷”地区和经济转型调整地区四类地区的失业问题最为突出[88]。

第四，重点群体失业问题凸显。从群体看，高校毕业生、农民工以及高新技术行业从业人员的失业风险加大。高校毕业生群体规模持续扩大，2023 年应届毕业生达到 1 158万人，加之累积的历届离校未就业毕业生，使得大学生就业竞争愈发激烈。据国家统计局公布的数据，2023 年 6 月 16～24 岁青年人口的城镇调查失业率高达 21.3%[89]。农民工的失业问题也需持续关注，2019 年以来，外来农业户籍劳动力调查失业率持续高于上年同期，且有逐步走高趋势。此外，高科技产业领域劳动者的失业问题也不容乐观，2018 年以来汽车、计算机、金融、互联网等高新技术行业裁员较多，知识型白领失业数量增加[90]。

（三）中国失业问题的产生原因

失业问题是影响社会稳定、家庭生计的重要因素，一直是地方政府高度重视的问题。中国失业问题产生的原因与劳动力市场和产业结构变化相关。

第一，劳动力供给总量导致的就业压力。虽然我国目前正面临着人口老龄化、人口出生率偏低的双重压力，但随着基础教育水平的提升，高等教育人才的增加，以及城市化水平的提高，现有的劳动力供给存量和每年进入就业市场的新增劳动力数量依旧保持在一个非常高的水平，新增就业岗位无法完全消化新增的劳动力供给，导致就业压力不断增大，劳动力市场竞争不断加剧，知识和技术水平低的劳动者势必会被淘汰，带来失业率的升高。

第二，投资和 GDP 增长带动就业效应的减弱。过去形成的资本投入拉动经济增长的模式导致中国的就业弹性较低。就业弹性指经济每增长一个百分比带来的就业增长。改革开放之初，乡镇企业快速发展，加速了农村劳动力的转移。随着外资进入，中国开始进入资本密集型的投资拉动增长阶段，而资本化的创业模式是以资代劳，最终导致就业弹性持续降低[91]。

第三，产业结构升级加剧了就业结构矛盾。我国经济发展目前进入转型升级和结构调整的关键时期，新兴产业、新技术、新模式和新业态不断涌现。在传统制造业向机械化、自动化转型的同时，信息化、数字化、智能化发展加速推进，技术应用跨代升级。同时互联网等新兴行业也进入新的战略调整期。这导致对劳动者的素质要求从技能提升向整体素质能力提升转变。不同经济部门同时转型升级，使得就业结构性矛盾更加突出，失业压力加大[92]。

第四，国外政治经济环境增大了失业风险。2018 年下半年以来，中美经贸摩擦成为我国经济发展外部环境中最大的不确定性因素，也是影响就业的最直接外部因素。贸易摩擦会导致四种后果：(1) 部分企业涉美订单减少，用工需求下降；(2) 少数企业产线产能外迁，相关岗位人员流失；(3) 部分大中型企业的外销产品转为内销，企业用工减少；(4) 部分企业为应对关税，提高自动化水平。中美经贸摩擦会对我国就业增长和就业结构调整产生广泛和深远的影响，我国行业性和区域性失业风险可能进一步提高[93]。

（四）中国失业问题的应对策略

针对多因素综合作用下引发的复杂失业问题，我国应从开发人力资源、发展数字经济、培育城乡一体化的劳动力市场等方面多管齐下，提出全方位解决失业问题的对策。

首先，要实施以人力资源开发为中心的发展战略。在当前的客观环境下，人力资源作为重要的战略资源，日渐成为经济增长的主体力量和科学进步的主要推动力。唯有把人力资源开发提升到战略地位，制定适应本国国情的战略规划、营造有利于人力资源成长的良好氛围才能争夺经济发展的制高点。开发人力资源、提升劳动力素质是从本质上解决失业问题的重要举措。我国已经逐渐形成了“义务教育一高中教育一职业教育一高等教育”的全面培养体系，可以满足不同层次劳动者的需求，充分发挥教育资本和人力资本对劳动力素质和质量的提升作用，增强其就业竞争力。

其次，要通过发展数字经济促进就业。以数字经济为代表的新经济发挥着日益重要的就业促进作用。2017 年，中国数字经济总量达到 27.2 万亿元，且每年仍以不低于 6% 的增速快速增长，预计 2035 年数字经济累计就业容量将达到 4.15 亿人。[94] 在大力发展数字经济增加就业岗位的同时，我国就业政策还要积极适应新技术发展带来的变革，分层次、分步骤地提升劳动保障水平，从完善企业监管体系、倡导企业承担社会责任做起，逐步建立相关的行业协会和零工协会，承担起行业自律、劳动者权益协商的职能[95]。同时，结合社会保障政策的改革（如便利异地转移、做实个人账户等），为具有灵活就业、非全职就业等特征的劳动者探索一套合理的社会保险缴费机制[96]。

最后，培育城乡一体化的劳动力市场。随着户籍制度改革的启动，我国取消了农业与非农业户口的性质区分，方便了劳动者的流动就业，使大量外来人口不再长期处于“人户分离”的状态。在这样的背景下，培育城乡一体化的劳动力市场，有序引导农村劳动力转移，消除城乡之间的就业壁垒与隐性就业歧视就显得尤为重要，也是进一步促进劳动力流动和供需匹配的必要之举。此外，还要建立统一的职业技术教育体系和劳动力供求信息平台，通过一系列技能培训增强其就业能力，进而解决就业难的问题。

二、中国特殊群体的就业问题

我国劳动力市场上的特殊群体，既包含传统意义上因自身生理、传统观念等形成的社会弱势群体，如因身体功能障碍导致劳动能力丧失的残障人士和受到性别歧视的女性，还包含进城务工农民、下岗失业人员等由于经济社会快速转型形成的社会弱势群体。他们通常处于劳动年龄且具有劳动愿望，但缺乏劳动机会和就业资源，在收入分配、社会地位和竞争能力等方面处于劣势。

（一）我国残疾劳动者的就业问题

我国部分残疾劳动者能够通过各种方式和渠道从事力所能及的工作，但还有大量残疾劳动者的供给潜能因为各种原因无法释放。数据显示，截至 2019 年我国共有 3 681.7 万持证残疾人[97]，残疾人的总量达 85 00 万之多[98]。《2020 年残疾人事业发展统计公报》数据显示，截至 2020 年底，全国城乡持证残疾人就业人数为 861.7 万人，其中按比例就业 78.4 万人，集中就业 27.8 万人，个体就业 63.4 万人，公益性岗位就业的人数为 14.7 万人，辅助性就业 14.3 万人，灵活就业（含社区、居家就业）238.8 万人，从事农业种植的人数为 424.3 万[99]。可以看出，有相当数量的残疾劳动者未能实现就业，如何妥善解决这部分残疾劳动者的就业问题，找到符合其劳动能力的岗位并使其获取相应的薪酬，成为残疾人保护事业中的重要议题。

1. 我国残疾劳动者的主要特点

我国残疾劳动者具有较强的就业意愿，但是在人力资本方面和健全劳动者相比具有较大差距。同时残疾劳动者群体内部具有较强的异质性，存在城乡差别。

第一，我国残疾劳动者的就业意愿普遍较强。有研究表明，仅有不到 1/5 的残疾劳动者希望务农，高达 2/3 的残疾劳动者希望到福利企业实现集中就业[100]。近年来我国残疾人就业稳步增长，一方面是由于各级党政机关、事业单位、国有企业带头招录（聘）和安置残疾劳动者，另一方面和残疾劳动者自身强烈的就业意愿相关[101]。

第二，我国残疾劳动者人力资本存量较低。具体而言，残疾劳动者在健康和受教育水平两个方面与健全劳动者总体上存在显著差距。在健康方面，残疾劳动者与健全劳动者有着巨大差距，身体的残缺降低了残疾劳动者就业的可能性，一般来说残疾程度与就业概率呈负相关关系[102]。在受教育水平方面，我国残疾人接受高等教育的比例一直偏低。尽管近年来有所提高，但在 2021 年全国仅有 14 559 名残疾人被普通高等院校录取，远低于全国同龄人的录取比例。这反映出残疾人接受各级教育的总体质量水平偏低[103]。此外，虽然特殊教育的快速发展大幅增加了残疾人的受教育机会，然而特殊教育水平与普通教育水平仍然存在较大差距[104]。

第三，我国残疾劳动者分布和就业能力的城乡差别较大。在人数方面，2019 年在持证残疾人中，农村残疾人为 2 905.8 万人，城镇残疾人为 775.9 万人[105]；在受教育水平方面，城镇居民受教育水平高于农村居民，同时残疾居民低于非残疾居民，农村残疾人的平均受教育水平最低；在政治身份方面，党员在残疾人和非残疾人中比例相近，但在城乡分布上存在显著差距，城镇居民中党员的比例远高于农村居民[106]。

2. 我国残疾劳动者的就业困境

残疾劳动者因为自身劳动力部分丧失，就业能力下降，在日益激烈的就业竞争中处于劣势，往往面临着就业层次低且失业率高、就业渠道不足、就业收入较低等就业困境。

第一，就业层次低且失业率高。残疾劳动者的就业水平总体偏低，工作能力与岗位需求存在一定的差距。由于大部分残疾劳动者的技能素质水平达不到岗位要求，类似后勤工、勤杂员、服务员等要求不高、层次较低的岗位是当前残疾劳动者就业较为集中的领域，其在教师、职业经理等中高层次岗位的就业比例很低[107]。2022 年全国城乡持证残疾人就业人数为 905.5 万人，其中从事农业种养的人数最多，达到 430 万人，占所有就业残疾劳动者的比例为 47.5%。灵活就业的持证残疾劳动者为 265.6 万人。另有个体就业 64.1 万人，公益性岗位就业 17.9 万人，辅助性就业 15.2 万人[108]，这表明残疾劳动者就业层次较低。此外，残疾劳动者属于“最后被雇用，最先被解雇”的群体，失业风险大。尽管国家出台了相关政策促进残疾人就业，但是残疾劳动者的失业人数有逐年上升的趋势，2010 年全国城镇登记失业率为 4.3%，同年城镇登记残疾人失业率达到 8.6%[109]。2013 年残疾人监测报告显示，城镇登记残疾人失业率达到 10.8%，超过同年全国城镇登记失业率的两倍[110]。

第二，就业渠道不足。总体而言，我国残疾劳动者的就业渠道包括集中就业、按比例就业和自主就业三种。集中就业是计划经济时期残疾劳动者就业的重要渠道。新中国成立初期，开始依托城镇街道建立福利企业，“文化大革命”时期福利企业发展陷入停滞，大量福利企业被迫关停。改革开放以来，国家开始重视福利企业的生存与发展，制定了一系列政策性规定，然而在市场经济浪潮的冲击下，福利企业这块由国家特殊政策保护和扶持成长起来的阵地显得“弱不禁风”。绝大多数福利企业只能加工、生产一些制作简单、技术含量低的粗放型产品，无法在激烈的市场竞争中生存，许多福利企业因此停产甚至倒闭[111]。按比例就业是政府出台的一项促进残疾人就业的社会政策，它要求公共或私人部门的雇主按照配额要求，安排满足最低数量要求的残疾人就业。上海、广州等地于 1992 年开始试点残疾劳动者按比例就业。截至 2005 年底，按比例就业制度在全国范围内基本实施。2007 年《残疾人就业条例》出台，规定“用人单位安排残疾人就业的比例不得低于本单位在职职工总数的 1.5%”[112]。2008 年修订后的《残疾人保障法》规定，“国家机关、社会团体、企业事业单位、民办非企业应当按照规定的比例安排残疾人就业，并为其选择适当的工种和岗位。达不到规定比例的，按照国家有关规定履行保障残疾人就业义务”[113]。此后，按比例就业成为残疾劳动者就业的重要渠道。然而，按比例就业仅能解决部分残疾劳动者的就业问题，大量的残疾劳动者仍然采取自主就业的方式。我国政府对残疾劳动者自主择业、自主创业给予了很大的支持，在税收、经营场地、资金扶持等方面对从事个体经营的残疾劳动者提供了诸多优惠政策，如劳务免征营业税和减征个人所得税等政策。但是，应该看到，自主就业意味着残疾劳动者将与健全人进行竞争，这对他们而言无疑是不利的。

第三，就业收入较低。残疾严重程度和受教育水平直接对残疾人就业及就业收入产生消极影响，我国就业年龄段残疾人较低的平均受教育水平和较高的身体残障程度（近六成为重度残疾人）严重影响了其就业收入。相关统计表明，2020 年全国残疾人家庭人均年工资性收入为 6 734.3 元，占家庭人均年收入的比重为 36.2%，而全国普通居民家庭人均年工资为 17 917 元，占家庭人均可支配收入的比重为 55.6%[114]。

3. 促进残疾劳动者就业的举措

促进残疾劳动者就业，必须在法律法规、政策支持、社会观念等各个方面多管齐下，形成合力，针对残疾人自身的特点与就业困境，有针对性地帮助残疾劳动者顺利就业，消除残疾劳动者就业过程中的阻碍。

第一，消除对残疾劳动者的就业偏见。残疾劳动者因生理功能、心理状态的异常，体力与智力功能的发挥受到一定限制，无法像健全人那样从事完全正常的劳动，但这并不意味着残疾劳动者不具有劳动能力。残疾劳动者一样可以发挥作用，为社会发展做出一定的贡献。残疾劳动者并不等同于低端劳动者，经过适当的训练和工作经验的积累，一些残疾劳动者完全可以胜任部分健全人的工作。

第二，促进残疾劳动者职业康复。职业康复作为一种平衡型政策，会对劳动力市场的供给方产生作用，能最大限度地提高残疾人的生产率。残疾劳动者职业康复包括职业评定、培训、辅导、介绍及后续的就业跟踪，同时还包括与教育、医疗、社会康复等康复系统的整合。要以加强对残疾青年的职业教育为突破口，在社会经济发展的各个阶段，重视残疾劳动者的学业与职业、实习与就业的持续衔接[115]。具体可从以下两个方面入手：一是积极发展特殊教育，普及残疾人义务教育；二是以就业需求为导向，对残疾劳动者实行分类培训，有针对性地开展残疾劳动者的培训工作，政府还可以与用人单位签订就业意向合同，进行定向培训[116]。目前，国家有关部门已印发关于实施残疾人职业技能提升计划的通知，将残疾劳动者职业培训纳入终身职业技能培训制度，不断提升残疾劳动者的职业素质和就业创业能力，促进残疾劳动者就业增收。

第三，拓宽残疾劳动者的就业渠道。当前残疾劳动者主要依靠熟人网络在非正规部门就业，就业渠道较为单一。国家和社会应采取多种方式引导、鼓励、促进残疾劳动者就业，如举办各种网络招聘会，增加残疾劳动者的就业选择。另外，社区和企业可以进行对接，直接对残疾劳动者进行岗位匹配，增加其就业成功率。再如，依靠社会工作组织介入，以做个案的方式深入了解每位残疾劳动者及其家庭的就业需求和阻碍，优化精准帮扶就业的效果。

（二）我国女性劳动者的就业问题

新中国成立以来，随着女性独立意识的觉醒和政治推动的影响，我国女性劳动者的劳动参与率在国际上属于较高水平。然而，我国女性在从家庭走向职场的同时，也面临着传统文化和社会观念的束缚。可以说，对女性“主内”的要求和新时代性别平权意识的纠缠一直存在，且这种纠缠在经济发展转型的过程中被放大，因而我国女性劳动者的就业问题不仅仅表现为单纯的劳动力市场供求关系问题，还是个重要的文化问题和社会问题。

1. 我国女性劳动者的主要特点

第一，我国女性劳动者受教育水平高。当前，我国女性的受教育水平和男性的差距逐步缩小，甚至在某些教育阶段女性所占的比例已经超过男性。横向上看，我国女性劳动者的受教育水平在总体上和男性较为接近，甚至女性劳动者中受教育水平为大专、本科、研究生的人数要略微超过男性。但是，受教育水平为初中、高中的比例要大幅度低于男性劳动者，且女性劳动者未上过小学的比例是男性劳动者的 3～4 倍。纵向上看，女性劳动者整体的受教育水平是上升的，由表 10 - 1 可以清晰地看出，从 2010 年到 2019 年，我国女性劳动者中初中及以下受教育水平的比例在大幅度减少，同时高中及以上受教育水平的比例在大幅度上升，并且女性劳动者在高等教育阶段与男性的差距逐步缩小并实现了反超。总体而言，我国女性劳动者的受教育水平在逐步提高，但是内部差异较大。

表 10-1 我国劳动者受教育水平的性别差异（2010—2019 年）

年份	未上过小学		小学		初中		高中		专科		本科		研究生	
	女性	男性	女性	男性	女性	男性	女性	男性	女性	男性	女性	男性	女性	男性
2010	5.2	1.9	27.6	20.9	45.8	51.2	11.7	15.6	5.8	6.1	3.6	3.8	0.34	0.42
2011	3.2	1.0	23.1	16.9	46.7	50.3	14.3	18.6	7.6	7.7	4.7	5.1	0.39	0.47
2012	3.1	1.0	22.5	16.1	46.4	49.9	14.4	19.2	8.1	8.0	5.0	5.3	0.45	0.50
2013	3.0	1.0	22.0	15.6	46.1	49.5	14.7	19.0	8.4	8.7	5.4	5.7	0.48	0.53
2014	2.8	1.0	21.4	15.5	45.2	47.9	14.7	19.3	9.3	9.4	6.1	6.3	0.51	0.58
2015	4.6	1.5	21.0	15.3	40.1	45.7	10.3	14.2	9.4	9.0	7.9	7.2	0.7	0.8
2016	4.2	1.4	20.7	15.1	40.1	45.6	10.1	14.0	9.9	9.3	8.2	7.4	0.8	0.8
2017	3.8	1.1	19.9	14.6	40.4	45.6	10.6	14.4	9.8	9.2	8.5	7.6	0.8	0.8
2018	3.8	1.1	19.3	14.2	40.2	45.4	10.7	14.3	10.0	9.5	9.0	8.0	0.9	0.8
2019	3.8	1.0	18.5	13.6	37.6	42.9	16.2	20.7	12.4	11.7	10.4	9.1	1.2	1.1

资料来源：根据历年《中国劳动统计年鉴》整理。

第二，我国女性劳动者的劳动参与率高。由于我国不断促进平等就业，努力消除就业歧视，大力保障女性就业权益，全社会就业人员中女性劳动者的就业比重保持在四成以上。2021 年，全国女性就业人数为 3.2 亿人，占全部就业人数的比重为 43.1%。其中城镇非私营单位就业人员中女性为 6 852 万人，比 2020 年增加 73 万人，占比为 40.3%，提高 0.5 个百分点[117]。中国女性劳动者的劳动参与率高于世界平均水平，然而近 30 年来呈下降趋势，1990 年中国女性劳动者的劳动参与率达到 79.4%。联合国开发计划署的数据表明，2019 年中国女性劳动参与率高达 60.5%，显著高于各国劳动参与率的平均值 51.6%[118]。

2. 我国女性就业问题的表现

由于个人、家庭和社会等诸多因素的叠加，我国女性在劳动力市场上往往遭到就业歧视，就业状况的性别不平等状况较严重，主要表现在劳动参与率较低、非正规就业比例较高、就业报酬较低、职业性别隔离四个方面。

第一，我国女性的劳动力参与率低于男性。虽然我国女性的劳动参与率位居世界前列，但自市场化改革以来城镇女性的劳动参与率出现了下降的趋势，特别是在 20 世纪 90 年代以后这一趋势更为明显。根据国际劳工组织统计，我国 15～64 岁（劳动年龄）人口中，1990 年男性劳动参与率较女性高出 9.4 个百分点，到 2019 年这个差距扩大到 14.2 个百分点[119]。导致我国女性劳动参与率低于男性的原因有很多，综合来看，相较于男性，女性需要承担更多的家庭责任，且劳动力市场的结构、夫妻双方对性别规范与文化的认知等因素均对女性劳动参与率有所影响[120]，使得女性劳动参与率低于男性。

第二，我国女性正规就业的比例低于男性。非正规就业在一定程度上和较低的就业质量相挂钩，往往意味着工作不稳定、劳动时间较少、劳动报酬也相对较低。市场化改革以来，我国非正规就业人员的组成大体可以分为下岗失业工人、涌入城市的流动人口和一度退出劳动力市场的就业者，而女性下岗失业工人和再就业者成为非正规就业劳动力的重要来源。对农村女性而言，非正规就业市场的准入门槛和就业成本相对较低，但是其较低的组织化程度与较少的组织资源也导致她们的就业难以得到有效保障。总体来说，非正规就业具有一定的脆弱性，具体表现为技能要求低、收入低、就业不稳定、社会保障不足、组织化程度低等，其中最普遍的问题是用工的不规范带来劳动者无保障[121]。

第三，我国女性就业报酬低于男性。尽管我国女性的受教育水平和自身素质在逐渐提高，但是男性和女性在工资待遇方面仍然存在较大差距。技能水平、工作经验、家庭责任和社会歧视是影响女性收入的重要因素，尤其是隐性的偏见和社会刻板印象。中国妇女社会地位调查数据报告显示，18～64岁女性劳动者的收入多集中于低收入和中低收入组；在城乡低收入组中，女性占比分别为59.8%和65.7%，比男性分别高19.6和31.4个百分点；在城乡高收入组中，女性占比仅为30.9%和24.4%，均明显低于男性。总体而言，城乡女性平均年收入仅达到男性收入的67.3%和56.0%[122]。这种收入上的差距绝大部分可以归因为歧视因素，个体禀赋对收入差异的影响较小。

第四，女性面临的职业性别隔离较明显。从职业的纵向隔离来看，2021年企业职工董事和职工监事中女性占比分别为37.6%和40.5%，企业职工代表大会中女性占比30.6%。居委会主任中女性占比41.4%，村委会主任中女性占比11.1%[123]。应该看到，女性参与决策管理更加广泛，在职场中的地位越来越高。尽管如此，与男性相比，女性的就业层次仍然较低，亟须提高。此外，从职业的横向隔离来看，目前女性在职能类岗位的占比更大，从事的工作主要与客户、财务和服务有关，而男性则在生产、加工加工等技术岗位上表现出优势。《中国劳动统计年鉴》的数据显示，女性在卫生、教育、金融、餐饮住宿、批发零售这五个行业的劳动参与率超过男性，但是在其他行业的劳动参与率普遍低于男性。除了比较依赖身体条件的采矿、建筑、电力等行业，在科研、信息、管理等不太具有客观性别偏好的行业，女性参与率也大幅低于男性。

3. 促进女性就业的支持政策

女性在劳动力市场中处于弱势地位，需要得到多方的支持。我国法律明确禁止在招聘、录用、工作及考核等环节歧视女性。促进女性就业，必须要多管齐下，运用多种手段、多种方式，在个人层面、企业层面和家庭层面减少女性的就业阻碍[124]。

第一，加大对非正规就业女性的保护力度。不同类型的平等就业机会法和反歧视法，一度被用来解决劳动力市场上的性别歧视问题。这种方式通常只能使那些在正规就业岗位上从事全日制工作的女性受益，对于那些从事非正规工作的低收入女性意义不大，然而这部分女性才是劳动力市场中的真正弱势者。事实上，非正规就业是降低劳动力就业满意度的重要因素，这种效应对女性而言更加明显，政府应主动促进就业，创造公平的就业环境，破除劳动力流动壁垒，积极推动户籍制度改革，鼓励非正规就业的“正规化”转型，努力减少就业性别歧视，促进女性再就业和自身发展。[125]

第二，减轻女性在家庭中的负担。减轻女性的家务劳动负担亟须“工作-家庭”政策的支持，主要包括带薪和不带薪的产假、家庭照顾者津贴以及儿童看护服务和弹性工作制等。其中，国家通过补贴或直接供给的形式，提供与日常工作相适应的儿童看护服务，能有效提高女性的劳动力市场参与率。特别是对于单亲女性来说，由于没有配偶与她们一同承担照顾子女的责任，因此往往很难在工作与子女照顾之间取得平衡，可负担的儿童看护服务则能够大大减轻她们的压力[126]。截至目前，我国已经出台了一系列政策规划应对这一问题，如2017年教育部出台政策提供中小学生课后延时服务，解决家庭按时接送学生的难题；2019年国务院办公厅发布《关于促进3岁以下婴幼儿照护服务发展的指导意见》，内容全面，涉及产假和婴幼儿父母重返工作岗位等方面；2021年国务院印发《中国妇女发展纲要（2021—2030年）》，强调“促进男女平等分担家务”“为女性生育后的职业发展创造有利条件”[127]。

第三，减少企业在招聘用人过程中的性别歧视。国家虽然明令禁止企业在招聘用人过程中歧视女性，但企业毕竟是市场上的“理性人”，这意味着永远有企业担忧女性结婚生育导致人力资本下降，进而影响企业效益。在这种情况下，惩罚性的政策干预可能会加重企业对女性的隐性歧视，所以应考虑奖励性政策和惩罚性政策并用，对录用一定数量女性的企业进行适当奖励，比如按人头进行资金补贴，或者对因女性劳动者生育而导致利润受损的企业给予一定的税费减免，从而降低企业用工成本，提高企业的女性雇佣率。

综上所述，针对女性的就业问题，需要政府的积极引导，加强并细化对女性权益的保护，制定公平合理的就业保护政策，也要为女性劳动者提供就业信息支持和社会化教育培训服务，提高其在就业中的竞争力。同时，建立家庭支持政策体系，通过提供家庭服务，尽可能减轻女性的家务负担，营造出一种性别平等、分工合作的良好氛围。

（三）我国流动人口的就业问题

当前我国流动人口中，大部分为进城务工的农民。第七次人口普查数据显示，我国流动人口达到37 582万人，其中跨省流动人口为12 484万人[128]。应该看到，流动人口在为我国经济发展做出巨大贡献的同时，并没有取得应有的经济社会地位，反而成为劳动力市场中的脆弱群体，面临着失业、就业不稳定、参保率低等困境。

1. 我国流动人口的定义

当前我国流动人口的统计口径还未统一。一是覆盖的人群有差别。如国家统计局的数据同时包含了“城—城”流动人口和“城—乡”流动人口，而国务院的数据仅包括后者。二是跨越的行政区划级别有差异。如国家统计局将跨越乡镇的人口界定为流动人口，而国家卫生健康委员会仅将跨越县界及以上认定为流动人口。三是时长的限定有区别。如国家统计局按照离开户籍地一年或半年为标准，而国家卫生健康委员会以在现居住地居住一定时间作为标准[129]。本书所说的流动人口，采用国家统计局的划分标准，即流动人口是指人户分离人口中扣除市辖区内人户分离的人口[130]。

2. 我国流动人口的特点

我国流动人口规模自改革开放以来快速增长，近年来趋于稳定，且流动人口的特点出现了新的变化。

第一，流动人口平均年龄明显增加。总体上我国流动人口以劳动年龄（尤其是青壮年）人口为主，儿童和老年人口占比相对较小。16～44 岁青壮年流动人口占全部流动人口的比例先升后降，与人口红利的变化基本同步。1982—2015 年，流动人口平均年龄增加了近 4 岁，年龄中位数增加了 8 岁[131]。

第二，流动人口受教育水平持续提升。1982—2015 年，我国流动人口受教育年限从 5.6 年升至 9.9 年。流动人口中初中及以下人口比例持续下降，高中及以上人口比例持续升高。1990—2010 年初中教育水平人口占据流动人口的主体，比例均达到 40%以上。到 2015 年，高中及以上教育水平人口成为流动人口的主体，占比 45.3%，这意味着流动人口教育结构的升级[132]。

第三，新生代流动人口增加。随着人口更替的持续推进，1980 年以后出生的新生代流动人口逐步替代了老一代流动人口，成为新市民的主体。近年来，流动人口的内部结构已经悄然发生根本性转变，新生代流动人口已经占流动人口的大部分，更是占新增流动人口的绝大部分[133]。2015 年新生代流动人口的占比达到 56.4%，规模在 1.18 亿左右。随着老一代流动人口的逐步回乡和新增劳动力的持续流出，我国新生代流动人口规模将进一步增长，其在全部流动人口中所占比例也将持续提高，预计到 2030 年基本完成代际更替[134]。

3. 我国流动人口就业问题的表现

我国流动人口所从事的工作多为脏、累、险的工作，这些工作多属于非正规行业，具有强度大、季节性和高危性等特征。同时，这些工作大多不甚体面，缺乏应有的劳动保护，会对流动人口的身心健康造成不利影响[135]。

首先，流动人口的职业稳定性较差，且时常陷入失业的境地。随着中国式现代化进程的不断推进，农业户籍劳动力已成为城市就业市场中不可或缺的组成部分，但他们的失业问题一直未受到重视。以往研究认为，流动人口就业机会多、工资要求低，并且流动性较强，因此流动人口不存在失业问题。很多政策制定者和研究者也常常假定，流动人口都是就业人口，即使遭遇失业，也可以返乡务农，因此流动人口的失业问题基本是不存在的。但是，当前经济社会环境已经发生了很大变化：一是城镇化过程中的土地征收使得许多农民无地可种。2010 年我国已有超 4 000 万失地流动人口，他们除了在城市打工，别无出路。二是务工收入成为流动人口最重要的经济来源。即便在农村有土地，光靠种地已经很难维持生计，耕地已变成口粮田，难以维持一个农村家庭的日常开支，于是失业逐渐成为流动人口面临的一个重要问题。2000 年第五次人口普查的结果表明，流动人口的失业率为 2.74%。近年来，流动人口的失业率进一步提高。针对重庆市的普查数据表明，该市流动人口失业率达到 3.96%[136]。流动人口的失业问题，不仅会对他们个人及家庭的生活产生重大影响，而且会对城市发展以及整个社会的稳定产生不可忽视的影响。

其次，流动人口就业不稳定，且缺乏就业经验。流动人口普遍面临着就业不稳定的问题，他们无法预期自己的工作能干多长时间，面临着随时被解雇的风险。全国性抽样调查显示，与非流动人口相比，流动人口的职业变换更频繁：流动人口中只有 29.87%

的人没有调换过工作，非流动人口中则有多达 46.18%的人没有调换过工作，而非流动人口中只有 27.53%的人调换过一次工作，有 25.86%的人调换工作的频数在 1～7 次之间，0.43%的人调换工作多于 7 次。值得注意的是，流动人口调换工作比较频繁，并不意味着他们有更多的择业机会。恰恰相反，他们在就业方面缺乏保证，缺乏稳定性。每变换一次工作就意味着要重新开始，先前的工作虽然使他们有更多的工作经验，但是对他们晋升或向上流动帮助甚微。相反，随着时间的流逝，他们在就业竞争中很快就会失去优势。资历在正规就业竞争中的作用，在流动人口身上无法体现出来[137]。

再次，较高比例的非正规就业，导致流动人口的社会保险参保率较低。一方面，非正式工作吸纳了我国大量的剩余劳动力，给城市居民的生活带来了极大的便利，可以说，城市的生活服务体系是依靠大量流动人口才能够正常运转的[138]。另一方面，流动人口的工作权益并没有得到很好的保障，他们的社会保险参保率仍然较低，截至 2019 年末，农村流动人口参加城镇职工养老保险、失业保险、工伤保险的人数分别为 6 155 万人、4 958 万人 和 8 616 万人，参保率分别为 21.17% 、17.05%和 29.63%[139]。虽然参加社会保险的流动人口在持续增加，但和全国城镇居民参保率相比还存在一定差距，2019 年我国城镇居民参加上述三个险种的比例分别为 40.24%、26.52%和 32.89%[140]。

最后，流动人口收入较低，且内部差异大。随着经济社会的发展和流动人口自身素质技能的提升，流动人口与城镇本地劳动者的收入差距不断缩小，但是从总体上看，流动人口的收入仍低于后者[141]。2019 年流动人口月均收入达到 3 962 元。其中，从事制造业的流动人口的月均收入为 3 958 元；从事建筑业的流动人口的月均收入为 4 567 元；从事批发和零售业的流动人口的月均收入为 3 472 元，比上年增加 209 元；从事交通运输、仓储、邮政业的流动人口的月均收入为 4 667 元；从事住宿餐饮业的流动人口的月均收入为 3 289 元；从事居民服务修理和其他服务业的流动人口的月均收入为 3 337 元[142]。流动人口内部的收入差距表明，不同流动人口在劳动力市场上的竞争力有所差别，呈现出一种分化的趋势。

4. 促进流动人口就业的政策措施

流动人口的就业问题受到多方面因素的影响，因而针对流动人口的就业政策必须多管齐下。一方面，需要提高流动人口的自身素质，增强其就业能力；另一方面，需要提供多样的公共服务，解除其后顾之忧。此外，还要注重对流动人口就业的管理与监督。

第一，帮助流动人口融入社会。近年来，国家针对流动人口的社会融入问题进行了顶层设计。国务院于 2014 年进一步出台改革户籍制度的意见，取消农业户口和非农业户口的区别，且全面放开建制镇和小城市的落户限制。此后，改革户籍制度、加快城乡融合的步伐逐渐加快。根据《2021 年新型城镇化和城乡融合发展重点任务》的要求，城区常住人口在 300 万以下的城市全面放开落户限制，同时推动公共服务覆盖移民劳动群体[143]。各地也积极推动政策落地，降低落户门槛，甚至抛出种种优厚条件吸引人才，户籍身份限制已不再是流动人口进入城市寻找就业机会的首要阻碍因素。但要看到，流动人口仍然面临着社会排斥。虽然流动人口自身经济地位得到了很大提高，但在城市社会中，流动人口尤其是农民工群体只有在经济上提供服务的义务，没有政治参与、社会保障方面的权利，其与城市的关系是一种简单的雇佣化的经济关系，而不发生政治联系和社会联系[144]。调查数据表明，仅有40%的进城流动人口认为自己是所居住城市的“本地人”，仅有27.6%参加过所在社区组织的活动，且城市规模越大，他们对所在城市的归属感越弱，对城市生活的适应难度越大[145]。这种对流动人口的排斥不利于营造长期稳定的就业环境。

第二，为流动人口提供基本公共服务。流动人口的住房和子女教育问题是影响其工作稳定性和工作质量的主要因素。长期以来，流动人口虽然居住在城市里，但是未能像一般市民一样充分享受到务工所在城市的公共服务。在住房方面，流动人口人均住房面积小、住房质量普遍不高，体现出边缘化、集中化的特征。2019年进城流动人口人均居住面积为20.4平方米[146]，同年城镇居民人均住房建筑面积为39.8平方米[147]。同时，流动人口大多聚居在郊区，对单位住房的依赖程度高，获得过政府提供的住房保障及优惠的人数有限。此外，大部分流动人口对缴纳住房公积金积极性不高，但新老生代流动人口体现出了比较大的住房状态和偏好差异。相较而言，新生代流动人口对住房的要求更高，更愿意在住房上投资，更有在城市购房的意愿[148]。在子女教育方面，一方面，随迁子女能否在迁入地获得公平教育的机会是影响流动人口迁移选择行为的重要因素[149]。据统计，2019年义务教育阶段在校生中，进城务工人员随迁子女达到1 426.96万人。其中，在小学就读的有1 042.03万人，在初中就读的有384.93万人[150]。另一方面，流动人口的子女教育仍面临许多阻碍。《2019年农民工监测调查报告》指出，仍有50.9%的流动人口反映随迁子女在城市上学面临一些问题，有34.2%和28.9%的人认为，在义务教育阶段存在升学难、费用高的问题，且升学、费用和高考等问题的严重程度和流入地城市规模呈正相关关系[151]。

第三，加强流动人口就业管理与监督。流动人口的就业通常集中在建筑行业、批发零售行业、住宿餐饮行业、制造业等较为传统的行业。其中，男性流动人口多在以建筑业、制造业为代表的第二产业工作；女性流动人口多在家政服务、服装等行业就业。这些行业在吸纳大量外来流动人口就业的同时，也暴露出一些就业管理与监督上的问题。首先，雇主通常采取短期、临时的雇佣方式，甚至出现“日结”、“周结”或“每单结”等结算方式，欠薪问题或者由拖欠工资引发的问题频频发生。其次，雇主不签订正式劳动合同，劳动保护流于形式，流动人口的合法权益未能得到保护。因此，促进流动人口就业，也要对流动人口集中就业的相关行业加强管理与监督。

5. 我国流动人口就业问题的理论解释

我国流动人口就业问题既具有一般性特征，又存在一些中国特色。虽然发达国家的流动人口不论在就业还是在居住、生活、社会认同上都会遇到当前中国流动人口所遇到的问题，但是他们没有遇到像中国这样的体制隔离问题[152]。比如，我国特有的二元经济结构是影响流动人口就业不可忽视的因素。如此，对中国流动人口就业问题的理论解释就会具有一定的本土特色，典型的理论解释有市场分割说和政策阻碍说。

(1)市场分割说。我国存在三种分割机制影响着流动人口的就业，即二元社会结构、二元经济结构、二元劳动力市场结构。二元社会结构是指城乡分离和地区隔离的分割体系，它导致了具有本地户口的劳动力与非本地户口的劳动力之间的分割；二元经济结构是指体制内外或公有制与非公有制之间的分割体系，它导致了体制内或公有部门、国有部门的就业者与体制外或非公有部门的就业者之间的分割；二元劳动力市场结构是指（专业性）劳动力市场与（非技术性、体力）劳动力市场之间的分割体系，它导致了拥有较多人力资本的劳动力与拥有较少人力资本的劳动力之间的分割。绝大多数流动人口滞留在二级劳动力市场和非公有部门，收入和工作不太稳定，缺乏向上流动的机会，依赖于社会网络，处于社会底层[153]。同时，我国城市就业市场多样，分成三个等级：人才市场、技能市场和劳务市场。流动人口基本上在劳务市场实现就业，而本地的就业者不喜欢到劳务市场找工作，觉得劳务市场的档次太低，不符合自己的社会地位，因而一般请求亲戚朋友介绍。相反，农村流动人口大多不进入人才市场和技能市场。一方面是因为这些市场设置了很高的门槛，另一方面大多数农村流动人口没有一技之长，文化水平也不够高，无法在这些市场上找到工作[154]。

(2)政策阻碍说。流入地的政策限制会直接或间接地影响流动人口的就业。比如，流动人口在流入地的就业受到户口的限制，拥有当地户口是获得某些工作的前提。此外，流入地的城市公共服务常与当地户口和社会保险的缴纳年限挂钩，比如最低生活保障制度要求流动人口在户籍地进行申请。这些服务和保障是流动人口急需的，却恰恰因为类似的限制而无法得到满足。此外，流动人口的家庭住房问题、子女教育问题以及其他社会帮扶问题和就业问题相关联，这些问题往往会影响流动人口的就业质量。

本章小结

本章阐释了劳动问题的界定、分类和产生的原因，对劳动过程中的冲突和越轨、劳动问题中的失业问题、特殊群体的就业问题以及中国的劳动问题进行了归纳介绍，共有四小节内容。

第 1 节首先界定了劳动问题，即在劳动领域发生的被多数人认为不合理或影响到多数人劳动行为的事件和情况。随后从劳动者、劳动组织、劳动制度和社会结构四个角度区分了劳动问题的分类，并介绍了功能主义、冲突论、互动论三种不同理论视角下劳动问题产生的原因，最后依次介绍了劳动冲突的概念、种类、表现、调适和劳动越轨行为的定义、类型、成因、控制。第 2 节对劳动问题中的失业问题作一般性的探讨，涉及失业者与失业率的界定，失业的五种类型划分，以及失业给个人和社会带来的负面影响。第 3 节聚焦特殊群体的就业问题，以残疾劳动者、女性和流动人口为例，介绍了不同群体就业问题的相关理论，剖析特殊群体的特点，分析其面临的就业困境，最后列出相应的举措。第 4 节以中国为例，首先介绍了中国的失业者与失业率，随后剖析中国的失业问题。中国的失业问题是外部环境不确定性和内部经济、产业、人口等多因素融合导致的，并表现出区域性、结构性、群体性特点。需从开发人力资源、发展数字经济、培育城乡一体化的劳动力市场等方面多管齐下。此外，本节还针对我国重点群体如残疾劳动者、女性和流动人口的就业问题分别进行了介绍。

关键词

劳动问题　劳动冲突　劳动越轨　失业　特殊群体　流动人口

思考题

1. 试述中国的失业问题及解决对策。
2. 举例说明女性就业中的性别不平等现象。
3. 试述残疾人就业的途径。
4. 试分析流动人口就业问题的成因和解决对策。
5. 举例说明劳动冲突的类型。
6. 讨论劳动冲突和劳动越轨之间的联系。

推荐阅读

国企下岗潮

20 世纪 90 年代末，随着亚洲金融危机爆发，外部出口市场严重受挫，国有企业面临产能过剩、技术设备落后、冗员过多带来的经营困难与亏损困境，我国采取了市场化改革和国有企业改制等一系列措施，根据“抓大放小”的原则，通过拍卖、承包等方式，将国有中小型企业转为民营企业。于是，一家家企业集团成立，一家家不景气的工厂改制、破产。改制后，职工被买断工龄，领取部分遣散费，离开工作多年的单位。过去“以厂为家”的生活方式，成为一个个职工家庭永远的回忆。

2000 年、2003 年的统计数据表明，1997 年国有企业职工人数为 10 766 万人，从 1998 年开始，这一数字开始暴跌：1998 年，尚有 8 809 万人；1999 年，为 8 336 万人；到 2002 年，这项数据已经滑落至 6 924 万人。6 年间，国有企业职工减少将近 4 000 万。与此同时，城镇集体企业职工人数也呈大幅下降的趋势，从 1995 年的 3 076 万人降为 2002 年的 1 071 万人，减少了 2 000 万。下岗人员增多，城镇登记失业率攀升，由 1995 年的 2.9%提高到 2002 年的 4.0%。中国社会科学院研究员冯兰瑞认为，“九五”期间的失业率可能达到惊人的 21.4%。随着以建立社会主义市场经济体制为目标的国有企业改革的深化，以下岗、待业、失业为表现形式的国企下岗潮出现了。

国企下岗潮导致了新型城市贫困现象的出现。国有企业的改革是成功的，然而成为改革受损群体的几千万下岗职工的人生由此被改变。经济体制变革和经济增长方式转换所引起的劳动力供求关系变动导致了失业，而这种失业无法凭借个人的努力去抵御。下岗职工中的很大一部分成了新型的城市贫困群体，从过去手持“铁饭碗”的国企职工一夜之间成为一无所有的失业者。

国企下岗潮也引发了一系列与之相关的社会问题。例如，20 世纪 90 年代中后期，我国犯罪率出现了明显跃升，被学界称为“第五次犯罪高峰”，部分学者通过研究证实，犯罪率的提升和城镇失业率的上升密切相关。由于经济拮据和心理失衡，下岗职工直接参与的刑事犯罪，尤其是侵财类犯罪的数量显著增加。受国企下岗潮影响最大的地区，出现了明显的社会秩序混乱，甚至发生了多起劳动纠纷群体性事件。

国企下岗潮这一历史事件，带给我们一系列关于失业问题的思考：群体性的失业是否必然会带来与之关联的社会问题？出于政策原因的失业与劳动者个人原因导致的失业在性质上和结果上有何不同？在未来的改革进程中，如何在为大多数人创造经济福利的同时，保障“改革受损者群体”的利益，降低政策变革带来的社会成本？

注释

参考文献

请从中国人民大学出版社官网（www. crup. com. cn）下载，或者用微信扫描下方二维码获取。

图书在版编目（CIP）数据

劳动社会学 / 韩克庆编著. --北京：中国人民大学出版社，2025. 1. --(中国人民大学劳动人事学院系列教材). --ISBN 978-7-300-32930-7

Ⅰ. C976. 1

中国国家版本馆 CIP 数据核字第 2024RJ0814 号

中国人民大学劳动人事学院系列教材

劳动社会学

韩克庆　编著

Laodongshehuixue

出版发行	中国人民大学出版社		
社　　址	北京中关村大街 31 号	**邮政编码**	100080
电　　话	010－62511242（总编室）		010－62511770（质管部）
	010－82501766（邮购部）		010－62514148（门市部）
	010－62515195（发行公司）		010－62515275（盗版举报）
网　　址	http://www.crup.com.cn		
经　　销	新华书店		
印　　刷	北京昌联印刷有限公司		
开　　本	787 mm×1092 mm　1/16	**版　　次**	2025 年 1 月第 1 版
印　　张	22.75 插页 1	**印　　次**	2025 年 1 月第 1 次印刷
字　　数	521 000	**定　　价**	59.00 元

中国人民大学出版社　管理分社

教师教学服务说明

中国人民大学出版社管理分社以出版工商管理和公共管理类精品图书为宗旨。为更好地服务一线教师，我们着力建设了一批数字化、立体化的网络教学资源。教师可以通过以下方式获得免费下载教学资源的权限：

★ 在中国人民大学出版社网站 www.crup.com.cn 进行注册，注册后进入“会员中心”，在左侧点击“我的教师认证”，填写相关信息，提交后等待审核。我们将在一个工作日内为您开通相关资源的下载权限。

★ 如您急需教学资源或需要其他帮助，请加入教师 QQ 群或在工作时间与我们联络。

中国人民大学出版社　管理分社

教师 QQ 群： 648333426（工商管理）　114970332（财会）　648117133（公共管理）

教师群仅限教师加入，入群请备注（学校+姓名）

联系电话： 010-62515735，62515987，62515782，82501048，62514760

电子邮箱： glcbfs@crup.com.cn

通讯地址： 北京市海淀区中关村大街甲 59 号文化大厦 1501 室（100872）

管理书社　　人大社财会　　公共管理与政治学悦读坊